吉林大学"中国式现代化与人类文明新形态"哲学社会科学创新团队青年项目
"中国式现代化与全球治理体系转型的互构"（2023QNTD13）

东北亚研究丛书

全球治理理论体系的反思与重塑

Rethinking and Reshaping
the Theoretical System of Global Governance

景 璟／著

社会科学文献出版社
SOCIAL SCIENCES ACADEMIC PRESS (CHINA)

前　言

一　基于全球治理现实的两个发问

20 世纪 90 年代初，为了顺应日益增强的全球多极化趋势，"全球治理"的概念应运而生。在经历了 30 余载的发展历程后，不论是全球治理的主体、客体、载体还是其结构、形式、理念等都发生了深刻的变化，全球治理理论作为全球治理研究中的关键成果，既投照现实又映射现实，这些现实变化直观地影响着全球治理理论的具体内容，因而不断完善与创新全球治理理论也是学界的重要任务。

近年来，时代的疾速发展变迁为全球治理理论营造了崭新的背景环境。其中，技术的发展为全球治理理论提供了新视阈，思想的融汇为全球治理理论开启了新思路，主体的多元为全球治理理论增添了新动力，制度的创新为全球治理理论铺设了新平台。"百年未有之大变局"既为全球治理理论的建设带来了新机遇，也为全球治理理论带来了新挑战，这个时代在为全球治理注入崭新活力的同时，也对全球治理提出了新的要求与挑战。例如，单边主义与保护主义的出现给全球治理实践增添了阻力，大国冲突与竞争态势的上升成为全球治理发展的新挑战，地缘政治和区域主义的回潮或将重塑全球治理运作的新形态，数字治理变成了全球治理要面对的新事物……当然，在这些新议题出现的同时，那些旧议题并没有就此消除，例如民粹主义的旧冲击，阶级分化的旧形态，移民难民问题的旧挑战，气候治理、金融治理、生态治理的旧议题，治理滞后、效率低下、力度不足等旧缺陷仍然存在。

"全球治理正在回退"的声音甚嚣尘上。当前的全球治理就是在这种"新"与"旧"的冲击下缓慢前行的。全球治理理论也正是在这种"新"与"旧"的夹击中不断革新，尝试发展，它既要应对和解决新问题，又要处理和改善旧议题；既要适应和达到新标准，又要规避和弥补旧缺陷；既要感召时代，又要沿袭历史；既要凸显全球治理理论特色，又要填补全球治理理论的空白与鸿沟。因此，在新时代背景下探讨全球治理理论，必须在对现实世界的观照下实现对理论本身的回溯与反思。

全球治理的既有理论呈现怎样的体系样貌？全球治理理论表现如何，它面临哪些挑战，又出现哪些不足？未来我们应该如何去重塑，朝着哪个方向重塑？这一系列问题尚未得到明晰的解释。概括地说，上述问题凝聚成了本书最为关键的两个问题——"我们需要构建什么样的全球治理理论"以及"我们能够构建出什么样的全球治理理论"，这两个问题共同构成了本书研究的起点。而对这两个问题的探索，则必须从全球治理的历史沿革以及既有的全球治理理论框架中展开，在现实与理论的对照中寻找答案。

二　围绕全球治理研究的一种体系性思维

在法学领域的研究中，存在两种不同的思维方式——体系性思考和问题性思考。其中，体系性思考强调对象的系统性和整体性，其以体系的存在为前提；而问题性思考则强调对象的独立性和特殊性，是一种个别性的判断。德国学者克劳斯·罗克辛（Claus Roxin）指出，体系性思考和问题性思考都能够解决问题，只是路径不同，体系性思考的问题路径来自对体系的把握，而问题性思考的路径则从具体的案例中获得。[①] 实际上，当前国内外学者对于全球治理的研究路径，也可大致划分为体系性和问题性两

---

① 〔德〕克劳斯·罗克辛：《德国刑法学总论》（第 1 卷），王世洲译，法律出版社，2005，第126～131 页。

种——体系性研究更加关注全球治理内部的运作结构和逻辑推演，而问题性研究则更加偏向具体的案例检验和问题解决。

纵观当前的研究进程，学者们从不同学科、不同视角、不同维度描绘了一幅宏大的全球治理画卷，为今后的研究奠定了丰厚的基础。这些研究既包含了当前世界所普遍关注的问题，例如对全球性危机的解决、全球秩序的变迁、国家与非国家行为体的关系、全球化的发展、民粹主义的兴起、全球共同价值的塑造、人类命运共同体的构建以及环境治理、气候治理、金融治理、互联网治理等问题均有所涉猎，增强了全球治理理论解释和解决现实问题的能力和力度，也涵盖了当前全球治理所面临的困难与挑战，例如对大国关系的变化、既有国际机制的不足、全球风险性社会的形成、全球范围内阶级的分化与固化、单边主义与保护主义盛行等问题有所探讨，提升了全球治理理论把握和理解现实发展的程度与效力。

值得关注的是，问题性研究在全球治理研究中占据主流地位，其根本原因在于全球治理自身体量庞大，内在关系复杂。全球治理中的问题性思维拓宽了研究广度，更加细致地分析了影响或阻碍全球治理运行的因素，为分领域分议题的治理实践提供了助力。但是，对于问题性思维的过分倚重也带来了两个层面的问题。

第一，全球治理概念边界和范畴的日渐模糊，全球治理被看作一切事务的总和。在这样的研究中，缺乏对于全球治理范围和适用性的探讨。当前，我们确实生活在一个全球化的世界中，国家、社会以及个人的全球联系性在科学技术、通信手段日新月异以及全球市场、政治的紧密联系中日益增强。但是，我们也仍然生活在一个以国家为基本单元的国际秩序中，当前尚未形成一个绝对一体化的全球社会。而过多的问题性思考将使更多议题被武断地纳入全球治理的范畴，导致一旦出现预想与结果之间的偏差，就将其称为"全球治理的失效"，全球治理成为一切问题的"替罪羊"，全球问题真实的本质和全球治理的作用亟待加以明确。

第二，全球治理概念的工具化，缺乏对于全球治理概念本身的解读。问题性研究过于关注现实性，进而忽略了对全球治理本身的探讨。"全球治理"成为一个被照搬使用的名词、一类直接的提法、一项普遍的表述、一个装饰性的词语或工具性的标识，失去了其本身所具有的概念价值与意义。这时大多数研究的侧重点在于"治理"，而且是某一领域具体问题的"治理"，对于全球治理中"全球"的特点提及甚少，由此就导致全球治理在一时之间成了一个"空心化"的概念，进而引发了人们对其广泛内涵的质疑与误读。

令人欣喜的是，在这些纷繁的研究中，一少部分学者逐渐开始以体系性思维聚焦全球治理本身，试图在复杂多样的全球治理实践中寻求治理思维和结构的共通性，从全球治理理论本源出发，在理论与现实的对照关系中探寻全球治理转型的现实方案。例如，他们开始探讨全球治理的结构，到底是"统筹兼治"还是"分而治之"；开始反思全球治理的形态，到底是"自上而下"还是"自下而上"；开始关注全球治理的效用，到底是"有效的国际秩序"还是"必要的全球治理"。这些问题为全球治理的体系性反思提供了重要的启发。

另外一些学者则更加直观地提出了全球治理在理论体系层面的不足。例如，亨克·奥弗比克（Henk Overbeek）认为全球治理在其概念建立初始就存在三个缺陷，即"它们都是无关政治的，因为其将权力从现实的平衡状态中予以删除；它们都是多元主义的，因为它们将行为体、利益以及局部结构的多元化视为根本；它们都是非历史的，因为它们是从这一概念产生的具体历史背景中抽象出来的"①。同时，吴畏立足于当前全球治理理论的研究成果，提出了全球治理面临的三大理论困境：全球治理能否形成统一的理论形态，全球正义是否能够作为全球治理的根本价值原则以及全球治理理论如何在实践中有所作为，这些问题均考验着全球治理理论的构建。② 此外，王金良总结了当前对全球治理理论批判的三个角度：一是对于全球治理内涵的批驳，认为全球治理与传统地缘政治并没有本质的差别，

---

① Henk Overbeek, "Global Governance, Class, Hegemony: A Historical Materialist Perspective", 转引自〔荷〕亨克·奥弗比克《作为一个学术概念的全球治理：走向成熟还是衰落?》，来辉译，《国外理论动态》2013 年第 1 期，第 23 页。

② 吴畏：《全球治理的理论困境》，《武汉大学学报》（哲学社会科学版）2016 年第 3 期，第 16～22 页。

全球化并没有改变世界政治的本质，因此，全球治理不过是一种纯粹的修辞；二是对于全球治理理论自身欠缺的所指，即理论本身研究涵盖的内容界定较为模糊，议题和对象过于宽泛，范式过于复杂，且在这个庞大的理论体系中缺乏明确的逻辑；三是对全球治理的解释力提出质疑，认为战后所建立起的全球治理本质上是基于西方自由主义的意识形态，忽略了世界其他地区的政治形态和现实，甚至还存在可能被意识形态化的危险。①

在上述研究的基础上，本书试图从体系层面对全球治理展开进一步探索，将全球治理理论体系的构建作为前提，将现实中的若干问题和阻碍因素放置在体系逻辑中予以思考，关注全球治理理论的普遍性和现实解释力；同时，本书希望能够在体系性反思的基础上实现对理论体系自身的完善与创新，将原本体系构建过程中忽略的问题——例如权力的作用、全球的边界以及协调的实践等——纳入讨论的范畴之中。

需要解释的是，本书对于体系性方式的强调并不意味着对问题性思维的排斥，因为过多依赖体系性思维将可能导致浓厚的理想化色彩以及与时代性的脱钩。因此，本书对于全球治理理论的体系性思考，实际上将仍然将问题性研究作为问题发现的方式，尝试在全球治理现实的问题集合中构建和丰富体系逻辑，增强其解释力和融通性。

三 关于新型全球治理理论构建的若干思考

全球治理理论以其深厚的理论渊源、系统深刻的理论表述以及兼具引领与指导作用的理论功能特色而鲜明区别于全球治理实践。全球治理理论以治理理论为基础，以全球政治处于无政府状态、全球化影响下各主体相互依赖关系的建立、多元主体共同参与的可能、全球资源的有限性和稀缺性、全球层面个体利益和共同利益并存为五项基本前提，是对全球治理的主体、客体、制度、价值和效果五个基本构成要素之间关系的总括。全球

---

① 王金良：《全球治理的四种模式》，载《全面深化改革与现代国家治理——上海市社会科学界联合会第十二届学术年会论文集》，上海市社会科学界联合会，2014 年 9 月 21 日，第 250~251 页。

治理理论中对于各项关系链条的梳理和总结，为纷繁的全球治理实践提供了一种具有普遍解释力的运行逻辑。

然而，当前全球治理现实的巨变对既有理论提出了深刻挑战，传统的全球治理理论正面临失灵的风险。一方面，全球治理现实的急剧变化导致既有理论解释力的欠缺。第一，百年未有之大变局的时代定位改变着全球治理理论所依托的语境环境，其所承载的功能需求和权力的运行方式都相较过去表现出明显的不同。同时，全球风险社会的存续扰动着全球治理原有的逻辑，其面临由工具逻辑向前瞻逻辑的转向。第二，多元主体共治的现实和主体间结构的调整打乱了既有理论中关系的平衡，过去仅仅强调多元而忽略协同的理论缺陷逐步暴露，全球治理理论的脆弱性正伴随着权力关系的分散重组而日渐加深。第三，国内外政治的联动以及多样的治理需求撼动着全球治理理论的根基，使得原本存在鸿沟的理论与现实之间的"配适"更为艰巨。全球治理理论的功能在当代全球治理现实的映照下备受质疑。

另一方面，全球治理理论自身松弛的核心概念与宏大的理论意图导致了其表象丰富而内里缺失，对于全球治理过程的理想化误读、对全球边界的过分夸大以及对治理功能的盲目自信，造成理论对政治运作的权力基础、"全球"内涵界定以及治理能力限度等关键性问题选择忽视与回避。首先，是对于全球治理理论运行和演进驱动力的回避。全球治理并不是一种去政治化的创新尝试，在无政府状态的全球环境中，全球合作何以达成，全球制度如何建立以及全球资源怎样配置？这些问题的根源都在于权力的作用。权力仍然为理论的构建和治理的运行提供了原始动力。然而，全球治理理论从概念构建初始，为了凸显其与"统治"的差别，在很大程度上回避了政治权力的作用。其次，是对于"全球"意涵的夸大和误读。全球治理理论更加强调治理方式的独特性和创新性，却忽略了"何为全球"的基础问题。本书认为，"全球"是全球治理总体特色的本质所在，全球治理中的"全球"意涵更多指向"全球层面的治理"，而非"具有全球性的治理"。最后，是对于治理的理想化构思和解读。当前的治理理论更多地停留于美好的理念蓝图，以致成为一个"脆弱的概念"。治理概念本身仍然是宽泛的，甚至是模糊的，在涉及治理系统构建和治理方案运行的具体层面，理论研究并没有给出明确的路径指导，甚至回避了一系列关键的主体间协同问题。因此，承认治理理论的有限性成为本书进行全球治理理论反思的重要收获。

为此，本书在第四章对碎片化全球治理现实问题展开体系性的剖析和探索。这一过程所秉持的逻辑主线是对国家作用的反思。在过去，国家被看作全球治理多元主体的一员，尽管国家的作用显现在治理的各个阶段，学界却长期缺乏对国家的关注，并且似乎存在一种极端的观点，即一旦强调国家的作用，似乎就等同于回归国家中心主义。然而，在本书对众多变化及理论解释中可以发现国家的因素贯穿始终，国家的作用不仅没有随着全球化的出现被削弱，反而其关键性地位愈加显著。国家作用的存续与全球治理的运行并不相悖。

因此，本书提出以下观点。第一，对国家重要性的探讨是对全球治理理论基础的重申。全球化冲刷之下的国家早已经历了内化、变形和发展，全球治理理论的多元性不仅没有弱化国家的原有地位，而且赋予了国家崭新的连接作用，国家成为贯穿国内外各层级和各类资源的通道和桥梁。第二，对空间性的把握体现全球治理理论逻辑的创新。过去单一平面式的框架无法包含全球治理庞大的体系内容，而空间性的建构则为其提供了一个合适的框架。在空间性的描述中，全球治理不仅仅是一种特定平面上的点对点之间的互动合作，更是在全球空间范围内主体之间多向的、多维的共存关系以及主客体之间复杂联系的集合，全球治理中的权力、制度和价值均是在全球场域空间内的流动。此时的全球治理结构将以全球治理主体间结构的立体形态为支撑，以全球治理的空间想象为场域，以国际治理的全球分布为基础，以国家的国内外联通作用为交界，其既是全球空间内治理行为的复杂交互，同时也是传统的国家间合作关系的有力补充。

这些碎片化的创新思路为新型全球治理理论的构建奠定了基础，在国家的系统性凝合作用下，本书第五章将前文碎片化的论点在更加具备体系性和完整性的全球治理理论中予以汇集，并提出全球元治理范式这一创新化理论的运作方式，即以元治理理论为支撑，将创新化的全球治理理论看作在元治理加持下的全球元治理范式的构建。本质上，这是对传统全球治理理论的反思与质疑的回应，是对原有松散的、缺乏有效统筹和协调的全球治理主体间结构的凝合，同时也是对原先缺乏自我约束、与全球治理现实存在巨大鸿沟的全球治理运作方式的弥补与完善，它们分别对应全球元范式构建中"对治理的治理"、"对自组织的组织"以及"对自我规制的规制"三层意涵，并且在这一过程中，国家作为"元治理者"，以一种全新的连接节点（其并不是等级中的优先者，而是同辈中的长者）作用贯穿始终，以国家为连接点的立体式反思性自组织结构实现了对全球治理理论主体间结构的优化，同时也将过去理论研究中忽略的权力问题、协调问题以及合作问题重新纳入理论体系的考量之中，这既是对全球治理现有质疑的回应，也是对全球治理理论体系的完善。

目　录

绪论 认识全球治理

自全球治理诞生以来，围绕全球治理的探讨已然存续了三十多年，从治理与统治的概念区分到全球治理的世界意义，从国家权力的流动变迁到多元主体的利益协调，从最初的共同参与、平等身份到如今的公平、正义、安全、发展，全球治理研究背后承载的是时代流转刻画于政治生活的痕迹。因而，在以传统全球治理理论为原点继续探讨展望之前，本书有必要回归全球治理的本源，在理论经典的回望中认识和了解全球治理。

一 与全球治理的初识——何为全球治理?

全球治理早已成为一个家喻户晓的提法和概念，随着全球范围内各个主权国家、政府间组织、跨国公司以及市民社会等网络主体关系的不断强化，全球治理的内涵愈加广泛，它似乎包含了一切超越国家边界的主体、对象以及载体、价值等。尽管全球治理研究正蓬勃发展，但是围绕全球治理意涵的讨论却日渐复杂模糊，关于"何为全球治理"这一问题始终没有明确的答案。

基于全球治理研究中的这一薄弱环节，有学者试图从概念角度对其进行辨析，并尝试对现有的全球治理进行分类。例如，吉姆·惠特曼（Jim Whitman）从职能角度对全球治理的定义进行划分："作为国际组织行为"、"作为国家与非国家活动的结合"、"作为自由主义霸权隐秘的一面"、"作为公共政策网络与合作伙伴关系"、"作为对具体领域的管理"以及"作为

1

一种概括性现象"。① 此外，星野昭吉（Akiyoshi Hoshino）从理论内容角度对全球治理的类型予以划分：一是詹姆斯·罗西瑙（James N. Rosenau）全球治理理论原型；二是以奥兰·扬（Oran R. Young）为代表的新自由主义机制论所涉及的全球治理理论；三是以"全球治理委员会"（Commission on Global Governance）为代表的规范性全球治理理论；四是以斯蒂芬·克拉斯纳（Stephen D. Krasner）为代表的现实主义全球治理理论观点；五是基于新的全球社会政治关系网络而出现的以全球市民社会理论为代表的全球治理理论观点。② 基于此类分析，本书对当前学界关于"何为全球治理"这一问题的回答进行了系统性梳理，总结出围绕全球治理意涵的七类理解。

（一）全球治理是解决或管理全球性问题以及全球公共事务的一种方式

此类对全球治理内涵的理解建基于治理的相关内涵，以治理理论为原始理论依据，强调将"治理"从行为目标的角度理解为"各种各样的个人、团体——公共的或个人的——处理其共同事务的总和"③。在此基础上，全球治理成为对全球公共事务予以管理、对全球性问题予以解决的具体方式和手段，是"个人、各种公共或私人机构管理其共同事务的诸多方式的总和，它是使相互冲突的或不同的利益得以调和，并且采取联合行动的持续过程"，这种内涵解读赋予了全球治理以一定的目标导向性。④

国外有学者曾经指出，在具体涵盖了生态、人权和发展、难民、移民以及毒品、传染病等问题的全球危机面前，全球治理的存在就是"对

---

① Jim Whitman, "Global Governance as the Friendly Face of Unaccountable Power", *Security Dialogue*, Vol. 33, No. 1, 2002, pp. 45~57.
② 〔日〕星野昭吉：《全球治理的结构与向度》，刘小林译，《南开学报》（哲学社会科学版）2011年第3期，第1~2页。
③ 〔瑞典〕英瓦尔·卡尔松、〔圭亚那〕什里达特·兰法尔主编《天涯成比邻——全球治理委员会的报告》，赵仲强、李正凌译，中国对外翻译出版公司，1995，第2页。
④ 〔瑞典〕英瓦尔·卡尔松、〔圭亚那〕什里达特·兰法尔主编《天涯成比邻——全球治理委员会的报告》，赵仲强、李正凌译，中国对外翻译出版公司，1995，第2~3页。

那些必然要对全球各个地方产生冲击的问题的辨识和管理"①。同样，国内学者俞可平将全球治理看作对于全球性问题的具体解决过程，以维持国际政治经济秩序为目标。他指出，所谓的"全球治理"，就是各国政府、国际组织以及各国公民之间为了最大限度地增加共同利益而进行的民主协商与合作，通过"健全和发展一整套维护全人类安全、和平、发展、福利、平等和人权的新的国际政治经济秩序，包括处理国际政治经济问题的全球规则和制度"，来实现对"全球性的冲突、生态、人权、移民、毒品、走私、传染病等问题"的解决。②

基于全球治理的行动意涵，罗伯特·考克斯（Robert W. Cox）认为全球治理是指"对存在于世界（或地区）层面上的政治、经济和社会事务"所进行的管理。③ 吕晓莉直接指出，全球治理意指"多元化、多层次的治理主体为了增进彼此利益而相互调试目标，共同解决冲突，协商合作地管理全球性事务的过程"④。联合国前秘书长科菲·安南（Kofi Atta Annan）也曾经在千年峰会的报告中指出，"虽然世界政府还只是一个空头建议"，但是当今的我们却切实地身处囊括了各个国家、国际机构、跨国网络与公共、私人组织等主体的全球治理的网络之中，而全球治理的作用，就是要通过发挥"全球治理之网"的作用，设法对这些人类共同面对的事务加以推动、调节或干预。⑤ 沿着这一逻辑，在全球危机的应对与管理过程中，全球治理的核心就是公共产品的筹集问题，即在没有世界政府的情况下，以国家为主的多权力中心行为体通过借助国际制度和国际组织平台的作用来制定或塑造出某种相对稳定的契约关系，并试图以这种

---

① 〔美〕马丁·休伊森、蒂莫西·辛克莱：《全球治理理论的兴起》，张胜军译，《马克思主义与现实》2002 年第 1 期，第 49 页。

② 俞可平：《全球治理引论》，《马克思主义与现实》2002 年第 1 期，第 30 页。

③ Robert W. Cox, *The New Realism: Perspectives on Multilateralism and World Order*, United Nations University Press，1997，p. xvi.

④ 吕晓莉：《全球治理：模式比较与现实选择》，《现代国际关系》2005 年第 3 期，第 9 页。

⑤ 〔英〕戴维·赫尔德、安东尼·麦克格鲁编《治理全球化：权力、权威与全球治理》，曹荣湘、龙虎等译，社会科学文献出版社，2004，"导言"第 1 页。

稳定关系的契约特性来克服具体行动过程中的公共产品赤字以及治理赤字。①

（二）全球治理是在全球层面构建或实施的一种管理机制或制度规则

将全球治理理解为一种规则和制度的总和，是当前全球治理研究中较为普遍的一种观点，其逻辑是基于全球治理的实施路径，强调国际组织机制、规则等一系列制度的载体地位，从全球治理依托的路径和运用的手段层面对其展开研究。

詹姆斯·罗西瑙等提出了"没有政府的治理"，并以这种新型治理方式为依据，描绘了"全球治理"的定义，即"包括通过控制、追求目标以产生跨国影响的各级人类活动——从家庭到国际组织——的规则系统，甚至包括被卷入更加相互依赖的急剧增加的世界网络中心的大量规则系统"②。埃罗尔·哈里斯（Errol E. Harris）和詹姆斯·扬克尔（James A. Yunker）强调了世界政府对于全球治理的重要意义，其认为世界政府为全球治理提供了"优先考虑和有义务照顾普遍利益"的全球制度。③ 帕斯卡尔·拉米（Pascal Lamy）将全球治理的内涵刻画为一种实现共同目标的机制形态，并指出其建基的根本就是公平和正义的可持续方式。④ 亨克·奥弗比克则将全球治理看作"过去几十年里发展起来的规制性实践与制度的集合，用于管理资本的全球流动与积累的各种条件"⑤。田野等则将全球治理直接看作因被多数人接受而生效的全球规则体系。⑥

---

① 张宇燕、任琳：《全球治理：一个理论分析框架》，《国际政治科学》2015 年第 3 期，第 4~7 页。

② James N. Rosenau and Ernst Otto Czempiel, *Governance without Government: Order and Change in World Politics*, Cambridge University Press, 1992, p. 9.

③ Errol E. Harris and James A. Yunker, *Toward Genuine Global Governance: Critical Reactions to Our Global Neighborhood*, Praeger, 1999, p. 56.

④ 〔法〕帕斯卡尔·拉米：《全球治理的作用是什么？》，曹文译，《中国党政干部论坛》2011 年第 2 期，第 52 页。

⑤ 〔荷〕亨克·奥弗比克：《作为一个学术概念的全球治理：走向成熟还是衰落？》，来辉译，《国外理论动态》2013 年第 1 期，第 24 页。

⑥ 田野、卢玫：《全球经济治理的国家性：延续还是变革》，《探索与争鸣》2020 年第 3 期，第 42 页。

　　尽管从表面上来看，全球治理被等同于全球层面各类规则和制度的总和，但是对于其具体类型的分类则存在一定的分歧。在此前的研究中，一部分学者主要将全球治理制度研究的中心集中于国家组建的正式制度，强调这种新兴的超国家组织形式将在全球事务中部分沿袭国家的重要作用。例如，克雷格·墨菲（Craig Murphy）从世界组织着手，认为所谓的全球治理实际上就是世界组织的具体活动。① 他强调正式制度的作用，提出全球治理主要指的是"依靠各种专门的和一般的国际组织——欧洲同盟，国联和联合国"等"前世界国家"所创设的一系列制度程序，其不同于传统的以主权国家为主体、以国家利益为目标、以权力斗争为手段和以国家实力为基础的国家间政治关系，而是将单个国家的主权向上集中，因此，全球治理的制度内涵实际上就是以核心国家的共同统治代替了原有的征服道路。②

　　另一部分学者则更加强调正式制度与非正式制度的共同作用，将全球治理看作国家、公司以及市民等多元行为体之间通过持续的和竞争性的互动过程所创立、维持并改造的一系列制度集合。③ 例如，托马斯·韦斯（Thomas G. Weiss）和罗登·威尔金森（Rorden Wilkinson）从全球问题的特征、行为体特征以及治理的全球方式等维度回顾了全球治理概念，并将全球治理理解为正式和非正式的观念、价值、规范、程序、制度的总和，其帮助所有的行为体——国家、政府间组织、民间社会以及跨国公司——来实现对跨境问题的识别、理解和解决。④奥兰·扬指出，所谓的全球治理不过是国际机制的代名词，其根植于不同成员就共同关心的问题而制定集体

① 〔美〕马丁·休伊森、蒂莫西·辛克莱：《全球治理理论的兴起》，张胜军译，《马克思主义与现实》2002 年第 1 期，第 49 页。

② 王金良：《全球治理的四种模式》，载《全面深化改革与现代国家治理——上海市社会科学界联合会第十二届学术年会论文集》，上海市社会科学界联合会，2014 年 9 月 21 日，第248 页。

③ Robert O'Brien, "Global Civil Society and Global Governance", in Matthew J. Hoffmann and Alice D. Ba, *Contending Perspectives on Global Governance: Coherence and Contestation and World Order*, 1st edition, Routledge, 2005, p. 213.

④ Thomas G. Weiss and Rorden Wilkinson, "Rethinking Global Governance? Complexity, Authority, Power, Change", *International Studies Quarterly*, Vol. 58, No. 1, 2014, pp. 209-211.

选择的治理体系，具体而言，它是政府间机制以及非政府组织参与的国际机制的总和。① 还有学者认为，全球治理主要指主权国家、国际组织、非政府组织等国际关系行为体为解决全球性问题、增进全人类共同利益而建立的管理国际社会公共事务的制度、规范、机制和活动。②例如张宇燕指出，全球治理就是在没有世界政府的前提下，国家（也包括非国家行为体）通过谈判协商，权衡各自利益，为解决各种全球性问题而建立的自我实施性质的国际规则或机制的总和。③ 安东尼·麦克格鲁（Anthony McGrew）认为，"全球治理不仅意味着正式的制度和组织——国家机构、政府间合作等——制定（或不制定）和维持管理世界秩序的规则和规范，而且意味着所有的其他组织和压力团体——从多国公司、跨国社会运动到众多的非政府组织——都追求对跨国规则和权威体系产生影响的目标和对象"④。又如戴维·赫尔德（David Held）等学者所主张的，尽管联合国体系、世界贸易组织以及各种政府的活动是全球统治的核心因素，但是其作用并不唯一，因为如果缺乏对"社会运动、非政府组织、区域性的政治组织等"非正式因素的强调，那么全球治理的形式和动力将无法得到恰当的理解。⑤

除了从制度总和的角度对全球治理的内涵进行理解之外，还有一部分学者尝试从制度结构的角度对全球治理进行剖析。例如，荷兰学者弗兰克·比尔曼（Frank Biermann）等认为全球治理由国际制度体系中各类组织、机制、原则、规范、管理和决策程序之间的协同和竞争所组成，并呈现出一种"总体系统"（overarching system）的结构。⑥ 国内学者赵隆将全球治理的制度核心总结为一个基于行为体与社会结构的互动而构筑的组织

① Oran R. Young, International Governance: Protecting the Environmental University Press, 1994, pp. 1–22.

② 陈岳、蒲俜：《构建人类命运共同体》，中国人民大学出版社，2017，第83页。

③ 张宇燕：《全球治理的中国视角》，《世界经济与政治》2016年第9期，第5页。

④ 刘伟、张辉主编《全球治理：国际竞争与合作》，北京大学出版社，2017，第4页。

⑤ 〔英〕戴维·赫尔德、安东尼·麦克格鲁编《治理全球化：权力、权威与全球治理》，曹荣湘、龙虎等译，社会科学文献出版社，2004，第34页。

⑥ Frank Biermann et al., "The Fragmentation of Global Governance Architectures: A Framework for Analysis", *Global Environmental Politics*, Vol. 9, No. 4, 2009, p. 15.

规则和阐释框架，其是一个开放的过程，始终处于动态交互关系之中，没有既成的结局。① 正如尼尔·布伦纳（Neil Brenner）所描绘的那样，以制度为核心的全球治理实际上呈现为"多形态、多层次的制度综合体"结构。②

（三）全球治理是在不同行为体之间开展的一种协同与合作

"治理实践具有协商性和协作性"特征③，约翰·伊肯伯里（G. John Ikenberry）将全球治理的本质形容为各国政府、公司（私有部门、行业）、跨国集团、国际组织等在一个相互依存的时代协同地工作（work in concert）④。从全球治理的实现形式来看，全球治理是在全球范围内、在不同的主体之间不断地进行利益调适而最终建立起的一种"协同"关系，全球合作是全球治理的表现形式；从历史沿革的角度来看，最早出现在欧洲的协同（主要用于共同解决和平与秩序的问题）被视为"全球治理在欧洲"的起源。因此，全球治理的进程实际上就被当作"全球问题的各相关者（包括全球问题的制造者）为了控制、缓解、（甚至）解决面对的全球问题而进行的全球协同"⑤。此类观点认为，全球治理无论是谁来治理、如何治理，最终都会以全球合作的形式予以体现。

与此相似，全球治理委员会指出，迄今为止的全球治理并没有以一种明确的组织形态或制度模式予以表现，而是呈现为全球、国家以及区域不同层面的行为者共同协商而建立的一种合作关系。这样的全球治理是一个具有广泛性、动态性和复杂性的互动决策过程，并用这种动态发展的过程对变化着的环境做出回应。⑥ 国内学者对这一观点进行了更加细

---

① 赵隆：《议题设定和全球治理——危机中的价值观碰撞》，《国际论坛》2011年第4期，第23页。

② Neil Brenner, *New State Spaces: Urban Governance and the Rescaling of Statehood*, Oxford University Press, 2004, p. 119.

③ 〔澳〕H. K. 科尔巴奇：《治理的意义》，载王浦劬、臧雷振编译《治理理论与实践：经典议题研究新解》，中央编译出版社，2017，第3页。

④ 庞中英：《全球治理研究的未来：比较和反思》，《学术月刊》2020年第12期，第57页。

⑤ 庞中英：《全球治理研究的未来：比较和反思》，《学术月刊》2020年第12期，第57页。

⑥ 这一围绕全球治理的内涵阐释参见〔美〕托马斯·G. 怀斯《治理、善治与全球治理：理念和现实的挑战》，张志超译，《国外理论动态》2014年第8期，第17页。

致的说明，例如吴志成、董柞壮指出，全球治理就是在全球范围内应对共同挑战的合作行为，其中，治理的主体包括国家以及各类国际组织、企业和个人等，治理的对象是超出了单一国家应对能力的全球挑战和风险，治理的路径或治理依赖的是以国际权力格局为基础的一系列政治性治理安排，等等。①

当然，在这种合作关系之下，最为突出的特征还是全球合作主体的多元性。全球治理既不能被理解为是全球政府或世界政府，也不能被看作民族国家行为体的简单组合，"它是国家与非国家行为体之间的合作，以及从地区到全球层次解决共同问题的方式"②。全球治理的合作是一种"以公共利益为目标的社会合作过程"，国家在其中起到了关键的作用，却不一定是支配性的作用。③ 只有通过国家间合作和跨国网络所共同建立起的全球治理，才是一种有效的全球治理——并非以"世界国家"（world state）的形式予以实现。④

（四）全球治理是国家治理在全球层面上的一种延伸

在全球治理的研究过程中，有一种观点更多地从国家的主体地位出发，关注国家在国内治理与全球治理中的连通性作用，认为全球治理与国家治理之间似乎并不存在实质性的分野，所谓的全球治理，实际上就是国家治理在全球层面的一种延伸，将国家治理中国家享有的绝对权威自然扩展至全球治理的无政府状态中。

美国学者劳伦斯·芬克尔斯坦（Lawrence S. Finkelstein）将全球治理的本质特色定位于其在跨边界问题治理过程中所体现的无政府性，在某种程度上，全球治理就是国家政府的内部行为在全球层面的体现，是国家治理

---

① 吴志成、董柞壮：《国际体系转型与全球治理变革》，《南开学报》（哲学社会科学版）2018年第1期，第124~128页。

② 〔日〕星野昭吉：《全球政治学——全球化进程中的变动、冲突、治理与和平》，刘小林、张胜军译，新华出版社，2000，第277~278页。

③ 〔英〕托尼·麦克格鲁：《走向真正的全球治理》，陈家刚编译，《马克思主义与现实》2002年第1期，第36页。

④ 〔美〕罗伯特·基欧汉：《非均衡的全球化世界的治理》，载〔英〕戴维·赫尔德、安东尼·麦克格鲁编《治理全球化：权力、权威与全球治理》，曹荣湘、龙虎等译，社会科学文献出版社，2004，第483页。

向全球层面的延伸。在这一过程中，其保持着治理作用和手段的延续性，"就是治理而没有主权"，因而，全球治理实际上就是"在国际上（通过非国家行为体）做政府在国内做的事"①。罗伯特·考克斯同样将全球治理看作在世界层面具有分层级和非等级性的协作管理政治、经济和社会事务的程序和实践，蕴含了一种实践场域由国家层面向世界政府（或世界帝国）层面延伸的意涵。② 杰弗里·弗里登（Jeffry Frieden）则将人们对国内政策（自己的或其他国家的）的不满看作全球治理得以发源的根基，在不满情绪放大的过程中，全球治理以一种新的国际或超国家的制度方式予以显现，并承载着对现实调整的寄望。由此来看，全球治理缺乏坚实的基础，只是被当作解决国内问题的手段。③ 尽管此类观点过于绝对，忽略了全球政治中不同于国家层面的特性，但是，这种将国家治理与全球治理相联系、相对照的方法实际上为后续的全球治理研究提供了新的启示，让人们逐渐去发现并关注二者的异同。

（五）　全球治理是国际政治的另一种表述

基于全球治理与国际政治共同面临国际社会无政府状态，共同解决跨越国家边界的问题，共同包含多元主体与价值，共同依托国际制度与合作等，有观点认为全球治理并没有实现对既有国际政治的实质性超越。

这一观点的提出主要基于两个方面的原因。一方面，此类学者立足于现实主义的基本主张，着力探讨权力在全球治理中的重要作用，认为全球治理的出现并没有在实质层面改变世界的权力和利益属性，并没有摆脱权力政治的影响。所谓的全球治理的合作也是建立在"以国家利益为基础，各方利益协调"基础上所达成的一种协作方式。国际政治中的权力分配、

---

① Lawrence S. Finkelstein，"What Is Global Governance?"，*Global Governance*，Vol. 1，No. 3，1995，p. 369.

② Robert W. Cox，*The New Realism: Perspectives on Multilateralism and World Order*，United Nations University Press，1997，p. xvi.

③ Jeffry Frieden，"Global Economic Governance after the Crisis"，*Perspektiven der Wirtschaftspolitik*，Vol. 13，Special Issue，2012，p. 2.

利益至上的基本规则并没有发生改变，不仅如此，国家主权的基本属性也没有改变，只是在管理权限上受到了某些侵蚀。① 因而，从全球治理的构成来说，国际体系中权力结构的变化仍然是深刻影响并决定全球治理形态的重要内容，因此，国际政治中既有的"大国参与"以及"大国间关系"因素也同样是全球治理研究的关键。尽管近几年全球治理的研究中也逐渐开始关注中小国家参与全球治理进程的问题，但是这种研究的根本出发点或问题出发点仍然没有摆脱传统权力观的影响。

另一方面，此类观点依托于全球治理历史进程以及全球治理的构成与国际政治之间的关系问题。例如，弗里德里克·克拉托克维尔（Friedrich Kratochwil）和约翰·鲁杰（John G. Ruggie）在研究全球治理的问题时，注意到了全球治理所依托的国际规则的问题，其认为，从联系性的角度出发，全球治理中的国际规则是某种问题意识的持久延续，其本质上是一种对于发生在多国领土之上的"国际治理"的关注。在此基础上，理查德·阿什利（Richard Ashley）对这一观点进行了延伸。他认为"产生时空连续性的话语，制造'时空连续性效果和集体方向'的话语，以及取代骚乱以便在主权边界上产生连续性的话语"共同催生了超越原本国家治理并建立"国际治理"的"国际目的"，而这一目的其实就是全球治理在规制层面所追求实现的目标。②

全球治理与国际政治之间的异同问题引发了学界的广泛探讨，全球治理到底是一类新的研究方向或一个新的理论分析框架③，还是一种国家层面的战略考量④，还是一种隐藏着根本性的、依地缘政治管理全球事务的历史

---

① Stephen D. Krasner, "Structural Causes and Regime Consequences: Regimes as Intervening Variables", *International Organization*, Vol. 36, No. 2, 1982, pp. 187−188.

② 〔美〕马丁·休伊森、蒂莫西·辛克莱：《全球治理理论的兴起》，张胜军译，《马克思主义与现实》2002 年第 1 期，第 47 页。

③ 参见张宇燕、任琳《全球治理：一个理论分析框架》，载张蕴岭、高程主编《改革开放以来的中国与世界》，社会科学文献出版社，2018，第 215~232 页。

④ 参见蔡拓《全球治理与国家治理：当代中国两大战略考量》，《中国社会科学》2016 年第 6 期，第 5~14 页。

延续性问题，抑或充其量只是一个"哗众取宠的话题"①？这些问题仍然是理论研究中争论的焦点，体现了关于全球治理实践性和规范性的张力撕扯。对此，有学者尖锐地指出，这些争论是全球治理理论建构面临的难题，全球治理的概念在这些争论中并无法得到充分的阐释，全球治理甚至有时被理解为各种力量和行动的偶然联合。当前它更多地被看作一种"对抗无政府治理的范式"，仅仅是帮助人们理解世界的工具，学者们未将其作为一个独立理论或既定领域加以研究，尽管在罗西瑙的影响下，全球治理已成为永不凋谢的"理论酝酿"（theory in the making），但同时，也正因此而变为"游离于国际关系领域内外的能指"（floating signifier）。②

（六）全球治理是通往新秩序的一个过渡阶段

此类观点将全球治理看作人类社会通往一个全新的世界秩序的过渡，其既关注到了全球治理与以往国际社会中出现的既有政治治理形式的不同，同时又没有止步于全球治理的模式与结构，而是树立了一种更加前沿的视角，将构建全球主义/世界主义当作最终的目标，而全球治理就是这一目标实现过程中的过渡工具或中间阶段。

"世界主义是一种哲学理念、伦理诉求和社会理想。它认为人类都属于同一个道德共同体或普遍共同体，所有人都是其中的平等成员，都享有平等的政治、社会与文化权利以及同等的价值和道德地位。"③ 世界或全球的凝合凸显了国家边界的渗透性，边界的模糊和外延导致以国家为区分的稳固的利益格局逐渐被打破，其强调将世界范围内的人作为道德关怀的最终单位和最根本的价值目标，打破原有的政治归属（political affiliation），塑造"世界公民"这个同一共同体。这种关于属土和身份的认知在一定程度上消除了现代国家边界，形成了一个不同于当下的全新秩序。在此基础

---

① 参见〔英〕戴维·赫尔德、安东尼·麦克格鲁编《治理全球化：权力、权威与全球治理》，曹荣湘、龙虎等译，社会科学文献出版社，2004，"导言"第2页。

② 〔意〕富里奥·塞鲁蒂：《全球治理的两个挑战：哲学的视角》，载朱立群、〔意〕富里奥·塞鲁蒂、卢静主编《全球治理：挑战与趋势》，社会科学文献出版社，2014，第2~3页。

③ 蔡拓：《世界主义的新视角：从个体主义走向全球主义》，《世界经济与政治》2017年第9期，第17~18页。

上，英国学者马丁·阿尔布劳（Martin Albrow）提出了构建全球主义的新思路，他认为"凡是在人们把世界作为一个整体看待并承担起对世界的责任的地方，凡是在人们信奉'把地球当作自身的环境或参照点来对待'这么一种价值观的地方，我们就可以谈论全球主义"①。本质上，全球主义是将人们共同生存的地球状况以及全人类的安乐福祉作为其关注的焦点的。在这个世界上，同属一类公民和政治团体的身份一致性造就了某种新的发展际遇，而此时我们正在经历的世界，从某种意义上而言，它"就是一个国家"。在这种理念的影响下，国内以蔡拓为代表的一批学者开始将全球治理的研究上升至全球主义（globalism）的构建以及全球学（globalology）的提出。②

就这一角度而言，"全球性的转型是一种变革而不是一种终结"，即全球化不再作为人类所希冀和追求的最终结局，而仅仅是人们自认为的那种现代生活组织方式的终结。③ 此时的全球化并不是全球发展的某个顶点或终点，而是人类社会通往新生活的准备状态。同理，此时的全球治理，将是国际无政府状态向世界国家的一个过渡阶段。④ 通过对全球治理过程中对于"各种路径的综合"，来赋予"逐渐缩小的世界"以"崭新的政治方向"。

---

① 〔英〕马丁·阿尔布劳：《全球时代：超越现代性之外的国家和社会》，高湘泽、冯玲译，商务印书馆，2001，第131页。

② 关于全球学的探讨具体可参见蔡拓《全球学与全球治理》，北京大学出版社，2018；王金良、高奇琦《从"全球问题研究"到"全球学"——评蔡拓先生〈全球学导论〉的学科意义》，《国际观察》2015年第6期，第143～154页；刘贞晔《重新认识和发现"全球时代"》，《国际政治研究》2015年第4期，第119～127页；俞可平《如何推进全球学研究》，《国际政治研究》2015年第4期，第88～91页；秦亚青《全球学与全球国际关系学》，《国际政治研究》2015年第4期，第92～98页；蔡拓《全球学：概念、范畴、方法与学科定位》，《国际政治研究》2013年第3期，第1～22页；刘贞晔《全球治理变革与全球学学科的构建》，《国际观察》2012年第1期，第23～30页；曹兴《全球学：全球化发展的必然》，《国际观察》2012年第1期，第43～49页；吴志成《全球学研究的中国应答》，《国际政治研究》2015年第4期，第113～118页。

③ 〔英〕马丁·阿尔布劳：《全球时代：超越现代性之外的国家和社会》，高湘泽、冯玲译，商务印书馆，2001，第157页。

④ Thomas G. Weiss and Rorden Wilkinson, "Rethinking Global Governance? Complexity, Authority, Power, Change", *International Studies Quarterly*, Vol. 58, No. 1, 2014, p. 213.

（七）　全球治理是全球化时代一种崭新的设想与主张

产生于全球化时代的全球治理与以往的政治形式之间存在很大的不同，它既不是传统政治形态和具体方式的直接传承与延续，亦不完全等同于全球政治或世界政治，不是行为体之间的简单组合和偶然联合。全球治理意味着国家与非国家行为体之间的合作，以及从地区到全球层次解决共同问题的全新方式。① 全球治理代表了一种全新的努力，其建立在一个完全不同于国内治理的新的起点之上，因为全球治理所建基的全球无政府性使其只能依赖规则的力量而非强制的途径。同时，随着不同治理形式和内容的出现，全球治理的概念并不单指全球生活领域中的某一个具体层面，而是为观察并理解具有高度复杂性和多样性的全球生活提供了一个有益的视角。因此，全球治理被界定为"给超出国家独立解决能力范围的社会和政治问题带来更有秩序和更可靠的解决办法的努力"②。

从全球治理的起源来看，它代表了人们围绕全球危机解决方案的愿望与设想。1972 年，当意识到全球石油等资源的有限性危机时，罗马俱乐部在《增长的极限》这一报告中提出了由于自然资源的有限供给而可能导致的世界性灾难结局，这让人们开始意识到单一国家的治理能力无法解决全球社会中存在的众多问题。"罗马俱乐部把全球问题的治理看做是一个技术问题，通过'零增长'计划就可以遏制乃至解决全球发展问题。"③ 全球治理体系的建立成了对全球危机的一种回应与方略，成为激发全球共同努力的设想与呼吁。1977 年，罗马俱乐部成员在《人类的目标》报告中阐明，在这个严峻的环境下，只有建立"全球共同体"，才能够为那些涵盖于对立与冲突中的各类全球性问题的解决带来可能。因此，全球治理就是为弥补主权国家在应对全球危机方面存在的能力局限与不足，所提出的一种创新

---

① 〔日〕星野昭吉：《全球政治学——全球化进程中的变动、冲突、治理与和平》，刘小林、张胜军译，新华出版社，2000，第 277～278 页。

② Thomas G. Weiss and Leon Gordenker, *NGOs, the UN, and Global Governance*, Lynne Rienner Publishers, 1996, p.17.

③ 王金良：《全球治理的四种模式》，载《全面深化改革与现代国家治理——上海市社会科学界联合会第十二届学术年会论文集》，上海市社会科学界联合会，2014 年 9 月 21 日，第 251 页。

性的理论设想和实践主张。

以上七种分类从不同层面和角度回答了"何为全球治理"的基础性问题，对全球治理的主体、客体、载体以及治理路径、治理价值、治理目标等内容进行了描绘与剖析。需要关注的是，每一种观点分类仅仅反映了全球治理内涵的一个侧面，代表了国内外研究者对全球治理研究的不同视角，在初步的认识与未来的研究过程中，需要将以上各类观点进行整合，以此来帮助我们更好地理解全球治理的总体内涵。

二 与传统理论的对视——借鉴与超越

伴随着美国学者詹姆斯·罗西瑙和德国学者厄恩斯特-奥托·泽皮尔（Ernst-Otto Czempiel）1992 年对国际治理概念的引入与运用，全球治理作为一种以全球视野为基点的新结构、新机制、新路径以及新模式正式问世。[①] 融合了各个学科不同方法论的全球治理理论为人们审视和阐释世界变化提供了新角度和新方法。在这一过程中，全球治理的政治意涵逐渐凸显，并成为"理解全球变革的根源和政治含义的至高点"[②]。当全球治理的理论意涵不断扩展时，传统国际关系理论的存续本身也深刻影响着全球治理理论体系的建构，全球治理理论与传统国际关系理论之间的关系探讨也因此逐渐成为学界关注的重要问题，学者们从不同的理论基点出发围绕二者的关系问题展开了激烈辩论，进一步增强了全球治理研究的理论深度。

（一）现实主义与全球治理

现实主义强调国家在全球治理中的核心地位，主张从地缘政治的基础和权力的角度出发去理解全球治理中的相关理念与行为。在现实主义者看来，所谓的"全球治理"，就是建立在霸权国家权力基础之上的国际关系，

---

① 吴畏：《全球治理的理论困境》，《武汉大学学报》（哲学社会科学版）2016 年第 3 期，第 16 页。

② 〔美〕马丁·休伊森、蒂莫西·辛克莱：《全球治理理论的兴起》，张胜军译，《马克思主义与现实》2002 年第 1 期，第 44 页。

其本质就是以国家为中心的多边主义。① 可以看出，现实主义理论下的全球治理依然建基于地缘政治，以及在其版图基础上所形成的权力结构，这一因素深刻影响着全球治理的具体过程、模式与结果。

一方面，权力是全球治理构成以及实践的主导因素。正如克拉斯纳指出的，国际制度的作用最终将依附于权力结构的"干预性变量"，超国家的治理最终仍然将依托于最强大国家的政策与利益。② 在他看来，尽管其他行为体和国际机制在全球治理中有一定地位，但是就国际体系的本质而言，其最终仍然是由主权国家，尤其是创建这种体系的霸权国家所决定的。以自由世界秩序为例，尽管当时主要的工业国家也参与其中，但是究其本质，所谓的自由贸易与资本的自由流动，首先是作为美国霸权的产物体现美国在全球结构中的绝对权力。因此，全球治理从本质上而言并没有摆脱权力的属性。目前，"国际机构原则上还缺乏独立的权力，大体上只能作为增进那些最具影响力的国家及其联盟的利益的工具而起作用……全球治理的框架、实质性目标和优越性，都是用权力的等级性来打造的"③。另一方面，权力被内化于全球治理的内涵中，全球治理为权力争夺提供了场所。在戴维·赫尔德和安东尼·麦克格鲁（Anthony McGrew）的相关论述中，尽管权力地位成为决定谁来主导或如何主导全球治理的关键因素，但是全球治理绝不能被简单理解为是处于较高等级地位的美国或西方利益的"传送带"，在权力不平等的事实日益加剧以及对权力争相追逐的政治本质背后，全球治理机构同样也成了各个国家争夺全球统治权的一个重要场所。

综上，现实主义者把对权力因素的关注与强调延续到了对全球治理的理论研究中，也正是因为如此，以克拉斯纳为代表的现实主义者以权力变

① 朱杰进、何曜：《全球治理与三重体系的理论探述》，《国际关系研究》2013 年第 1 期，第 73 页。
② Stephen D. Krasner，"Structural Causes and Regime Consequences：Regimes as Intervening Variables"，*International Organization*，Vol. 36，No. 2，1982，pp. 197-200.
③ 〔英〕戴维·赫尔德、安东尼·麦克格鲁编《治理全球化：权力、权威与全球治理》，曹荣湘、龙虎译，社会科学文献出版社，2004，"导言"第 18~19 页。

化为衡量指标对全球治理的理论内涵提出质疑，其认为全球治理的理论构建并不是"什么新的国际政治学理论"，而仅仅是对于既有理论的传承和调适。在他们眼中，"根据全球化和全球治理的发展便得出国家主权受到侵蚀的论断是十分令人怀疑的"①。这是因为，第一，全球治理的制度规则依托实际上都来自传统政治的权力和利益要素，全球治理的出现并没有根本性地改变国家权力的属性，尽管其对国家产生了一定的冲击，但是国家主权的三个基本属性——国家的对内主权、威斯特伐利亚主权以及国际法的主权——并没有发生实质性的变化。第二，全球治理的运行也尚未摆脱传统国际关系理论中的国家作用，其合作形式仍然建立在国家之间共同同意的基础条件之上，其过程也没有摆脱政治进程中既有的权力分配、利益考量等基本规则。有日本学者指出："现实中的国际机制与全球治理仍然都是以国家利益为基础，在协调各国利益基础之上而达成的国家间一种协议。"② 基于此，在以权力要素为主要考量、以权力结构和利益为基本框架的现实主义者看来，全球治理理论似乎还在一定程度上缺乏对全球政治本质的辨析，因而其所构建出的理论体系本身并不能成为一门全新而独立的理论。

与现实主义者的理论主张有所不同，全球治理理论研究者在承认国家作用的同时，也强调非国家行为体的重要作用。在全球治理研究者看来，现实主义的理论研究存在强调国家单一行为体的局限性，其忽略了跨国力量、市民社会以及观念、制度等因素的作用，除非它们作为权力政治的机制时才会被提及。③ 同时，相较于现实主义对于国家中心作用的强调以及对传统政治权力的关注，全球治理理论致力于研究多元行为体之间的互动形式以及从统治向治理方式的转变。在全球治理的语境中，国际事务的参与与管理不仅仅是一种存在于国家间的政治行为，同时还是一场发生在其他

① 朱杰进、何曜：《全球治理与三重体系的理论探述》，《国际关系研究》2013 年第 1 期，第 73 页。

② 参见〔日〕星野昭吉《全球治理的结构与向度》，刘小林译，《南开学报》（哲学社会科学版）2011 年第 3 期，第 3 页。

③ 关于现实主义与全球治理理论之间的关系探讨，参见徐步华《全球治理理论与传统国际关系理论范式的比较分析》，《马克思主义与现实》2016 年第 4 期，第 192 页。

各类行为体之间的磋商与互动。① 全球治理所依托的政治方式不再呈现为
"原子化"国家间的传递和互动，而是表现为多元多层行为体之间不同
向度和方式的网络化交织。此外，全球治理理论的构建不再关注现实主
义理论中以强制性权力为基础的统治权威，而是更加强调以全球公益为
基础的全球共识在集体行动过程中的引领性作用，更多转向了对以认同
和自愿为基础的治理权威的关注，并将全球善治的实现作为自我实现的
目标。就这一角度而言，全球治理理论实际上是对现实主义强权政治理
论的超越。

（二）自由主义与全球治理

自由主义将制度看作推动国际体系演进的重要动力，因而在分析全球
治理这一集体行动的过程中，其着力强调国际制度对于全球治理而言的重
要意义。其中，制度主义认为"国际制度"是指"嵌入在国际体系的各个
组织结构或政治经济之中，且对行为的选择范围起到框定作用的正式或非
正式的程序、惯例、规范和习俗"②。在自由制度主义者看来，"全球治理的
本质乃是为国家和非国家行为体并存与互动的当今国际体系提供一种制度
安排"③。从理论关注的角度来说，自由主义立足于全球的新变化——全球
化浪潮下各国相互依赖关系的加深以及国际组织的涌现等现实——认为传
统的现实主义、孤立主义已经难以对当今世界的革新做出有效的阐释，因
此在现实捕捉的基础上强调对于相互依存关系、国际机制以及全球范围内

---

① 原文为"First and foremost, governance places emphasis on the multiplicity and diversity of the
　actors. It makes it possible to consider management of international affairs not as an interstate
　activity, but as a negotiation/interaction process among heterogeneous participants"。参见 Maire-
　Claude Smouts, "The Proper Use of Governance in International Relations", *International Social
　Science Journal*, Vol. 50, No. 155, 1998, p. 84。

② 原文为"How do historical institutionalists define institutions? By and large, they define them as
　the formal or informal procedures, routines, norms and convertions embedded in the organizational
　structure of the polity or political economy"。参见 Peter A. Hall and Rosemary C. R. Taylor,
　"Political Science and the Three New Institutionalism", *Political Studies*, Vol. 44, No. 5, 1996,
　p. 938。

③ 徐步华：《全球治理理论与传统国际关系理论范式的比较分析》，《马克思主义与现实》
　2016 年第 4 期，第 193 页。

各类结构性制度的关注。如果说新现实主义为全球治理理论的发展提供了"结构选择"学说，那么新自由主义则为其提供了"制度选择"理论。[①] 通过制度对选项予以控制、对资源和权力进行分配以及提供激励与稳定预期等路径，其为全球中的主体行为提供了某种机制结构，从而使行为体行为模式规范化。

自由主义者认为，与其将全球治理中的制度视为全球范围内权力角逐的结果，不如将其理解为是国际机制对国家行为产生约束力的结果。[②] 这里需要指出的是，尽管自由主义与现实主义在理论的关注对象具有较大的差异，但是自由主义对于现实主义所强调的权力因素以及权力在国际政治中的重要作用并没有完全否认。事实上，"权力"仍然是以罗伯特·基欧汉（Robert O. Keohane）为代表的制度主义者的主要关注点和研究的重要内容，这些制度主义者强调权力在制度主义中的显著作用，并指出在制度合作与发展过程中所存在的不对称的权力关系。然而，与现实主义的权力观不同的是，制度主义中的权力并不是建立在无政府状态的"均势"基础之上，而是以更加复杂的关系互动为视角，以复合相互依赖为框架，关注权力背后所依托的复杂跨国联系（尤其是基于相互依赖而产生的非对称性关系）。[③] 正如罗伯特·基欧汉和约瑟夫·奈（Joseph S. Nye, Jr）指出的，新自由制度主义是在相互依赖关系基础上对于无政府状态中国家利益的再定位，其在制度经济学"交易成本"概念下对全球治理进行全新的解读——例如戴维·雷克（David Lake）指出决定全球治理结构的三个变量——共同产品经济、机会主义和治理成本，其认为参与国际规则的制定要远比游离于国际社会之外更加符合且适合于国家对利益的考量。[④]

---

① 苏云婷：《自由主义全球治理观析论》，《青海师范大学学报》（哲学社会科学版）2019 年第 3 期，第 39 页。

② 〔美〕罗伯特·基欧汉：《霸权之后——世界政治经济中的合作与纷争》，苏长和、信强、何曜译，上海人民出版社，2001，第 67~77 页。

③ 王力军、丁肇卫：《略论罗伯特·基欧汉的"权力"思想》，《太平洋学报》2010 年第 8 期，第 23 页。

④ 参见李芳田、杨娜《全球治理论析》，《南开学报》（哲学社会科学版）2009 年第 6 期，第 89 页。

在自由主义的语境下，"超国家的治理是局部的，因为它是国家在一个相互依存的世界里通过其政策与行动的战略协调能够获得的现实利益中发展起来的"①。一方面，在全球治理的过程中创建相关的国际机制，能够将重要的利益交还给国家，保证在全球政治的互动过程中国内目标的达成与实现。因此，制度的创建"与其说是束缚了政府，倒不如说是强化了政府"。另一方面，国际制度能够在一定程度上缓冲强权政治的冲击与影响，通过发挥不同形式的多边政治、跨政府政治以及跨国政治的作用对强权政治进行约束。② 国际机制能够在一定程度上调和国家权力结构的等级性与全球公共政策影响的普遍性之间的矛盾问题。

与现实主义相似，自由主义仍然将关注点更多地放置于国家身上，强调国家之间相互依赖关系的不断加强、国家对于国际制度构建的参与以及国际制度对于国家行为的规范化作用，但与此同时，国家已经不再是"最合适的分析单元"，国家与社会之间所形成的复杂联系和相互依赖关系成为制度主义范式的独特表征。然而，关于非国家行为体如何参与施动以及如何发挥影响等具体过程议题，自由主义并未给出明确的解释。在这一点上，全球治理理论则在分析国际制度的过程中加入了对非国家行为体的探讨，使制度构建的主体更加多元化，其解释框架也更加明晰。同时，尽管自由主义的构建依托于国际社会无政府状态的前提假设，但是"在制度主义范式中，国际体系不是无政府的，它有明确或暗示的影响国家行动的结构存在"，而这种制度性的结构本质上来自复杂相互依赖关系所形成的体系性结构。相较自由制度主义，全球治理理论除了更加强调结构的扁平化、主体的多元化以及身份的平等化之外，其内涵还远比罗西瑙所提出的"规制"的内涵——规制是没有政府的形式，提供了国际体系中透明和可预期的国家行为——更加广泛。③ 此外，全球治理理论与自由主义理论在看待全球治理过程的问题上存在观点分歧。自

① 〔英〕戴维·赫尔德、安东尼·麦克格鲁编《治理全球化：权力、权威与全球治理》，曹荣湘、龙虎等译，社会科学文献出版社，2004，"导言"第18页。

② G. John Ikenberry, "America's Liberal Grand Strategy: Democracy and National Security in the Post-War Era", in Michael Cox, G. John Ikenberry and Takashi Inoguchi, *American Democracy Promotion: Impulses, Strategies, and Impacts*, Oxford University Press, 2000, pp. 103-126.

③ 李芳田、杨娜：《全球治理论析》，《南开学报》（哲学社会科学版）2009 年第 6 期，第 89 页。

由主义理论强调制度的连续性，缺乏对具体变化和动因的关注和解释，但是在全球治理理论中，全球治理作为制度安排的集合，其来源于各类行为体之间的并存和互动，因此，它是一个不断变化发展的过程。

（三）建构主义与全球治理

以亚历山大·温特（Alexander Wendt）为代表的建构主义者强调观念的显著功能，认为国际秩序的本质是对于各个国家所达成的观念共识的体现，因此，观念的分配是该秩序的主要特征。在建构主义的学者看来，所谓的全球治理，实际上就是在认同和文化所构成的观念体系中，具体沿着规范和制度两个维度，通过个体和集体的表达形式来发挥观念建构对于全球体系的形塑作用。

建构主义在一定程度上填补了现实主义和自由主义的理论缺陷。建构主义的代表人物约翰·鲁杰曾经指出上述两种理论共同存在的理论缺陷，即国家中心主义方法的局限性。他认为，二者存在三个方面的问题：第一，忽视了对于"行为体的身份与利益是如何被建构的"这一问题的探讨；第二，没有对"行为体身份和利益随着时间推移而发生的变化"予以解释；第三，忽略了认同、观念对国家利益的塑造。① 为了弥补这些不足，建构主义将全球治理的概念构成以及全球治理中行为体的身份和利益的形成过程均看作全球互动的产物，并指出"全球治理结构根据法律和社会承诺建立起来，因此全球治理不是努力降低交易成本的结果，而是行为体之间持续互动的结果"②。在这种互动关系的影响下，全球治理成为一个动态的结构，没有哪种全球治理结构是永久性的。此外，建构主义否定了国家中心主义中提出的"国家对国际体系的发展和演变具有绝对性的作用"这一观点。它认为无论是"霍布斯文化""洛克文化"，还是"康德文化"，实际上都是国际体系中的认同与文化等观念因素共同建构的结果，只是因主体间身份结构的不同，具体状态有所不同。同样，全球治理的体系也是由全球文化、共识以及全球核心价值观等因素共同建构的，在这一过程中，国

---

① John G. Ruggie, *Constructing the World Polity*, Routledge, 1998, pp. 14-16.

② 李芳田、杨娜：《全球治理论析》，《南开学报》（哲学社会科学版）2009 年第 6 期，第 90 页。

家与非国家行为体共同发挥影响力。此外，由于建构主义强调观念的作用，而观念在互动中形成，因此，对于全球治理理论而言，建构主义为其提供了一种主体间关系的分析视角，强调了主体间共识对于合作建立的重要意义。正如国内有学者指出的，"全球治理的直接意义并不在于治理的结果，而在于治理过程。全球治理既是一个有关权力、财富和话语权的全球分配机制，也是一个关于全球化、自我身份、与他者关系等意象的主观塑造过程"①。

相较现实主义和自由主义而言，建构主义通过剖析国际组织对行为体行为以及其目标的建构作用而为全球治理提供了一种全新的阐释视角，不同于现实主义和自由主义对制度福利的有限关注，其进一步回答了"如果国际组织没有为国家提供利益服务，为什么国家还要建立国际组织并继续支持"的严苛问题，在理论关注上更为深入，为全球治理理论的构建和发展做出了重要的贡献。

不过，建构主义理论与全球治理理论仍然在一些问题上存在差异。一方面，建构主义将关于全球治理的阐释建立在观念的基础上，强调认同和文化因素的作用，注重社会规范对于制度和体系的形塑。然而，建构主义并不能解释社会变革或社会运动的发生。在这一问题上，全球治理理论强调物质结构和观念认知双重力量的统合，认为这两种既相互分离又相互作用的力量共同构建世界秩序，当二者中任意一方发生变化时，全球治理所建基的世界秩序也会相应改变。② 另一方面，由于建构主义强调观念的作用，在全球治理的过程中，建构主义者提倡全球"普世价值"的构建。然而，现代意义的"普世价值"实际上起源于西方的启蒙运动时期，是基于西方特殊的历史背景而形成的价值观念。这种所谓的普世价值"立论吊诡并不在于承认人有共性的价值，而在于它将人之共性脱离了鲜活具体的现实……西方'普世价值'从字面看是追求人类美好价值的实现，但其价值

---

① 陈一峰：《全球治理中的知识权力及其法律规制》，《中国社会科学报》2022 年 9 月 14 日，第 4 版。

② Eric K. Leonard, *The Onset of Global Governance：International Relations Theory and the International Criminal Court*, Routledge, 2005, p. 173.

取向带有明显服务于资产阶级利益的特征，立足点仍旧是狭隘的地域性利益"①。就这一角度而言，在全球治理进程中将全人类共有价值简单地等同于西方价值，这就造成了全球治理被等同于西方治理，从而在实践的回溯中成为全球治理理论的局限。

① 王虎学、陈婉馨：《全人类共同价值与西方"普世价值"：界定、甄别与超越》，《治理现代化研究》2023年第1期，第73页。

第一章　全球治理理论的核心内容

　　"全球治理"从一个国际组织的代名词逐渐发展为包罗万象的概念描述，从一种对政治生活的美好愿望逐渐转化为现实的治理实践，从一项掩埋于国际关系理论中的政策灵感逐渐成长为全球多个层面的行动共识。在全球治理功能层面的作用日益凸显的同时，其体系层面的治理需求也在呼唤全球治理理论内核的出现，它为当今紧迫且广泛的全球治理实践提供了理论指导和实践抓手。全球治理理论经历了多元的理论探索及构建过程，精炼出一项对治理运行框架的整体性概括，进而形成了全球治理理论的核心内容。简单来说，该理论的建构深刻扎根于治理理论所提出的基础性内涵与思维，诞生于全球化背景下理论假设与要素之间的关系联通，丰富于各项子理论体系的倾向性阐述，是对全球治理总体运行过程的逻辑推演。

第一节　全球治理理论的概念构成

　　"全球治理"的概念是全球治理理论体系构建的基础。作为治理理念在全球层面的具体运用，全球治理既继承了治理在相互依赖和复杂互动中所表现出的共同性，以及在关系结构与互动方式的根本性变革基础上所呈现出的分散性特征，同时也在具体的概念运用与发展过程中形成了自身鲜明的内涵特质，这些因素共同造就了全球治理区别于其他概念的表征所在。

一　治理概念的发展

"治理"（governance）一词最早可以追溯到拉丁语和古希腊语中的"操舵"（steering），其意在表达一种控制、引导或操纵的含义。由于其并没有被赋予脱胎于"统治"（government）的鲜明特征，因此在最初的使用过程中，治理通常与统治一词交叉使用，并且主要聚焦于一系列国家公共事务的管理活动以及处理和解释国家与社会之间的相互关系，即"主要用于与国家的公共事务相关的管理活动和政治活动中"①。正如鲍勃·杰索普（Bob Jessop）指出，"过去 15 年来，它在许多语境中大行其道，以至成了一个可以指涉任何事物或可能毫无意义的'时髦词语'"②。在当时所谓的治理语境中，国家与社会之间的关系并没有发生实质性的转变，治理只是被看作一种新的统治形式。

然而，20 世纪 90 年代以来，随着社会关系和结构的变迁，治理一词开始被赋予新的内涵，其强调弱化政治权力，甚至去除政治权威，主张通过政府放权和向社会授权的过程来实现多元共治以及社会的多元自我治理。③其中，小劳伦斯·林恩（Laurence E. Lynn, Jr.）等指出，"治理是协调不同行为者趋向共同目标的纵向和横向手段的集合，包括社会制度、法律、规则、司法裁决、行政活动等，这些能够约束并保证公共目标与服务的提供"④。罗得·罗茨（R. A. W. Rhodes）将治理看作脱离了政府的自组织通过彼此之间的相互依赖和紧密互动，为公共产品提供和规则的一致达成而产生的一种管理活动，治理的出现意味着"统治的含义有了变化，意味着一种新的统治过程，意味着有序统治的条件已经不同于以前，或是以新的方法来

---

① 俞可平主编《治理与善治》，社会科学文献出版社，2000，第 1 页。
② 〔英〕鲍勃·杰索普：《治理的兴起及其失败的风险：以经济发展为例》，漆燕译，《国际社会科学杂志》（中文版）2019 年第 3 期，第 53 页。
③ 王浦劬：《国家治理、政府治理和社会治理的基本含义及其相互关系辨析》，《社会学评论》2014 年第 3 期，第 13 页。
④ Laurence E. Lynn, Jr., Carolyn J. Heinrich and Carolyn J. Hill, *Improving Governance: A New Logic for Empirical Research*, Georgetown University Press, 2001, p. 7.

统治社会"①。同时，罗茨列举了六种关于治理的定义：（1）作为最小国家的管理活动的治理，这重新界定了公共干预的范围和形式，主要是指通过削减政府的公共开支，以最小的成本来获取最大收益；（2）作为公司管理的治理，主要是指对企业运行指导、控制和监督的组织体制，强调了私人部门的管理方式对于公共部门的重要影响；（3）作为新公共管理的治理，即在"掌舵"的意涵中将公共管理与治理二者相联系，主要是指在政府的公共服务框架内引入市场的激励机制和私人部门的管理手段，强调"更小的政府"和"更多的治理"；（4）作为善治的治理，主要是指强调效率、法治、责任的公共服务体系，其来自世界银行的口号，并成为世界银行可向第三世界国家提供贷款这一政策的指导思想；（5）作为社会控制体系的治理，主要是指在政府与民间、公共部门和私人部门之间开展的合作与互动，其以承认相互依存的关系为基础，强调"没有中心的社会"，指出处在中心地位的行为主体所受到的限制；（6）作为自组织网络的治理，主要是指在信任与互利的基础上所建立的社会协调网络，强调政府、私人部门以及其他主体通过相互依存关系而构成的网络，治理由此成了围绕网络的管理。简·库伊曼（J. Kooiman）和范·弗利埃特（M. Van Vliet）认为治理的概念表达了一种内在的自主性和能动性，本书将其理解为更倾向于自组织的形态，即它所要创造出的结构和秩序不能由外部所强加，治理发挥作用，要依靠多种进行统治的以及互相发生影响的行为者的互动。② 库伊曼尤其强调治理是一个互动的总体，认为公私行为体参与的目的是解决社会问题或创造社会机会，而制度则为治理互动提供了背景，并为其构建了一个较为规范的基础。格里·斯托克（Gerry Stoker）在审视了治理的多重定义后指出，治理的实质就在于"它所偏重的统治机制并不依

① R. A. W. Rhodes, "The New Governance: Governing without Government", *Political Studies*, Vol. 44, No. 4, 1996, pp. 652-653.

② 〔美〕简·库伊曼、范·弗利埃特：《治理与公共管理》，载库伊曼等编《管理公共组织》，萨吉出版公司，1993，第64页，转引自俞可平《治理和善治引论》，《马克思主义与现实》1999年第5期，第37页。

靠政府的权威或许可"①。

这些对于治理定义的不同解读和探索不仅超越了其传统的经典意义，同时也契合了让-皮埃尔·戈丹（Jean-Pierre Gaudin）从源头上区分治理与统治的观点。② 其中，"governance"（治理）主要是指治理的方式和方法，而"government"（统治）则主要侧重于公共机构的结构与功能，甚至成为具有治理之责的机构和代理人之称。国内学者杨雪冬指出，尽管治理存在多重定义，但是有一个基本的共识——治理与统治的根本区别在于，前者强调的是以问题为导向的、高度弹性化的"管理过程"，而后者强调的则是一种以形式为根本的、较为固化的"制度结构"。③ 治理作为萌芽于政府管理和市场调节功能欠缺基础上的一种新的管理方式（而不是统治方式），是对于政府管理和市场调节功能的补充，能够有效弥补市场和国家在社会资源配置过程中的双面失效问题。

正是治理在与统治的比对中所呈现出的本质区别，塑造了治理自身的特征与特质。一方面，治理在多主体参与所带来的相互依赖和复杂互动中强调共同性。传统的统治依赖于单一主体的中心作用，旨在维护统治者自身的权力地位和利益诉求，并期望通过统治的手段和工具将社会利益和矛盾冲突收归于（控制在）政治权力和社会秩序所允许和涵盖的框架之内。而治理则更加强调多主体的共同参与和利益目标的共同性，其关注的是在

---

① 格里·斯托克将现有的治理观点划分为五类：（1）治理打破了政府作为国家权力中心的唯一性，治理虽来自政府却又不限于政府的社会公共机构和行为者；（2）治理中所存在的责任转移意味着其在解决社会和经济问题的过程中存在着界限和责任的模糊性；（3）治理目标与结果的达成取决于多方主体之间的资源交换、谈判过程、游戏规则与环境，其肯定了集体行动中各个社会公共机构之间的权力依赖；（4）治理意味着行为者网络的形成，通过发挥网络权威的自主性可以与政府在特定领域实现合作，以分担政府的行政管理责任；（5）治理并不仅仅依赖于政府的权威，但是政府有责任吸纳和运用新的管理方式和技术实现对公共事务的控制和引导。参见〔英〕格里·斯托克《作为理论的治理：五个论点》，华夏风译，《国际社会科学杂志》（中文版）2019年第3期，第24~25页。

② 关于"统治"（government）和"治理"（governance）之间的区别，详见 Jean-Pierre Gaudin, "Modern Governance, Yesterday and Today: Some Clarifications to Be Gained from French Government Policies", *International Social Science Journal*, Vol. 50, No. 155, 1998, pp. 47–56。

③ 杨雪冬：《近30年中国地方政府的改革与变化：治理的视角》，《社会科学》2008年第12期，第5页。

追求共同目标与价值过程中多元主体合力的作用。此时，政府的单一性作用已经在很多公共问题的解决中表现乏力，需要且必须与其他包括商业部门、志愿部门以及市民等在内的多元主体进行合作，形成一种建立在信任和规则基础上的相互依赖、持续互动、互利互惠并有着相当程度自主性的网络关系。当然，这种依托于一定程度的规范与价值共识所建立的新的委托代理关系很容易在激励缺乏的影响下出现利益受损的情况，此时的治理能够为其提供相应的制度安排，通过利益相关者共同参与来对相应的行为和活动产生制约和激励，将外生的约束内化为参与主体各自内在的制度结构，以此来确保治理的长期存续。①

　　传统的由政府主导和影响的地方公共舞台成为多重组织和个人与政府共同表演的场所。政府更多的是助推者和协调者而不是指挥者和控制者，是掌舵者而不是划桨者，是服务的供应者而不必是生产者。因此，传统的地方政府全能角色必须进行分解和重构。总之，从地方政府到地方治理意味着人们治道思维方式的转变，这种转变表现在：从国家角度转到国家和市民社会两个方面；从公共部门角度转到公共部门、私人部门和志愿（第三）部门共同参与角度；从静态的制度转向动态的过程；从组织结构角度转到政策和结果角度；从"划桨"、直接提供服务到"掌舵"和让其他部门或个人来提供服务；从命令、控制和指挥转向领导、推动、合作和讨价还价；从等级和权威关系转向网络和伙伴关系。②

　　另一方面，治理在关系结构和互动方式的根本性变革基础上强调分散性。传统的统治是指政府通过运用政治权威，以相应的命令和政策对社会成员实现一种自上而下的单向管理，其与社会成员之间形成一种等级式的支配与被支配、控制与被控制、命令与服从的关系。然而，治理的出现则

---

① 参见沈荣华、金海龙《地方政府治理》，社会科学文献出版社，2006，第35页。
② 〔美〕文森特·奥斯特罗姆、罗伯特·比什、埃莉诺·奥斯特罗姆：《美国地方政府》，井敏、陈幽泓译，北京大学出版社，2004，"译丛总序"第3页。

被看作一场关乎统治结构的深刻革命，它不仅涉及政府活动范围和规模的变化，同时也意味着政府行为基本形式的根本变革。① 过去传统的等级关系和管理模式被打破，治理更加强调在处理社会事务过程中的相互协调与协商，是一个上下双向互动和彼此交流、沟通与理解的过程。治理深刻地表明了国家、市场、社会之间的关系发生了根本性的长期变化，国家-市场-社会成了分权与自治的集合体和统一体。适当的权力分散和权威分配能够为治理带来具体功能的分化，进而为其效能提供保证。

　　一系列重要的经济及社会新情况和与之相伴随的问题"再也不能简单地借助自上而下的国家计划或凭借市场中介的无为而治方式寻求解决。这种长期性变化反映了社会复杂性的极度加剧，而社会复杂性又来自一个日益全球化的社会种种机构制度秩序功能的不断分化——这又反过来导致不同系统跨越社会、行动的空间和时间距离而更加相互依存"。②

　　从这个意义上说，治理可以看作这样的一种最少限度的国家……新的（有效）管理的特征不再是监督，而是合同包工；不再是中央集权，而是权力分散；不再是由国家进行再分配，而是国家只负责管理；不再是行政部门的，而是根据市场原则的管理；不再是由国家"指导"，而是由国家和私营部门合作。③

总体而言，作为理论的治理打破了主体的单一性，其最为鲜明的特质就在于凸显了不同行为者的主体性地位。在过去的"统治"观念之下，"通常的假设都以政府为焦点，仿佛它是个'单独的'机构，与广大范围的众

---

① 参见 Lester M. Salamon，"The New Governance and the Tools of Public Action: An Introduction"，*The Fordham Urban Law Journal*，Vol. 28，No. 5，2001，pp. 1611–1674。

② 〔英〕鲍勃·杰索普：《治理的兴起及其失败的风险：以经济发展为例》，漆燕译，《国际社会科学杂志》（中文版）2019 年第 3 期，第 55 页。

③ 〔瑞士〕弗朗索瓦-格扎维尔·梅里安：《治理问题与现代福利国家》，肖孝毛译，《国际社会科学杂志》（中文版）1999 年第 1 期，第 61 页。

多社会势力没有关系"①。而治理理论的出现，则为其赋予了更多主体间联系，并且为碎片化和空心化的"国家"建构探索出一条能够重获凝聚力的崭新的理论路径。②

二　全球治理的内涵

当统治向治理的范式转换已经被人们所接受时，治理也逐渐开始从原先的公共管理范畴走向国际政治领域，其以更加开阔的视野，关注国际层面上一系列新旧事务的具体解决过程与路径，强调不同类型的国际政治行为主体之间的互动关系。其中，治理表达了一种全新的理念，即国际政治舞台不再由国家所独占，而是涵盖了民族国家之外的其他行为主体——许多相互交织的社会实体和机构——对有关规则进行制定、监督和执行的集体过程。治理作为一项重要的国际议题开始得到更加广泛的关注。1989 年，世界银行在讨论非洲问题的研究报告中首次运用了治理的概念，提出了所谓的"治理危机"（crisis in governance），将治理看作为了实现一个国家经济和社会资源发展而进行管理时的权力行使方式；1996 年，经济合作与发展组织（OECD）发起了"促进参与式发展和善治的项目评估"（Evaluation of Programmes Promoting Participatory Development and Good Governance），认为治理是在一个社会中通过对政治权力的行使和控制实施来对社会经济发展的资源进行管理；联合国开发计划署（UNDP）同年发布了《人类可持续发展的治理、管理的发展和治理分工》（Governance for Sustainable Human Development，Management Development and Governance Division）报告，将治

---

① 〔英〕格里·斯托克：《作为理论的治理：五个论点》，华夏风译，《国际社会科学杂志》（中文版）2019 年第 3 期，第 25 页。

② 原文为 "They also recognize that explanatory variables in the model are not wholly independent of each other, and exploring the interrelationships among them is another fruitful avenue for governance scholars... Critically, their approach highlights the multilevel nature of governance, something that is not particularly well reflected in scholarly research or completely recognized by the advocates of decentralization. The outcome of any levels of administration and the context in which these decisions are carried out"。参见 H. George Frederickson et al. , *The Public Administration Theory Primer*, Westview Press, 2003, p. 225。

理看作对一国经济、政治和行政等事务进行管理以及权威在各个层级的实施等。

随着治理概念运用范畴的延伸，其在国际政治领域得到了全新的定义。全球治理委员会将集体与个人行为层面的众多模式均归至治理的范畴，认为治理是"各种公共和私人机构管理其共同事务的诸多方式的总和，它是使相互冲突或不同的利益得以调和，并且采取联合行动使之得以持续的过程"①。罗西瑙认为治理承担着那些任何社会系统都应该承担且政府没有进行管理的那些职能。② 他将治理定义为一系列活动领域中的管理机制，它们虽未得到正式授权，却能在人们自觉遵守的前提下有效发挥作用，表现为一种基于共同目标支持的活动，这些活动的主体未必是政府，也无须依靠国家的强制力来实现。③

因此，治理比统治的含义更加宽泛，其中，除了在主体层面的多元性以及领域限度层面的外延性差异之外，治理更加强调对多元利益的统筹和协调，其是对于总体的、统一的利益/目标以及个体的、差异的利益/目标的兼顾，其"善治"的思维与统治中特定的、固有的以及被明确界定了的手段和思维存在明显的差异。"换句话说，与统治相比，治理是一种内涵更为丰富的现象。"④

相较国家层面中治理对政府权力运行方式的关注，国际层面中的治理一词则更加关注国家作用的变化，治理通常意味着"去国家化"，是"正式

---

① Commission on Global Governance, *The Report of the Commission on Global Governance*, Oxford University Press, 1995, p. 4.

② James N. Rosenau, "Governance, Order, and Change in World Politics", in James N. Rosenau and Ernst Otto Czempiel, *Governance without Government: Order and Change in World Politics*, Cambridge University Press, 1992, pp. 8, 10–11.

③ 罗西瑙在比较治理与统治两个概念时指出，治理是"由共同的目标所支持的，这个目标未必出自合法的以及正式规定的职责，而且它也不一定需要依靠强制力量克服挑战而使别人服从"。参见〔美〕詹姆斯·罗西瑙《世界政治中的治理、秩序与变革》，张志新译，载〔美〕詹姆斯·N.罗西瑙主编《没有政府的治理》，张胜军、刘小林等译，江西人民出版社，2001，第5页；张农寿《多元责任与制度秩序——全球治理的制度性分析》，博士学位论文，吉林大学，2006，第58页。

④ 〔美〕詹姆斯·罗西瑙：《世界政治中的治理、秩序与变革》，张志新译，载〔美〕詹姆斯·N.罗西瑙主编《没有政府的治理》，张胜军、刘小林等译，江西人民出版社，2001，第6页。

和非正式的指导并对集体行动产生限制的程序和机制"，其注重非国家行为体在国际政治层面的影响，甚至认为它们在一定领域规则机制的创设中享有与主权国家同等的重要地位。非国家行为体既可以通过与国家政府的联合，携手创设相应的治理机制，也可以在没有政府机构参与的情况下独立发挥作用。在这种以强调多元主体共同参与的"去国家化"和以凸显主体间协调合作的"去中心化"为主要特征的治理基础上，全球治理的概念应运而生。就全球治理概念本身而言，其主要来源于治理的相关理念，是在全球化背景下，出于对全球性问题的解决而在多元主体之间所进行的一种互动。有学者指出，全球治理本质上以治理作为定位，围绕全球治理的研究也大多基于治理的视角予以解读，因此，从根源来讲，全球治理的基本内涵可以被看作治理理论在全球层面针对特定的问题和领域而进行的拓展和延伸。①

　　一方面，全球治理的概念建基于全球化的总体趋势。全球化首先以经济全球化的方式促进了全球资本、技术、产品的自由流动和高速发展，打破了原有的产业布局，跨国性的经济交流活动重塑了全球资源和生产要素的地理分布。伴随着这些革新，过去传统意义上国家之间较为分离的状态被打破，国家需要通过实行相应的开放政策打通国内外市场来促进经济要素的配置流通，从而使本国融入全球产业链布局之中，在全球化的总体趋势中获取一定的经济收益和相应的国际地位。在此过程中，国家之间的联系性不断增强，传统的国家边界日益模糊，这不仅对国家主权造成一定影响，同时还使国家在处理自身问题时需要对全球利益予以衡量、对全球影响展开评估等，世界的整体性逐渐形成。正如罗兰·罗伯逊（Roland Robertson）对于全球化概念的描述，其不仅意指世界收缩（compression），同时又彰显了世界作为一个整体的意识。② 在这一整体中，国家与多元行为体之间相互联系、深层互动的网络关系的建立，更加贴合治理的意蕴，为"全球治理"概念的提出奠定了现实和理论基础。

---

① 参见陈家刚主编《全球治理：概念与理论》，中央编译出版社，2017，第1~4页。
② 参见张汝伦《文化视域中的全球化理论——罗兰·罗伯逊的全球化理论简述》，《复旦学报》（社会科学版）1996年第6期，第24页。

另一方面，全球治理的概念生成于全球危机的迫局。1972年罗马俱乐部意识到全球石油资源的有限性将可能给全球发展带来深刻的影响和巨大危机，其在《增长的极限》这一报告中指出，自然资源有限供给所导致的世界性灾难问题的解决远远超过了单一国家的治理能力，需要在全球范围内各个国家之间展开关于"零增长"（zero growth）治理的合作。全球治理成了有效解决全球危机的技术设想。尽管这一理念在后来经历了不断完善和丰富，但是全球性问题的解决始终作为全球治理行动的首要目的。这些全球公共性问题不同于传统的国家内部问题，而是具有全球范围的影响广度和全球-国家-个人多维的影响深度，传统依赖于"统治"解决危机的方式在全球无政府状态下成了浮萍，而以参与、协商以及合作为特征的全球范围内的治理则将成为解决此类危机的可行路径。

作为治理理念在全球事务层面的具体延伸，全球治理沿袭了治理的中心意涵。首先，全球治理是多元主体的共治过程。与治理的内涵相同，全球治理的主体设定既包含了主权国家，同时也包含了除国家之外的其他行为主体。詹姆斯·罗西瑙在《面向本体论的全球治理》一文中指出，治理作为一个有利于理解世界上旧有边界日渐模糊、新身份变得司空见惯、政治思考开始面向全球的概念，是为人们所接受的理解世界事务的"新主观意识间本体论的首要标志"。① 全球治理委员会指出，全球角度上的治理还涉及除国家之外的非政府组织、公民迁移、跨国公司以及全球性资本市场等多元主体之间的关系，是个体、制度、公共部门与私营部门等主体管理共同事务并实现多途径整合的过程。②

其次，全球治理为解决特定的全球性问题而生。全球治理的概念有其自身的独特性，其产生的主要依据是全球性问题逐渐危及全球发展的紧迫现实，它所关注的是那些"必然要对全球各个地方产生冲击的问题的辨识和管理"。在全球化所提供的便捷通道中，资源要素的高效配置让全球多元

---

① 〔美〕詹姆斯·罗西瑙：《面向本体论的全球治理》，载俞可平主编《全球化：全球治理》，社会科学文献出版社，2003，第64页。

② 〔瑞典〕英瓦尔·卡尔松、〔圭亚那〕什里达特·兰法尔主编《天涯成比邻——全球治理委员会的报告》，赵仲强、李正凌译，中国对外翻译出版公司，1995，第2页。

主体享受到了合力发展的巨大红利，而负面危机的加速蔓延也在全球化的加持下成为笼罩在全球发展上空的巨大阴云。"在这种意义上，危险成为超国界的存在，成为带有一种新型的社会和政治动力的非阶级化的全球性危险。"① 而全球治理的目的就是处理和解决这些超越单一主体治理能力且影响全球各层次多元主体未来的全球性问题。因此，全球治理成了全球主体合力"给超出国家独立解决能力范围的社会和政治问题带来更有秩序和更可靠的解决办法的努力"②。

再次，全球治理的运行方式是彼此间的互动与协同。③ 其不同于统治概念里的强制性压力和管制性条件，全球治理的运行有赖于多元主体基于一定的价值、观念认同，通过相应的制度安排而进行的互动与协调，各主体之间并不存在鲜明的等级关系，而是平等互动。由此一来，全球治理的权威既来自正式的法律、规制，又来自非正式的价值、规范、实践，其效果也要好于仅仅依赖正式权威而进行的统治的效果。④ 俞可平指出，全球治理的核心内容应当是"健全和发展一整套维护全人类安全、和平、发展、福利、平等和人权的新的国际政治经济秩序"，是"各国政府、国际组织、各国公民为最大限度地增加共同利益而进行的民主协商与合作"。⑤

最后，全球治理的向度主要依托的是多元的网络架构。吕晓莉指出，"全球治理呈现多元关系的联结网络，治理运作呈现多元向度，而非传统的

---

① 〔德〕乌尔里希·贝克：《风险社会》，何博闻译，译林出版社，2004，第 7 页。

② Thomas G. Weiss and Leon Gordenker, *NGOs, the UN, and Global Governance*, Lynne Rienner Publishers, 1996, p. 17.

③ 约翰·伊肯伯里指出发明于 20 世纪 90 年代的"全球治理"一词描绘的是各国政府、公司（私有部门、行业）、跨国集团、国际组织等众多主体在一个相互依存的时代"协同地工作"（work in concert）；庞中英则将全球治理定义为"全球问题的各相关者（包括全球问题的制造者）为了控制、缓解、（甚至）解决面对的全球问题而进行的全球协同"。参见庞中英《全球治理研究的未来：比较和反思》，《学术月刊》2020 年第 12 期，第 57 页。

④ 原文为"Hence, governance implies more than the state in the authoritative allocation of values and social order. At whatever level, governance refers to the composite system of authoritative values, rules, norms, procedures, practices, policies, and organizations through which an entity manages (or pilots or steers) its common affairs"。参见 Thomas G. Weiss, *Global Governance: Why? What? Whither?*, Polity Press, 2013, p. 98。

⑤ 俞可平：《全球治理引论》，《马克思主义与现实》2002 年第 1 期，第 30 页。

管制性功能"①。它不同于传统政治中点对点的交互方式，而是在主体多元化根基之上所形成的多元、多层级、多向度的复杂网络关系。从现实角度而言，在全球化的推动下，国家间相互依赖关系在逐步建立的同时，国家与社会、公共机构与私人机构等多元主体之间的联系也更加紧密，从原先直观上的互相影响转变为更深层次的相互嵌入、彼此关联，全球范围内的关系网络逐渐形成。2012 年 12 月 5 日，习近平总书记在同外国专家代表座谈时的讲话中指出，"国际社会日益成为一个你中有我、我中有你的命运共同体"②。这种共生共在的网络化关系结构是全球治理的现实背景。从理论角度而言，治理研究主要分为三种流派：一是市场的横向调节；二是政府的纵向等级；三是网络化治理。其中，网络作为一种更加灵活的治理形态更加符合全球复杂的治理环境，因而，网络架构也由此成为全球治理向度的重要依托，其"包括通过网络以保障公共部门和私有部门之间进行协作和互动，也包括通过市场而不是政府来分配资源，依靠社会的各个团体来监督和评估政府的行为，以及通过多元化的服务和管理过程等等"③。

需要指出的是，全球治理并不是国家治理的简单延伸，其存在于国际无政府状态的前提下。与一般的国内治理不同，"全球治理无法命令其参与者如何行为，只能够依靠规则来控制或驾驭"，因此其运行建立在行为体共识达成的基础之上，以"多元主体"和"规则治理"为本质特征。④

三 全球治理的相关概念辨析

学界通过对治理概念的发展以及其在国际政治领域引入进程的分析，大

---

① 吕晓莉：《全球治理：模式比较与现实选择》，《现代国际关系》2005 年第 3 期，第 9 页。
② 中共中央党史和文献研究院编《习近平关于中国特色大国外交论述摘编》，中央文献出版社，2020，第 27 页。
③ 王金良：《全球治理的四种模式》，载《全面深化改革与现代国家治理——上海市社会科学界联合会第十二届学术年会论文集》，上海市社会科学界联合会，2014 年 9 月 21 日，第 250 页。
④ 郭晴、陈伟光：《人类命运共同体：全球治理理念的变革》，《中国社会科学报》2017 年 12 月 29 日，第 7 版。

致描绘了全球治理概念的基本内涵，但是在具体的理论运用和现实操作中，全球治理的概念仍然较为模糊。由于治理主体的广泛性和治理对象本身的不确定性及流变性，全球治理经常与国际治理（international governance）、跨国治理（transnational governance）以及世界治理（world governance）等概念混用。因此，在概念探讨的最后部分，本书将通过对全球治理相近概念的阐述，进一步阐释全球治理概念本身的特性。

（一）全球治理与国际治理

第一个与全球治理相关的概念是国际治理。国际治理与全球治理相近的原因在于二者治理主体的较大重合，以国家为主导的国际治理和以国家为主要行为体的全球治理在很多治理议题中出现混用的现象，尤其是在那些强烈依赖国家主权发挥作用或亟待主权建立和划分的新兴领域，例如对国际公海、网络空间、数字经济等的治理大多被称为国际治理。

国际治理主要侧重于运用治理的相关理论来重构国家之间的政治、经济和文化关系，此时的治理是一种改善国家间交往关系的工具。国际治理将主体的范围限定在以国家为核心的主体构成中，包括各类主权国家以及由国家所构成的正式和非正式的国际组织和机构，其目的是在国际体系中通过治理作用的发挥谋求国际权力关系的重构。国际治理坚信"权力才是理性的国家行为体的最高目标"。肯尼思·华尔兹（Kenneth N. Waltz）曾经指出："国家实力与权力（strength and power）的差别，国家能力与竞争力（capability and competence）的差别，几乎是国际政治研究和实践的全部内容。"[1] 关于体系运行，其主要奉行权力治理的逻辑，认为"拥有绝对实力的行为体是治理的主体，有资格主导治理进程，有资格掌控治理游戏规则"[2]。而全球治理则侧重于运用治理的相关理论来解决全球化所带来的诸多全球性问题，治理是一种手段和具体的形式，包含全球政治、经济、文化活动中的多元行为体，其目的是全球危机的化解和共同利益的实现，路

---

① 〔美〕肯尼思·华尔兹：《国际政治理论》，信强译，上海人民出版社，2003，第191～192页。

② 李博一：《国际治理中的区域文化治理：概念界定与比较分析》，《国别和区域研究》2020年第3期，第124页。

径则依托于多元主体的共同参与和平等协商。

从总体上而言，大部分的国际治理构成了全球治理的重要内容，国际治理的主体在全球治理的过程中也发挥着必不可少且至关重要的作用，尽管治理的具体形式和逻辑存在一定的差异，但其治理的结果对全球发展而言仍然起到较大的积极作用。有学者指出，尽管随着全球治理的出现，治理的政策网络使得非国家行为主体获得了部分权威，但是这一进程并没有对既有的国际治理特别是大国搭建的治理架构造成颠覆性的改变，这实际上也体现出了国际体系在全球治理中的"粘性"（viscosity）。①

（二）全球治理与跨国治理

第二个与全球治理相关的概念是跨国治理。跨国治理与全球治理相近的原因在于二者在治理客体（治理对象）层面高度相似。海伦娜·布雷斯（Helena De Bres）曾经将跨国治理的对象分为包括经济、安全/军事、交往、交通、公众健康、环境、发展、人道主义援助和人权的九个核心范畴②；而全球治理的客体则是那些超越了国家和地区的界限，已经或即将对全人类生存与发展产生巨大影响的全球性问题，包括人口、生态、霸权主义/强权政治、恐怖主义、核安全、毒品、资源、南北差异等具体问题。

尽管跨国治理与全球治理的客体相近，但是两个概念在具体内容上仍然存有一定的不同。首先，从二者所处理的议题范畴来说，全球治理处理的问题更加广泛，同时也更加多元。一方面，跨国治理主要处理的是政治经济发展过程中已经发生或实际存在的、对物质领域发展具有较大影响力的跨国问题，例如经济、安全、环境、卫生、交通等领域的问题。而全球治理所涉及的问题除了关系到全球物质领域的发展之外，还包含了例如全球的政治观念、法律原则、公平正义、价值塑造等价值层面的问题，在解

---

① 汤伟：《全球治理的新变化：从国际体系向全球体系的过渡》，《国际关系研究》2013 年第 4 期，第 48 页。

② 原文为"We can divide these subjects into nine core categories：economic；security/military；communication；transportation；public health；environment；development；humanitarian aid；and human rights"。参见 Helena De Bres，"Justice in Transnational Governance"，*Journal of Applied Philosophy*，Vol. 32，No. 3，2015，p. 277。

决实际问题的同时还具备一定的观念指导和价值引领作用。另一方面，全球治理的议题范围框定于全球层面那些对全人类发展产生重大影响的全球性问题，而跨国治理所涉及的议题范围则相对较小，并且尽管这些议题跨越国界但并不一定涉及国家之间的相互关系，例如跨国犯罪治理以及部分跨国公司的母子公司治理（例如英美的股东导向型模式和日德的利益相关者导向型治理模式①）等，这些问题需要通过跨国合作的形式来予以解决，但是就问题本身而言，并不一定会产生国际乃至全球领域政治关系的影响。从这一角度而言，跨国治理受到全球治理框架的影响，是全球治理投射下的一种治理形式。②

其次，从二者所秉持的逻辑原则来说，存在"公利"与"私利"的不同。其中，全球治理是基于全人类共同利益和全球总体发展目标而展开的协调、参与、合作的过程，既包含了不同主体的责任分担与义务执行，又包含了全球公共物品的提供以及个体利益在整体利益面前的部分牺牲。对于全球治理而言，它是一个包含"奉献"与"牺牲"的过程，是在短期付出和长期可持续之间的一种博弈平衡。而对于一部分的跨国治理而言，尽管其仍然以全球共同发展的总体目标为基础，但是在具体的治理过程中，不同的国家或不同国家内部企业所依据或奉行的仍然是市场原则和资本逻辑，利用市场机制展开合作从而产生一定的治理效果。例如固体废物的跨国流动和跨国治理：现

---

① 关于这两种具体模式的论述，参见赵玲《中国跨国公司治理的路径选择》，《中国外资》2011年第18期，第151页。

② 以大湄公河次区域的跨国问题治理为例，跨国贩毒、人口贩卖、非法移民、恐怖活动以及贫富差异、网络信息犯罪等活动对当地的合作与安全机制造成了巨大的挑战和威胁，尽管这些问题存在未来发展为全球性问题的可能，但是其目前的影响仍主要存在于次区域范围之内，学界仍将其界定为"跨国问题"。就治理方式而言，其既包括次区域内的相关国家之间自主建立的双边或多边的联合治理行为，又包括以联合国毒品和犯罪问题办公室（UNODC）为代表的国际组织和以澜湄合作机制（LMC）、东南亚国家联盟（ASEAN）、东盟地区论坛（ASEAN Regional Forum，ARF）以及"10+1""10+3"等为代表的多边治理机制。因此，本书认为，跨国治理受到了全球治理框架的影响。参见罗圣荣、兰丽《澜沧江—湄公河合作机制下的澜沧江—湄公河次区域毒品治理问题探析》，《东南亚纵横》2020年第3期，第5~13页；李家成、李曾桃子《澜湄合作机制框架下的湄公河次区域减贫问题研究》，《中国—东盟研究》2019年第3期，第74~115页；周士新《澜沧江—湄公河合作机制：动力、特点和前景分析》，《东南亚纵横》2018年第1期，第70~76页；刘瑞、金新《大湄公河次区域非传统安全治理探析》，《东南亚南亚研究》2013年第2期，第41~45页。

代产业中大量固体废物的出现对全球环境发展产生了巨大威胁，但是通过一定的技术手段能够实现固体废物的二次资源化利用，使其成为重新参与生产的工业原料和能源。一些国家为了弥补和缓解自身工业原料不足的问题，需要从国外进口，因此，跨国的固体废物治理开始出现。在一定程度上，这种贸易化的方式"为固体废物的资源化利用创造了新的路径，从而使全球层面上的废物减量与控制成为可能，进而促进全球生态环境质量的整体提升"，促进全球层面资源的有效利用。然而，这种贸易本质上遵循趋利的市场逻辑，其认为固体废物是"错置的资源"而非"无用的废物"。① 尽管也产生了一定的治理效果，但并不能被算作全球治理的范畴。

最后，从二者的运行方式来说，跨国治理的实施路径与全球治理所倡导的和谐合作理念并不完全契合，而是相对采取更为直接和激进的方式来达到治理的目的。具体而言，跨国治理的出现为行为体实现其目标提供了新的途径，超越了国家或政府间条约和组织的管理。② 以跨国社会运动为例，其与全球非政府组织并不相同，跨国社会运动的活动范畴并没有明确的边界，而是主要针对一定的社会问题同国家、跨国公司以及国际机构展开持续的抗争性活动。一方面，它们围绕气候问题、贫富差异等问题对政府间组织施压，尤其是在国际会议召开时通过抗议、示威等行为向政府表达变革的诉求；另一方面，围绕贸易、环境、人权等问题，跨国社会运动团体通常借助互联网平台以直面的方式表示抗议。从这一角度来看，跨国治理是通过反向的方式来实现治理诉求的过程，对于全球治理而言起到了一定的补充作用。③

---

① 关婷、查道炯：《固体废物跨国转移的动力机制与治理逻辑》，《国际政治研究》2021 年第4 期，第 75 页。

② 原文为 "Within this literature, the most common explanation for the emergence of transnational governance generally, and transnational environmental governance in particular, is that it provides new ways for actors to accomplish their objectives beyond state-based regulation or intergovernmental treaties and organizations"。参见 Thomas Hale, "Transnational Actors and Transnational Governance in Global Environmental Politics", *Annual Review of Political Science*, Vol. 23, No. 1, 2020, p. 208。

③ Paul Wapner, "Governance in Global Civil Society", in Oran R. Young, *Global Governance: Drawing Insights from the Environmental Experience*, MIT Press, 1997, pp. 67-84。

（三）全球治理与世界治理

第三个与全球治理相关的概念是世界治理。世界治理与全球治理相近的原因在于二者基于治理范围和具体形式的高度等同性，它们同样涵盖了多元的治理主体，同样解决全世界范围内亟待治理的诸多问题，也同样存在于无政府状态的前提之下。因此，有学者指出，相较国际治理和跨国治理，全球治理更具范围上的全球性和理论方法上的整体性，以及更广的问题域和更大的包容性，"这里的全球在某种意义上可以与'世界'互换"。[①]

然而，尽管二者具有高度的等同性，但是作为两个不同的概念，世界治理与全球治理仍然存在一些细微的差异。一方面，世界（world）与全球（global）的基本内涵不同。尽管二者都在相互走近和彼此关联的基础上共同强调整体性和联系性，强调多元主体的相互影响和问题领域的相互贯通，其共同具有"去国家化"的倾向，不再强调某一种单一的组织形态，而是强调个体的基础性作用，甚至"全球"被看作全球化时代"世界"演变的最新形态和特征呈现，是一种对"世界"的全新表达。然而，就其内涵而言，"世界"主要凸显的是个体存在和联合的空间意义，强调的是空间上的整体性，而"全球"则在关注人类空间整体性的基础上，进一步关切到了个体在利益和价值层面的整体性。[②]

另一方面，世界治理和全球治理研究出发点的不同造成了研究视角的差异。全球治理从"世界怎么了，我们怎么办"的时代发问中着手，其概念更多集中在国际政治和国际法的相关研究中，是出于对不同政治形态以及政治行为体之间互动作用的关切。因此，全球治理所处理的是一种全球范围内的政治进程及发展研究。而世界治理则从世界变迁的角度出发，其概念则大多出现在历史学、马克思主义以及经济学的相关研究中。其中，历史学相关研究将世界治理看作不同于历史传统中既有的治理方式的一种全新形态，通过对世界治理变迁性的描述和呈现将当代变化与过去的历史相区别；马克思主

---

① 吴畏：《全球治理的理论困境》，《武汉大学学报》（哲学社会科学版）2016 年第 3 期，第17 页。
② 蔡拓：《世界主义的新视角：从个体主义走向全球主义》，《世界经济与政治》2017 年第 9期，第 26 页。

义主要从世界主义与资本主义的关系中看待"世界治理",认为其"仍然建立在物的依赖基础上,因而其美好的愿望不可避免地受到资本垄断和帝国主义扩张的冲击,最后沦为一种特殊主义的普遍主义的意识形态工具"[①];而经济学家则在马克思所提出的"三个从属于"[②]论断基础上,提出了著名的"中心-外围"理论(core and periphery theory),后来伊曼纽尔·沃勒斯坦(Immanuel Wallerstein)提出世界体系理论,将不对等的现代世界体系结构作为世界治理的基础。可以看出,这些研究所表达的世界治理均包含一定程度上的对立性,例如马克思主义研究中对资本主义与社会主义的比较以及经济学研究中"中心"对"外围"的利用和限制等,这与全球治理所倡导的"非零和博弈"下的合作协同思想仍存在一定差异。

第二节　全球治理理论的主体框架

全球治理的理论框架是全球治理理论的主体部分,它是理解全球治理运行逻辑并指导全球治理活动的关键。就全球治理的理论构成而言,其包括了前提假设、构成要素以及体系建构三个重要部分。其中,理论初始的前提假设对全球治理理论的阐发背景和解释范围做出了基本判断;完备的构成要素为全球治理理论的主体框架提供了枝干;逻辑性的体系架构让全球治理理论脱胎于纷繁的实践活动,以系统性和概括性的思维为后续的理论创新和治理实践提供指导。

一　全球治理理论的前提假设

任何理论的建构都离不开理论的前提假设,肯尼思·华尔兹指出,理

---

① 杨昊:《马克思社会形态理论与历史唯物主义的世界主义》,《国外理论动态》2019年第2期,第102页。
② "三个从属于"是指马克思在资本主义大工业时代来临时指出,西方国家加紧了对东方民族的掠夺,"正像它使农村从属于城市一样,它使未开化和半开化的国家从属于文明的国家,使农民的民族从属于资产阶级的民族,使东方从属于西方"。参见《马克思恩格斯选集》(第一卷),人民出版社,1995,第277页。

论假设的作用在于其为理论的架构提供了必需的条件。这是理论成立的基础，约束了理论的解释范围，为后续的理论建构提供了扎实的"地基"，同时也构成了不同理论之间的主体差异，塑造了理论自身的特色。① 全球治理理论的前提假设同其他的国际关系理论假设一样，都是在对自身所涉及的全球政治（国际关系理论对应国际政治）环境特点以及具体实践活动进行观察的基础上所总结出的具有普遍意义的解释性前提。

在关于全球治理理论前提假设的学术探讨中，最具有代表性的是 2015 年中国社会科学院世界经济与政治研究所的张宇燕和任琳两位学者在《全球治理：一个理论分析框架》一文中所提到的四大前提假设，分别为"满足人们需求与愿望的物质资源与手段（物质、制度）具有稀缺性"、"包括国家在内的所有博弈者是自利行为体"、"存在人类共同利益"以及"不存在世界政府"；② 2018 年两位学者在原有的研究基础上对其进行了扩展，提出了全球治理理论的五个基本前提假设。其中，将"存在人类共同利益"改为了"冲突利益与共同利益并存"，且根据主权国家在规则制定和公共产品提供方面的独特能力，增加了"主权国家是主要博弈者"这一假设。③

不可否认的是，张宇燕和任琳两位学者所进行的这一基础性研究为后续的全球治理理论构建提供了基础，从理论体系的角度对全球治理的相关问题进行了深入探讨，使全球治理从碎片化的现实问题解决转变为具有一定普遍解释力的理论框架。但需要指出的是，两位学者所提出的

---

① 参见〔美〕肯尼思·华尔兹《国际政治理论》，信强译，上海人民出版社，2003，第 156 页。

② 除了张宇燕和任琳两位学者的研究之外，吉林大学于潇、孙悦也在全球治理的基础上提出了"全球共同治理理论"（theory of global co-governance），同样从理论的基本假定和核心要素等方面建构了该理论，其中具体将全球共治理论的基本假定分为四项，分别是"全球资源的有限性"、"人类命运共同体"、"国际关系民主化趋势"以及"多权威的新型国际秩序"。但是鉴于其文章中所提到的"全球共治"与"全球治理"之间存在集体行为逻辑转换、治理对象宽泛、治理主体博弈结构改变以及传统治理机制方式更新等差异，本书只将其作为研究的参考，而不再进行详细的论述分析。参见于潇、孙悦《全球共同治理理论与中国实践》，《吉林大学社会科学学报》2018 年第 6 期，第 73 页；张宇燕、任琳《全球治理：一个理论分析框架》，《国际政治科学》2015 年第 3 期，第 7~10 页。

③ 张宇燕、任琳：《全球治理：一个理论分析框架》，载张蕴岭、高程主编《改革开放以来的中国与世界》，社会科学文献出版社，2018，第 217 页。

全球治理理论的前提假定仍然存在一定的局限性，具体表现在两个方面：第一，他们在提出这一系列的前提假设时，所依托的是制度经济学和国际政治经济学的相关知识体系，主要将全球治理看作基于稀缺资源现状和资源有效配置原则的博弈结果，较大程度地体现了经济学含义，而缺少一定的政治意涵和考量；第二，就其所提出的全球治理理论的基本前提假定以及后续的理论建构而言，尽管对全球治理中所出现的"全球公共产品"、"集体行动难题"以及"治理非中性"等基本概念和问题有所涉及，但是全球治理与其他基于博弈而产生的国际政治经济合作行为的区别并不明显。此时的全球治理仅仅是一种交互博弈之后的帕累托最优决策，更多体现的是人类在条件限制下的被动选择，没有体现出全球治理是在全球化进程影响下人类基于影响自身整体生存和发展的全球性问题而产生的迫切需求，以及各类主体积极主动地为其做出努力这一能动性选择的特点。

如果仅仅将全球治理看作无政府状态下由多元主体参与（而不只是以国家为主体）并构建出一系列规则的行为过程以及合作关系的话，那么全球治理将只能作为一种暂时性的利益抉择，全球治理理论也将失去其作为一种长远理论的基础。因此，为了凸显全球治理与既有的国际政治合作行为的不同，强调全球治理产生的全球化时代特色，本书在此前研究基础上进一步探索，结合全球治理的现实发展及其自身特色，提出全球治理理论的五大前提性假设。

（一）假设一：全球政治处于无政府状态

"无政府状态"[①] 长期以来都被看作主流国际关系理论构建的逻辑起点和理论基石，主要是指在具体的政治运行过程中国家之上没有任何权威，

---

① 海伦·米尔纳（Helen Milner）曾经对"无政府状态"假设进行了细致的分析，认为"无政府状态"至少包含两种意涵：第一种指的是缺少秩序的混乱与无序；第二种则是指缺少政府。原文为"Anaechy has at least two meanings. The first meaning thet anarchy carries is a lack of order. It implies chaos or disorder... The second definition of anarchy is the lack of government"。参见 Helen Milner，"The Assumption of Anarchy in International Relations Theory: A Critique"，*Review of International Studies*，Vol. 17，No. 1，1991，pp. 69–70。

各国在互动中可以做出承诺，缔结条约，但没有任何最高权力保证遵从和惩罚背离。具体而言，它意味着"缺乏中央权威对国家追求主权利益的行为施加限制"①。这一基础性假设在全球治理的范畴中并没有发生改变，全球治理仍然建立在全球无政府状态的背景下。

> 目前的无政府状态具有多样性，它不是只有无序—安全至上—自助—均势的逻辑，国家个体的逻辑，或强权的逻辑，还有有序的逻辑，制度的逻辑，法治的逻辑，道德与价值的逻辑，以及共同利益与公共利益的逻辑。现在，具有多样性的国际关系难以用一种逻辑来解释。在这种国际无政府状态下，世界各国往往冲突、竞争与合作并存，交互作用。②

在全球治理中，尽管存在一定数量的超国家行为体，并且可能形成了一定的治理规则，但其都不具备任何强制性权力去确保某类制度或某项协议的严格执行，全球治理仍然是建立在各个行为体自愿参与和自觉遵循的基础之上。无政府性构成了全球治理与国内治理最为本质的区别，也是全球治理理论建构亟待需要厘清的前提。因此，"全球政治处于无政府状态"这一假设的意义就在于其为全球治理体系性研究提供了一种政治生态，全球治理理论后续所演绎出的一系列逻辑结果均是在这一假设的前提下所实现的。

（二）假设二：全球化影响下的相互依赖关系的建立

布鲁斯·拉西特（Bruce Russett）和哈维·斯塔尔（Harvey Starr）曾经将相互依赖看作所有体系的特征，并认为全球政治也处于这样的体系之中。"相互依赖强调系统各部分间的相互联系，相互依赖是该系统以机遇或可能性的形式对某一国家和其它行为者施加的制约，是该系统以意愿的形式对

---

① 原文为 "Nations dwell in perpetual anarchy, for no central authority imposes limits on the pursuit of sovereign interests"。参见 Kenneth A. Oye, "Explaining Cooperation Under Anarchy: Hypotheses and Strategies", *World Politics*, Vol. 38, No. 1, 1985, p. 1。

② 俞正梁：《国际无政府状态辨析》，《外交学院学报》2002 年第 1 期，第 53 页。

决策者施加的制约。"① 就全球治理而言，其产生离不开全球化进程的影响，全球化所催生出的一系列全球性问题为全球治理提供了治理的缘由，全球化对既有政治空间的打破与重构为全球治理提供了现实的可能。在全球化的浪潮中，"旧的、靠本国产品来满足的需要，被新的、要靠极其遥远的国家和地带的产品来满足的需要所代替了。过去那种地方的和民族的自给自足和闭关自守状态，被各民族的各方面的互相往来和各方面的互相依赖所代替了"②。深层次相互依赖关系的建立成为当今时代不可否认的变化之一，它使全球政治呈现出一种"体系中的行为体或者事件相互影响的情势"③。

全球治理正是建立在相互依赖基础上所产生并开展的一系列活动与努力。全球治理当中所涉及的相互依赖关系不仅表现在不同层次的政治主体——全球体系、国际体系、国家体系与地方体系——之间的互动，同时也体现为领土、资源、人力等不同领域之间的彼此渗透。④ 因此，"全球化影响下的相互依赖关系的建立"这一假设为全球治理体系性研究提供了一个对现实关系的描述判断和后续行动实现的可能，是全球治理理论建构必不可少的基础之一。

（三）假设三：多元主体共同参与的可能

全球治理与国际治理的主要区别就在于后者主要以国家为主体去解决国家间的相关问题，而前者则更多地强调多元主体的共同参与。正如罗西瑙所描述的那样，在全球化和全球治理的影响下，人们正在适应并融入一个多元中心的世界，其中既包含了"长期以来支配事件进程的国家及国家政府的国家间体系"，又包含了"由新近作为拥有主体的竞争性权威源泉出现的各种类型的其他集团组成的多元中心体系"，这"两个世界"相互交织

---

① 〔美〕布鲁斯·拉西特、哈维·斯塔尔：《世界政治》（第五版），王玉珍等译，华夏出版社，2001，第361页。

② 《马克思恩格斯选集》（第一卷），人民出版社，1995，第276页。

③ 〔美〕小约瑟夫·奈：《理解国际冲突：理论与历史》，张小明译，上海人民出版社，2002，第275页。

④ James N. Rosenau, "Toward the Study of National International Linkages", in James N. Rosenau, ed., *Linkage Politics: Essays on the Convergence of National and International Systems*, Free Press, 1969, pp. 44-63.

和嵌套，在全球范围内形成了一个网络化的关系结构。①

在这个结构中，国家通过上行向度将部分针对国际维度的权力让渡给了国际组织，同时也通过下行渠道将部分围绕国内维度的权力让渡给了跨国公司、市民社会以及其他组织团体。这些多元的行为体之间通过相互依赖的全球关系网络进行联动，各类机遇与风险的全球覆盖性逐步增强，"你中有我，我中有你"的命运共同体也逐渐建立。此时的多元主体之间是一种彼此需要、彼此关联、彼此牵动的关系，共同掌握全球发展的关键命脉。这就使得多元的治理主体能够享有共同参与全球治理的机会和可能，进而塑造了全球治理概念和全球治理理论区别于其他概念或理论的特征所在。

（四）假设四：全球资源的有限性和稀缺性

这里的稀缺性并不同于之前研究中催生博弈的稀缺之意涵，而是意在凸显在全球资源有限、稀缺条件下全球治理的必要性和紧迫性。在既有的国际关系理论中，资源是重要的权力来源，自第二次世界大战结束以来，以石油、天然气、煤炭为代表的战略资源成为各国国家安全的重要组成部分。② 各国开始通过对资源的转化来实现本国权力的增长，这导致了资源被过度攫取，有限的全球资源在国际竞争的过程中急速减少，进而引发了一系列的全球性问题，例如水资源短缺所导致的缺水问题、土地资源质量下降所导致的耕地牧地减少问题、森林资源短缺所导致的环境退化和物种多样性减少问题等。现阶段，人们越来越多地关注到资源所引发的严重后果，开始试图通过一系列资源保护的方式来改善资源短缺等问题。然而，这并不是依靠单一国家所能够完成的事情，需要全球的共同合作，因此便催生了全球治理。

如果说，自然资源的有限性让全球治理成为一种势在必行的努力，那么时间资源的稀缺性则让全球治理成为一项迫在眉睫的任务，"迫使人们在

---

① 詹姆斯·罗西瑙提出了两个共在的世界（the interaction of two contemporaneous worlds: the state-centric and the multicentric）。具体可参见 James N. Rosenau, *Turbulence in World Politics: A Theory of Change and Continuity*, Princeton University Press, 1990, chapter 10。

② 于宏源：《地缘政治与全球市场：全球资源治理的两种逻辑》，《欧洲研究》2021 年第 1 期，第 104 页。

所有方面都去用速度填补时间资源不足造成的空缺"①。哈尔特穆特·罗萨 (Hartmut Rosa) 在其著作《加速：现代社会中时间结构的变化》中指出，"在时间压力的体验下，导致行为时间和体验时间变得稠密"，人们正在面对一个"因为飞速变化而会失控的世界"。② 正是这些有限且稀缺的资源对全球治理提出了强烈的内生发展需求，彰显了全球治理开展的迫切性，形成了全球治理理论构建的基础之一。

（五）假设五：全球层面个体利益与共同利益并存

全球层面的个体利益是指全球治理的各个行为主体基于自身特点，为实现自我发展而对全球治理产生的个体利益诉求，并且不同的个体利益之间往往存在一定的差异性，甚至是冲突性；而全球层面的共同利益则是指全球治理的各个行为主体基于对全球发展环境的依赖而产生的一部分具有共性的利益需求。在全球治理的整体运行中，个体利益与共同利益的并存共同构成了全球治理发展的基础。

其中，共同利益是全球治理得以建立的根本。面对全球的复杂形势，任何主体都无法做到独善其身，以气候问题、环境问题、公共卫生问题、核安全等为代表的全球性问题打破了传统的疆域限定，使人类生存的最基本关切和最本质利益得到呈现，需要通过全球层面的共同治理来有效解决。此外，个体利益的存续为全球治理奠定了多样性基础，使不同主体之间的合作成为一种可能。随着全球化融入与抽离的双向作用的发挥，个体关于自身身份角色和行为方式有了更多的选择机会和数量，"它开启了或提出了更多显然曾经被阻止或忽略的选项"③。个体利益的独特性和差异性将得到进一步显现，这种异质性赋予了全球治理以现实的意义，凸显了多元合作的价值。因此，"全球层面个体利益与共同利益并存"作为全球治理理论的

---

① 张康之：《论时间资源稀缺化对社会治理的挑战》，《行政论坛》2019 年第 3 期，第 34 页。

② 〔德〕哈尔特穆特·罗萨：《加速：现代社会中时间结构的改变》，董璐译，北京大学出版社，2015，第 185 页。

③ 原文为 "It opens up or makes more visible prebiously blocked or unnoticed options"。参见 David J. Elkins, "Globalization, Telecommunication and Virtual Ethnic Communities", *International Political Science Review*, Vol. 18, No. 2, 1997, p. 146。

前提假设之一，为全球治理具体的实现提供了依据和抓手，并使其理论更加明晰具象。

二 全球治理理论的构成要素

如果说全球治理的前提假设是全球治理理论大厦的坚实基础，那么全球治理的构成要素则为这座大厦增添了具体的支柱。这些要素之间的相互连接和相互作用，为全球治理塑造出一种独特的运行方式，这既阐释了全球治理的特性，同时也是全球治理理论逻辑推导的依据。因此，就全球治理理论而言，构成要素的意义在于它们成为贯穿始终的节点，是全球治理理论体系中的重要部分。

在既有的研究中，全球治理理论的构成要素存在三种划分方式。第一种是以张宇燕和任琳的研究为代表，主要从全球治理不同的研究视角和概念定义出发，将与之相关联的基本概念视作理论构建的基本元素，例如，其从全球治理的众多影响因素中提取了以"全球治理形态""治理能力""全球公共产品"等为代表的十五项基本要素。[①] 第二种则是将全球治理理论的构成本质等同于全球治理体系的具体内容，主要倾向于从体系内容的构成和体系运行的角度来挖掘相关的全球治理理论要素。例如，刘雪莲指出，尽管我们当前难以对什么是全球治理体系进行明确统一的界定，但是"谁治理、治理什么和怎样治理"的问题可以引导我们去发掘体系内部的主体、客体以及制度、观念等主要要素，尽管无法直观描述体系，但是可以明确的是，这些要素之间的有机联系生动地刻画了全球治理体系。[②] 张发林、杨佳伟指出，体系是由若干事物相互联系所构成的整体，依据此，全球治理体系可以被理解为"不同行为主体通过多种方式（载体）为解决特

---

① 两位学者从博弈过程出发，提取了全球治理中所包含的"全球治理形态""博弈者特性""治理能力""利益攸关度""全球公共产品""集体行动难题""治理非中性""双层博弈""治理成本""治理收益""治理绩效""治理演化""治理改进""治理改退""治理均衡"十五项基本要素。参见张宇燕、任琳《全球治理：一个理论分析框架》，载张蕴岭、高程主编《改革开放以来的中国与世界》，社会科学文献出版社，2018，第219~227页。

② 刘雪莲：《充分认识全球治理体系变革的局限性》，《探索与争鸣》2020年第3期，第12页。

定国际问题（客体）而形成的一个相互联系的整体"，其中的"若干事物"就是"全球治理的主体、客体和载体"三个基本要素。① 第三种则是从理论建构的角度，从全球治理所依据的治理理论出发去探究理论本身所包含的基本要素。例如俞可平将全球治理的要素划分为主体或基本单元、对象或客体、价值、规制以及结果，分别对应治理过程中所涉及的"谁治理"、"治理什么"、"为什么治理"、"依靠什么治理或如何治理"以及"治理得怎样"五个问题。② 刘建飞、袁沙指出，尽管当前学界围绕全球治理概念依照研究倾向的不同而表现出各异的理论侧重，但是从总体角度而言，全球治理无一不包含"治理目标"、"治理主体"、"治理客体"、"治理机制"以及"治理反馈"五大要素，这些共有的要素构建了全球治理概念的统一性，其相互之间的互动和发展造就了全球治理的理论，并指导具体的实践。③

综上，尽管这三类不同的划分方式基于相异的分类标准，提取了种类和数量都各不相同的构成要素，代表了不同的理论基础和研究视角，但是都共同丰富了全球治理理论的研究。这些不同的类型要素之间存在一定的重合关系，整体的全球治理运行方式并没有表现出明显的分歧，只是因依据不同的角度和方法而存在相对的差异。例如，第一种划分中所提出的"全球治理形态"实际上就涉及了不同的治理制度所表现出的不同形态，体现了治理的"实施者/代理人与国际博弈者/委托人"等治理主体之间的关系，包含了治理所覆盖的具体决策过程以及治理的范围强度等内容，而"利益攸关度"则直接指向了全球问题对于治理主体的影响，与其他分类中"全球治理的客体"要素紧密相关。第二种分类尽管类型数量较少，缺乏对"全球治理的效果"要素的考量，但对全球治理体系的研究并未停留在静态层面，而是主要从体系变革的角度展开，其中变革的原因、过程以及所形成的新的全球治理体系的特征，实际上就是对"全球治理的效果"的一种

---

① 张发林、杨佳伟：《统筹兼治或分而治之——全球治理的体系分析框架》，《世界经济与政治》2021 年第 3 期，第 129 页。

② 俞可平：《全球治理引论》，《马克思主义与现实》2002 年第 1 期，第 25 页。

③ 刘建飞、袁沙：《当代全球治理困境及应对方略》，《中共中央党校（国家行政学院）学报》2019 年第 2 期，第 87 页。

反馈。综合而言，这三种不同类型的分类标准在内容上存在一定的贯通性，因此，本书在既有研究成果的基础上，选取了第三种分类方式，对全球治理理论所涉及的构成要素进行阐述。

（一）构成要素一：全球治理的主体

全球治理的主体主要对应"谁来治理"的问题，是指制定和实施全球游戏规则的组织或机构。[①] 全球治理涵盖多元的主体类型，依据不同的分类标准，其具体可以被划分为"国家行为体"（state actors）和"非国家行为体"（non-state actors），也可以被划分为"国家层面"（national level）、"超国家层面"（supra-national level）以及"次国家层面"（sub-national level）的行为主体，亦可以被划分为"主权意义上的民族国家"（nation state in the sense of sovereignty）、"政府间国际组织"（IGO）和"非政府间国际组织"（NGO），以及"主权国家"（sovereign state）、"国际组织"（International organization）、"跨国公司"（transnational corporations）、"市民社会"（civil society）和"个人"（person）等多元的行为主体。其中，主权国家在传统的全球治理政策制定以及执行的过程中始终扮演着主要的角色，随着全球化所造成的国家权力的流散，包括国际机构、非政府组织以及跨国公司等在内的组织和个人的权力开始增强，逐渐分享着原本由国家专享的职能，开始在全球治理的进程中显现出重要的参与影响和治理作用。主体的跨国性和多元性日益成为全球治理的主要特征之一。对于全球治理理论而言，主体是理论构建最为核心的要素，全球治理就是在不同的主体之间构建集体协议的过程。不同主体的地位呈现和作用发挥都将在很大程度上影响全球治理的理论走向以及全球治理的现实运行。因此，在全球治理中到底哪类主体处于核心地位或发挥决定性作用长期以来都是全球治理理论关注的焦点。

（二）构成要素二：全球治理的客体

全球治理的客体，又称全球治理的对象，主要对应"治理什么"的问

---

① 刘勇、王怀信：《全球治理的构成要素评析》，《学术论坛》2017 年第 4 期，第 127 页。

题，是指全球治理所针对的对象或在全球层面需要得到治理的相关问题，这些问题通常与全球化的发展息息相关。全球化在全球层面开辟出的资源、资本、信息、技术等高效流动通道，致使原本存在于某一国家或区域边界内部的问题在全球便捷的通道网络中快速蔓延，进而超越了原本的领土边界，成了所谓的"全球性问题"。联合国对这些问题进行了研究，并指出当前人类正在面临 22 个主要议题的威胁。① 可以看出，当个体的治理行为已经无法彻底消除此类问题的危害性时，全球治理的外生需求便应运而生。因此，全球治理客体的出现，反映了全球化时代时空环境的极速变化，当这些问题之间的联动性和交织程度日益增强时，它们对于全球所造成的危害也呈指数式增长。此时，全球治理从一种现实需求转变为一种实现的必然，而全球治理的客体则构成了全球治理的逻辑起点。

（三）构成要素三：全球治理的制度

全球治理的制度（全球治理的规则/规制）主要对应"如何治理"的问题，是指全球治理活动所依据的相关规则，它决定了全球治理将沿着怎样的路径以及方向推进，包含了用来调节全球关系与秩序的各类组织、机制、原则、规范、政策以及协议等。其中，国际制度被看作全球治理制度层面最核心的因素，罗伯特·基欧汉指出，"局部全球化世界的有效治理需要更为广泛的国际制度，防止全球化的停滞或逆转，需要发展促进合作、有助于解决冲突的治理安排"②。基于治理的类型，全球治理中的制度可以被分为国际组织（international organization）和国际体制（international regime）两类，其中，国际组织又可被细分为正式的国际组织、半正式的国际组织

---

① 联合国列出了十类全球日常议题，分别为大数据促进可持续发展问题、性别平等问题、民主问题、水资源问题、海洋与海洋法问题、消除贫困问题、粮食问题、老龄化问题、难民问题以及青年问题。参见 https：//www.un.org/zh/global-issues/，最后访问日期：2023 年 5 月 26 日。

② 原文为 "But even if national states retain many of their present functions, effective governance of a partially-and increasingly-globalized world will require more extensive international instittions. Governance arrangements to promote cooperation and help resolve conflict must be developed if globalization is not to stall or go into reverse"。参见 Robert O. Keohane, "Governance in a Partially Globalized World Presidential Address, American Political Science Association, 2000", *American Political Science Review*, Vol. 95, No. 1, 2001, p. 1。

以及非正式的国际组织，而国际体制则具体包含了国际规范与国际规则。① 基于制度的主体构成，全球治理中的制度又可以被划分为现行的由发达国家主导的全球治理机制，正在演进中的或者可能发生重大变革的由发达国家主导或发达国家与新兴国家共同主导的新兴的并且具备潜在的世界性影响力的全球治理机制以及未来可能具备某种系统重要性的（当前可能影响力有限）由新兴国家倡建和参与的具有较好发展前景的新体制与新规则三类。② 可以看到，全球治理的制度在为全球治理活动提供依据的同时，也成了全球治理主体与客体之间的联动路径与方式，为全球治理的实施搭建了平台。"总之，如果没有这些或者那些制度……那世界恐怕真会陷入'丛林状态'。"③

（四）构成要素四：全球治理的价值

全球治理的价值（全球治理的观念）主要对应"为什么治理"的问题，是指全球治理的目标找寻与答案探索，它涵盖了不同主体在全球层面展开治理合作背后的理想信念与目标愿望。德国哲学家赫尔曼·洛采（Rudolf Hermann Lotze）认为"价值领域的特征首先是它的理想性和合目的性，价值同意图、目的、理想、意义不可分离"，它是融合了利益、目的、理想等多重内容后的选择。④ 可以说，价值要素是将全球治理中多元主体凝聚在一起的"拉绳"，不同的行为体在价值认同的基础上，可能达成摒弃短期利益分歧而致力于全球长期发展的共同努力。因此，如果说"全球治理的客体"为全球治理提供了现实上的需要和行动上的必然的话，那么"全球治理的价值"则为全球治理活动的开展提供了某种实践的可能。它是全球治理的基石，一方面为相异主体在全球层面的合作提供了价值支撑，使其能够以

---

① 张发林、杨佳伟：《统筹兼治或分而治之——全球治理的体系分析框架》，《世界经济与政治》2021 年第 3 期，第 130~131 页。

② 何帆、冯维江、徐进：《全球治理机制面临的挑战及中国的对策》，《世界经济与政治》2013 年第 4 期，第 19 页。

③ 关于马克·扎克尔（Mark Zacher）的这一观点，参见〔美〕托马斯·G. 怀斯《治理、善治与全球治理：理念和现实的挑战》，张志超译，《国外理论动态》2014 年第 8 期，第 16 页。

④ 赵修义、童世骏：《马克思恩格斯同时代的西方哲学——以问题为中心的断代哲学史》，华东师范大学出版社，1994，第 590 页。

一种共同的价值观为引领，在利益分歧和既有矛盾存在的情况下依然选择多向走近，为全球治理进程的出现提供了可能；另一方面，它通过价值、观念、道义的作用对既有的和未来即将生成的全球治理行为提供指导和约束，进而成为全球治理中一种隐性的、内在的"自我规制"。"全球治理的价值"从其本质而言，是建立在"以人类整体论和共同利益论为价值导向"的共同价值的基础之上的凝聚了全球治理体系中多元主体利益的一种价值共识，其突破了国家、种族、宗教、意识形态乃至经济、制度、文化等边界的桎梏，具有全球意义上的普世性。① 这种普世性并不等同于"放之四海而皆准"的普世意义，"真正的普世性在于意识到世界政治中行为体与能动者的多样性"，在领会和尊重不断变化世界的多样性过程中找寻彼此的共同点，② 并且全球治理的价值一旦得到确立，将对全球治理的活动产生引领和导向作用，促使全球治理的具体努力朝着这种价值取向及其所承载的诉求内容发展。

（五）构成要素五：全球治理的效果

全球治理的效果（全球治理的绩效）主要对应"治理得怎么样"的问题，是对全球治理行动的回顾，针对特定的客体对治理效果进行评价，是对全球治理的主体、客体、制度以及价值等要素彼此间关系结构和互动方式的总结。当前对全球治理效果的评估具体可以分为两类。第一类是对全球治理体系整体的评判，即根据治理的需求和治理的具体手段、方式及进程，从整体上对全球治理在问题解决中的作用予以评价。例如，近年来出现的"全球治理的失败""全球治理失灵""全球治理失效"等质疑，以及认为危机与挑战"都不足以成为我们反对或放弃全球治理的理由"等肯定观点。③ 第二类则是基于有效性的相关原则和评判标准对全球治理中的具体制度或机制进行评价，并制定出相应的有效性评估体系。例如，奥兰·扬将有

---

① 蔡拓：《全球治理的中国视角与实践》，《中国社会科学》2004 年第 1 期，第 95~96 页。
② 〔加〕阿米塔·阿查亚：《重新思考世界政治中的权力、制度与观念》，白云真、宋亦明译，上海人民出版社，2019，第 15 页。
③ 刘金源：《从全球化后果看全球治理》，《探索与争鸣》2005 年第 2 期，第 23 页。

效性概念看作一种用以衡量制度对国际行为的塑造或影响的尺度①。阿里尔德·昂德达尔（Arild Underdal）强调有效性评判中的相对性原则②。卡斯滕·赫尔姆（Carsten Helm）和德特莱夫·施普林茨（Detlef Sprinz）提出了机制有效性的具体评判公式③。此外，塔马尔·古特纳（Tamer Gutner）和亚历山大·汤普森（Alexander Thompson）强调过程的重要作用，提出了宏观-中观-微观三个层次的有效性评估方法④。总体而言，全球治理作为一种治理的方式和手段，其面对多元的主体和利益诉求，针对具有紧迫性和巨大影响力的全球性问题，通过制度创设以及价值融汇实现其具体的治理功能。全球治理效果的评估是对其整个过程的总结和反馈，并通过反思性的学习产生一定的改进效果，对某一阶段或长远的全球治理行为而言具有十分重要的意义。

三 全球治理理论的体系建构

全球治理理论在全球治理前提假设这一基础性阐释和全球治理构成要素这一支撑性条件的共同作用下建构而成。换言之，全球治理的前提假设和构成要素之间通过紧密的契合关系以及一定的逻辑进行组构，共同构筑起了全球治理的理论大厦。就全球治理的发展而言，全球治理理论体系的

---

① 关于这一论述的解释，参见〔美〕奥兰·扬《国际制度的有效性：棘手案例与关键因素》，李宇晴译，载〔美〕詹姆斯·N.罗西瑙主编《没有政府的治理》，张胜军、刘小林等译，江西人民出版社，2001，第187页。

② 阿里尔德·昂德达尔认为机制的有效性是相对的，他指出了在机制有效性评价过程中需要被排除的两种特殊情况，分别为"无机制反事实"（no regime counterfactual）和"集体最优结果"（collective optimum），它们是两种极端的情况，前者是指即使不存在任何国际机制也能够被解决的问题，而后者则是指即使在最理想状态下也很难得到解决的问题。参见 Arild Underdal, "The Concept of Regime Effectiveness", *Cooperation and Conflict*, Vol. 27, No. 3, 1992, p. 231。

③ 这个评判的公式为：机制有效性=（机制的实际表现-无机制反事实情形）/（集体行动最佳效果-无机制反事实情形）。参见 Carsten Helm and Detlef Sprinz, "Measuring the Effectiveness of International Environmental Regimes", *The Journal of Conflict Resolution*, Vol. 44, No. 5, 2000, pp. 636-637。

④ 其中，宏观层面主要侧重结果，中观层面主要评估是否造成了一定的政治影响或改变了政策议程，而微观层次则主要关注特定的功能。参见 Tamer Gutner and Alexander Thompson, "The Politics of IO Performance: A Framework", *Review of International Organizations*, Vol. 5, No. 3, 2010, p. 234。

建构能够为全球治理现实提供理论引领，使其进一步提升实践的效率；同时，全球治理理论体系也能够为多元的全球治理行为提供包容性框架，为相异的全球治理行为构建理论本源的支撑。

（一）全球治理理论与全球治理实践的区分

伯兰特·罗素（Bertrand Russell）将理论命题看作对主要变量间逻辑关系的阐述，其强调逻辑结构的重要性，指出"逻辑结构可以从原初事件簇中建构出来，这些结构所具有的性质完全像上述普通概念的性质一样从而说明它们有普遍性，但又完全不像从而在它们被当作基本要素接受时允许大量的错误溜进来"[①]。全球治理理论作为一个理论体系框架，着重涉及全球治理各个变量（要素）之间的关系问题。然而，尽管全球治理实践是对于具体理论的现实反映，映射出全球治理理论的主要逻辑，但是这二者并不完全等同。本书认为，在讨论全球治理理论的体系建构之前，有必要对全球治理理论与全球治理实践进行区分，在二者差异性的探讨中解读理论层面的独特性内容。

第一，从产生根源来看，全球治理理论建基于传统的国际关系理论，具有坚实的理论基础和支撑，其作为一种宏大的理论体系在一定程度上包含了全球治理的实践内容，其突破了传统国际关系理论在解释当今世界方面的局限性。随着全球化的到来，传统国际政治研究中国家间彼此相对分离和独立的关系被打破，相互依赖程度不断增强，国家的权力、利益和身份在全球化时代被重塑；非国家行为体开始进入全球政治舞台并发挥重要作用，以国家为基本单元的国际政治体系的作用在复杂的全球性问题面前被质疑；全球共同利益开始得到关注；冲突与合作不再作为绝对的对立面。这些新兴政治现象的出现使得传统国际关系理论的解释力下降，全球治理理论开始成为一个与传统的"国际关系"观点不一样的视角，其在全球范围内提出了一种"创新的政治概念和政治行为方式"。[②] 但是，这个崭新的

---

① 〔英〕伯兰特·罗素：《逻辑与知识（1901—1950 年论文集）》，苑莉均译，商务印书馆，1996，第 414 页。

② 蔡拓、王南林：《全球治理：适应全球化的新的合作模式》，《南开学报》（哲学社会科学版）2004 年第 2 期，第 66 页。

理论并不是无本之木、无源之水，而是在对传统国际关系理论的汲取基础上产生的。其中，现实主义对国家本质和行为的分析以及对国际无政府特性的界定为全球治理理论提供了基础思路，自由主义通过对相互依赖关系的探索和制度、规范等要素的提出为全球治理理论提供了"附属媒介"，建构主义从行为体身份、观念、认同的角度为全球治理理论提供了"主体间标准"。这些传统国际关系理论均成为全球治理理论构建的基石，为全球治理理论提供了坚实的理论支撑。而全球治理的实践作为全球治理理论指导下的一项具体内容，体现了全球治理理论的意涵，二者存有治理理念的贯通和治理方法的延续，在很多问题上存在重合，全球治理的实践也从多个侧面反映全球治理理论的主体逻辑。但就实践本身而言，它的出现仅仅是对于某个具体问题的处理解决或对于某种行为方式的努力探索，其具有多重的实现路径和灵活的实施手段，是全球治理理论自上而下在实践层面的传递和表达，却无法从实践中自下而上地推演出整体性理论。

第二，从主体内容来看，全球治理理论是对全球治理实践源起和动力的探索，相对于描述性的全球治理而言更具系统性和深刻性。著名逻辑学家弗里德里希·路德维希·戈特洛布·弗雷格（Friedrich Ludwig Gottlob Frege）曾经指出，理论的建构并不一定受制于现实，而是需要从复杂的现实中抽离，对主要的逻辑关系进行概括。[1] 就全球治理理论而言，其核心内容并不是对现实世界"工笔画"般的具象刻画和细致阐明，并不是某一清晰的全球生活领域或层面，也不可能由任何专门的组织来包办，相反，它的意义在于"它是全球生活的一个视角，一个为便于理解全球生活的高度复杂性和多样性而设计的有益视角"[2]。可以说，全球治理理论源于全球治理实践，同时又高于全球治理实践，它不仅要适用于全球治理的过去、现在和未来可能的实现路径或具体的形态模式，并且要回答为什么会出现全球治理的现象、全球多元行为体是怎样被组织起来的、在其他时代存在怎

---

① 参见 Frege，"Function and Concept"，转引自张宇燕、任琳《全球治理：一个理论分析框架》，《国际政治科学》2015 年第 3 期，第 16 页。

② 〔美〕马丁·休伊森、蒂莫西·辛克莱：《全球治理理论的兴起》，张胜军译，《马克思主义与现实》2002 年第 1 期，第 45 页。

样的组织形式和秩序、我们应该怎样去建构更好的指令和控制系统等问题。① 它是对全球治理现象背后所蕴藏的深层次动力作用、结构变化、运行逻辑以及演进方向等系统性问题的解答，并不拘泥于某一时段或某一问题的具体实践，而是表现出更高的站位，是一种更加系统、更加宏观的总括。相比于"作为一个理解全球变革的根源和政治含义的至高点"的全球治理理论而言，全球治理实践所关注的主体内容是对于特定问题的解决，功能属性更加显著。

第三，从作用发挥来看，全球治理理论的发展包含了主观层面的理论建构过程，相较于强调实践性的全球治理活动而言，全球治理理论的影响更为深远。作为一种理论建构，全球治理理论体系能够对全球治理实践产生重要的影响，指导全球治理实践的具体内容和实现方式。但这种理论作用的发挥有时也为全球治理理论带来了负面影响，使得理论建构具有了一定的工具属性。有学者指出，"作为一个极具开放性的、功能主义的概念，全球治理理论也极易沦为一些人用来灌输意识形态价值的方便工具"，进而成为某些违背全球治理根本价值的行为理由和借口。② 在这样的负面成因下，争夺理论建构的主导地位就成了某些国家或政治势力的主要意图，其希望借助发挥理论的工具性作用来促进自我目的和利益的实现。此时的全球治理理论，已经不仅仅是一个更加清晰理解世界的分析工具，而且是一个政治项目，它不仅是在管理全球化的事务，同时也是在将资本主义的新自由主义思想合法化，并且在拓展它的结构规模和局部领域。③ 尽管全球治

---

① 原文为"There is a structural problem with implementing our recommendation to begin an IR fieldwide debate about how the world is organized; why we have the forms of governance that we currently have; what forms of organization and order existed in other epochs worldwide; and how we ought to construct better planetary (or otherwise) systems of command and control. That underlying problem is the feeble intellectual traction of global governance itself. If it is to be made fit for purpose in this century, the term needs serious attention". 参见 Thomas G. Weiss and Rorden Wilkinson, "Global Governance to the Rescue: Saving International Relations?", *Global Governance*, Vol. 20, No. 1, 2014, p. 31。

② 李义中：《全球治理理论的基本取向问题析探》，《安庆师范学院学报》（社会科学版）2005年第2期，第22页。

③ 〔英〕汤姆·佩格勒姆、米歇尔·阿库托：《全球治理的空白地带》，谢嘉婷、吴秋怡、翁士洪编译，《国外理论动态》2016年第5期，第100页。

理的实践是在全球治理理论的指导下进行，但是其聚焦点更为集中，通常关注的是某一领域或某一阶段内具体问题的解决，加之实践更加考验的是作用的及时发挥以及问题的及时处理，"使得全球范围内的问题拥有不同的产生根源和发展动力，从而会分化全球治理概念的整体性和规范性"①。它可能会根据不同的初始视角、已经具备的治理条件以及对某个要素关注的强弱程度而进行灵活调整，更多强调问题处理的时效性，长远的政治意图和理论设计很难在短期的实践过程中完成。②

综上所述，全球治理理论与全球治理实践在产生根源、主体内容及作用发挥三个方面均存在差异，二者并不相同。全球治理理论凭借更加宏观、系统的理论视角，对众多纷杂的全球治理现象背后所蕴藏的体系架构和逻辑关系进行总括，是在一定的趋势判断基础上对逻辑的推演和系统的推导，是对复杂系统的降维处理。全球治理理论旨在为全球治理研究提供一个总体的研究思路和框架，在全球治理前提假设所约定的范围内指明各个构成要素之间运作的模式与关系。

（二）全球治理理论的框架梳理

全球治理理论的建构并没有脱离基本的前提假设和构成要素的主体内容。全球治理理论体现的正是在全球无政府状态的前提和全球化所产生的相互依赖关系的作用下，面对有限和稀缺的全球资源消耗所产生的全球性问题以及所导致的紧迫治理需求，各个主体之间基于共同的利益和价值取向，通过多元主体合作所依托的制度平台而开展的一系列治理活动。因此，全球治理理论为全球政治活动的前提假设和全球治理行为的构成要素提供了一个集中置放的容器，使它们的作用和意涵在这个容器中通过彼此的联结而得到施展和阐明。

---

① 张铎、张东宁：《全球治理理论的困境及超越》，《社会科学战线》2017年第4期，第276页。

② 但是也会存在特殊的情况，即如果对大多数的全球治理实践进行长期干预的话，也能为某种全球治理理论的建构提供帮助。例如，随着过去很长一段时间内少数西方大国对于全球治理实践的垄断，全球治理理论也成了个别国家在全球范围内扩张其势力的借口。参见李义中《全球治理理论的基本取向问题析探》，《安庆师范学院学报》（社会科学版）2005年第2期，第21页。

就全球治理理论的总体框架而言，多样的分析框架对全球治理理论运行逻辑进行了推演。其中，张宇燕和任琳从供需关系的角度出发，将全球治理的前提假设和构成要素的组合分为需求端和供应端两个方面（见图1-1）。张宇燕和任琳认为在需求端，不同的全球性问题的解决对应着不同的公共产品，因此针对不同领域的问题会产生不同的全球治理形态需求，而不同的全球治理主体将基于自身属性、利益、能力、意愿因素而产生不同的治理动力，进而形成一个博弈的过程；供应端则主要涉及全球公共产品的筹集过程和目标制定，即当全球治理需求与主体治理的动力博弈相结合时，会产生对治理成本、治理收益等因素的考量，进而判断是否能够达成相对稳定的治理均衡，达到全球治理的理想目标，其中蕴藏着对全球治理效果的评估，进而反馈到下一轮的全球治理实践当中。[①]

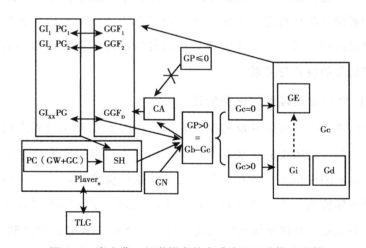

图1-1 张宇燕、任琳提出的全球治理理论推理逻辑

注：GI 为全球问题，GGF 为全球治理形态，PG 为公共产品，CA 为集体行动，GN 为治理非中性，TLG 为双层博弈，PC 为博弈者属性，SH 为利益攸关度，GC 为治理能力，GW 为治理意愿，GP 为治理绩效，Gc 为治理成本，Gb 为治理收益，Ge 为治理演化，Gi 为治理改进，Gd 为治理改退，GE 为治理均衡。

资料来源：张宇燕、任琳《全球治理：一个理论分析框架》，载张蕴岭、高程主编《改革开放以来的中国与世界》，2018，第228页。

[①] 张宇燕、任琳：《全球治理：一个理论分析框架》，载张蕴岭、高程主编《改革开放以来的中国与世界》，社会科学文献出版社，2018，第227~231页。

　　而张发林和杨佳伟则将全球治理体系看作主体间、载体间和客体间的联系，全球治理体系运行的逻辑就是在全球化发展特定阶段和国际体系缺乏政府权威的前提下，国家及/或非国家行为体为解决特定的国际问题而形成的主体层面的组织结构和载体层面的体制互动的总称（见图1-2）。他们认为主体、客体和载体是全球治理体系的构成要素，而联系则是体系构成的关键，全球治理体系就是在这个由联系所贯穿的框架下产生多重治理模式，进而实现全球治理理论对不同领域实践的指导。[①] 可以看出，全球治理理论总体框架的建构，实际上是对于全球治理基本假设和构成要素之间关系的丰富和扩充，其通过对不同假设和要素的组合提炼，对规律性的运行路径和整体过程进行一定的梳理，并依照全球治理的需求缘起—协商过程—制度构建—治理作用发挥—效果评估的总体逻辑进行过程阐述。

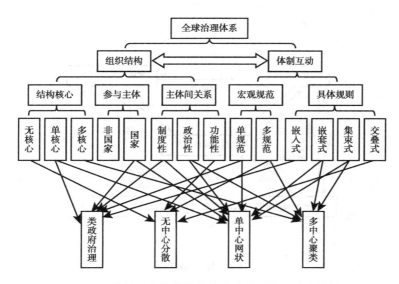

图1-2　张发林、杨佳伟提出的全球治理体系的分析框架

资料来源：张发林、杨佳伟《统筹兼治或分而治之——全球治理的体系分析框架》，《世界经济与政治》2021年第3期，第134页。

[①]　张发林、杨佳伟：《统筹兼治或分而治之——全球治理的体系分析框架》，《世界经济与政治》2021年第3期，第134页。

综上，尽管当前并不存在一个明确既定的全球治理理论分析框架，但是就全球治理理论的体系建构而言，其在理论初涉的基本假定、理论包含的主体要素、理论生成的建构逻辑以及全球治理运作的基本方式等方面均存在一致性。本书提出，全球治理理论实际上就是对"全球政治处于无政府状态""全球化影响下的相互依赖关系的建立""多元主体共同参与的可能""全球资源的有限性和稀缺性""全球层面个体利益和共同利益并存"五项基本前提假设，以及全球治理的主体、客体、制度、价值和效果五个基本构成要素之间关系的总括，通过对关系链条的梳理来构筑纷繁的治理实践所依托的普遍逻辑，是一个以简驭繁、提要钩玄的过程（见图1-3）。正如肯尼思·华尔兹对于理论的介绍，其不仅具有解释能力和预测能力，同时还是"简练的"（elegant）。①

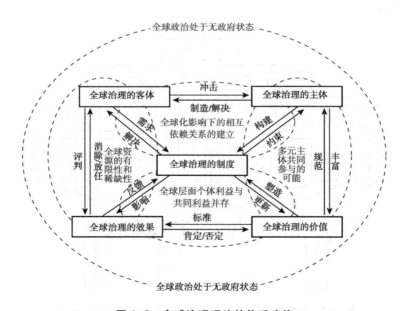

图1-3 全球治理理论的体系建构

资料来源：笔者自制。

———————

① 〔美〕肯尼思·华尔兹：《国际政治理论》，信强译，上海人民出版社，2003，第92页。

如图 1-3 所示，在全球治理理论体系中，"全球政治处于无政府状态"这一假设贯穿始终，它是理解包括全球治理在内的一切全球事务的基础。在全球无政府性这一整体背景中，全球治理的主体、客体、制度、价值以及效果这五个要素之间形成多向度的联动关系，并且在不同的前提假设条件下相互作用。其中，"全球化影响下的相互依赖关系的建立"使得各个主体需要通过构建制度的方式开展合作，处理和解决全球性问题；"多元主体共同参与的可能"为多元主体参与全球治理制度创设并实现全球共同价值提供了可操作性；"全球层面个体利益与共同利益并存"为全球共同价值奠定了基础，通过将这些价值融入全球治理的制度当中，为全球治理的效果评判提供了标准；"全球资源的有限性和稀缺性"导致了全球治理客体的出现，并催生了依托相应制度进行治理的需求，全球资源能否支撑全球事务长远发展也直接成了全球治理效果评判的关键。这些前提假设和基本要素共同构筑了全球治理理论，"共同治理、多元治理、去中心化治理"成了全球治理理论的价值预设，整体上凸显出多元化和联动性的理论特色，后续所出现的一系列理论分支与实践模式均受到了这一理论逻辑的影响。①

第三节　全球治理理论的发展与呈现

全球治理理论从建立之初到现在经历了三代变革，每一代理论的关注点和侧重点都有所不同，同时也赋予了每一代全球治理理论研究者不同的时代使命。与此同时，伴随着理论研究的整体性发展，全球治理理论依据不同的要素划分也演绎出了不同的理论分支，在对全球治理所涉及的一些具体理论问题的探讨中，不同理论分支间的争论和创新切实推动着全球治理理论体系不断走向成熟。

---

① 田野、卢玫：《全球经济治理的国家性：延续还是变革》，《探索与争鸣》2020 年第 3 期，第 42 页。

一 全球治理理论的脉络梳理——向第三代全球治理研究迈进

作为一个理论概念的全球治理在国际社会被提出后引发了广泛讨论。目前关于全球治理的研究浩如烟海，既有理论探索又有政策提及，既有总体把握又有领域分论，既有踵事增华又有观点争鸣，其从整体上推动了全球治理理论的向前发展。伦敦大学学院的大卫·科恩（David Coen）和汤姆·佩格勒姆（Tom Pegram）两位学者将纷繁的全球治理研究划分为三个阶段，并指出当前的理论研究正在向着第三代迈进。

（一）第一代全球治理研究——现象描绘与概念提出

尽管当前全球治理的研究已经较大区别于传统的国际关系研究范式，但是在过去很长一段时间里，全球治理被置于国际关系研究框架之中，对于全球治理概念的理解也多受到传统理论走向的影响。在传统国际关系理论的遮蔽下，现实主义、自由主义以及建构主义学说为全球治理的研究供给了养分，但同时三大理论的主流地位也使全球治理处于边缘化地位。在罗伯特·基欧汉和约瑟夫·奈提出的新自由制度主义的影响下，全球治理被理解为国际组织的代名词。直到 20 世纪 80~90 年代，一些学者——包括罗伯特·考克斯、约翰·鲁杰、苏珊·斯特兰奇（Susan Strange）等在内——开始试图对全球治理进行全新解读，新葛兰西主义、国际政治经济学等一系列新方法逐渐冲击传统国际关系理论在全球治理研究中的固有地位，这种全新且极具开创性的努力在国际社会引发了强烈共鸣。此时的全球治理更多体现为国家政策的基石，是"以商业为中心的政治生活愿景的普遍化"①。因此，托马斯·韦斯将当时全球治理的概念生成描述为"20 世纪 90 年代学术理论与实践政策之间的强制联姻"②。

---

① 原文为 "In the international context, other writers are correct to note how the derivatives of 'global governance' and 'good governance' arose in the context of the Post‐Cold War period and the universalisation of a business‐centred vision of political life"。参见 Matthew Eagleton-Pierce, "The Concept of Governance in the Spirit of Capitalism", *Critical Policy Studies*, Vol. 8, No. 1, 2014, p. 8。

② Thomas G. Weiss, *Thinking about Global Governance: Why People and Ideas Matter*, Routledge, 2011, p. 9。

从全球治理的概念缘起来看，其更多被作为一种描述性工具，缺少具象的实质性含义。正如芬克尔斯坦所指出的，全球治理似乎涵盖了一切，它是一个包罗万象的描述，因为当时人们不知道该怎样称呼这个发生变化的世界。① 因此，"全球治理"这个醒目的名称类似于"后冷战"的提法，它被用来表明"尽管一个阶段已经结束了，但我们仍未找到一个恰当的短语来描述这个新时代的主要机制"②。全球治理这个概念的提出初始于描述20世纪末所发生的时代变迁。

因此，在上述因素的影响下，第一代全球治理的研究主要依托于传统的国际关系理论，尤其深受自由主义的影响，在现实世界的发展之中开启了理论研究——几乎完全关注于例如联合国和世界银行等正式的多边机制，以及其框架下的国家间关系。约瑟夫·巴拉塔（Joseph Barrata）在评论中指出，全球治理作为取代了"世界政府"的一种全新表达，已经在关于国际组织的辩论中作为一个被接受的术语出现。在关于国际组织的相关争论中，"'全球治理'这种新的表达方式逐渐为人们所接受，从而有助于实现可欲的和现实的进步目标"③。迈克尔·巴涅特（Michael Barnett）和雷蒙德·杜瓦尔（Raymond Duvall）也曾指出"全球治理的观念获得了很高的声望。在短短十几年里，这个概念从默默无闻到成为国际事务实践和研究的核心主题之一"④。就这一角度而言，第一代研究中的全球治理是一种"正在形成的理论"。

这个术语的出现——以及它所表达的洞见和意愿的方式的转变——没有消除全球治理的规范内容，它来自前几代国际关系和国际组织方面学者感兴趣的灼见。通过这种方式，全球治理涉及识别、理

---

① Lawrence S. Finkelstein, "What Is Global Governance?", *Global Governance*, Vol. 1, No. 3, 1995, pp. 367-368.

② 〔美〕托马斯·G.怀斯：《治理、善治与全球治理：理念和现实的挑战》，张志超译，《国外理论动态》2014年第8期，第15页。

③ Joseph Preston Barrata, *The Politics of World Federation*, 转引自陈家刚主编《全球治理：概念与理论》，中央编译出版社，2017，第157页。

④ Michael Barnett and Raymond Duvall, *Power in Global Governance*, Cambridge University Press, 2005, p. 1.

解或提出全球问题的集体努力和超出单个国家能力的进程。①

（二）第二代全球治理研究——宏观统筹与微观分域

政治生活范围的急剧扩大为全球治理活动的系统化建构提供了可能。"如果说早期的全球治理研究侧重于描述全球经济秩序的加速变化，反映了国际政治经济领域的开创性工作，那么今天的研究领域就更加多样化。第二代全球治理研究是折中主义的。"② 全球治理作为一个相对独立的研究领域而言，第二代全球治理在一定程度上摆脱了传统国际关系理论的束缚，尽管其根植于国际关系理论，但也创新性地借鉴了社会学、国际法学、经济学、公共政策以及管理学等相关学科的理论体系，在围绕全球政治方式以及各领域治理的研究层面取得了重大进展。

第一代全球治理研究的贡献在于，它为全球治理理论的建构提供了长远的研究视野，即如何在一个变化的世界中通过提升合作效率、通过发掘国际规则和惯例潜能以及通过识别不同国际组织的功能差异而在全球范围内实现善治的目标。但是，第一代全球治理研究的问题在于，它忽略了对权力结构、利益分配及价值冲突等因素的考量，这种方法论层面的疏漏在很大程度上削弱了全球治理作为一种知识体系的解释力，它无法回答"理论上的全球治理的结构在现实中如何运作，全球治理为何重要以及何时重要"等问题。"受现实世界的各种事件以及第一代理性主义理论框架下各种实用主义推论的影响，'第二代'全球治理研究诉诸充满创造性的理论思考。"③

与第一代全球治理的描述性特征不同，第二代全球治理在把握时代变迁的现实基础上，汇集了各个学科的前沿领域，试图拓宽研究的深度和广度，推动概念性描述向实质性研究转向。默文·金恩（Murvyn King）指出，

---

① Thomas G. Weiss and Rorden Wilkinson, "Rethinking Global Governance? Complexity, Authority, Power, Change", *International Studies Quarterly*, Vol. 58, No. 1, 2014, p. 208.

② David Coen and Tom Pegram, "Towards a Third Generation of Global Governance Scholarship", *Global Policy*, Vol. 9, No. 1, 2018, p. 109.

③ 〔英〕汤姆·佩格勒姆、米歇尔·阿库托：《全球治理的空白地带》，谢嘉婷、吴秋怡、翁士洪编译，《国外理论动态》2016 年第 5 期，第 95 页。

这时的全球治理广泛地关注于在一个充满着"极端不确定性"的时代如何以前所未有的规模实现集体行动的复杂性难题。[①]

第二代全球治理研究呈现出两个主要的特点。一是致力于从整体的角度对结构的系统性变化进行阐释。具体而言，第二代全球治理比第一代全球治理更具专业化和理论深度，它涉及政治权力的问题，关注到随着政权复杂性的日益增长，私人权力的下放以及志愿性监管框架的出现，全球治理的模式出现了显著的变化。研究者广泛关注到了世界所历经的变化，重申"当前的世界是一个具有层级结构的世界"，正式制度不再发挥绝对的作用，而是出现了由正式规制向非正式规则的权力转向，全球不平等加剧的潜在可能逐步提升。这时所出现的新型治理模式——网络治理，与其将它看作一个具有连贯性的结构，倒不如说它是一个涵盖了冲突的结构，其中，强有力的政治不对称所带来的理念强化与实证要求之间存在着巨大鸿沟。因此，权力的转移、权威的作用、公共与私人的关系问题成了第二代全球治理研究的重要着力点。二是致力于从实践中提取对多种微观路径的探索。对其他学科理论的借鉴使得第二代全球治理在更多复杂的问题上具有解释力。所谓全球治理对微观路径的探索，实际上就是全球治理根据现实中的具体问题，灵活地对已掌握的理论资源进行整合，并且针对性地提出相应的可行路径。"这种趋势构成了所谓的'第二代'全球治理跨学科研究。"[②]从一定意义上来说，第二代全球治理已经放弃了整体主义的研究道路，转而对与政策相关联的具体问题，例如金融问题、环境问题、互联网问题、人权问题等进行探索。[③]

---

① Murvyn King, *The End of Alchemy: Money, Banking and the Future of the Global Economy*, in David Coen and Tom Pegram, "Towards a Third Generation of Global Governance Scholarship", Global Policy, Vol. 9, No. 1, 2018, p. 109.

② 吴畏：《全球治理的理论困境》，《武汉大学学报》（哲学社会科学版）2016 年第 3 期，第 21 页。

③ 原文为 "Whether this amounts to a revival of interest in global governance is debatable; after all, the term is rarely invoked in political discussion. For politicians, global governance remains a realm of realpolitik, institutions and membership. The general response to multilateral failure by Western governments has been a retreat into bilateralism, club diplomacy, and 'coalitions of the willing'"。参见 Tom Pegram and Michele Acuto, "Introduction: Global Governance in the Interregnum", *Millennium: Journal of International Studies*, Vol. 43, No. 2, 2015, pp. 584-585。

综上所述，第二代全球治理研究更加追求研究的高精度化和专业化，为了更好地解决实践中的具体问题，其更加关注"公共和私人相结合的全球治理的新形式，以此来应对各国在应对紧迫的跨国挑战时所面临的局限性"①。它将全球治理看作各层级治理的总和，试图通过对各种实践、结构和过程的分领域探讨，增强全球治理理论本身"捕捉大局"的规范吸引力，从而推动理论的发展。

（三）第三代全球治理研究——理论重识与踵事增华

第二代全球治理的研究致力于对日益多元和复杂的现实世界进行描绘，并尝试对一系列现实性问题予以阐释。诚然，其在政策方面取得了十分重要的进展，但是就理论层面而言，其发展速度却相对滞缓。这就为第三代全球治理的研究发展提出了新的要求。因此，作为全球治理的第三代研究，其更加本质和长远的目标是在解释现实变化的基础上，推进全球治理理论研究的体系化发展。

第三代全球治理研究有两个重要的努力方向。第一个方向是在前两代研究的基础上，进一步提升全球治理理论与现实之间的契合程度，发挥理论对现实问题的指导作用。为此，大卫·科恩和汤姆·佩格勒姆在文章中提出了四个亟待解决的问题领域，这些问题支撑着全球治理理论研究的前向演进。② 他们指出，未来全球治理的第三代研究，首先要去解决边界的问题，也就是对"全球治理"何以"全球"进行阐释。这一问题的答案将有利于更加清晰地认识全球治理与其他治理形式的分界，更好地理解全球治理的独特性和职能。正如肖逸夫（Yves Tiberghien）所指出的，"长期以来，学者们一直将全球治理所涉及的若干领域看作专注于帕累托边界增量收益的不同博弈过程，当前我们要做的，是要在一个更大的、相互重叠的

---

① 原文为"However, a second generation of disparate scholarship spanning IR, European Union Public Policy (EPP) and International Law (IL) has begun to investigate new forms of public and private global governance as a response to the limitations faced by states in tackling pressing transboundary challenges"。参见 David Coen and Tom Pegram, "Wanted: A Third Generation of Global Governance Research", *Governance*, Vol. 28, No. 4, 2015, p. 417。

② David Coen and Tom Pegram, "Towards a Third Generation of Global Governance Scholarship", *Global Policy*, Vol. 9, No. 1, 2018, pp. 109-110。

复合体中关注根本利益冲突的爆发"①。其次要解决的是全球治理的理论发展问题。约翰·米尔斯海默（John J. Mearsheimer）和斯蒂芬·沃尔特（Stephen M. Walt）指出，全球治理的部分吸引力在于它比原有的国际关系更加多元化，具有更加多元的知识导向，但是其作为一种理论却早已被人们抛于脑后。② 我们需要去回答布莱恩·厄克特（Brian Urquhart）所提出的问题——全球治理是否就像是《爱丽丝梦游仙境》中那只没有身体的笑面猫咪？这个概念之所以受人欢迎，恰恰是因为它没有现实性吗？③ 全球治理在关注现实的基础上，需要构建出融汇体系性思考的理论框架。再次是要将全球治理理论与现实的实践相结合。目前，全球治理面临着理论与现实之间的鸿沟，现实中的僵局和挑战对全球治理理论造成了阻碍与威胁，而全球治理理论的发展又切实需要通过有意义的社会辩论使其"合法化"。因此，全球治理中存在的多元主义利益和参与者的复杂动机便成为研究重点。未来的全球治理研究必须将多层次的治理体系与特定领域的政治变革相联系，既要关注强国和政治精英的作用，同时也要重视受害者和失利者的作用。最后，同样也是当今全球治理发展面临最为紧迫的问题，即全球治理的运行机制是什么。既有研究的共识表明第二次世界大战结束后的遗留制度并没有为现阶段全球治理的运行搭建有效的行动平台，其功用的滞后性特征逐日显现。在历经世界之变、时代之变、历史之变的今天，一个巨大的问号正笼罩着全球治理，其在运行机制和具体路径方面面临着更大的不确定性。

第二个方向则是在既有研究的基础上对全球治理理论进行反思与重识，尝试对未来理论前进道路上可能出现的一系列问题予以规避和解决。一方

---

① Yves Tiberghien, "Reply to Coen and Pegram: The Global Liberal System is More Fragile than You Think", in David Coen and Tom Pegram, "Towards a Third Generation of Global Governance Scholarship", *Global Policy*, Vol. 9, No. 1, 2018, p. 110.

② 参见 John J. Mearsheimer and Stephen M. Walt, "Leaving Theory Behind: Why Simplistic Hypothesis Testing Is Bad for International Relations", *European Journal of International Relations*, Vol. 19, No. 3, 2013, p. 435。

③ 〔美〕托马斯·G. 怀斯：《治理、善治与全球治理：理念和现实的挑战》，张志超译，《国外理论动态》2014 年第 8 期，第 16 页。

面，要对全球治理的历史语境进行反思。过去，人们用全球治理这个概念来描述 20 世纪末的时代变迁，"然而它与那个时代的联系已被冻结在历史中"，当前运用全球治理去理解当下世界的能力似乎已然被消解。"换句话说，'全球治理'已经变成了意味着没有世界政府的世界治理，而不是一个理解世界如何组织起来的更为通用的分析工具。"① 事实上，我们对于全球治理的反思"不应该是对某种'正确'概念的毫无根据的或者徒劳无益的探求。相反，它应该是一种对它深处于其中的具体的历史语境（即多维度的全球化）所进行的探索"②。第三代全球治理不应只将其作为后冷战时代的描述性符号，而是要强调其作为"不同的历史时期世界是如何治理、如何组织以及如何变得有序"等一系列问题的集合。③ 另一方面，要尽可能避免对全球治理概念产生的误读。克劳斯·奥菲（Claus Offe）曾经对治理理念提出了质疑，他认为治理很可能演变为"空洞的能指"（empty signifier），为了避免这一问题就需要对治理进行更为狭义的界定。④ 全球治理概念中所蕴含的开放性和功能主义很可能使其沦为"某些国家和跨国公司干预别国内政、谋求国际霸权"的工具和理由。

需要说明的，全球治理研究代际划分的目的并不在于对其进行某种分类或贴上某种标签，而是为了更加直接地辨识全球治理研究的发展轨迹、研究节点以及相互之间的传承超越关系，这样的梳理将使得过往的全球治理理论探索更加明晰。

二 全球治理理论的分支呈现

全球治理理论通过对要素之间的关系串联为全球治理提供了基本的逻

---

① 〔美〕托马斯·韦斯、〔英〕罗登·威尔金森：《反思全球治理：复杂性、权威、权力和变革》，谢来辉译，《国外理论动态》2015 年第 10 期，第 109 页。

② 〔法〕丹尼尔·康帕格农：《全球治理与发展中国家：盲点还是未知领域?》，谢来辉译，《国外理论动态》2013 年第 4 期，第 13 页。

③ Thomas G. Weiss and Rorden Wilkinson, "Global Governance to the Rescue: Saving International Relations?", *Global Governance*, Vol. 20, No. 1, 2014, p.31.

④ Claus Offe, "Governance: An 'Empty Signifier'?", *Constellations*, Vol. 16, No. 4, 2009, pp. 556-557.

辑思维，描绘了全球治理运行的总体构图。在全球治理理论的框架指导下，各个理论分支结合全球治理实践的变化，提出了更加细化的理论构想。其中既包含了多元治理主体位置的分布，又涉及了多样治理路径的争鸣；既涵盖了对全球治理价值的探讨，又蕴藏了对全球治理结构的创新。这些多元多维的理论分支共同为全球治理理论大厦的构建添筑了砖瓦。尽管分支理论呈现出碎片化、复杂性甚至分离性特征，但是其作为全球治理理论体系中的子系统，可以从不同的功用和视角为全球治理理论提供"全息"的映画和反馈，进一步推动理论的整体蓬勃。

（一）全球治理理论中主体分布的平衡

全球治理的主体争论是全球治理理论构建的焦点问题之一，对于全球治理主体的不同认识造就了不同的理论分支。透过相异的理论描述能够直接观察到全球治理主体内涵的变化。在全球治理理论创建之初，受到现实主义的影响，全球治理被看作霸权基础之上的国际关系在全球层面的直观体现，此时的全球治理是以霸权国家为中心、多元主体参与的治理，奉行的是国家中心治理的逻辑。其中，以克拉斯纳①为代表的现实主义理论者认为国家权力——国家的对内主权、威斯特伐利亚主权以及国际法的主权——的基本属性在全球治理所建基的全球化过程中并未得以改变，既有国际政治中的权力分配、国家利益等基本规则也没有发生任何实质性的变化，全球治理中的国际机制仍然以国家利益为基础，全球治理的过程也仍然体现为国家利益协调基础之上的协议达成。

克莱斯纳认为，"全球治理不是什么新的国际政治学理论，国际规制和制度基本上都是在国际利益或者权力的基础上形成的，全球治理也是在国家之间共同同意的基础上才出现的。根据全球化和全球治理的发展便得出国家主权受到侵蚀的论断是十分令人怀疑的"，在现实主义者眼里，民族国家在很长时间内仍然将是国际关系的最重要行为体，

---

① 克拉斯纳，也有学者译为克莱斯纳。

国际机制和国际组织只有存在共同国家利益的框架下才能发挥作用。①

以鲍勃·杰索普为代表的元治理理论对国家和政府的作用展开了进一步探索，一定程度上淡化了全球治理中"国家中心"的逻辑，转而强调国家"承担的是设计机构制度，提出愿景，这些设计和愿景不仅促进各个领域的自组织，而且还能使各式各样自组织安排的不同目标、空间和时间尺度、行动以及后果等相对协调"②。该理论不再强调国家政府在全球治理中的管制作用，而是凸显其作为协调发起组织者的功能，其认为国家在全球治理中融合了协调模式中的复杂性、多数性和紊乱的层级制特点，它会定义新的跨边界的角色和功能，创造链接设备，发起新的组织。此时国家已然从传统政治中的管理者变成了协调者，并充当着治理中最主要的"元治理者"角色，引导不同治理模式之间相互协调。

而詹姆斯·罗西瑙则通过"两枝世界政治论"强调全球治理是一种没有政府强制性统治的有序治理方式，他冲破了以国家为中心的治理逻辑，认为在全球治理的过程中，由各类非国家行为体所组成的多中心世界正在使以国家为中心的世界"朽化"。此时全球体系呈现出四大特征，即自组织（self-organization）与涌现特征（emergent properties）③、适应与共同进化（co-evolution）、所谓的"蝴蝶效应"以及对初始条件的敏感性，这些特征共同指向人们正在适应并融入一个多元中心的世界。在这种包含了分散化和一体化的整体趋势下，全球治理中广泛的权威分解正在撼动既有的主权制度，"长期以来支配事件进程的国家及国家间体系"和"由新近作为拥有主体的竞争性权威源出现的各种类型的其他集团组成的多元中心体系"共

---

① 转引自朱杰进、何曜《全球治理与三重体系的理论探述》，《国际关系研究》2013年第1期，第73页。

② 〔英〕鲍勃·杰索普：《治理的兴起及其失败的风险：以经济发展为例》，漆燕译，《国际社会科学杂志》（中文版）2019年第3期，第64页。

③ "自组织"是相对于"被组织"而言的，它强调能动性和适应性，例如市场经济就是依赖于市场机制中的供需关系而建立的，属于自组织过程，但计划经济就属于被组织过程；而"涌现特征"则是指一个"系统新质"作为整体突然出现的过程，即各个子系统所没有的功能在其结合为整体后呈现出一种全新的特征，例如国际社会的无政府性，其很难在构成主体——国家中找寻到，但是由国家组成的国际社会却具有这一明显特质。

同构成了全球治理的体系背景。

如果说詹姆斯·罗西瑙为全球治理理论的创建提供了多元主体共同参与和共治的思维，那么由埃莉诺·奥斯特罗姆（Elinor Ostrom）和文森特·奥斯特罗姆（Vincent Ostrom）所创立的多中心治理理论则更加直观地体现了全球治理多元主体之间的平衡关系。"全球政治舞台可被认为是一种混合主体构成的多头的政治体系，在该体系中，政治权威和政治行动的源泉分布广泛。"① 这种纷繁复杂的全球环境对全球治理的多头性/多中心性（polycentricity）产生了更加强烈的理论需求，以期为全球政治舞台的多头性提供相应的理论阐释。所谓的"多中心"就意味着有多个地位平等且形式独立的决策中心，"无论它们是真的独立运作，或者构成了一个相互依赖的关系体系"，其彼此间开展多种契约性的和合作性的事务，或者利用核心的机制来解决冲突。② 这种多中心的自主治理结构和以"多中心"为基础的多层级的治理安排能够最大限度地遏制集体行动中的机会主义，从而推动公共利益的可持续发展。因而，该理论打破了国家中心治理的一元思维，强调多元参与者之间的互动以及其各自作为全球治理主体所具有的创立治理规则和构建治理形态的能动性，为全球治理理论主体要素的研究提供了崭新思路，通过对多元主体作用的凸显，尤其是多中心的自发秩序或自治能力的强调，提升了非国家行为体的理论地位。

（二）全球治理理论中治理路径的博弈

长期以来，关于全球治理到底依托何种路径以实现治理目标的理论争论一直存在于传统国际关系理论与全球治理理论的互动之中，权力路径、制度路径以及关系路径之间的博弈也始终贯穿于全球治理理论的发展历程，后续所出现的全球实验主义治理理论也为全球治理理论的路径创新提供了思路。需要指出的是，这些路径之间的博弈并不是非此即彼的零和关系，而仅仅是源自不同理论视角的侧重差异。实际上，在真正的全球治理实践

---

① 陈绍锋、李永辉：《全球治理及其限度》，《当代世界与社会主义》2001 年第 6 期，第 58 页。

② 〔美〕迈克尔·麦金尼斯主编《多中心体制与地方公共经济》，毛寿龙、李梅译，上海三联书店，2000，第 42 页。

中，这几种治理路径均有所体现且能够同时存在。因此，本书不对其"孰优孰劣"的问题进行评判，而只是以治理路径的总体分类对不同的全球治理理论思想予以呈现。

以权力为核心的全球治理理论强调权力是全球治理体系内部秩序建立的主要手段，认为全球治理产生于那些拥有权力的团体或行为，这些强大的政治团体将通过权力的施展来达成相应的目标。其中最具代表性的观点包括罗伯特·吉尔平（Robert Gilpin）提出的"霸权下的全球治理"以及麦克尔·哈特（Michael Hardt）和安东尼奥·奈格里（Antonio Negri）提出的"后现代帝国论"。在霸权治理的相关理论中，霸权是维持秩序、提供公共产品以及实现治理目标的主要路径，霸权国是主导并支撑全球治理实践的主要行为体。此时的全球治理主要表现为"霸权国家领导下的治理"。[1] 霸权国家居于治理的核心地位，其拥有权力结构基础上的合法性，并能够根据自身的利益需求和偏好特性提出相应的集体秩序设想，做出全球治理安排，进而获得现实收益，而"后现代帝国论"则从另一个角度强调了权力的重要性。该理论认为"帝国"（empire）呈现为一种全球化的政治秩序和全球性的主权形式，其含义在全球化时代发生了巨大的变化，过去的帝国主要依靠武力征服，而今天的帝国实际上已经演变为一套法律体系，是一种保护契约、消除冲突的规范或法律工具，其通过全球市场和权力的集中化或单一化靠拢倾向有效地控制全球交流渠道。[2] 简单来说，此时的帝国已

---

[1] Giovanni Arrighi, "Global Governance and Hegemony in the Modern World System", in Matthew J. Hoffmann and Alice D. Ba, *Contending Perspectives on Global Governance: Coherence and Contestation and World Order*, Routledge, 2005, pp. 57–71.

[2] "通往帝国之路出现在现代帝国主义的衰落之时。与帝国主义相比，帝国不建立权力的中心，不依赖固定的疆界和界限。它是一个无中心、无疆界的统治机器。在其开放的、扩展的边界当中，这一统治机器不断加强对整个全球领域的统合。帝国通过指挥的调节网络管理者混合的身份、富有弹性的等级制和多元的交流"，"帝国形成的基础不仅包括武力本身，更包括将武力展现为服务于正义和和平的能力。帝国军队的一切干涉行动都是在卷入既有冲突中的一方或多方的诉求才做出的。帝国并非自愿，而是应召唤而产生的，它解决冲突的能力就是构成它的基础。只有当解决既有冲突的国际共识已形成，且帝国已经嵌入这种共识之链中，帝国才会形成，才会在法律上获得合法性"，"今天，帝国正作为一种中心出现于世界，它支撑起生产全球化之网，试图把所有权力关系都笼罩在它的世界秩序之下"。参见〔美〕麦克尔·哈特、〔意〕安东尼奥·奈格里《帝国——全球化的政治秩序》，杨建国、范一亭译，江苏人民出版社，2003，"序言"第 2 页，正文第 13、17 页。

经不再是某一国家，而是一个没有中心、没有疆界的统治机器———一种强有力的国际秩序，对"全球交流渠道"的垄断和把控成了帝国主义的一种新的霸权形式。对于强调权力路径的全球治理理论而言，如何构筑全球治理中的权力、如何解释权力要素在全球治理中的变迁以及权力通过何种方式发挥作用是理论研究的主要内容。

　　　　帝国主义理论也在这一进程中得到了多维发展，如"文化帝国主义""生态帝国主义""数字帝国主义"等概念的提出，使我们或多或少超越了以"金融""托拉斯""货币""贸易""战争"等核心词语构建起来的"经济帝国主义"论域……即帝国主义在不同的时代和条件下，其"强制性权力"运作的主要动力来源是不同的。[①]

以制度为核心的全球治理理论则强调制度在理论建构中的核心作用，认为制度是全球治理各个理论要素之间的重要衔接，同时也是实现全球治理的重要路径。弗兰克·比尔曼等指出国际制度体系的不同领域的协同和冲突构成了全球治理的主要框架，因而将全球治理看作在"给定领域有效或积极发挥作用的公共制度或私人制度的总体系统"[②]。詹姆斯·罗西瑙基于"分合论"提出了"国内-国外边疆"（domestic-foreign frontier）的全球治理理论，将"边疆"（frontier）看作一种考察全球政治发展的新思维，认为尽管全球社会处于无政府状态，但是通过个人与个人之间的利益调整依然能够形成共同利益。在这一过程中，"国际制度为全球公共问题的管理与治理，提供了一条'法治'的途径。也就是说，国家在国际社会中逐渐被'制度化'了"[③]。罗伯特·基欧汉则基于国际制度的核心作用提出了制度治理理论，指出"有效治理需要更为广泛的国际制度，要防止全球化的停滞

---

① 张务农：《科技帝国主义：全球治理问题的一个症结》，《深圳社会科学》2021年第6期，第73页。

② Frank Biermann et al.，"The Fragmentation of Global Governance Architectures：A Framework for Analysis"，*Global Environmental Politics*，Vol. 9，No. 4，2009，p. 15.

③ 易文彬：《全球治理模式述评》，《世界经济与政治论坛》2005年第4期，第120页。

或逆转，就需要发展有助于促进合作、解决冲突的制度安排"，并认为在国际组织和市民社会、国际制度和国内机构之间构建制度化的联系是未来全球治理理论和治理模式发展的必经之路。① 而以奥兰·扬为代表的国际机制理论则认为全球治理不过是国际机制的代名词，该理论对政府的作用持有一定的怀疑态度，政府仅仅被看作"为管理治理体系的规定而建立的组织或物质实体"，政府的运作不但不能满足日益增长的物质需求，而且对于治理而言甚至是多余的。② 因此，全球治理作为一种没有政府的治理方式同样可以有效运作，而其依托的主要路径就是包括政府间合作机制和非政府组织参与的国际机制的总和。对于强调制度路径的全球治理理论而言，制度作为一项新的内容如何实现对既有主体的串联、制度如何在全球治理实践中发挥作用以及"如何为一个空前规模和多样性的世界'政体'设计有效而民主的国际制度，以更好地治理局部全球化的世界"是全球治理理论建构的主要考量。

以关系为核心的全球治理理论强调关系在理论建构中对于空白弥补的重要意义，更加凸显全球治理的社会性和动态性特征。在全球活动中，"人类是一类好群居的创造物，对好群居者来说，关系是个体身份及创造力的决定性因素"③。近年来，关系转向成为东西方理论研究的新态势，关系研究的回归也为全球治理理论创造了一个不同于原子式个体理论的新视角。此前，西方学者帕特里克·杰克逊（Patrick T. Jackson）和丹尼尔·奈克森（Daniel H. Naxon）提出了"过程/关系"模式，强调关系对于国家行为的重要作用，开启了理论研究的"关系转向"。科林·怀特（Colin Wight）则通

---

① Robert O. Keohane, "Governance in a Partially Globalized World Presidential Address, American Political Science Association, 2000", *American Political Science Review*, Vol. 95, No. 1, 2001, p. 1.

② 原文为"Oran Young defines governance systems as 'social institutions or set of rules guiding the behavior of those engaged in identifiable social practices', whereas governments are 'organizations or material entities established to administer the provisions of governance systems'"。参见 Cécile Pelaudeix, "What Is 'Arctic Governance'? A Critical Assessment of the Diverse Meanings of 'Arctic Governance'", *Yearbook of Polar Law Online*, Vol. 6, No. 1, 2014, p. 412。

③ 〔美〕马汀·奇达夫、蔡文彬:《社会网络与组织》，王凤彬、朱超威等译，中国人民大学出版社，2006，第153页。

过关系主义的视角，指出正是各层级之间的关系才组建了世界的政体结构。近年来，以秦亚青为代表的国内学者也开始从中国传统文化的角度对"关系"进行研究，提出"过程建构主义"的理论创新，并强调"关系治理"区别于"规则治理"的四个特性：第一，它强调参与而不是控制，治理的本质表现为复杂的互动关系而不是线性关系；第二，它强调动态的过程而不是静态的行为；第三，治理的对象是关系而不是个体行为体；第四，关系治理的关键要素是信任。可以说，关系研究的转向和关系理论的兴起强调了全球治理中越来越复杂但又越来越重要的"关系"，为全球治理研究提供了一种崭新的理论视角。

以实践检验为核心的全球实验主义治理理论则超越了先前的路径导向，该理论区别于其他全球治理理论的主要特征就在于它对问题导向的作用关注，认为全球治理的逻辑应该基于"循证理念"（evidence-based concept）而不是先验理性，相比于其他固定单一的"硬法"规则，全球实验主义治理理论所具有的灵活性的多元主义治理思路更具有存在的价值和意义。其之所以被赋予务实的或实验主义的色彩，就是因为它承认全球事务的不确定性，主张从现实问题和经验证据中寻找理论支撑。从具体的运行机制来看，全球实验主义治理包括"共同确立框架目标和衡量指标"、"基于框架目标下自主实践"、"定期汇报并实施同行评议"以及"对框架目标和衡量指标进行周期性修订"四个环节。它包含了实用主义、功能主义和跨层次治理、多中心治理等多种治理理念，"战略上的不确定性"（strategic uncertainty）和"权力的多元或多极分配"（polyarchic or multipolar distribution of power）是支撑其运行最为主要的因素。[①] 全球实践主义治理理论强调治理路径的多元化、动态性以及灵活性，并且力图通过赋予全球治理体系中各个行为体以一定程度的自主权，从全球治理路径创新的角度从根源上解决治理的有效性和合法性难题。

（三）全球治理理论中价值目标的丰富

全球多元主体之间的价值共识和整体利益的产生为全球治理的理论构

[①] 阚天舒、张纪腾：《后疫情时代下全球治理体系变革面临的挑战及中国选择——基于实验主义治理视角的分析》，《国际观察》2021 年第 4 期，第 127、136 页。

建发挥了基础性作用。然而，今天"我们看到的事实是，这种条件下生成的人类共同价值并不是世界不同价值主体自主参与、平等协商、共同实践的结果，而是西方国家推进之下的单向价值传播的过程"①。因此，引领全球治理实践的价值共识并不是自动生成的，价值共识的塑造过程本质上是不同的价值理念相互碰撞和融合的结果，其最终影响着全球治理的目标设定。在经历了深刻的融合之后，全球正义、民主等共同价值（而非普世价值）得以确立，在对这些全球治理共同价值的探讨中，全球治理理论也得到了多元化发展。

正义问题一直处于全球治理价值探讨的中心。以约翰·罗尔斯（John Bordley Rawls）为代表的正义理论研究者最初将关注点聚焦于全球经济领域，提出了"公平的正义""分配正义"等理念。在此基础上，彼得·辛格（Peter Albert David Singer）认为全球正义是一种道德要求而不是规范性的责任和义务②；查尔斯·贝兹（Charles R. Beitz）将正义视为一种规范的行为，并就"差别原则是否能够适用于全球层面"的问题与罗尔斯展开争论③；戴维·米勒（David Miller）则从责任（包括后果责任、继承性责任和补救责任）角度提出了"多元正义论"，对全球正义的限度进行了讨论④；此外，南茜·弗雷泽（Nancy Fraser）将平等原则纳入全球正义当中，指出正义最一般的含义是参与平等（parity of participation），只有平等地考虑所有人受到的正义或非正义，才能够构建公平合理的全球性正义批判框架⑤。

如何在一个以信息、权力和公共资源为主要生存轴心的社会平台上，在多元化和差异化的公共空间中有效地调适差异主体之间的交往，

---

① 赵学琳：《人类共同价值的生成逻辑及其内在维度》，《理论与改革》2020年第2期，第30页。

② 〔澳〕彼得·辛格：《饥荒，富裕与道德》，王银春译，《云梦学刊》2018年第1期，第50页。

③ 〔美〕查尔斯·贝兹：《政治理论与国际关系》，丛占修译，上海译文出版社，2012，第137~180页。

④ David Miller, *National Responsibly and Global Justice*, Oxford University Press, 2007, p. 108.

⑤ Nancy Fraser, "Reframing Justice in a Globalizing World", *Lua Nova: Revista de Cultura e Politica*, Vol. 36, No. 77, 2009, p. 36.

调适"人—自然—社会"间的矛盾关系，以及调适"我"与"它者"之间的断裂、协调矛盾和谨防冲突、谋求全球正义，成为我们这个时代的一个主要任务。①

然而，"社会正义的决定性原则不仅必须导向民主的过程和政治行动的共同框架，而且要与民主的过程和政治行动的共同框架相得益彰"②。全球民主因而进入全球治理理论的价值探讨中，"全球治理对民主合法性的客观需要"成为全球治理民主化的内在动力。③ 在民主治理的范畴中，全球治理的各个行为体之间的关系并不是一种等级结构，而是一种平等的协作关系。全球民主治理就是要求在全球治理的过程中依照民主的价值和理念，尊重各个治理主体的民主地位，遵循民主规则和程序，最终以民主评议来评估治理效果。④ 具体的理论探索可以分为以罗尼·利普舒茨（Ronnie D. Lipschutz）为代表的全球市民社会理论和以戴维·赫尔德为代表的世界主义民主理论。其中，全球市民社会理论认为全球化的出现使得全球范围内逐渐形成了一个类似于国内市民社会的超国家网络空间。在这个空间领域内，市民社会以及非政府组织发挥主要行为体的作用，尽管其并没有真正跨越空间，却"自觉地建构起跨越空间界限的知识与行动网络"⑤。世界主义民主理论则强调民主不仅仅适用于单个主体国家，同时也适应于地区和全球层面。世界主义民主是对国际政治的必要补充和改变不合理国际秩序的重要途径，其"要义在于创造新的政治机构，这个机构将与国家体系并存，但在一些明确

---

① 赵可金：《全球公民社会与国际政治中的正义问题》，《国际观察》2006年第4期，第26页。
② 邵鹏：《全球性问题与全球治理的理论与实践》，《太原理工大学学报》（社会科学版）2008年第2期，第37页。
③ 王天韵：《全球治理民主化的动力、基础与实现模式》，《天津社会科学》2017年第6期，第86页。
④ David W. Kennedy, "Challenging Expert Rule: The Politics of Global Governance", *The Sydney Law Review*, Vol. 27, No. 1, 2005, pp. 5–28.
⑤ 原文为"I am mot referring to 'social movements' in the general sense, although they do constitute part of global civil society, rather I am focusing on networks of action and knowledge that are much broader in scope"。参见 Ronnie D. Lipschutz, "Reconstructing World Politics: The Emergence of Global Civil Society", *Millennium: Journal of International Studies*, Vol. 21, No. 3, 1992, p. 393。

界定、无疑具有跨国和国际影响的活动领域，将比国家具有优先地位"①。这能够有效地解决主权国家治理与全球政治经济治理之间的脱钩问题，通过发挥世界主义民主法的作用，塑造和限制全球政治决策的相关制度规则，从而构建符合世界主义价值的全球治理体系。

（四）全球治理理论中结构形式的多维

全球治理的结构取决于全球治理的主体关系、客体领域以及载体组合的具体形式。随着全球治理理论中对于多边主义和多元主义的强调，"多层全球治理"的概念被提出，"多层"意味着不仅"正式的制度和组织——国家机构、政府间合作等——制定和维持管理世界秩序的规则和规范"，而且"所有的其他组织和压力团体——从多国公司、跨国社会运动到众多的非政府组织——都追求对跨国规则和权威体系产生影响的目标和对象"。而"多层全球治理"则代表着"从地方到全球的多层面中公共权威与私人机构之间一种逐渐演进的（正式与非正式）政治合作体系，其目的是通过制定和实施全球的或跨国的规范、原则、计划和政策来实现共同的目标和解决共同的问题"。② 多层全球治理的出现使全球治理结构从单一逐渐向多维转变。其中，全球实验主义治理理论（该理论内容在前文中已进行过讨论，此处将不再赘述）通过对全球治理体系中较低级别或处于低位的行为体赋予一定的自主权，使其能够随时根据自身的情况灵活地调整治理的目标和手段，因而为全球治理提供了一种自下而上的治理传导方式。除了这种传统的治理结构之外，不同的理论分支也围绕全球治理的结构进行了创新尝试。

例如，劳尔·普雷维什（Raul Prebisch）的"中心-外围"理论、约翰·弗里德曼（John Friedmann）的"核心-边缘"理论以及伊曼纽尔·沃勒斯坦的世界体系理论，都以平面化视角为全球治理勾画了一种环状的结构形式。尽管这些理论在具体论述上存在一定差异，但是其对于全球关系结构的划分基本一致，即将全球治理体系划分为同心圆的结构，在这个结

① 〔英〕戴维·赫尔德：《民主的模式》，燕继荣等译，中央编译出版社，2008，第342页。
② 〔英〕托尼·麦克格鲁：《走向真正的全球治理》，载俞可平主编《全球化：全球治理》，社会科学文献出版社，2003，第152页。

构中，西方发达国家处于全球治理的中心地位，而非西方国家尤其是发展中国家则处于全球治理结构的边缘。这种治理形式以中心向边缘的扩张为特征，并没有摆脱丛林法则的阴云，其实质是维护和实现中心国家的利益最大化。

此外，以乔恩·皮埃尔（Joh Pierre）和 B. 盖伊·彼得斯（B. Guy Peters）为代表的网络治理理论和以夏立平为代表的全球共生系统理论则从全球网络关系的建构基础出发，提出了更趋扁平化的网络治理结构。其中，网络治理理论将网络治理称为"共同治理"，强调多元行为体之间的协调参与和集体共治，其关键在于通过影响力而不是控制力去实现共识的达成和集体行动的产生。该理论尤其强调参与者之间的网络互动，认为相比于传统的全球治理结构和模式而言，其能够最大限度地简化治理形式和减少治理层级，是对原本基于不同全球问题的横向治理方式与基于国内外问题联动的纵向治理方式的串联，全球治理中的多元行为体通过网络中的信息联通和互动反馈来推进治理目标的达成。而全球共生系统理论则从共生理论出发，认为共生不仅是生物界存在的常态现象，同时也是国家生存和国际社会发展的必然结果。其认为全球治理的各个主体作为全球政治生态的单元，在全球化的推动下，彼此之间存在类似于生物系统的整体依存性，出现了全球范围内的复合联动，而全球治理就是基于这种全球共生关系网络的主体间的互动形式，呈现一种进步式的向度。[1] 其中，共生系统各个阶段之间呈现为一种进化升级的关系，全球治理的结构作为对不同阶段的全球治理单元间共生关系的体现，在处理全球性问题的同时也向着更高级别或更高阶段转型。

---

[1]　姚璐、景璟：《以共享促共生：疫情冲击下全球治理转型的中国推进》，《东北亚论坛》2021 年第 2 期，第 115~116 页。

第二章　全球治理现实对理论
解释力的挑战

全球治理理论的首要任务是证成它与实践之间的关系，现实中全球治理目标的达成是全球治理理论发展的内在原动力。然而，近年来，全球治理在现实中历经环境的变迁、主体结构的调整以及需求的多样化，全球治理理论的主体、客体、制度和价值维度与其建立之初相比都发生了深刻的变化，理论既成的稳固特性被打破，在解释力欠缺的现实催化中亟待更新与进步。对于全球治理而言，其存在的意义不仅是在现实中作为一种直观的合作关系或规则体系用以解决全球性问题，同时也具有理论层面的能动意涵，代表人们对自身生活方式和存在意义的清晰审视，它意味着"全世界各国人民可以管理他们的相互依存关系，制定、展开和落实新的规则，为我们共同居住的地球村提供一个灵魂，一种意义，一些规则，一种公平和一种前途"①。

如果我们将治理视为一种社会功能，这种社会功能致力于将社会导向世人共求的结果或者避免众所不欲的结果，那么显然在许多情况下，成功地创建并启动治理系统是持续追求人类福祉重要的决定性因素。②

---

① 〔法〕皮埃尔·卡蓝默：《破碎的民主——试论治理的革命》，高凌瀚译，生活·读书·新知三联书店，2005，"引言"第1页。

② Oran R. Young, *Governance in World Affairs*, Cornell University Press, 1999, 转引自〔美〕奥兰·扬《复合系统：人类世的全球治理》，杨剑、孙凯译，上海人民出版社，2019，第11页。

第一节 变迁的全球环境亟待理论之新

"一般而言，治理是从自我利益所驱动的行为体无节制互动的混乱之中演变而来的，一些社会行为体认识到义务的存在，并且感到有责任以行动来强化它们。"① 治理的生成与其所依托的具体环境之间存在密不可分的关系。遗憾的是，当前大多数研究以全球治理面临的时代困境为切入点，很少关注到造成困境的时代根源。本节将重点关注全球治理的发展环境，从全球治理所身处的百年未有之大变局和身临的全球风险社会两部分着手，分析外围环境与全球治理之间的紧密契合关系，在环境变迁中寻找全球治理体系变革的时代根源。

一 功能与权力：百年未有之大变局对全球治理秩序的变革

当前全球治理体系所面临的背景环境早已发生了巨大的变化，这种变化使得全球治理与其初创时的形态已然完全不同。2017 年 12 月 28 日，习近平总书记提出了"放眼世界，我们面对的是百年未有之大变局"② 的总体判断，这是对于过去近百年世界所发生的质变现象的总体描绘，它涵盖了新旧力量的博弈、权力中心的转移、发展格局的重组以及主体关系的更新等诸多层面，代表了全球秩序从有序走向无序进而渴望再次回归有序的演进过程。全球治理实践正是以此为基础而不断调适，全球治理秩序也伴随着体系进程的不断演进而得以重塑。

约翰·伊肯伯里曾经指出，全球治理秩序具有功能性和权利/特权性双重指向，其中，功能性是指全球治理秩序中所具有的功能性服务（functional service）内涵，而权利/特权性（right and privilege）则涵盖了全球治理秩序

---

① 张胜军：《为一个更加公正的世界而努力——全球深度治理的目标与前景》，《中国治理评论》2013 年第 1 期，第 71 页。

② 《习近平谈治国理政》（第三卷），外文出版社，2020，第 421 页。

中所体现的权力内涵①；国内学者任琳在此基础上将二者称为全球治理秩序中的功能属性和权力属性。就其运作而言，它们均通过全球治理中的制度得以体现。制度是秩序构建的基础和保障，制度的生成意义就在于它"为满足秩序需求提供一种即使滞后的，但也是必不可少的管理性公共物品"②。普遍意义上的制度具有中性制度和非中性制度两种类型，它们分别在秩序中发挥不同的作用。对于全球治理秩序来说，中性制度的存在能够为治理体系的基本稳定提供保障，确保全球治理秩序功能性作用的发挥；而非中性制度则通过选择性激励的方式造成权力的差异化，在保障全球治理公共产品供给的同时，也能够通过权力的等级塑造和集中的方式来实现对部分主体利益的维护。因此，全球治理秩序的变动在很大程度上是通过全球治理制度中的功能和权力属性内涵的变化而得以体现，具体表现在"新"与"旧"全球治理的比对之中。③

（一）"旧的全球治理"与秩序

从功能的角度而言，"旧的全球治理"建立在第二次世界大战的废墟之上，基于战争对世界所造成的严重创伤，当时全球治理所追求的首要目标便是维护世界范围内的和平。这种全球治理的原初形式可以被追溯到19世纪的"欧洲协调"（European concerts or concert of Europe），正是这种"协调"关系的构建才造就了19世纪欧洲历史的"百年和平"，因此，和平被看作治理的结果。④ 在这种思想的影响下，"全球治理"的提出很大程度上是为了规避全球战争的再次爆发。因而"旧的全球治理"的功效实质上是

---

① G. John Ikenberry, "Liberal Internationalism 3.0: America and the Dilemmas of Liberal World Order", *Perspectives on Politics*, Vol. 7, No. 1, 2009, p. 80.

② 张农寿：《多元责任与制度秩序——全球治理的制度性分析》，博士学位论文，吉林大学，2006，第167页。

③ 有学者指出，创立之初的全球治理严格地讲还不能被叫作真正意义上的全球治理，因为其更多表现为国际治理（IG）的态势，是在当时的国际力量对比的基础上所建立起来的，其被归类为"旧的全球治理"，而国际社会正在探索的和未来可能出现的全球治理则被归类为"新的全球治理"。参见庞中英《全球治理的"新型"最为重要——新的全球治理如何可能》，《国际安全研究》2013年第1期，第42页。

④ 庞中英、卜永光：《在全球层面治理"百年未有之大变局"》，《当代世界》2020年第3期，第47~48页。

让那些具有野心或抱负的国家能够采用和平而不是暴力的方式实现其目标。① 这种功效的设定暗含了当时人们对全球和平与稳定的希冀。此时的全球治理制度也试图通过提供平台和协商机制的方式维护和平，确保全球治理秩序的稳定。以联合国为例，冷战时期美苏作为两个超级大国在这一平台展开了激烈的斗争，但有研究显示，联合国实际上为当时美苏两国"提供了一个政治外交对垒的'软战场'，这比过去那种相互孤立和封闭可能产生误解、敌意甚至直接走向战争好得多"②。因此，"旧的全球治理"的制度具有维护和平的功能。

从权力的角度而言，"旧的全球治理"是一种建立在美国霸权体系基础上的治理模式，其名义上依托于"自由秩序"（liberal order），实际上体现的是战后全球生产关系，巩固的是以美国为中心的西方国家的权力地位。随着第二次世界大战后雅尔塔体系的建立，威斯特伐利亚主权国家的疆界基本得以固定，并获得了国际法的认可，国际体系中的规范首次在真正意义上扩展到全球。在规则的设定上，自由国际秩序"崇尚自由、民主和市场开放，强调规则的重要性，推崇联合国、世界银行、国际货币基金组织和世界贸易组织在国际事务中享有的领导权或主导权"③；但是在现实运作中，上述国际组织从建立到运行的一系列过程均离不开美国的主导作用，美国"享有"大部分全球治理制度的一票否决权，表面上看似公平合理的全球治理秩序设想在现实中却成为"美国治下的和平"，此时的全球治理也表现为一种美国主导下的全球治理帝国范式。

尽管在目前看来，当时这种"旧的全球治理"的目标和功能设定具有

---

① 有学者指出，第二次世界大战之后在经济贸易领域所建立的布雷顿森林体系等一系列自由贸易体系，实际上是想依托自由贸易来实现维护世界和平的目的，这也被称为"达到和平的自由经济理论"（liberal theory of peace）。参见〔美〕熊玠《纪念"九一八"与对中日关系症结的认识》，《中国评论》（月刊）2012 年 9 月，转引自庞中英《全球治理的"新型"最为重要——新的全球治理如何可能》，《国际安全研究》2013 年第 1 期，第 42 页。

② 邹治波、李雪：《世界格局的变化与全球治理的发展》，《拉丁美洲研究》2018 年第 6 期，第 4 页。

③ 江时学、李智婧：《论全球治理的必要性、成效及前景》，《同济大学学报》（社会科学版）2019 年第 4 期，第 49 页。

一定的局限性，并且其主要体现的是霸权基础上西方国家的主导性，呈现为西方世界的"半球治理"。但是客观地讲，这种全球治理的架构实际上是对于当时的国际格局以及国际秩序的真实体现，尽管其在制度的创设以及运行过程中体现出鲜明的霸权特征和帝国秩序的色彩，但也能够通过制度的监督管理作用在很大程度上维持全球治理秩序的稳定性。①

（二）"新的全球治理"与秩序

伴随着百年未有之大变局时代的到来，世界正处于大发展大变革大调整时期，这是时代前进的必然，同时也是全球化快速发展所带来的结果。这种变化主要体现为全球政治结构的变化。首先，权力格局出现了变化。百年未有之大变局的本质属性之一就是"西方与非西方之变，是西方主导与非西方群体性崛起之变，是资本主义席卷全球与资本主义出现体制性危机之变"②。然而，与历史上的权力转移不同，此次的权力结构不仅是点对点的转移，而且在很大程度上倾向于去中心化的权力网络的塑造。③ 其次，治理模式发生了衍化。2008 年 G20 峰会机制的建立是全球治理模式衍化的重要转折，标志着全球治理第一次实现了共同治理、协商治理，共商、共建、共享的全球治理观在今天的全球治理环境中显得尤为重要。最后，全球的政治版图正在经历重构。过去以美国为首的西方国家长期以来居于全球政治版图的中心，"掌握全球政治话语的解释权、政治生活的主导权、政治议题的设置权、政治标准的制定权、政治争议的裁判权以及政治价值观的定义权"④。然而，当前以中国为代表的新兴力量逐渐在全球治理中发挥更加重要的作用，从和平共处五项原则到人类命运共同体的构建，再到共商、共建、共享的全球治理观的提出，"中国方案"产生越来越广泛的影响

---

① 本节对于新/旧全球治理的对比目的，并不为做出孰优孰劣的评判，而是旨在基于全球治理秩序与时代特征的对应关系，来体现全球治理正在经历的变化以及说明环境变迁对于全球治理的影响。

② 袁鹏：《世界"百年未有之大变局"之我见》，《现代国际关系》2020 年第 1 期，第 1 页。

③ 有学者指出，"与历史上权力转移不同的是，新一轮大国权力博弈，不再是既有'中心国家'向'新崛起中心国家'转移，而是更加'两极多强'相对均匀的权力分配，塑造成去中心化的网络结构"。参见刘波《百年未有之大变局下全球治理面临的挑战及中国的参与路径》，《教学与研究》2020 年第 12 期，第 69 页。

④ 陈曙光：《世界大变局与人类的未来》，《求索》2021 年第 6 期，第 15 页。

力，感召力和塑造力增强，全球政治版图正在历经裂变和重构。在百年未有之大变局的时代环境中，全球治理秩序也正在经历着调整，"新的全球治理"表现出崭新的时代特征。

就功能属性而言，今天的全球治理不再以传统的军事-政治关系的治理为首要目标，加强政治合作、促进全球发展成为全球治理的主要任务。约翰·柯顿（John J. Kirton）曾经指出，当前的全球治理体系"建立在对20世纪的毁灭性战争的反思之上"，但是全球化带来的新变化和新问题使得原先的治理模式备受质疑。① 因此，当前全球范围内的"和谐"在一定意义上替代了既有的"和平"而成为全球治理在百年未有之大变局时代的价值旨归，其要求全球治理在促进发展的同时更多地展示公平与正义的意涵；同时，基于制度在秩序设计中的重要作用，其对于收益的潜在分配以及成本的显著分担体现了鲜明的分配性意涵，在全球化带来的矛盾日益突出，全球性问题影响日益加剧的今天，全球治理越来越成为政治上对全球化挑战的一种回应。② 此时作为中性的全球治理制度也逐渐契合于时代的变化：一方面，原有的制度出现变革，例如联合国融合了"秉持集体安全和多边主义"、"提升发展中国家的代表权"以及"提高联合国的效率"等多样的发展需求；另一方面，大量新兴的全球治理制度开始涌现，以二十国集团为代表的国际组织、以"一带一路"倡议为代表的国际机制和以亚洲基础设施投资银行为代表的国际机构，均是对原有制度的补充。总体而言，百年未有之大变局中全球治理的变迁实际上代表了对那些具有重要作用的分配性、程序性、权威性制度的改造。

就权力属性而言，今天的全球治理不再表现为"美国治下的和平"，国

---

① 〔加〕约翰·柯顿：《全球治理与世界秩序的百年演变》，《国际观察》2019 年第 1 期，第 67 页。

② 原文为"Some globalizing societies have a relatively egalitarian income distribution, whereas in others it is highly unequal. Inequality seems to be complex and conditional on many features of politics and society other than degree of globalization, and effective action to enhance human functioning will require domestic as well as international efforts"。此外，基欧汉还在文章中给出了全球治理制度的五个关键功能。参见 Robert O. Keohane, "Governance in a Partially Globalized World Presidential Address, American Political Science Association, 2000", *American Political Science Review*, Vol. 95, No. 1, 2001, pp. 2–3。

家之间的关系不再沿用传统的丛林法则和零和博弈的思维，治理方式逐渐从原先基于权力的强制性指令转化为基于软实力的吸引感召，权力的运行更加强调"即时性"和"异质性"。在全球化的影响下，国际体系的进化呈现出三个显著特性："在范围上由区域性体系转向国际性体系，在目标上由主要追求权势转向主要追求权益，在手段上由武力征服转向集体协同。"①尽管权力的运行方式看起来更加柔和，但是围绕权力的竞争却愈加激烈，未来的全球治理将面临大国博弈的重燃、平行体系的构建、价值理念的分歧等挑战，全球治理的权力结构更趋扁平化。与此相应的那些具有非中性特征的全球治理制度也开始成为权力竞逐的平台和通道，权力、利益以及偏好的差异性凸显带来了全球治理机制的碎片化。在全球共同危机和挑战面前，全球治理的整合能力却出现了下降的趋势，导致治理"缺口"的出现，构成了全球治理在百年未有之大变局背景中的"失灵"困境。因此，在时代环境的变迁中，面对全球治理秩序在功能属性与权力属性双重维度的变革需求，未来的全球治理理论和实践都需要进行相应的调整。

二 风险治理的类别：全球风险社会对全球治理逻辑的启示

"我们今天生活于其中的世界是一个可怕而危险的世界。"② 全球化在为世界带来机遇的同时，也在全球范围内引发了风险数量的增多、风险种类的叠加以及风险危害不确定性的提升。风险的存续改变了全球政治、经济、文化发展的线性逻辑，为今天全球治理的总体环境添注了动荡、模糊与不安的因素。其中，复杂性成了现代风险社会形成的内在机理，构成了全球风险社会的基本特征，传统治理环境中所具有的那种可预测性和稳定性特征在风险的冲击下不复存在。治理环境的复杂性变化为全球治理实践带来了新的危机与挑战，同时也成为全球治理理论发展所需要直面的现实境况。

面对全球风险社会，全球治理（或称"全球风险社会治理"）成为一项为协同预防风险并降低风险的不利后果，维持全球正常秩序的持续性集

---

① 谢剑南：《国际体系进化与全球治理转型》，《东方论坛》2016年第1期，第100页。
② 〔英〕安东尼·吉登斯：《现代性的后果》，田禾译，译林出版社，2011，第9页。

体努力与活动，其目标是在全球无政府的前提下，避免"由于'公地悲剧'和'集体行动困境'而引发的'全球治理失灵'，消除或缓解人与自然、社会和自我的矛盾与冲突"，从而实现"全球安全"。① 根据风险的分类，当前全球风险社会治理的对象可以被划分为"自然风险"和"人为风险"两类。其中，"自然风险"是指那些存在于自然界或社会中的原始的风险，而"人为风险"则是指在现代化进程中所出现的由技术、社会以及生产关系所引发的具有再造属性的风险。

（一）自然风险与全球治理逻辑

在自然风险的领域中，全球化是造成风险集结的主要根源，它"是现代化发展的动力也是全球风险社会形成的过程"②。全球化在为全球资源、信息、物质交流打开便捷通道的同时，也同步打开了以国家边界为中心构筑的子系统"围栏"，为风险在全球范围内的快速流动和传递开辟了新的路径，塑造了全球风险社会的主要特征。第一，全球风险社会具有高度的耦合性。在全球化的加持下，现代全球社会中的风险不再以单一的形式种类予以呈现，也不大可能在孤立绝缘的有限空间内实现发展。大多数情况下，风险将跨越传统的功能边界实现全球范围内的远距离耦合，在整体上表现出"多种风险相互叠加、交织出现、联袂冲击、形成共振"的特点，单一风险类别的连带效应更加凸显。③ 第二，全球风险社会具有不可选择性，即风险的影响范围涵盖了全球。全球化时代的风险"创造了一个'共同世界'（common world），一个我们无论如何都只能共同分享的世界，一个没有'外部'、没有'出口'、没有'他者'的世界"④。在风险的"回旋镖效应"（boomerang effect）的影响下，全球风险社会中的所有主体都将具有平等性，

---

① 范如国：《"全球风险社会"治理：复杂性范式与中国参与》，《中国社会科学》2017 年第 2 期，第 76~77 页。

② 曹帅、许开轶：《逆全球化浪潮下"全球风险社会"的治理困境与中国方案》，《理论探索》2018 年第 6 期，第 70 页。

③ 孙照红：《现代风险的跨界传播及其系统治理》，《中国延安干部学院学报》2021 年第 2 期，第 66 页。

④ 〔德〕乌尔里希·贝克、〔中国〕邓正来、沈国麟：《风险社会与中国——与德国社会学家乌尔里希·贝克的对话》，《社会学研究》2010 年第 5 期，第 209~210 页。

无论是风险的制造者还是牺牲者都将处于风险的冲击范围内，只不过存在时间的先后差异，任何主体所谓的"独善"都将只是一种乌托邦式的幻想。其无法通过回避全球化的方式来规避风险，反而可能会在拒绝全球化机遇的同时承受全球化的风险，进而"在全球化的风险与机遇分配机制中处于一个极其不利的地位"①。第三，全球风险社会具有明显的不确定性。风险的主要特征之一就是其具有突发性，即风险因素的自在最终是否一定能够转化为冲击全球发展的危机完全出自一种概率的推演，具有一定的不可预测性。这种特征造就了全球风险社会的不确定性，"黑天鹅""灰犀牛"事件越发频繁，并且已然成为世界发展的常态，使得当前环境中"唯一的确定性就是世界的不确定"。

在全球风险社会的笼罩下，全球治理很容易陷入信任危机的困局。风险所表现出的高度的关联性和突发性、强烈的耦合性和不确定性、快速的传导性等特征以及通过连带外溢效应所产生的非自然性后果，通常以相互叠加、交织、累积的形式加速风险综合体的生成，构筑了一个关于风险的全球共同体。其不仅在全球范围内制造了大量需要共同面对、合力解决、同步治理的复杂性因素，同时也成为全球主体间的黏合因子。伴随着越来越多成员加入全球风险社会治理关系网络当中，治理过程的"物质赌注"逐渐增加，主体之间的信任基础显得更加脆弱和松动，因为它们既要保持内部的凝聚力和适应性，同时又要维持与其他组织在多方面相互依赖、和谐共存，甚至还需要跨越不同机构界限建立伙伴关系以实现相互协调。② 信任危机的产生，加剧了对全球治理的挑战和考验，未来的全球治理将可能在统一连续化和断裂碎片化的张力中予以呈现。

（二）人为风险与全球治理逻辑

在人为风险的领域，现代性被看作全球社会中"马力巨大又失控的引擎"③。现代化的社会进步和技术发展成为风险寄托的载体，风险正是通过

---

① 程光泉：《全球化视野中的风险治理》，《社会主义研究》2006 年第 5 期，第 102 页。
② 〔英〕鲍勃·杰索普：《治理的兴起及其失败的风险：以经济发展为例》，漆燕译，《国际社会科学杂志》（中文版）2019 年第 3 期，第 59 页。
③ 〔英〕安东尼·吉登斯：《现代性的后果》，田禾译，译林出版社，2011，第 122 页。

对这些因素的"嵌入"给全球社会带来压力。乌尔里希·贝克（Urich Beck）曾经指出，在全球风险社会中，真正的危险并不来自外部，而是来自社会内部所造成的"次生灾害"。一方面，现代化进程中的"风险－分配"模式通常与全球社会中的"财富－分配"关系相契合。① 尽管风险在影响层面具有全球普遍性和平等性特征，但是风险的具体分配过程却存在不对等的现象。"平等的风险状况并不会掩盖那些在风险中造成的苦痛中的新的社会不平等"，风险总是依附在特定的阶级模式之上，风险地位的确立进一步巩固了由分配关系所构建的阶级地位，社会底层群体在面对外部竞争性的同时还要承担由于资本选择性排斥而带来的发展压力，面临分配不平等所引发的发展困境；同时，"社会财富的不平等分配给风险的生产提供了无法攻破的防护墙和正当理由"，在阶级隔阂中又将产生新的社会乃至全球风险。② 以全球共同抗击新冠疫情为例，口罩、器械、疫苗等医疗设备的全球不平等分配造成部分国家以及社会群体抗疫技术的局限和资源的缺失，体现的正是价值层面的风险再造。另一方面，风险的现代化特征通常与技术进步相衔接，建立在科技理性的过度工具化基础上的"现代化风险"通常与具有"自反性现代化"（reflexive modernization）特征的"风险再造"相结合。③ 这种基于技术进步而形成的现代化风险成了当今全球风险社会的特有属性，其借助时代的"工业化先进设备"实现批量生产，从而导致全球风险种类和数量的急剧增加，人们用与技术发展相同的速度同步创造出众多无法被测算的不确定的可能。不可否认的是，现代化风险对于全球甚至全人类的发展而言，其影响力和破坏性都更为强劲。

伴随着过去关于核能问题的决策和我们当今时代关于基因技术应用、人类基因、纳米技术、计算机科学等问题的决策，我们开始进入了一个不可预测、不可控制、不可言传的局面，这种局面将使地球上

---

① 〔德〕乌尔里希·贝克：《风险社会》，何博闻译，译林出版社，2004，第17页。
② 〔德〕乌尔里希·贝克：《风险社会》，何博闻译，译林出版社，2004，第50页。
③ 肖祥：《风险社会治理责任范式：全球战"疫"与中国行动》，《学术界》2020年第9期，第24~25页。

的所有生命都面临灭绝的危险。①

在全球现代化风险的笼罩下，人们亟须反思全球治理的工具理性和价值理性之间的关系问题。马克斯·韦伯曾经对工具理性和价值理性的概念进行了区分，所谓的"工具理性"是指目的层面的合乎理性，即"通过对外界事物的情况和其他人的举止的期待，并利用这种期待作为'条件'或者作为'手段'，以期实现自己合乎理性所争取和考虑的作为成果的目的"，而"价值理性"则是指价值层面的合乎理性，主要是"通过有意识地对一个特定的举止的——伦理的、美学的、宗教的或作任何其他阐释的——无条件的固有价值的纯粹信仰，不管是否取得成就"。② 对于现代化社会而言，无论是当前阶段中的社会进步抑或是技术发展都是对工具理性加以运用的结果，体现了全球治理作为一个整体在促进全球发展过程中的显著功效性。然而，如果不加区分地过于重视工具理性则将会造成价值理性的衰减甚至缺失，对工具理性的原有自信将演变为对工具理性的滥用，进而导致全球治理结构的扭曲。实际上，对于现代化社会中的全球治理而言，工具理性应该建基于价值理性，二者之间是相互统一的关系，毕竟全球治理聚焦于更加长期的可持续发展进程。这样一来，"价值理性的出场就是对工具理性泛滥的一种必要矫正与救治，否则，工具理性过分的结果只能是人类全体的生态灾难甚至是灭亡"③。

总体而言，全球风险社会的出现为全球范围的系统性治理提供了崭新思路与视角，其存续改变了全球治理原有的思维和逻辑，同时也阐发了先行全球治理理论建构的要求。首先，全球治理应该更具前瞻性。全球风险社会赋予了时空更多的关联，打破了原有的时空界限。风险社会的治理作

---

① 〔德〕乌尔里希·贝克：《"9·11"事件后的全球风险社会》，王武龙编译，《马克思主义与现实》2004年第2期，第72页。

② 〔德〕马克斯·韦伯：《经济与社会》（上卷），林荣远译，商务印书馆，1997，第56页。

③ 郭健彪：《以价值理性救治工具理性——生态行政的公共治理之路》，《闽江学院学报》2007年第6期，第87页。

为一种对未来可能出现的风险挑战的规避，其更加倾向于关注在未来时间节点上发生的可能性，强调的是对某一风险因素的概率测算。因此，对于全球风险社会的治理而言，其逻辑不再是过去的治理行为决定现在的局面，而是"未来的风险决定我们今天的选择"，全球治理的前瞻性思维更加重要。① 其次，全球治理应该更具创新性。风险综合体的生成意味着全球社会将呈现非线性的轨迹，具有不可赔偿性的特征，"在这个意义上，存在着一旦发生就意味着规模大到以至于在其后不可能采取任何行动的破坏的风险"②。不同风险相互累积、叠加以及激化所产生的连锁效应将触发现实世界的"变化门槛"，导致全球社会的崩塌式波动。简单地说，全球风险社会具有不可逆性。因此，全球治理亟待创新思维，"若以刻舟求剑的方式制定方案来满足未来治理的需求，那我们是在冒险"③。最后，全球治理应该更具整合性。在对于风险的根源探讨中，玛丽·道格拉斯（Dame Mary Douglas）和阿隆·伯纳德·威尔德韦斯（Aron Wildavsky）在《风险与文化》一书中提出了关于风险文化的探索，将人们对于风险的认识看作心理感知的结果，其认为现代社会中的风险相比于传统的风险而言并不存在实质性的增多，当前正是由于人们风险意识的提升，才使得那些能够被察觉和意识到的风险增多和加剧。未来，"风险社会的时代终将成为过去……我们将要迎来的是风险文化的时代，伴随风险文化时代而来的也许是人类许许多多的惶恐和颤栗"④。风险变成一种基于文化和心理的感知，这使得全球治理的环境更加脆弱，围绕风险的治理变得更加复杂。如何调和多元风险认知中的差异性，成为全球治理在风险时代需要解决的新问题。

---

① 杨永伟、夏玉珍：《风险社会的理论阐释——兼论风险治理》，《学习与探索》2016 年第 5 期，第 37 页。

② 〔德〕乌尔里希·贝克：《风险社会》，何博闻译，译林出版社，2004，第 35 页。

③ 〔美〕奥兰·扬：《复合系统：人类世的全球治理》，杨剑、孙凯译，上海人民出版社，2019，第 6 页。

④ 〔英〕斯科特·拉什：《风险社会与风险文化》，王武龙编译，《马克思主义与现实》2002 年第 4 期，第 63 页。

第二节　主体关系的调适引发理论之思

全球治理主体关系的变动包含了两个方面：一是主体数量和主体类型的增多，这使得全球治理多元主体共治的特征更加显著；二是主体间权力分配关系的改变和主体结构的调整，国家与非国家行为体、发达国家与发展中国家原本的治理结构被重塑。随着现实中这种主体关系的变化，全球治理的实践模式得以更新，其在对传统治理效果进行弥补的同时，也打破了既有的权力分布格局，主体关系进入一个全新的调整阶段，全球治理一时间陷入了混乱与失序，既有的理论在面对主体关系调适时表现出解释力欠缺的问题，亟待融入新的理念与更加深入的思考。

一　多元主体共治的现实困境——对多中心治理理论的挑战

多元协商、多主体共治是治理理论的主要特征之一。全球治理主体类型的多元化日渐成为全球治理理论在主体维度的一项基本特征。"即便民族国家仍将承担着目前它们所担负的许多职能，一个发展不均衡而又不断推进的全球化世界，其治理需要有更为广泛的国际组织和机构。"① 全球治理体系中除了以主权国家和各类凭借国家间合作关系而建构的国际组织为代表的治理主体之外，面对复杂的治理环境和治理议题，市场和社会层面以跨国公司和非政府组织为代表的治理主体也在发挥愈加重要的作用，全球治理主体的多元化趋势更加显著。这就构成了全球治理理论中多中心治理理论的基本内涵，打破了国家与非国家行为体之间二元对立的关系，强调治理主体的多元化，并且构建了主权国家-市场-社会三方共同参与的"多元共治"的模式。

（一）跨国公司的参与

市场层面的"跨国公司"（Transnational Corporations，TNCs）作为"在

---

① 参见〔美〕罗伯特·基欧汉《非均衡的全球化世界的治理》，载〔英〕戴维·赫尔德、安东尼·麦克格鲁编《治理全球化：权力、权威与全球治理》，曹荣湘、龙虎等译，社会科学文献出版社，2004，第483页。

一个以上国家经营的经济实体或在两个或两个以上国家经营的经济实体集团，无论其法律形式如何，无论其位于母国还是活动所在国，无论其是个体还是集体"①，是全球治理进程中一个崭新的主体类型。就其本身而言，跨国公司具有四项特征：第一，跨国公司由母公司和一些在地理上分散的子公司共同构成，其自身边界的扩展将带来利益相关者数量的扩大，因此其所代表的利益范围更加广泛；第二，不同于传统公司中单一的委托代理关系，跨国公司的运行依靠母公司对于子公司的总体把握，这使其具有一种基于延长的委托代理链而形成的层叠式特点，它的治理决策更加复杂；第三，跨国公司通常以单体公司向集团公司的过渡演进为主要形式，其涉及跨国企业母公司治理、海外子公司治理以及母子公司关系治理等众多领域，内外部治理的内涵更加宽泛；第四，跨国公司身处的环境更加多样，其背景通常表现为多元文化的交叉性或跨文化性，其本身的运行机制更为复杂。②

正是基于以上特征，跨国公司被看作"最大限度地促进世界福利的关键性工具"，其凭借跨国的地理分布特征以及对跨国资源的便捷调动优势，对于主权国家面向跨越边界问题而暴露出的治理失能做出了有效的弥补。③跨国公司对于全球治理的参与方式可以划分为自我治理和介入治理两类。

自我治理是指跨国公司通过制定一系列的规范来实现自我约束，进而达到全球治理的目标。一方面，跨国公司注重将全球发展计划与本企业的发展计划相对接，实现对全球治理规制的内化。例如，在全球环境治理中，丰田汽车公司结合全球气候、资源以及生物保护的总体目标，提出了"丰田环境挑战 2050"战略，力求通过"使汽车产生的负面影响无限接近于零"和"为社会带来正能量"的公司举措助力全球环境治理进程，并具体制定

---

① United Nations General Assembly, E/CN. 4/Sub. 2/2003/12/Rev. 2, Aug. 26, 2003, p. 20, 转引自何志鹏、王惠茹《国际法治下跨国公司问责机制探究——兼评国家中心责任模式的有限性》，《国际经济法学刊》2019 年第 3 期，第 2 页。

② 厉娜：《经济全球背景下跨国公司治理理论框架研究》，《现代管理科学》2019 年第 6 期，第 26 页。

③ 联合国秘书处经济社会事务部编《世界发展中的多国公司》，南开大学经济研究所世界经济研究室译，商务印书馆，1975，第 3 页。

了"丰田环境治理计划",通过一系列的节能举措、燃料多样化对策以及报废车辆的回收循环机制,为全球可持续发展做出贡献。此外"埃及的生态效能共有车间"、"菲律宾的废弃物再循环"以及"索尼公司的'绿色增值'计划"等都是跨国公司积极参与全球环境治理的有效实践。① 另一方面,跨国公司则通过建立一系列的公司行为守则,实现对全球问题解决的助力。例如,在全球人权问题的治理中,耐克、沃尔玛、锐步等跨国公司先后制定了具体涉及禁止使用童工和强制劳动、保障法定工资发放、提供安全健康工作环境等保障基本劳工权利及改善基本劳动条件和待遇的内部生产守则,以此来助力全球层面人权问题的解决。②

介入治理则是指跨国公司通过与主权国家、政府间组织以及非政府组织进行一定的互动,对其相关行为和决策产生一定程度的影响的过程。一方面是通过与之建立合作的方式实现共同治理。例如壳牌(中国)公司在2014 年可持续发展报告中对气候问题的关注,其特别强调了减少大气中二氧化碳含量以及有效的碳定价的问题,它利用企业自身的力量进行宣传,鼓励各国通过使用天然气取代煤燃料的方式来减少二氧化碳的累积,同时还鼓励相关部门为二氧化碳排放制定相应的定价标准,并呼吁政府为低碳技术提供支持;三菱商事则自 2005 年起开始实施"珊瑚礁保护项目",通过与澳大利亚海洋科学研究所以及国际非政府组织"关注地球"(Earth Watch)展开合作,对珊瑚白化现象以及珊瑚礁的健康维护与白化复原技术进行研究。另一方面跨国公司则是通过发挥自身的宣传、财政支持以及技术支持等作用,为国家、政府间组织以及非政府组织的相关活动提供助力。例如,七大国际能源与矿业公司通过与非政府组织的合作来推动能源与矿业领域的行业规范制定;赛诺菲、嘉吉、雅诗兰黛、太古以及路易达孚等跨国公司为抗击新冠疫情组织捐款,提供支持;甚至在很多贫困地区,跨国公司还以公益活动的形式为当地公众提供公共物品。可以看出,作为一种新兴的全球治

---

① 关于跨国公司与联合国合作并且积极参与全球环境治理的外交实践的论述,可参见朱素梅《全球环保领域中的跨国公司及其环境外交》,《世界经济与政治》2000 年第 5 期,第 66 页。

② 唐更华、史永隽:《企业公民理论视角下的企业社会责任观》,《广东行政学院学报》2009 年第 6 期,第 90 页。

理主体，跨国公司在全球气候治理、环境治理、人权治理、危机应对以及社会责任分担等众多方面发挥着重要作用。伴随其对于具有本地性（地域性）资源的全球调动，跨国公司逐渐成为从国家到全球的传递链条。

（二）非政府组织的参与

社会层面的全球市民社会作为一种独特的社会政治空间，其自身所具有的开放性特征使其能够快速与其他主体产生联系，通过及时有效且频繁便捷的信息交流提升主体间共识，从而有效弥补主权国家在非传统领域中治理能力缺失的问题。非政府组织（Non-Governmental Organizations，NGOs）作为全球市民社会的代表，它所指向的治理思想"在一定程度上弥补了国际关系研究由于长期局限于国家实力和正式制度而导致的目光短浅狭窄的缺陷，为思考和解决国际问题和全球性问题提供了更宽广的视角"[①]，延续并放大了市民社会在全球治理中的参与意愿和实际效能。

非政府组织是指"非官方的、非营利的、与政府部门和商业组织保持一定距离的专业组织，它们通常围绕特定的领域或问题结成团体，有自己的利益和主张，代表社会某些集团或阶层的愿望或要求"[②]。非政府组织具有非政府性、公益性、专业性，并且与政府间组织相比，它的自治色彩更为浓厚，且规模较小，通常采用扁平化的管理模式，无论是在行动速度还是治理成本方面都有一定的优势，兼具自主性和灵活性。

非政府组织主要通过三种方式参与到全球治理的过程中。第一种是利用媒体和舆论提高宣传力度，强化公民意识。这是一种成本较低且成效显著的方法，因此在非政府组织行动中较为常见。例如在全球核安全治理中，国际废除核武器运动（ICAN）着力构建一个强大的数字化平台，通过为公众提供论坛以对核危害及人道主义伦理问题进行宣传；国际防止核战争医生组织（IPPNW）则在全球发起了医学生行动计划（Medical Student Movement）和核武器遗产项目（Nuclear Weapons Inheritance Project），并通过开展一系列的反核运动以及宣传教育活动（例如成立工作坊、开办难民

---

① 杨雪冬：《全球化：西方理论前沿》，社会科学文献出版社，2002，第202页。
② 王逸舟：《西方国际政治学：历史与理论》（第二版），上海人民出版社，2006，第514页。

讲习班、地雷讲习班并组织核武器研讨会等）来提升公民对核危害的认知。第二种是通过发挥自身的专业优势来实现治理的信息传递。例如在全球生态环境治理中，非政府组织参与到了国家管辖范围以外区域海洋生物多样性（Marine Biological Diversity of Areas Beyond Nation Jurisdiction，BBNJ）的养护和可持续利用问题的谈判中，在政府间会议之外召开了非正式会议就相关问题进行磋商，并为谈判提供相关信息材料，主要扮演"信息集散中心"的角色；小岛屿国家依托国际环境法与发展基金会（Foundation for International Environmental Law and Development，FIELD）提供的法律与技术等专业性支持，在全球气候谈判中围绕控制全球变暖的问题与大国联盟开展谈判；二十国集团民间社会会议（C20）的召开为 G20 提供了重要的配套服务，成为向各国政府提出建议的有效平台。第三种则是对其他主体直接施加影响以达到治理的效果，这种方式通常运用于存在分歧的重大领域，试图以国际规范的形式促进共同立场的生成。例如在《濒危野生动植物种国际贸易公约》（CITES）的表决中，主要成员方曾反对将非洲象纳入名单当中。此时的非政府组织利用观察员的身份对成员方进行了游说，促使非洲象问题列入大会议程，并且在世界自然基金会（WWF）所提出的"独立法律意见"的影响下，最终以 76 票赞成的结果将非洲象从附录二提升至附录一。① 又如在 1992 年由残障国际和人权观察等六个国际非政府组织发起的国际禁雷运动（ICBL）中，其一方面通过媒体广泛宣传地雷的危害，另一方面则推动同意禁雷国家间的合作，在"以国家为中心的传统论坛之外拟定了一项具有约束力的多边条约"，对持反对意见的国家进行施压，最终促成了《渥太华禁雷公约》的生效。

与主权国家相比，这些治理主体容易克服国家主权以及现有国际

①《濒危野生动植物种国际贸易公约》将所管辖的物种分为三个级别（分别列在三个附录中）。其中附录一主要包含所有受到和可能受到贸易影响而存在灭绝危险的物种，附录二则包含虽然没有濒临灭绝，但如果不进行国际贸易的管制，将有可能面临灭绝危险的物种，而附录三则是指成员方认为需要进行管理来防止或限制开发利用的物种。关于非政府组织对非洲象保护的相关实践和历程，详见林灿铃《国际环境法实施机制探析》，《比较法研究》2011 年第 2 期，第 96 页。

体系、国际秩序的种种障碍，容易克服国家和本民族利益的局限性，真正服务和服从于全人类共同的生存和发展。由于没有现成的框架协议、制度的限制，它们可以机动灵活地、直截了当地采取行动，以期较快地取得实质性效果。①

尽管非政府组织以补充主权国家作用的角色逐渐走上全球治理的舞台，并且对全球治理的实践以及理论构建都产生了重要推动作用，强化了多中心治理理论的根基。但是，这些充满灵活性和自主性的新兴主体在全球治理实践的过程中仍然面临较大的发展困境，实际上弱化了多中心治理理论的现实解释力，例如其缺乏主体职能的约束、主体间关系的不明确以及主体责任与义务的欠缺等问题，都可能造成全球治理的"'多中心治理'容易陷入'无中心'的倾向"，进而引发治理的无序与失序。② 这些现实解释力的欠缺对以多中心治理理论为代表的全球治理理论（主体维度）造成了不小的挑战——如何在具有主体多元性特征的表象背后深入探索多元治理主体的运作过程。简单地说，就是在理论构建中既要关注多元行为体作为"全球治理主体"这一概括性特征和身份的表象，同时还要更加细致地分析多元主体之间的行为逻辑。此处主要包含了三个层面的问题。

第一是对于主体职能的约束问题。跨国公司与非政府组织在运行过程中，由于缺乏相应的规则与监督，其自主性和灵活性在很大程度上变为了随意性和盲目性。在具体的治理过程中，这些主体并非持中立的态度，而是对于特定国家和组织的利益表现出强烈的倾斜。例如，美国石油公司埃克森美孚在加入全球气候联盟（GCC）之后通过媒体散布大量的误导信息以维护企业利益，并游说多国政府拒绝签订《京都议定书》；世界自然基金会（WWF）被看作企业的帮凶，有声音认为其通过授予部分企业开发特权来获取巨额捐款，从而维护自身的发展利益。此外，这些新兴的治理主体由于具有较为宽泛的行为空间，很容易沦为国家间争斗的手段和工具，例

---

① 李景治：《全球治理的困境与走向》，《教学与研究》2010 年第 12 期，第 34 页。

② 李平原、刘海潮：《探析奥斯特罗姆的多中心治理理论——从政府、市场、社会多元共治的视角》，《甘肃理论学刊》2014 年第 3 期，第 130 页。

如欧美国家"不少非政府组织，打着促进人道、维护人权、缔约和平、保护环境等旗号对发展中国家行渗透干预之实，具有鲜明的两面性和严重的破坏性"①。由此一来，全球治理主体的作用和职能如何有效地发挥便成了多元主体对多中心治理理论带来的挑战。

第二是主体间关系的构建问题。尽管当前的全球治理现实体现了多元主体的共治，全球治理理论也着重强调主体的多元化和多层级的治理特性，但是主体间关系并没有得到清晰阐述。尤其在跨国公司和非政府组织这两类新兴治理主体出现之后，"如何看待主权国家与二者的关系"就成为摆在全球治理理论面前的主要问题。这种关系的探讨并不是寻找哪类主体的作用更加重要，而是需要关注不同主体之间如何衔接，凸显对多元主体的主体间性的强调。一方面，在具体的全球治理现实中，不同的治理主体之间由于沟通不畅而使得治理在过程中缺乏协调性，进而制约了全球治理的效果。例如，在非政府组织是否可以通过扮演"法庭之友"②的角色参与WTO争端问题解决，日本和美国、约旦等成员之间便出现了较大分歧。跨国公司通过资金和技术投资在促进发展的同时也加剧了全球不平等，随着初级产品部门在外国直接投资的下降，非洲等国家在全球产业布局中更加边缘化。另一方面，由于跨国公司和非政府组织自身所拥有和掌握的资源有限，其运行仍然需要建立在主权国家的支持基础上。全球治理的各个主体之间并不是孤立行动的分离关系，而是相互之间的联动和嵌入。因此，如何在多元主体共治的现实中实现不同主体作用的平衡，是多元化的主体运行对多中心治理理论形成的挑战。

第三是主体的责任与义务的分担问题。在传统的以国家和政府间国际组织为中心的全球治理中，全球治理主体的责任与义务划分得较为明晰。然而，随着跨国公司和非政府组织等多元治理主体的出现，其分享了一定

---

① 胡欣：《隐藏在西方非政府组织当中的"特洛伊木马"》，《世界知识》2020年第1期，第74页。

② 所谓的"法庭之友"最初指法庭中的旁观者，其身份对于诉讼而言并没有直接利益的牵涉，它的作用只是通过其自身所具备的知识范围对法庭中的案情以及法律适用性等问题向法庭提出相关的书面意见。

的治理权威，却并未承担相应的责任和义务。就跨国公司而言，其可能依托自身在地理分布上的分散性优势，利用各个国家之间的税制差异来进行避税；而非政府组织则可能因为国际社会缺乏信息传递的统一标准，超出正常言论自由的边界，依托媒体和网络等平台夸大不实言论，对全球治理产生不良影响。这些现象表明，新兴的全球治理主体在具备了一定治理权力的同时，由于对相应治理责任和义务的认知缺失而导致的行为，将进而成为引发新的全球矛盾与全球问题的根源。因此，如何在承认主体多元性的同时将责任义务与职能相匹配，是多元主体存续对多中心治理理论构成的挑战。

二　主体结构调整引发新的治理危机——对单元与结构的思考

多元主体共治带来了全球治理体系中主体结构的调整。传统国家在全球治理中的权力和地位伴随着新兴国家群体性崛起而发生流散，并且基于非国家行为体的参与，原本属于国家的全球治理权威被分享。治理趋向于"从多个地区同时发散开来，在这一过程中，权威的点和线并不总是清晰的"①。这种主体结构的调整，一方面拓宽了全球治理正义与民主的实现通道，随着市场、社会多层次治理的开展，全球治理公平与正义的诉求得到了进一步强调；然而，从另一方面而言，这种调整也成了全球治理有效性危机产生的来源，其打破了既有的主体结构，进而推动全球治理体系进入全新的调适进程。对于全球治理理论而言，以往的研究主要集中于非国家行为体作用的发挥，是对主体单元的分散化解读，或是对某一主体类型的个体性分析。但是随着主体结构调整所引发的危机出现，不难看出，相较之下主体单元自身的变化并不会对体系产生较大影响，反而单元间关系结构的改变将带来体系性的问题。全球治理主体作为一个整体性系统，它内在的结构变化成了全球治理失效的主要原因。这实际上反映的是"单元-结构-体系"之间的互动，

---

① 原文为"Instead, governance tends to be diffuse, emanating from multiple locales at once, with points and lines of authority that are not always clear"。参见 Jan Aart Scholte, *Globalization: A Critical Introduction*, 2nd edition, Palgrave Macmillan, 2005, p. 186。

即伴随着全球治理主体类型的增多，各个主体之间的关系发生改变，原有的主体结构被重塑，这"不单纯是国家间力量对比的变化"，而是全球治理体系中各类主体地位和作用的提升，进而引发全球治理体系新的变化。① 这种因果逻辑关联引发了本书围绕体系-单元以及结构-过程的思考，形成了关于全球治理理论建构中单元与结构关系的反思。

对于"单元"与"结构"的认识主要来自结构现实主义理论，其作为一种体系理论，认为理论的核心在于内部的"结构"。肯尼思·华尔兹指出结构和互动的单元共同组成了体系。② 在他看来，国际体系由一套相互影响的单元构成，结构作为系统层次的成分，其使单元以体系的形式存在，而非一种简单的聚集。因此，"体系"为结构提供了一个指导性的排列原则，并且体系自身具有一定的稳定性和独立性，尽管其根据各个单元之间的互动所形成，但是一旦确立后便会成为较为客观独立的自在实体；"结构"依托于体系所提供的排列原则、单元的功能特性以及单元之间的能力（主要是指一个国家的物质性力量）分配关系予以建立，它在一定程度上限制了单元作用发挥的范围，同时为单元的稳定提供了一定的保证③；而"单元"则作为基础，正是"这些单元所追求的目标的范围，以及行动者用以达成这些目标或防止对手完成这些任务而使用的手段"才构成了整个国际体系④。只有当单元之间的能力分配关系发生变化时，结构才会发生变化，而单元自我能力的改变只会对排列顺序造成影响，却并不会造成排列原则的改变。

华尔兹认为，不同于国内政治结构中的等级制排列原则，国际政治中的行为体（经原子化了的主权国家）之间尽管存在实力的差异，但是在形

---

① 刘雪莲：《充分认识全球治理体系变革的局限性》，《探索与争鸣》2020年第3期，第12页。

② 原文为"A system is composed of a structure and of interacting units"。参见 Kenneth N. Waltz, *Theory of international Politics*, Mcgraw-Hill, 1979, p. 79。

③ 刘敏：《试析结构现实主义中结构和单元的辩证关系及对中国的启示》，《学理论》2010年第15期，第34页。

④ 原文为"We try to distinguish systems according to the scope of units' purposes, and to the techniques the actors use in order to meet their objectives or to prevent their rivals from achieving theirs"。参见 Stanley Hoffmann, "International Systems and International Law", *World Politics*, Vol. 14, No. 1, 1961, p. 208。

式上具有平等的地位，即任何国家都不能凌驾于其他国家之上，同时也无须服从其他国家的命令。在他看来，国际政治体系是国家主权基础上的无政府体系，由众多具有相同功能的单元组成。他认为国家作为国际政治体系的基本单元，其相互之间并不存在明显的差异，因为在无政府状态下，尽管每个国家的行为是自主多样的，但是却拥有相同的目标，除了确保自身的生存之外，它们还拥有共同的任务——每个国家都在很大程度上重复着他者的行为，例如制定法规、征收赋税、提高福利、加强调控等。从这个角度而言，国家的特征是相似的。由此一来，这些被原子化了的国家就成了国际政治体系中的单元，它们之间能力的分配在"无政府的国际政治系统中是一个变量，其变化直接导致系统结构的变化"[1]。

将"单元-结构-体系"的理论论证对应至全球治理理论的主体维度，参与治理的多元行为主体便成为"单元"。不同于国际关系理论中对于国家主体地位的单一强调（即认为国际结构是根据这个时代主要的政治单元——国家——来界定的，无论其以何种形式发挥作用，无论是城邦国家、帝国还是民族国家），全球治理理论强调全球治理主体的多元化和主体类型的多样化，"它不仅强调非国家行为体的重要作用，而且将其视为国际体系中的独立单元"，多元单元观是全球治理理论体系一个非常重要的组成部分。[2] 正如詹姆斯·罗西瑙所指出的那样，全球治理体系除了"国家中心世界"（state-centric world）之外，还存在另一个由非国家行为体所组成的"多中心世界"（multi-centric world）。[3]

就结构而言，全球治理主体维度的初始结构主要呈现出发达国家-发展中国家"中心-外围"的总体特征。居于中心的发达国家借助全球治理

---

① 刁俊强：《结构现实主义理论和冷战后的国际政治结构》，《东南亚纵横》2006年第7期，第68页。

② 徐步华：《单一与多元：两种国际体系单元观的比较研究》，《安徽师范大学学报》（人文社会科学版）2014年第4期，第495页。

③ 原文为"The universe of global politics has come to consist of two interactive worlds with overlapping memberships, a multi-centric world of diverse, relatively equal actors and a state-centric world in which national actors are primary"。参见 James N. Rosenau, "Patterned Chaos in Global Life: Structure and Process in the Two Worlds of World Politics", *International Political Science Review*, Vol. 9, No. 4, 1988, p. 328.

的"工具"维护自身地位，推动全球治理制度向自身利益倾斜，而居于外围的发展中国家往往被动地接受"治理"。实际上，最初全球治理体系的建立以国际体系为基础，第二次世界大战之后，以美国为代表的西方发达国家主导构建了以联合国为中心的国际安全治理体系和以布雷顿森林体系为中心的国际经济治理体系，而全球治理正是在这一基础上逐渐发展而来的，其结构体现了美国等西方国家对国际规则的主导，"在建立国际规则和维护国际秩序的过程中，与体系之间形成了'共容利益'"①。这种"中心-外围"的结构特征深受资本逻辑和权力政治的驱使，奉行的是弱肉强食、霸权治下的丛林法则。尤其是全球治理所依赖的制度通道、秉持的价值引领、需要的资源成本等都仍然向着少数国家集中，处于结构外围的发展中国家则在很大程度上缺乏话语权和代表权。

从世界历史发展过程中的权力等级结构来看，全球治理体系从根本上来说是建立在国际体系和国际秩序基础上的，没有国际体系和国际秩序，全球治理体系就无所适从、无以为继。当然，最值得我们注意的是，与国际体系和国际秩序相伴相生的历次全球治理体系存在一个共同点：即它们都深受资本逻辑和权力政治的驱使，充斥着弱肉强食、强权独霸、零和博弈的丛林法则，是一种典型的霸权政治和均势秩序支配下的全球治理体系。虽然后冷战时代的全球治理体系基本上摒弃了殖民掠夺的血腥手段，提倡"平等""合作""共治"等理念，赋予每个参与主体公平"发声"的权利，但这只是西方发达资本主义国家适应全球化时代发展需要的形式和手段而已，事实上全球治理体系仍然由以美国为首的少数西方发达资本主义国家依据自身利益和权力意志所支配和掌控。②

---

① 高程：《从规则视角看美国重构国际秩序的战略调整》，《世界经济与政治》2013年第12期，第84页。
② 殷文贵：《批判与重塑：全球治理体系的内在缺陷及其变革转向》，《社会主义研究》2021年第5期，第164页。

　　近年来，全球治理主体维度的单元能力分配关系和结构发生了巨大的转变。① "国家间的资源流动和交流沟通正在以前所未有的速度加快，权力在世界范围内的流散和重组已成为不争的事实"②，并且此时的权力体现为一种全新的形式——制度性权力，具体表现为对全球治理制度的参与、设计以及监管能力。从单元能力分配关系的变化来看，一方面，金融危机过后，西方发达国家复苏乏力，经济增长普遍较为缓慢，而新兴经济体则抓住发展机遇实现了经济的快速增长，双方的实力差距逐渐缩小。伴随着新兴市场国家和发展中国家的群体性崛起，西方发达国家主导和构建的全球治理体系的权力基础和权威模式被动摇，发展中国家在全球治理舞台上的参与度和影响力逐渐提升。另一方面，随着跨国公司、国际组织以及社会公民等多元主体的加入，它们在全球治理相关政策原则的谈判、制定、实施以及监督等方面的作用愈加显著，国家行为体在全球治理中的权力和权威流散，开始表现出一定程度的有限性，"政府间组织同私人部门和非政府组织分享权力已是大势所趋"③。传统全球治理中发达国家与发展中国家的"中心-外围"结构被打破，霸权政治下的权威治理模式逐渐失去了存在的根基；同时，国家与非国家行为体之间二元对立的关系也逐渐发生变化，非国家行为体开始在"对既有体系和权力空白领域的补充"方面发挥不可替代的重要作用。④

　　然而，正是这种由全球治理主体单元间能力分配所导致的结构变化，

---

① 需要指出的是，国际关系理论认为单元能力分配中的"能力"主要是指单元（国家，尤其是大国）的物质性力量，包括经济、军事等方面；而在全球治理理论的话语体系中，单元的"能力"则主要表现为影响力而不是自身的实力。因为在全球治理的实践过程中，不同主体相互竞争的方式主要体现为参与制定相应的全球治理规则的能力、施加压力修订不合理规则的能力以及推动规则执行的能力较量，传统的国家（尤其是发达国家）需要通过将影响力"嵌入"相关的制度框架中来维持自身在全球的地位。参见任琳《专家型全球治理：从实力到影响力的转化》，《战略决策研究》2014年第5期，第18页。

② 孙吉胜：《"人类命运共同体"视阈下的全球治理：理念与实践创新》，《中国社会科学评价》2019年第3期，第124页。

③ 〔美〕约瑟夫·S. 奈、约翰·D. 唐纳胡主编《全球化世界的治理》，王勇等译，世界知识出版社，2003，第28页。

④ 吴志成、董柞壮：《国际体系转型与全球治理变革》，《南开学报》（哲学社会科学版）2018年第1期，第125页。

引发了全球治理实践的新问题和新挑战。简言之，全球治理中单元对体系的作用主要是通过结构的方式予以体现的。首先，随着发展中国家以及其主导的非政府组织在全球治理中地位的逐步提升，发达国家及其所创建的"利益维护"机制受到了冲击，霸权地位的削弱导致其参与全球治理的意愿降低，加之发展中国家自身能力的有限性，全球公共产品的供给无法得以保障，并造成了全球治理领导真空局面的出现，治理的进程和有效性受到了严重影响。其次，全球治理体系中主体结构的平衡化变动趋势有悖于发达资本主义国家参与治理的意愿，一旦治理"触及发达资本主义国家的核心利益，资本便会毫不犹豫地撕下温情脉脉的面纱，露出狰狞的獠牙"①。2011 年"占领华尔街"运动，2016 年特朗普当选美国总统，美国的一系列退群行为以及贸易保护政策的实施、鼓励制造业回国的做法等，都深刻说明了"西方主导的全球治理体系正遭遇自否定的困境"②。最后，全球治理主体结构中权力和权威的分散，造成全球治理机制的碎片化。随之而来的是全球治理机制规则框架的模糊，行为体准入门槛的降低，现有主体选择范围的扩大，其多样化和碎片化的目标设定将在很大程度上减弱治理效应，出现冗杂繁多的主体间协议，一致性协议达成的机会减少，进而"总体政策的接受度和有效性降低了"③。

通过以上分析可以得出，全球治理主体单元自身的变化并不会对体系造成较大影响，反而随着主体单元类型的增多以及与之而来的能力分配关系的变化，全球治理主体的结构将发生深刻改变，进而对全球治理整体的运行模式产生深远影响，甚至将通过自否定的形式被重塑。因此，对于全球治理理论的建构而言，未来我们不仅要关注全球治理主体自身的变化，同时还要通过对结构现实主义理论的借鉴和对单元-结构关系的反思，关注全球治理主体间关系变动所带来的结构的改变。换言之，未来我们不仅要

---

① 刘同舫：《人类命运共同体对全球治理体系的历史性重构》，《四川大学学报》（哲学社会科学版）2020 年第 5 期，第 8 页。

② 林海虹：《等级体系的自否定与平行体系的替代——全球治理体系的困境及发展走向刍议》，《江苏大学学报》（社会科学版）2019 年第 6 期，第 8 页。

③ Frank Biermann et al. , "The Fragmentation of Global Governance Architectures: A Framework for Analysis", *Global Environmental Politics*, Vol. 9, No. 4, 2009, p. 27.

关注全球治理中多元主体的共治表征，同时还要回答它们"如何共治"的结构问题。

第三节　日益复杂的全球治理进程推动理论之变

治理具有鲜明的目标设定和结果导向，"配适性难题"（problem of fit）困扰治理发展——治理体系的有效性取决于它与被治理对象或领域的匹配程度，而匹配度的生成反过来却无法保证治理的必然成功。"配适性难题"的存在承认了"配适性"是关系到治理成功的必要保障，并且说明配适性的建立始终处于一个连续的动态进程中，任何匹配的间断都将导致治理的"失败"。因此，对于全球治理来说，面对日益复杂的治理进程，超越"百灵丹"或"固化的处方"去实现理论与现实的配适，是推动全球治理理论进步的有效动力。①

一　国内外政治联通撼动全球治理的理论根基

长期以来，国内政治与国际政治之间存在着一道坚实的人为设定的二元分离界限，詹姆斯·罗西瑙将其引申为"长期存在的习惯中陷入了方法论的地域主义（methodological territorialism）"强加的概念牢笼。② 近年来，随着国内政治和国际政治之间互动的增强，二者之间的界限趋于模糊，国内政治开始作为一种不可或缺的影响因素对国家在全球舞台的行为决策产生重要影响。在理论的建构层面，人们开始反思"国际政治和国内政治的二分是否一定就是合理的？在现实生活中，国内政治和国际政治是密切联系且相互运用的有机体，人为地将其割裂开来是否显得过于武断？"等基础

---

① 〔美〕奥兰·扬：《复合系统：人类世的全球治理》，杨剑、孙凯译，上海人民出版社，2019，第1页。

② 〔美〕詹姆斯·罗西瑙：《全球新秩序中的治理》，载〔英〕戴维·赫尔德、安东尼·麦克格鲁编《治理全球化：权力、权威与全球治理》，曹荣湘、龙虎等译，社会科学文献出版社，2004，第77页。

本源性问题。①

在全球一体化的加持影响下，国家不仅作为全球治理中一个基本的治理单元发挥作用，同时也逐渐成了连接国内外政治的通道和桥梁。国内外学者多次指出，传统研究中原子化的国家地位赋予往往忽略了利益的多元主体性。詹姆斯·多尔蒂（James E. Doughrety）和小罗伯特·普法尔茨格拉夫（Robert L. Pfaltzgraff, Jr.）认为这种过分强调国家单一性的方式实际上是对于国家之间相似性的夸大和对于国家独立性与特殊性的忽略；秦亚青指出，尽管这种研究方式可以在一定程度上简化国际政治体系的影响因素，但是这样的简化却主动规避了很多国内社会的现实问题，进而造成了研究的缺失。②

实际上，国内外政治之间始终存在密切的双向互动关系。詹姆斯·罗西瑙最早提出了"联系政治理论"（linkage politics theory），打破了比较政治学和国际政治学在国际政治中的侧重偏差，提出"联系"这一核心概念以及"国内－国际联系"的分析框架，强调国际政治体系与国内政治体系之间彼此渗透的相互作用③；随后，彼得·古勒维奇（Peter Gourevitch）提出了"颠倒的第二意象"（second image reversed），认为国际体系不仅是国内政治和结构影响的结果，同时也是塑造它们的原因，他以"第二意象"与"颠倒的第二意象"说明"国际关系和国内政治联系得如此紧密，我们必须将其作为一个整体同时分析"④；此外，罗伯特·普特南（Robert D. Putnam）提出了著名的"双层博弈"（two-level games）理论，将国家对外行为的选择

---

① 赵可金：《全球治理知识体系的危机与重建》，《社会科学战线》2021年第12期，第189页。

② 〔美〕詹姆斯·多尔蒂、小罗伯特·普法尔茨格拉夫：《争论中的国际关系理论》（第五版），阎学通、陈寒溪等译，世界知识出版社，2003，第35页；秦亚青：《权力·制度·文化——国际政制学的三种体系理论》，《世界经济与政治》2002年第6期，第10页。

③ James N. Rosenau, "Toward the Study of National International Linkages", in James N. Rosenau, ed., Linkage Politics: Essays on the Convergence of National and International Systems, Free Press, 1969, pp. 44-63.

④ 原文为 "Finally, in exploring the links between domestic and international politics much of the literature argues that a break with the past has occurred such that the present character of the interaction represents a discontinuity which requires new categories of analysis"。参见 Peter Gourevitch, "The Second Image Reversed: The International Sources of Domestic Politics", International Organization, Vol. 32, No. 4, 1978, p. 882.

和实施看作国内外两个棋盘的赛局，认为国家既要在国际层面作为国家的代表与他国进行谈判，同时又要在国内层面作为政府的代表与国内具有反对或阻止权利的成员之间进行协商，强调了国际政治中的国内根源，同时也强调了国际政治对国内政治的影响。①

在以上理论思想的指引下，国内政治与国际政治之间的人为分离界限逐渐模糊，国内政治不再作为国际政治理论研究中被忽视或被规避的要素，而是通过对国家外交决策制定及行为施展加以影响，从而对国家参与全球治理的行为产生影响。具体而言，国内政治正在以对全球治理中权力、制度和认同三个层面的嵌入式影响撼动着全球治理的根基。

（一）国内政治与全球治理中的权力

从权力的角度而言，随着国家内部权力结构的变动，全球治理进程中主体的权力运行方式也发生改变。实际上，这种改变不仅体现在全球治理中国家与非国家行为体二元关系的变化，同时也体现于时代发展对国家内部政治权力影响因素的扩充，并且，这种变化伴随着第四次工业革命的浪潮而表现得更加明显。

一方面，国家的主体权威被消解，进而产生了政治权力的合法性悖论。在传统的主权国家政治生活中，由于某种政治决策的合理性很难得到先验性的证实，因此国内政治决策的制定实际上变成了国家权力的集中体现。一国所做的政治决策不仅代表着该国政治权力体系对最优结果的界定和判断，同时也意味着国内各个群体必须普遍遵循该决策。社会公民"政治参

---

① 原文为 "Consider the following stylized scenario that might apply to any two-level game. Negotiators representing two organizations meet to reach an agreement between them, subject to the constraint that any tentative agreement must be ratified by their respective organizations. The negotiators might be heads of government representing nations, for example, or labor and management representatives, or party leaders in a multiparty coalition, or a finance minister negotiating with an IMF team, or leaders of a House-Senate conference committee, or ethnic-group leaders in a consociational democracy. For the moment, we shall presume that each side is represented by a single leader or 'chief negotiator', and that this individual has no independent policy preferences, but seeks simply to achieve an agreement that will be attractive to his constituents". 参见 Robert D. Putnam, "Diplomacy and Domestic Politics: The Logic of Two-Level Games", *International Organization*, Vol. 42, No. 3, 1988, pp. 435-436。

与过程本身意味着通过程序和仪式赋予决策以合法性。很多时候,这种参与的过程比决策结果更加重要"①。但是随着技术的发展,智能化平台以及网络渠道的出现打破了这种既有的政治逻辑。技术要素可以通过认知和预测的能力有效参与决策评估,并且可以通过概率性思维对确定性思维的逻辑替换、众筹式决策对精英式决策的方式改进以及判断式路径对反复试错路径的更新,来充分证实技术在决策水平提升、决策效率精进以及决策执行程序完善等方面的巨大优势。因此,"政治决策是否应该将更多的权限赋予技术本身"就成为数字化时代对国家政治权力合法性的一项挑战。换句话说,当技术能够提供不依赖于政治参与过程的最优决策时,一旦原本具有"黑箱"特征的政治决策过程无法得到算法的理解和推演,那么我们到底应该如何选择?② 另一方面,主权国家内部政治权力的边界被模糊化。在传统的国内政治中,国家所享有的政治权力是基于其在现代经济生产方式中的垄断地位而具有的"对正当使用暴力的垄断权",是建立在由政府、资本和民众所构成的三方稳定的权力结构基础之上。然而,随着技术的进步,算法、数据、平台逐渐成为国内政治崭新的权力来源,既有的权力边界由于新的技术要素的"凭空加入"而出现了"主体消解"和"维度创建"的新型进程,原本的权力结构被打破。③

这种国内政治权力运行的变化带来了全球传统秩序的动摇和全球治理中主体间权力运行方式的改变。国家对于资源的所有权和决策的掌控力的

---

① 封帅:《人工智能技术与全球政治安全挑战》,《信息安全与通信保密》2021年第5期,第7页。

② 有学者指出:"由于黑箱状态使人类无法很好地把握人工智能战略推进的节奏与思路,一旦进入'数据—算法竞争'阶段,人类在很大程度上无法对战略实施进程进行及时掌控。对于深度学习算法而言,提前设定系统目标是非常关键的环节。"关于政治决策的黑箱状态在人工智能时代战略行为新模式中潜藏的风险问题,可参见封帅、周亦奇《人工智能时代国家战略行为的模式变迁——走向数据与算法的竞争》,《国际展望》2018年第4期,第55~58页。

③ 所谓的"主体消解"进程是指在政府、资本和民众所构成的三方稳定结构中,技术的出现使得原本属于民众端的政治权威逐渐流散,进而产生了一个新的独立政治单位——专家群体,他们开始崛起成为主权国家结构中的新一极,对既有的权力结构产生了冲击;而"维度创建"进程则是指随着技术影响力的发挥,现有国内政治架构中原本的决策维度发生了改变,决策体系对于技术层面的关注造成了政治决策效率性和政治性的实质分离,原本单一的权力维度开始向着"权力分配-决策选项"双重维度过渡。参见封帅《从民族国家到全球秩序:人工智能时代的世界政治图景》,《外交评论》2020年第6期,第114页。

下降，造成了主权国家权力结构的松动。全球治理不再是基于绝对的国家权力的专属领域，不再奉行以主权国家为中心的治理方式，同时也不再沿用自上而下的治理路径，过去那些被传统政治所排斥的社会群体有能力对政府的权力掌控造成冲击。随着全球治理参与成本和门槛的降低，其面向多元主体展示出更多的机会和选择。

（二）国内政治与全球治理中的制度

从制度的角度而言，国内政治与国际政治紧密互动的结果之一就是国内制度与国际制度的贯通，国际制度的制定越来越依赖国内的制度性基础和渠道，这将增加全球治理中制度设定的复杂性。[1]

就整个全球治理理论而言，制度在理论体系中处于核心地位，随着全球化所造成的国家间相互依赖关系的日益深入，全球治理制度需要通过被赋予更多的开放性，通过将越来越多的国家纳入制度体系当中，来确保治理的功能以及制度的有效性。然而，这一目标的达成往往依赖于全球治理制度在各个国家的内化程度，具体而言，其考验的是全球治理制度与全球治理国家国内结构之间的契合关系。所谓的"国内结构"指的是一个国家的政治制度、社会结构及结合政治制度与社会结构的政策网络，其涵盖了政治和社会制度中的组织机构及其运行惯例，结合在法律与惯例中的决策规则与程序以及深嵌于政治文化中的价值与规范。[2] 随着国内外制度通道的衔接，只有当全球治理制度与国家的国内结构之间存在较高契合度时，全球治理制度的效用才能较好地得以体现；反之则可能造成制度的有效性危机。

---

[1] 刘贞晔在《全球治理与国家治理的互动：思想渊源与现实反思》一文中指出，多位学者曾就国内政治变革与全球治理制度之间的互动关系展开过研究。其中，琳达·韦兹（Linda Weiss）和海伦·米尔纳（Helen V. Milner）等学者对国内治理变革与全球经济治理的互动进行了分析，为国内治理机制的变迁提供了国际国内双向要素的阐释框架；利莎·马丁（Lisa Martin）和贝思·西蒙斯（Beth Simmons）等学者提出了关于拓展国际制度规范与国内制度变革互动的研究议程，对国家是否选择遵守全球治理规范或采取抵制行为进行了动因探讨；杰弗里·切克尔（Jeffrey Chekel）和江忆恩（Alastair Iain Johnston）等学者则围绕主权国家与全球治理规范的互动选择进行了探讨，拓展了国家社会化、规范内化等重要理论与概念。参见刘贞晔《全球治理与国家治理的互动：思想渊源与现实反思》，《中国社会科学》2016 年第 6 期，第 36~37 页。

[2] Thomas Risse-Kappen, ed., *Bringing Transnational Relations Back in*, Cambridge University Press, 1995, p. 20.

国内结构包括两个结构性要素——"决策权威组织与国家-社会关系的模式"。在全球治理制度向国家层面内化的过程中，除了通过国内决策权威组织所构建的国内制度性通道之外，还需要在国家-社会关系的模式中获得国内社会的合法性认同。这种内化的过程通常表现为三个层面：首先体现为全球治理制度在国家内化的过程中得到国内政治精英的理解以及在制度性话语方面的支持，直到其逐渐上升至国内立法层次的讨论议程；其次体现为与全球治理制度相协调的国内官僚体制与国内政治制度的变革；最后体现为特定国家为了接受具体的全球治理制度而在国内所实施的立法进程。①

可以看出，随着国内政治对全球治理影响作用的增大，全球治理制度与国内制度之间的契合程度越来越多地对全球治理效能产生影响。基于国内制度设定的程序以及国内政治权力结构的改变，国内社会在全球治理中的地位得以提高，其对于全球治理制度的关注度逐渐上升，由此在全球治理的制度设定中，不同主体（主要是指以主权国家为代表的行为体）间谈判的"观众成本"明显上升。全球治理制度的构建不仅要充分考虑国内社会群体的利益诉求，同时，全球治理制度的构建还可能基于国家对国内权威的维系，当谈判出现较大议题分歧时，国内压力的存在将缩减谈判双方相互让步的空间，其将被迫以制度让步的方式来作为国家对国内压力的平息路径和"牺牲"。②"更进一步地说，在那些国内政治制度与国际规范体制构成张力的国家，国际规范的内部化甚至是以国内剧烈的制度变动为前提的。"③ 这种影响因素

---

① 原文为"Our central hypothesis is that government officials and societal interest groups can appeal to international rules and norms to further their own interests in the domestic political arena. Through these appeals, international rules and norms become incorporated into domestic debates, under some conditions influencing national policy choices. Two conditions are identified as affecting the extent to which a domestic actor's appropriation of an international norm will influence state behavior: the domestic salience of the norm ; and the domestic structural context within which the policy debate transpires"。参见 Andrew P. Cortell, James W. Davis, Jr., "How Do International Institutions Matter? The Domestic Impact of International Rules and Norms", *International Studies Quarterly*, Vol. 40, No. 4, 1996, pp. 451-452;〔美〕罗伯特·基欧汉、海伦·米尔纳主编《国际化与国内政治》，姜鹏、董素华译，北京大学出版社，2003，第 13 页。

② 吴志成、何睿：《全球有效治理缘何如此艰难?》，《当代世界》2013 年第 7 期，第 10 页。

③〔美〕罗伯特·基欧汉、海伦·米尔纳主编《国际化与国内政治》，姜鹏、董素华译，北京大学出版社，2003，第 13 页。

的多元化、多层级化以及考量因素的优先级、利益关系的复杂性，都使得全球治理层面的制度构建和实施更为艰难。

（三）国内政治与全球治理中的认同

从认同的角度而言，国内政治与国际政治之间的联通为国内社会直接参与全球治理提供了通道与平台，全球范围内认同政治愈演愈烈，认同概念本身所具有的能动性特征对国家治理能力和全球治理效能提出了新的考验，认同力量的强化将可能导致全球治理过程中新兴议题的出现，进而成为全球治理民主危机的来源。

美国政治学家威尔特·A.罗森堡姆（Walter A. Rosenbaum）曾经将"政治认同"（political identification）定义为"一个人感觉他属于什么政治单位（国家、民族、城镇、区域）、地理区域和团体，在某些重要的主观意识上，此是他自己的社会认同的一部分，特别地，这些认同包括那些他感觉要强烈效忠、尽义务或责任的单位和团体"[①]。政治认同代表的是在政治社会化的过程中，人们基于一定的政治态度和目标对自身身份的界定，并基于此而产生的某种归属感，是指"社会成员对一定政治体系，政治运作的同向性（或一致性、肯定性）的情感、态度以及相应的政治行为的总和"[②]。

政治认同主要通过权威认同维度、制度认同维度、政策认同维度、价值认同维度以及政治过程认同维度五种方式参与到政治进程当中。[③] 首先，权威认同维度代表的是对于政党和政府的认同，它们是政府权威的主要来源，其直接关系到国内政治权威的运行效果，是影响社会成员的归属感和忠诚感、政治认同度和参与度的主要因素。其次，制度认同代表的是社会成员对于制度本身所代表的公正性和正当性理念的认可和接受程度，其意味着现行制度具有体现社会成员正当诉求的能力，并且意味着当成员利益

---

① 〔美〕威尔特·A.罗森堡姆：《政治文化》，陈鸿瑜译，桂冠图书有限公司，1984，第6页。

② 方旭光：《政治认同的逻辑》，中国社会科学出版社，2018，第29页。

③ 杨绘荣、张静：《动态性与实践性：政治认同与政治稳定、政治参与的逻辑联系——兼论政治认同的功能》，《云南行政学院学报》2021年第4期，第135~138页。

受到侵害时，其愿意选择并相信制度渠道以及制度化方式的作用，而不是以体制外方式甚至暴力手段实现利益表达。再次，政策认同代表的是社会成员在某一公共政策问题上所产生的情感和意识上的归属感。政策认同的程度关系到社会成员对政策制定以及实施过程所持有的支持程度，当政策认同程度较高时，政策的参与度和实施的平顺性将得以保障；反之将可能导致"政策失败"，甚至对政治体制的稳定性造成巨大冲击。从次，价值认同代表的是个人、群体以及社会三个层面认同关系的辩证统一，其不仅能够为政治体系的正常运行提供深层的动力和保障，同时还能够通过发挥政治文化的独特作用，通过对社会成员行为的规范和价值的内化，推动社会的共同进步。最后，政治过程的认同代表的是社会成员在"利益表达、利益综合、政策制定和政策执行等各种功能的作为"，具体而言，它是"从利益表达，经过政策执行到政策能动性反馈的全过程图"。① 它不仅暗含着社会成员对于政治过程的满意程度，还关系到其参与政治的意愿和信心。

在全球治理的过程中，政治认同对于国内政治进程参与的路径和方式同样外溢到了全球政治的层面，对于全球治理主体的权威性、制度的合法性、政策的有效性、价值的全球性以及治理过程的合理性进行了一定的评判。由于政治认同"体现了政治主体的政治认知、情感、意志、信念、行为等政治心理因素的统一"，其具有高度的主观性特征，因此社会资源配置的结构以及社会成员的身份和利益认知将对认同产生深刻影响。② 在全球化的现实中，那些在传统意义上曾经受到国家保护的底层社会群体和过去对自己国家有着强烈认同的社会公民，在全球化非中性特征的影响下逐渐变为全球化的失意者，"被新自由主义和全球化浪潮裹挟并被抛弃的广大劳动者阶层逐渐'成为自己国家的陌生人'"③。社会结构的差异化进一步加剧，

---

① 〔美〕加布里埃尔·A. 阿尔蒙德、小 G. 宾厄姆·鲍威尔：《比较政治学——体系、过程和政策》，曹沛林、郑世平等译，东方出版社，2007，第 68 页。

② 薛中国：《关于"政治认同"的一点认识》，《光明日报》2007 年 3 月 31 日，第 6 版。

③ 刘洪钟、杨玫研：《国际秩序转型、全球化反思与中国新一轮对外开放的外部约束》，《国际经济评论》2020 年第 5 期，第 17 页。

新的政治分裂和分歧被制造，民主赤字所引发的国内政治危机催生了全球范围内的民粹主义，认同政治以集体认同的名义在全球展开斗争。[①] 一方面，全球社会运动以一种相对激进的方式对现有秩序产生冲击，造成了全球政治的波动；另一方面，以美国为首的西方发达国家深陷"民粹政治"泥潭，国内政治在全球层面的负面溢出效应导致了民粹主义、单边主义、保护主义的盛行，造成了全球治理进程中不确定性的增加和推进全球治理实践困难程度的进一步加大。

二　多样的治理需求亟待全球治理的理论回应

全球治理作为一种基于特定目标的尝试和努力，其最终的效果评价必须对照初始的治理需求，也就是必须在全球治理体系和全球治理需求之间构建良好的"配适性"以确保治理的成效。然而近年来，随着全球治理主体类型的多元化、治理议题的复杂化、治理价值的差异化，全球治理除了一般意义上对于全球范围内普遍存在的公共性问题予以解决的同时，还将面对更加多样、多元的治理需求，这些需求既从实践推行的角度对全球治理提出了现实挑战，同时也从理论建构的角度对全球治理产生了新的理论期待。

（一）解决集体行动难题

出于全球治理涵盖范围的广阔性以及参与要素的多元性，集体行动是维持治理的必要途径，多元行为主体依照集体行动的逻辑实现全球公共物品供给的过程构成了全球治理活动的本质。詹姆斯·罗西瑙将其描述为"为数众多的人群能够在事先没有组织准备的条件下自发地云集在城市广场，并采取集体行动"[②]。然而，在现实的运作中，"公地悲剧"与"搭便车"现象的出现为全球治理带来了集体行动的困境与难题。在全球治理中，每一个个体都有强大的原动力去忽视集体行动的需求，因此，"克服集体行

---

① 〔美〕西德尼·塔罗：《运动中的力量：社会运动与斗争政治》，吴庆宏译，译林出版社，2005，第 144 页。

② 〔美〕詹姆斯·罗西瑙：《变动中的全球秩序与公民权》，刘小林译，载〔美〕詹姆斯·N. 罗西瑙主编《没有政府的治理》，张胜军、刘小林等译，江西人民出版社，2001，第 322 页。

动的难题"长期以来都被视为全球治理理论发展的主要诉求。

罗伯特·基欧汉和约瑟夫·奈曾经将治理定义为正式和非正式的指导并限制一个团体集体行动的程序和机制,尝试以全球治理的制度设定来约束行为体的集体行动。"在全球层次上,我们看到的不是世界政府,而是由各种规则、规范和机构构成的国际机制,是它们管理着世界政治舞台上数目让人吃惊的问题。"[1] 坎贝尔·克雷格(Campbell Craig)则认为在日益全球化的进程中,民族国家已经无法解决经济整合和文化互联所带来的集体行动问题,普遍寄希望于"搭便车"的结果将会使问题得不到处理,进而所有人都将成为受害者。为此,他认为建立在行动逻辑基础之上的集体行动难题的出现,实际上为全球治理甚至是世界政府构建的必要性做出了一定程度的合理解释。[2]

集体行动难题的出现主要受到两方面因素的影响。一方面,全球治理中的集体行动难题与公共物品供给过程相关联。公共物品(public goods)作为全球治理运行过程中一项基础且主要的内容,直接关系到全球治理的结果和效用。但是,公共物品自身所具有的非竞争性、非排他性以及功能外溢性等特点,容易造成行为体成本分担意愿的降低。无论何时,只要其他行为主体所贡献的收益不具有排他性,那么处在治理体系中的任何主体都可以分享其带来的外溢性收益,此时,行为体为共同利益而做出贡献的动力将会大大减弱。另一方面,全球治理中的集体行动难题与行为体网络日益复杂化的特性相联系。传统理论强调个体理性与集体理性的统一,然而曼瑟尔·奥尔森(Mancur Olson)则认为个体理性并不存在导致集体理性的必然,"有理性的、寻求自我利益的个人不会采取行动以实现他们共同的或集团的利益",除非行为体数量极少或者存在某些具有强制性或其他特殊手段使得行为个体能够依照共同利益行事。[3] 然而,全球治理却恰恰难以达

---

① 〔美〕约瑟夫·S. 奈、约翰·D. 唐纳胡主编《全球化世界的治理》,王勇等译,世界知识出版社,2003,第18页。

② Campbell Craig, "The Resurgent Idea of World Government", *Ethics & International Affairs*, Vol. 22, No. 2, 2008, p. 135.

③ 〔美〕曼瑟尔·奥尔森:《集体行动的逻辑》,陈郁、郭宇峰、李崇新译,生活·读书·新知三联书店、上海人民出版社,1995,第2页。

成这两个条件。在政治现实中，其一，具有理性且寻求自我利益实现的个体通常不会采取集体行动来推动共同利益实现；其二，共同利益一旦实现，具有理性的成员将会尽可能采取"搭便车"的行为以逃避成本分担。因此，在全球治理主体日益复杂的背景下，全球治理的社会性和多元复合性进一步增强，集体行动将会"以一种崭新的方式出现变化"，全球治理中集体行动的难题与困境也将进一步凸显。为此，如何在"解决集体行动难题"这一维度做出有效探索，在原有的理论基础上增强解释力，是全球治理理论构建的未来努力方向。

（二）解决负外部性问题

外部性（externality）问题一直伴随着人类社会政治经济文化的发展进程，在全球化时代，外部性问题表现得更加明显。约瑟夫·斯蒂格利茨（Joseph E. Stiglitz）认为外部性的影响与公共产品的影响相一致，都可以是地方性、国家性或全球性的。[1] 就其类别而言，外部性可以分为正外部性和负外部性。在全球化和全球治理的进程中，正外部性通过全球和平与安全体系的建立、流行病防控的实施、全球资源保护、知识技术进步以及国际制度公平性改革、全球市场效率提升等方式延续了全球共治的初衷，对全球化和全球治理产生了积极的正向推动作用。然而，负外部性则是指主体基于利己的利益考量，认定风险能够实现时间和空间的转移，"即可以将风险转移到其他空间或通过时间转移到另一代，以便保护自己免受外部性的损害"[2]。这种利己性的考量进而引发了全球金融危机、流行病蔓延、气候恶化以及环境破坏等全球性问题，成为全球发展的阻碍。因此，"解决负外部性问题"[3] 就成为全球治理的主要任务。

从时间维度上来说，外部性主要表现为代际外部性（inter-generational

---

[1]　Joseph E. Stiglitz, "Advancing Public Goods"，转引自叶卫华《全球负外部性治理的困境》，《江西社会科学》2010 年第 7 期，第 85 页。

[2]　俞海山、杨嵩利：《国际外部性：内涵与外延解析》，《宁波大学学报》（人文科学版）2005年第 3 期，第 6 页。

[3]　由于本书主要探讨的是"负外部性对于全球治理的影响"以及"全球治理解决负外部性问题的需求"，因此下文中所提到的"外部性"或"外部性问题"，均是围绕"负外部性"展开，正外部性由于其在功能和作用上的正向性，本节将不再予以赘述。

externality）——外部性的被影响方与该外部性的施与方并不处于同一个时间框架内。实际上，代际外部性可以被看作基于利益最大化追求而产生的一种博弈现象及其延伸，即在"当代主体具有追求自身利益最大化的需求和权利"以及"下一代际的主体碍于时间的限定缺失参与博弈可能"的前提条件下，当代主体对于后代的"剥削"就成为二叉树博弈的均衡解。代际外部性具有累积性、可分解性以及滞后性特征，其不仅能够通过时间通道实现外部性的长久累积，同时还能够将累积后的外部性分解为"连续的代之间的外部性"。① 再加之其影响力在时间上的滞后性，在现实中很难说服当代主体放弃眼前利益或个人私利。在主体缺失的情况下，代际外部性将关系到全球的可持续发展进程。从空间维度上来说，外部性主要表现为国际外部性（international externality），即外部性能够通过对空间的跨越（尤其是主体的权力边界）进而对其他主体产生影响，并且在该过程中外部性的施与方无法为自身获取任何报酬或对被影响方做出相应的补偿。从现实中来看，国际外部性最典型的体现便是一个国家对另外国家的环境权的侵害，本质上违背了国际法公认的原则。

随着全球化的蓬勃发展，多元主体间相互依赖程度的加深以及全球关系网络的建构改变了外部性的传导路径。一方面，原有的单向流动方式被打破，主体间形成了双向的外部性通道，使得温室效应、臭氧层空洞、全球变暖、生态破坏以及水资源污染等全球公共资源问题的外部性表现更加明显；另一方面，不同领域的外部性之间的交互更加频繁，导致了社会成本的外溢，一种外部性将可能在完全不同或无法被考量的领域内出现，例如经济发展的外部性对于全球气候、环境的影响等。

然而，全球范围内的外部性问题不存在通过任何超国家政府或任何具有强制性权力的组织机构予以解决的可能。② 此时，全球治理作为全球主体基于对共同利益关切的一项合作尝试与努力，其以全球性为基础，以人类

① 赵时亮、高海燕、谭琳：《论代际外部性与可持续发展》，《南开学报》（哲学社会科学版）2003年第4期，第42~43页。

② Kevin Siqueira, "International Externalities, Strategic Interaction, and Domestic Politics", *Journal of Environmental Economics and Management*, Vol. 45, No. 3, 2003, p. 675.

的生存为考量，提出从"以人的本质所要求的超越性、人文性和伦理性去护持人类文明的进程，使其不迷失方向和犯下颠覆性错误"①。因此便具有了很大意义上的价值深度和伦理境界，为解决外部性问题创造了一种新的可能。但是，仅仅依靠共同利益的引领和国际制度的规劝难以产生破除负外部性的必然，未来，全球治理以何种方式去解决负外部性问题，仍需要对传统理论进一步突破。

（三）避免路径依赖

路径依赖（path-dependence）最初依托于经济学中规模报酬递增的思想而产生，其"覆盖范围与个体收益成正比"的观点为特定路径的延续提供了合理的解释。道格拉斯·诺斯（Douglass C. North）将路径依赖描述为"小的事件和偶然情形的结果可能使解决方案一旦处于优势，它们就会导致一个特定的路线"，并且将会始终处于一种"锁闭"（lock in）状态，此时，其所处系统的外部性、组织的学习过程以及基于历史所派生出的主观主义和经验主义将增强这一趋势。② 路径依赖具有双重的作用，由此也具有两个发展方向：其一是可能沿着良性的状态继延续下去；其二则可能陷入原有路径的低效性或进入所谓的"锁闭"状态。因此，为了实现有效治理的目标，设法回避或克服路径依赖就成了治理理论所兼备的经典功能。

在政治研究领域，路径依赖理论具有鲜明的制度意涵，强调初始制度选择的重要性，即"一旦选择某种制度，就会有制度惯性的力量使制度变迁沿着既定轨迹进行"③。路径依赖必须建立在"存在其他可选方案"以及"必须能够解释产生连续性的正反馈效应"的前提基础之上。④ 就其本质而言，正反馈效应（positive feedback）的存在进一步强化了制度连续性的稳固

---

① 蔡拓：《全球主义观照下的国家主义——全球化时代的理论与价值选择》，《世界经济与政治》2020 年第 10 期，第 18 页。

② 〔美〕道格拉斯·C. 诺斯：《制度、制度变迁与经济绩效》，刘守英译，上海三联书店，1994，第 126 页。

③ 田湘波：《路径依赖和关键节点理论视角下的巡察制度变迁》，《宁夏社会科学》2021 年第 2 期，第 49 页。

④ 〔加〕安德烈·索伦森：《重视路径依赖：规划史中的历史制度主义研究议程》，罗震东、饶叶玲、方鹏飞译，《国际城市规划》2020 年第 4 期，第 8 页。

地位，使其并不会因为有其他可选方案的存在而有所变化，反而会产生一种不可逆的自我强化趋势。

然而，这种正反馈效应在当前全球治理现实中却持续弱化。一方面，全球风险社会中的突发性和不确定性特征改变了全球治理的既有环境依托，其作为一种制度发展道路上的关键节点（critical junctures），冲击了原有的制度平衡，跨越了原有制度变迁的"门槛"或"临界点"，成为打破路径依赖、改变制度锁定甚至引发制度变迁的直接动因。另一方面，传统全球治理中的制度惰性被削减。传统治理制度的路径依赖确保了美国"霸权惰性"的不断强化，但是随着多元行为体的参与以及治理成本的增加，原先建立在战后秩序基础上的由利益交换而来的红利正在逐渐萎缩，治理机制的碎片化和复杂化倾向增加了制度协调的难度。① 在制度有效性正在经受挑战的当下，制度变迁由一种可能性选择变为一种迫切的必然。对于未来的全球治理而言，如何去平衡强制力与号召力之间的关系，如何推动制度的有效性变革，将是对治理需求的一种回应。

> 与经济制度相比，政治制度的创新有着更强的路径依赖，而只有开明的强有力的政治权威才能克服路径依赖的阻力，通过制度变革来推动政治体系渐进发展……要实现制度创新的成功，必须注重利益驱动下的理性、文化形态中的观念和作为历史集装器的制度在制度创新过程中的不同作用。②

---

① 〔英〕戴维·赫尔德：《如何走出全球治理的"僵局"》，李秋祺译，《探索与争鸣》2019年第3期，第36页。

② 虞崇胜、罗亮：《当代中国政治制度创新的路径选择——基于新制度主义政治学的考察》，《行政论坛》2011年第1期，第9~10页。

第三章　对全球治理理论的批判性思考

鲍勃·杰索普曾经指出，治理在很多人眼中是一个"时髦词语"，其用法五花八门且自相矛盾，但是"即使现在，它在社会科学界的用法仍然常常是'前理论式的'，而且莫衷一是"。① 在此基础上形成的全球治理理论不过被看作全球化时代治理理论内涵的某种延续性发展，对于理论边界的回避和理论问题的忽视让它成了一个无所不包的理论概念，其内容上的丰富性和模糊性为今天的全球治理实践招致了众多批判，使其成了各类失效结果的"根源"和各个领域层面的"众矢之的"，其同样面临着"松弛的核心概念与宏大的理论意图"之间的差异。②

本章认为，全球治理理论的不足主要在于其对全球治理过程的理想化误读、对全球边界的过分夸大以及对治理功能的盲目自信，其将全球治理与现存的政治现实完全割裂，乐观地强调全球治理的自然形成和治理的结果必然，将其看作"无关政治的、多元主义的以及非历史性的"。③ 在理论构建中忽略或回避了差异化的多元主体如何实现协调、无政府状态下谁来领导以及全球到底指向何种范畴等关键性问题，这样的理论必然是理想化的、虚浮的甚至是空洞的。只有真正探明全球治理的运作方式、"全球"所指向的范围边界以及治理的根本内涵，才能够确保全球治理理论体系的独

---

① 〔英〕鲍勃·杰索普：《治理的兴起及其失败的风险：以经济发展为例》，漆燕译，《国际社会科学杂志》（中文版）2019 年第 3 期，第 52 页。

② 王诗宗：《治理理论的内在矛盾及其出路》，《哲学研究》2008 年第 2 期，第 83 页。

③ 〔荷〕亨克·奥弗比克：《作为一个学术概念的全球治理：走向成熟还是衰落？》，来辉译，《国外理论动态》2013 年第 1 期，第 23 页。

立性、完备性以及独特性，使其不再作为一个简单的描述工具，而是作为一种理论分析工具，更好地助力和发挥全球治理理论的引领与指导效能。

第一节　依何治理——全球治理与政治权力的关系

全球治理委员会将全球治理看作公私机构共同管理全球公共事务的总和。全球治理以各类治理主体和治理形式的共存为起点，试图调和不同主体间相互冲突或相互差异的利益关系。然而，正是这个力求保持理论理想化色彩的全球治理在现实的冲击面前变成了一个"脆弱的概念"，全球治理的实现只能紧紧依赖于治理主体合作的意愿、治理制度的合理框架以及治理资源的有效配置，对于那些固执的不合作行为、制度退出以及竞争现象、公共资源的抢夺问题等负面因素，全球治理理论则表现出解释层面的空白与现实的无力。这是治理研究的一个共同点，即"治理话语是'后政治的'，因为它忽视（或者否定）了通常所认为的政治的本质，即决定集体目标和规则的过程"，而仅仅理想化地停留于治理所描绘的美好蓝图之中。[1]

实际上，全球治理是一种超越既有边界的治理形式，其强调了治理主体的多元化和多中心化，但绝不是一种去政治化的创新尝试，在威斯特伐利亚主权国家并未消失且全球政治共同体尚未建立的当下，全球治理仍然建立在既有的政治组织形式和结构框架的基础之上。对于全球治理理论体系而言，它不应该为了保持理论的独特性而刻意地忽视或规避权力，而是应该尝试将全球治理的具体安排与既有的权力结构相联系，更加直观且明晰地解释全球治理到底是如何被构建的。

即使在全球化时代，任何关于全球治理的令人信服的解释都不会忽视国家间权力不平等的核心所在。权力等级制度塑造了全球治理的结构、根本目的和优先权。冷战期间，当两个超级大国竞争全球霸权

---

① 〔德〕克劳斯·丁沃斯、〔荷〕菲利普·帕特伯格：《如何"全球"与为何"治理"？全球治理概念的盲点与矛盾》，晓谢译，《国外理论动态》2013年第1期，第30页。

时，如果仅仅因为它们的一致是任何全球性行动的必要条件，那么，其时的国际治理模式与今天是完全不同的。正如霸权治理的描述所暗示的那样，不是美国这样的超级大国赋予世界其他地方以合法性，或者直接操纵着全球治理的制度，而是它们的结构性权力被嵌入了这些正在运作的制度以及世界秩序的体制之中。①

一　基于全球合作的视角

全球治理以治理为主要定位，其本身具有显著的协作性特征。它长期以来被看作基于全球性问题而在全球范围多元主体之间所建立起的一种协同合作关系，即"全球问题的各相关者（包括全球问题的制造者）为了控制、缓解、（甚至）解决面对的全球问题而进行的全球协同"②。无论治理的主体如何分布，客体如何变化，抑或是制度如何显现，最终的全球治理形式都将以主体之间不同形式和程度的合作关系予以呈现。从这一角度而言，全球治理的实践可以被看作一种全球范围内的合作关系的建立，因此，全球治理理论的研究也将不可避免地部分重合于合作的相关理论，全球合作成了研究全球治理的视角之一。

（一）全球治理中合作意涵的探讨

全球治理从理论研究的角度而言，尽管其"并没有一种确定的组织形态模式或制度模式"，但是可以被看作"由全球、国家、区域不同层面上的众多的全球行为者共同协商合作而形成的一种合作关系"。③ 在这种合作关系当中，多元行为主体之间基于共同利益、全球挑战等因素的影响相互集结而阐发集体行动，其衍生出的"集体行动困境"也始终作为全球治理需要面对和解决的主要问题而存在。全球治理理论中的集体行动与合作意涵

---

① 〔英〕托尼·麦克格鲁：《走向真正的全球治理》，陈家刚编译，《马克思主义与现实》2002年第 1 期，第 39 页。

② 庞中英：《全球治理研究的未来：比较和反思》，《学术月刊》2020 年第 12 期，第 57 页。

③ 〔日〕星野昭吉：《全球治理的结构与向度》，刘小林译，《南开学报》（哲学社会科学版）2011 年第 3 期，第 3 页。

彼此交织，然而，"集体行动"（collective action）与"合作"（cooperation）两个看似相近的概念之间却存在显著的差异。有学者指出，单纯受到共同利益驱动但缺乏配合行动自主意识和观念建构而形成的活动，很可能仅仅是集体行动而不是合作。① 这一观点为本书的研究提供了重要启发，即"全球治理理论到底如何定位治理的方式""全球治理究竟是一项集体行动还是一种合作行为"需要得以明确，这关系到对治理主体行为方式的期望预设与全球治理运作过程及治理效能的具体评判。

就集体行动而言，查尔斯·蒂利（Charles Tilly）从社会学的角度将其界定为人们为了追求共同利益而产生的一致行动。其后，斯蒂芬·赖特（Stephen C. Wright）详细指出了集体行动的多重内涵：第一，集体行动并不依赖于某一空间内个体的数量，即使是地理分隔的个体也能够借助一定的方式和途径参与集体行动；第二，集体行动具有内容上的集体性，那些建立在个体行动单纯联合基础上的活动或受到个体利益单纯驱动的联合行为并不能算作集体行动；第三，个体所参与或进行的那些具有提高群体地位意义的活动也可以被看作集体行动。② 根据其定义可以看出，集体行动建立在个体联合的基础之上，个体通过自身认知判断对个体利益进行界定与衡量，当不同的个体利益之间存在相互交叠重合的可能时，这些重叠的部分就会衍生出所谓的共同利益（common interests），而集体行动正是为了捍卫、巩固或提升集体内部共同利益而进行的一种具有明确目的性的群体行为。它是指特定集体内部的成员为了改善群体所面临的劣势状况或外部挑战，维护群体的共同利益而采取的统一行动，其"通常是以合作的方式得以完成"。从这一角度而言，集体行动为合作的建立奠定了基础，集体性的联合与共同利益的出现为群体内部多个成员间的合作提供了可能。

然而，集体行动理论过于强调个体主义的方法论和理性人的理论假设，聚焦个体之间通过理性努力的方式，力求以公共物品的提供来共同应对外

---

① 孙杰：《不对称合作：理解国际关系的一个视角》，《世界经济与政治》2015年第9期，第127页。

② Stephen C. Wright, "The Next Generation of Collective Action Research", *Journal of Social Issues*, Vol. 65, No. 4, 2009, pp. 861–863.

部的机遇与挑战。从本质上来看，集体行动以利益为考量，其具体的行动具有明确的收益期待。与集体行动不同，合作具备除利益考量之外的其他因素。根据詹姆斯·多尔蒂和小罗伯特·普法尔茨格拉夫对合作的相关研究，他们认为合作的建立出于两种情势：合作既可能来自对私利的认识，也可能源自个体对于集体福利的义务承担。① 其中，基于私利的合作强调个体之间共同利益的存续，而基于义务的合作则强调行为体对于义务履行的自主意愿。迈克尔·阿盖尔（Michael Argyle）、罗伯特·欣德（Robert A. Hinde）以及乔·格罗贝尔（Jo Groebel）等学者同样从行动学的角度指出了合作的特征，认为合作包含了两个基本要素——刻意和配合。② 合作关系的建立并不意味着该行为一定能够给个体带来直接的利益回报，在短期内甚至需要个体在对自我本能与利益冲动的克制基础上担负一定的成本，这就涉及个体利益与整体利益的平衡取舍。相比于集体行动而言，合作的形式更加多元，合作关系也更为广泛，但是合作行为本身对于行为体来说却具有更高的来自道德价值层面的考验和约束。

基于"集体行动"与"合作"之间的差异，本书认为，全球治理更趋向于一种主体意愿基础上的全球范围内多元主体间的合作行为，而不仅仅是一种基于外部环境压力而产生的被动的集体行动。原因在于全球治理并不单纯涵盖了"以公共利益为目标"而进行的"社会合作过程"，包含着合作建立所需的共同利益因素，③ 更为重要的是，在这一过程中，多元主体均出于自身作为全球共同体成员的身份而对自身行为做出了一定程度的克制，以实现相互间的配合，体现了合作中的义务意涵，其不仅表现为国家通过对个体利益的部分摒弃来实现或换取对全球共同利益的维护与追求，同时还体现在国家行为体与非国家行为体互动时，国家对于权力流散现实的"默许"以及国家权力向非国家行为体的部分"让渡"。由此一来，全球治

---

① 〔美〕詹姆斯·多尔蒂、小罗伯特·普法尔茨格拉夫：《争论中的国际关系理论》（第五版），阎学通、陈寒溪等译，世界知识出版社，2003，第544页。

② Michael Argyle, *Cooperation: The Basis of Sociability*, Routledge, 1991；Robert A. Hinde and Jo Groebel, *Cooperation and Prosocial Behaviour*, Cambridge University Press, 1991.

③ 〔英〕托尼·麦克格鲁：《走向真正的全球治理》，陈家刚编译，《马克思主义与现实》2002年第1期，第36页。

理除了对个体利益的权衡之外，还涉及各个主体之间合作，"包括为了避免冲突而维持对立现状的努力、秩序和依赖"，蕴含了全球治理主体自主意愿的发挥以及为实现全球可持续发展而做出的能动性自我约束，因此，全球治理更多地体现出全球合作的意涵。

（二）全球治理中的权力激励

尽管全球治理整体上呈现出合作的形态，区别于集体行动；但是从全球治理的合作主体依托来看，其更多表现为基于全球性挑战而产生的多元行为体之间的联合；加之全球治理所面临的无政府社会特性，这种联合将在很大程度上依赖于个体的决策，缺乏全球政治权威的协调。因此，全球治理将不可避免地面临"集体行动困境"的挑战，这不仅将造成全球治理的进程缓慢，在众多分歧的调和过程中延滞全球治理目标的实现周期，并且分歧的加剧将可能固化甚至激化原有的社会矛盾，进而成为全球治理新的问题。

为解决全球治理中的"集体行动难题"，曼瑟尔·奥尔森提出了"有选择性的激励"（selective incentives）作为其动力机制，即给予那些对集体利益做出贡献的成员额外的收益，反之则进行负面的惩罚。然而，这种激励机制在全球治理的过程中很难实现。因为"全球行为主体的联合是一种松散的联合，全球共同利益几乎可以说是一种'缥缈的长远利益'"[①]。具体而言，全球治理的主体联合所依托的全球共同利益存在差异性和有限性，不同的全球治理主体对于追求和维护此类共同利益的意愿以及对共同利益的界定存在差异，并且全球共同利益在一定程度上甚至区别于国家利益乃至个体利益，全球治理过程中并不存在治理目标实现之外的额外收益用来充当所谓的激励机制。那么，全球治理为何能够在"集体行动困境"的挑战中得以存续？实际上依托于另一种激励要素——权力。

从合作个体的角度而言，全球治理中合作关系的建立来源于治理主体缜密的目标-成本考量，治理的路径也逐渐由初期霸权影响下的合作转变为

---

① 章娟：《全球政治舞台上行为主体间合作的可行性分析》，《长春理工大学学报》（社会科学版）2014 年第 12 期，第 22 页。

当前价值共识下的合作，而权力始终作为主要的影响因素贯穿其中。

全球治理初期的合作主要以利益为首要考量，权力作为一种物质性资源成为主导全球治理的决定因素，并且此时的权力形态表现为霸权基础上的权力集中。可以说，全球治理体系中的初期合作关系深受霸权政治的影响，全球治理也表现出鲜明的霸权治理的特征，其紧密依赖于霸权国家在治理中所提供的方案。其中，以美国为代表的西方发达国家依靠其在全球范围内的霸权影响以及依托权力分布所建立的"中心-外围"结构，在全球治理中享有绝对的主导权和话语权，其为全球治理提供所需要的公共产品，并且以自身利益来主导全球利益的界定，不仅在以联合国为代表的全球安全治理和以布雷顿森林体系为代表的全球经济治理中占据主导地位，同时还在其他国际组织中享有决定性的投票权。在权力的作用下，初期的全球治理"将产生于那些较有权力团体的选择和行为……强大的政治集团将推行一种符合他们特性的集体秩序"。[①] 此时全球治理的效果以及合法性都依赖于既有的权力结构，权力作为一种激励要素以显性的方式存在于全球治理的合作进程当中。

当前全球治理中的合作不再以经济利益为首要考量，全球治理更多地围绕其社会价值展开，价值共识和治理意愿成了影响全球治理的主要因素。在这一过程中，权力的作用似乎已隐退，共有价值和观念认同的地位逐渐得以提升。但本质上，权力仍然以一种隐性的方式（政治认同）在场。一方面，权力并非外在于认同之中，而是隐含在认同的产生过程之中。克雷格·墨菲曾经指出，政治认同具有其自身的独特性，它的形成依赖于对理性的一致性理解，但是只有拥有权力的个体才有机会去阐明其对于理性和程序的理解，陈述什么是正义与合理，因此，全球治理中价值认同建立的本身就是围绕全球领导权的争夺。此时的认同"表面上是情感上的自愿行为，实则是权力悄无声息地积极实施的结果，并且这种权力运作根植于政治主体心理层面的冲突和对抗，是平衡主体自身和主体间关系、引导认同

---

① Matthew Hoffmann and Alice Ba, eds., *Realist Global Governamce: Revisiting and Beyond World Orders and Rule Systems*，转引自赵隆《议题设定和全球治理——危机中的价值观碰撞》，《国际论坛》2011 年第 4 期，第 23 页。

的关键因素和力量源泉"。① 另一方面，权力能够对认同转化产生干预。认同转化可以被划分为自我向他者"教授"情境定义，塑造双方角色—他者对自我采取的行动意义予以思考—他者传达新的情境定义—自我对他者的行为予以解读四个阶段，是通过对共有观念的习得而塑造的新的认同和利益，进而产生的认同转换结果。② 在全球治理互动所进行的认同转化过程中，全球治理主体所具有的原始认同观念在一定程度上被舍弃，主体间习得了所谓的共有观念以期对未来的治理行动施以指导。然而，全球不对称权力的存在使得权力较大的一方"可以促使另一方认真考虑并积极响应对方发出的信号"，改变自我的观念认知与行为，"在权力的作用下，社会互动会趋于朝着有利于权力较大的一方发展"。③ 此时，权力作为一种激励要素以隐性的方式在全球治理的合作过程中予以体现。

或许正是因为统一的全球治理理论目前既无充分的实践条件支撑，又无完备的理论逻辑可循，应对全球性问题只有经过多边的民主协商、合理决策，协调行动等实际过程才是可能的。而在这其中必定会就某些价值原则达成一致或形成共识，否则全球治理就缺乏基本前提。④

从整体的角度而言，合作是"个体间基于对现实利益的考量，以对合作剩余认知和观念建构为基础的一种自觉自愿的、刻意的理性配合行为"，是不同行为体围绕潜在冲突或竞争模式而构建选择出的一种具有协调意义的联合行动。⑤ 全球治理的合作意义并不是罗伯特·阿克塞尔罗德（Robert Axelrod）笔下简单的自组织演化的结果，因为全球治理系统本身所具有的非

---

① 胡爱玲：《政治认同与权力的关系：现代西方政治哲学观点述评》，《中州学刊》2020年第5期，第124页。

② 〔美〕亚历山大·温特：《国际政治的社会理论》，秦亚青译，上海人民出版社，2000，第416页。

③ 封永平：《认同变迁：英美权力的和平转移》，《国际政治科学》2005年第3期，第27页。

④ 吴畏：《全球治理的理论困境》，《武汉大学学报》（哲学社会科学版）2016年第3期，第18~19页。

⑤ 孙杰：《不对称合作：理解国际关系的一个视角》，《世界经济与政治》2015年第9期，第127~128页。

线性特征难以保证治理秩序从失序到有序的路径和结果必然。从本质上来说，这种非线性特征源于权力基础的不对称性，全球治理中的合作并没有摆脱权力的围困，而合作的意义就在于如何在不同主体的权力要素间实现协调。权力在全球范围内的不平衡分布造就了全球相互依赖关系中的敏感性和脆弱性，成为影响全球治理进程的主要因素。权力是实现"重新聚合与分配被稀释的利益"目标的有效工具，对具有合作意涵的全球治理具有重要激励作用。①

二 基于制度构建的视角

全球治理作为一项旨在去中心化的理论方式，它改变了原有国际政治中以国家为中心的传统概念和思维结构，力求在国家与非国家行为体的互动中实现治理的多元化和多中心化；同时，全球治理作为一种崭新的全球互动形态，它又延续了国际政治中的无政府假说，认为在全球政治的多主体互动过程中，并不存在凌驾于国家之上的超国家权威，以期能够对多元的利益诉求、行为活动乃至价值判断给予协调。此时，制度的创设成为衔接全球治理理论两种思绪的桥梁。全球治理制度的构建，既能够有效避免无政府状态可能产生的失序情势，又能够超越国家之间原有的利益协调方式，以制度的功能发挥来实现全球治理中"没有政府而能达到治理的目的"。因此，制度成为全球治理的核心，它为抽象的全球治理理论提供了具象的视角。

（一）全球治理理论中的制度

治理理论一再明确了对非正式和非强制性治理方式的强调，其将治理的生成紧密建立在多元行为体自愿参与和共同协商的基础之上，同时认为治理的实现将紧紧依托于习俗、道德、标准与规范等因素，其通过制度的形式实现了不同利益与诉求的集合与协调。可以说，制度为治理的实现提供了有效的工具和抓手，逐渐地，治理越来越依赖制度作用的发挥，其需要通过制度自身的包容性来涵盖治理主体的多元化特征，通过制度构建的协商性来体现治理路径的民主化原则，同时还需要通过制度的约束性来保证治理效能的发挥。因此，治理

---

① 王丛虎、刘卿斐：《合作治理的中国化路径：成本困境与消解》，《贵州省党校学报》2019年第3期，第72页。

成了一个包含国家与非国家行为主体的多元网络，并且总是围绕相应的制度规则进行，是规则制定、应用和强化的动态集合。

建立在治理理论基础上的全球治理理论，同样强调了全球治理过程中制度的重要作用，其不仅将制度体系的构建置于全球治理理论框架的核心，同时还在一定程度上赋予制度更加主体化的地位，以全球治理中制度的审视来描述和判断全球治理在理论和实践中的相关问题。例如，詹姆斯·罗西瑙将全球治理定义为"包括通过控制行为来追求目标以产生跨国影响的各级人类活动——从家庭到国际组织——的规则系统，甚至包括被卷入更加相互依赖的急剧增加的世界网络中的大量规则系统"①；亨克·奥弗比克则将全球治理等同于"过去几十年里发展起来的规制性实践与制度的集合，用于管理资本的全球流动与积累的各种条件"②。此时，全球治理就是"行为体与社会结构间互相生成的过程……通过行动与对话建立起来的一套组织规则和阐释框架"，这种互动关系的持续性决定了全球治理是一个在动态中不断被塑造的开放过程，并不存在既成的结局。③

由此看来，制度成了全球治理的代表与显现，制度的结构塑造着全球治理的特征，制度的转型牵动着全球治理的演进。一方面，在全球治理中正式制度与非正式制度的互动，实际上体现的是制度构成主体国家行为体与非国家行为体类型的多元化和治理向度的多样化转变，它们正是通过制度的途径参与全球治理；另一方面，全球治理中的制度呈现为一种"机制复合体"（regime complex）的复杂结构，不同的制度安排之间重叠交互且不存在等级制关系，全球治理成了多元制度的集合。④ 就整体结构而言，全球治理不同制度间纷繁关系的背后体现着全球治理体系的复杂性特征，表现了全球治理理论体系所涵盖的庞大内容，全球治理的目的正是需要在错杂

---

① James N. Rosenau and Ernst Otto Czempiel, *Governance without Government: Order and Change in World Politics*, Cambridge University Press, 1992, p. 9.

② 〔荷〕亨克·奥弗比克：《作为一个学术概念的全球治理：走向成熟还是衰落？》，来辉译，《国外理论动态》2013 年第 1 期，第 24 页。

③ 赵隆：《议题设定和全球治理——危机中的价值观碰撞》，《国际论坛》2011 年第 4 期，第 23 页。

④ Amandine Orsini, Jean-Frédéric Morin and Oran Young, "Regime Complexes: A Buzz, a Boom, or a Boost for Global Governance?", *Global Governance*, Vol. 19, No. 1, 2013, pp. 27-39.

的网络关系中寻求协调与平衡；就内在动力而言，全球治理中所蕴藏的机制复合体并不是独立的制度网络之间的简单叠加，而是通过相互之间的内生进化而组建的具有资源与信息交换功能的开放网络，实现了全球治理中制度组建的"超星系团复合体"的共同进化，制度之间的相互作用进而阐发了制度的功能溢出。[①] 这种发生于治理制度复合体内部的进化过程本质上直接推动了全球治理的不断调适，塑造了全球治理理论的动态演进特征，推动了第二代乃至第三代全球治理理论的发展。

可以说，全球治理中制度构建的价值意义就在于它为全球治理理论提供了一项重要的语言工具，避免了无政府状态下全球治理研究的浮泛性，此时的全球治理不再作为一个简单的描述性词语，而是通过将制度放置于理论的中心位置，判断治理的结构并跟踪治理的发生点位，通过寻求制度中共同目标的建构过程或利益协调路径，探寻全球治理理论体系的演进方向。同时，全球治理中制度的构建还生动刻画了全球治理视阈的独特性，全球治理中的制度创设涵盖了过去单一国家无力涉及或部分群体国家不愿涉猎的治理领域，它通过全球权威关系的建立、分散与巩固创新了全球政治层面努力与尝试的方式，使得全球化时代人类共同发展所面临的核心问题能够被关注并解决。[②] 然而，制度意义在显现的同时，也引发了一项关于全球治理理论体系的重大思考，全球治理制度的建立究竟维护了谁的利益，追求的又是何种目标？

（二）　全球治理制度中的权力体现

伴随着全球治理的制度转向，全球治理多元主体合作关系的实现越来越依托于制度的构建，它"需要通过谈判的过程（即我们常说的政策协调）

---

① 原文为 "We can infer from our findings that the internal adaptive dynamics of a supercluster may affect its external relations, and cross-domain interaction may in turn change the way in which a governance supercluster evolves over time. In other words, endogenous and exogenous factors may be closely coupled in coevolutionary dynamics and hence driving the evolution of larger supercluster complexes in global governance"。参见 Rakhyun E. Kim and Jean-Frédéric Morin, "Massive Institutional Structures in Global Governance", *Global Environmental Politics*, Vol. 21, No. 3, 2021, p. 41。

② James N. Rosenau, "Change, Complexity, and Governance in a Globalizing Space", in Jon Pierre, *Debating Governance: Authority, Steering, and Democracy*, Oxford University Press, 2000, pp. 187–188.

将各个独立的个体或组织的行动（并不是处于先在的和谐状态）变得相互一致起来"①。此时，全球治理中制度被赋予了一种高度理想化色彩，其被认为源于共同利益且致力于维护这些共同利益，具有协调与平衡功能，进而全球治理自然成为对相互冲突或多样化的利益进行调适的持续过程。全球治理中制度的建立，仿佛在一定程度上摒弃了利益冲突与强制性权力，在相互依赖的世界中通过制度的导向实现了合作与正义的必然。然而，这种对制度的理想化阐释忽略了政治互动的基本构成——权力的存在。实际上，全球治理制度的构建并不是以共同协商的方式完全规避了权力的存续与影响，权力的影响并没有完全被消除，而是从原先传统政治中的物质性、强制性权力转变为了"有形的物质力量与无形的非物质力量的统一体"，权力以另一种形态和条件蕴藏于全球治理各项制度当中。

一方面，全球治理制度本身正是对全球治理背景中各个主体间事实和潜在的权力分布结构的呈现。与其说全球治理是一个结构连贯的网络化建构，不如说是一个被强有力的政治不对称性结构所强化的、理念与实证相冲突的领域。从作用的角度出发，制度在很大程度上追求对现实问题的解决、对各方利益的协调以及对稳定秩序的维护，而权力正是为全球政治中那些基本政治单位提供了最有力的"保护"。② 基于此，制度作为旨在维护"稳定化和持久化的工具"，其自身并不能够作为一项颠覆既有权力结构的规则架构而存在，必须通过与现实权力结构的结合来维持最基本的秩序稳定以及确保最基本的治理功能，而制度的塑造或能动性作用的发挥则将更多地通过对现有结构的引导式调整来予以实现，否则将导致制度的失败或引发颠覆性危机。③ 因此，制度总是依照一定的权力关系建构，权力成了制度的基础。

---

① 〔美〕罗伯特·基欧汉：《霸权之后——世界政治经济中的合作与纷争》，苏长和、信强、何曜译，上海人民出版社，2001，第 62 页。

② 曹泳鑫指出，"政治秩序的建立往往以基本政治单位的形成为基础，凡是为人类提供了最有力的保护和安全的单位毫无例外地成为基本的政治单位，而提供保护力的正是权力"。参见曹泳鑫《国际政治秩序与世界霸权——国家、地区、全球秩序的三重构建》，《世界经济与政治》2004 年第 6 期，第 27 页。

③ Robert W. Cox, "Social Forces, State and World Order: Beyond International Relations Theory", *Millennium: Journal of International Studies*, Vol. 10, No. 2, 1981, pp. 126-155.

对于全球治理理论而言，全球治理制度所反映的权力结构，并不是经济学理性假设前提下制度成员间的绝对平等关系，而是强调政治互动中主体间的不对称性。其中，权力的不对称成为"一种常见的、结构化的、客观的相对权力态势"并影响全球政治的进程。① 为此，美国学者布兰特利·沃马克（Brantly Womack）解释道，政治中的对称或平衡并不意味着要苛求政治关系中的行为体在权力方面的绝对均等（absolutely equality），而仅仅强调它们在政治互动时能够具有潜在的互给性，这是一种类似于"己所不欲，勿施于人"的道德准则。② 对于全球治理而言，全球治理制度所依据的现实，并不是摒弃了国家发展异质性的绝对均等，而是尊重多元主体发展的差异和多样化，坚持"共同但有区别的责任"原则（common but differentiated responsibilities principle）。换言之，全球治理制度正是建立在当前不均等与不对称的权力结构基础上的制度框架，且当前的制度体系并没有颠覆这种传统的权力结构分布，这便也是全球化时代普遍化的权力结构与不合理的制度设定间冲突不断扩大的原因所在。

另一方面，全球治理中制度的建构过程实际上正是权力关系在全球范围内得以重新分配的过程。对于当前的全球治理理论而言，其存在的理想化表征之一就是对于制度中性的偏信。现实中，制度具有明显的非中性特征，不同的行为体在全球权力结构中的地位并不相同，有的行为体将在全球治理制度中受到更多的约束和限制，而有的则拥有足够的能力利用这些新的机会。对于国家行为体而言，其参与全球治理制度的动力之一就在于寻求权力在全球范围内的重新分配，因为它们可以通过制度中的"规则俘获"而拥有更大的正式或非正式

① 赵斌：《权力不对称与战略反对冲：海洋安全竞合》，《人民论坛·学术前沿》2020 年第 23 期，第 49 页。
② 布兰特利·沃马克提出了"不对称关注"（asymmetry attention）理论来解释大国和小国之间的互动关系，其认为，大国拥有更多权力，小国却面临更多威胁，这种结构性因素将使得小国更加敏感，对大国过分关注（over attention），但大国却容易对小国关注不充分（inattention），这种结构上的差异将导致彼此在行动和认知上的差异，进而导致双方走向对立或冲突。因此，在国际政治不对称的结构中，不同主体之间的互动需要更多跨越实力的差异进而彼此关注和互给。参见 Brantly Womack, *China and Vietnam: The Politics of Asymmetry*, Cambridge University Press, 2006, p. 78; Brantly Womack, "Asymmetry and Systemic Misperception: China, Vietnam and Cambodia during the 1970s", *Journal of Strategic Studies*, Vol. 26, No. 2, 2003, p. 95。

的影响力，进而得到新的制定全球规制的权力；而对于那些非国家行为体而言，其参与全球治理相关制度的议程设置则是它们获致全球政治权力的重要方式。因为在全球治理中，权力以一种新的形式被表达，此时的权力不再是物质性的强制力量，而是表现为制度设计中的操控力和价值层面的感召力，它们将通过制度这一重要的途径来提升自身在全球治理和全球结构中的优势地位，并以此为基础赢得相应的话语权。因此，全球治理中制度的设定过程本质上并没有摆脱既有的权力要素，其作为一种全新的权力表达，潜在地反映了全球政治经济运行中"谁拥有什么，如何分配权利和义务"等核心问题。

因此，如果说制度的存续是全球治理实现的必然，那么对于全球治理理论而言，其必须对制度的构建问题进行新的、更加细致的阐释，即"那些服务于人类利益的有效制度是如何设计出来的，又是如何维持下去的？可见，我们还必须问一个柏拉图早在 2000 年前就已提出的问题：是谁守护了守护者（制度）？"①

三　基于资源分配的视角

全球化出现的主要表征就是社会组织化程度的提高和全球联系性的加强，在全球从独立分散走向统一联结的进程中，资源扮演了十分重要的角色。正如安东尼·吉登斯（Anthony Giddens）指出的，冷战后的全球化并不仅仅是政治、技术、文化的整合，同时还是全球经济的整合。② 随着物质资源、文化资源、技术资源在全球范围内的自由流动和高速流通，全球价值链和全球市场得以构建，资源突破了传统的地缘和区位限制，全球性联系在资源的交互中逐渐实现了向网络化的转变，资源让全球化更加立体、多维且厚重。此时，全球治理作为建立在全球化基础之上、不同于传统的国家治理乃至国际治理的新型治理方式，必然无法绕开资源的途径与渠道，全球治理仍将处于全球资源交互流动的背景之中。因自身的稀缺性与影响的广泛性等，资源要素引

---

① 〔美〕罗伯特·基欧汉：《非均衡的全球化世界的治理》，载〔英〕戴维·赫尔德、安东尼·麦克格鲁编《治理全球化：权力、权威与全球治理》，曹荣湘、龙虎等译，社会科学文献出版社，2004，第 484 页。

② 〔英〕安东尼·吉登斯：《失控的世界》，周红云译，江西人民出版社，2001，第 6 页。

致了众多亟待解决的全球性问题，同时其还作为治理能力的重要基础和构成，为全球治理实践提供了抓手，治理主体需要通过对资源的转化来达成治理目标。从这一角度而言，全球治理是在全球范围内对资源全新分配和运用的过程，资源配置是全球治理理论研究不可或缺的视角之一。

（一）全球资源与全球公域治理

在资源的视角中，全球治理一词被赋予了资源调控与资源配置的内涵。治理成为通过机构、权威以及协作的方式进行资源分配、控制和协调社会或经济活动的行为。[①] 在此基础上的全球治理实际上就成为对全球范围内经济、政治、文化、技术等多领域资源的重新集中、调控与分配的过程。然而，需要明确的是，全球治理是在全球范围内的资源配置过程，其强调资源配置的全球空间范围以及全球多方领域，而非资源的全球性。简单地说，全球治理是对全球公域的治理，而不是对全球范围内任何资源的随意调配。

原因在于，全球治理是一种明确区别于国家治理、跨国治理的治理形式，其主要面向的是全球范围内凭借单一主体力量无法解决的共同性问题或可能在全球范围内产生严重影响的全球性危机。对于部分以政治资源（political resource）[②]、国家管辖范围内的遗传资源（genetic resource within national jurisdiction）[③] 等为代表的资源类型而言，其诞生之初就具有明确的

[①] 王金良：《全球治理的四种模式》，载《全面深化改革与现代国家治理——上海市社会科学界联合会第十二届学术年会论文集》，上海市社会科学界联合会，2014年9月21日，第247页。

[②] "政治资源"是行为主义政治学中一个重要的概念，其打破了狭义的对资源自然属性界定，认为政治本身也是一种资源。它既被看作"政治行为主体可用于影响他人行为的手段"；同时也被认为是一种"道德资本"，取决于人们在政治领域的道德评价。由此一来，"政治资源"具有了一定的所有权属性和阶级属性，总是围绕特定的政治主体展开，并服务于一定的阶级利益。

[③] "遗传资源"（genetic resource）即"基因"，它是具有实际或潜在价值的遗传材料，包括动物遗传资源、植物遗传资源、微生物遗传资源以及人类遗传资源等。现实中，发展中国家作为"遗传资源的原产国"拥有巨大的遗传资源宝藏，主张遗传资源应该服从于国家对自然资源的主权，而发达国家却以先进的现代生物技术为依托，主张遗传资源的自由获取，这便引起了法律属性的争议。我国学者对"国家管辖范围内的遗传资源"（genetic resource within national jurisdiction）的内涵进行了深入探讨，认为该类资源并不属于全人类共同继承的财产，其并不符合"全人类共同所有"的特征以及"任何国家可以利用，且为全人类共同利益而利用"的特点，而是作为一种国家行使主权权利的资源类型，体现的是国家对自然资源的永久主权，表达的是国家的所有权属性以及在管理、保护和可持续利用方面的国家责任。参见王勇《论国家管辖范围内遗传资源的法律属性》，《政治与法律》2011年第1期，第101~107页。

所有权属性，不因全球治理的出现而被轻易改变，全球治理作为一种建立在共同协商基础上的对全球公共事务予以解决和管理的方式，无法对其进行直接的干预或强制，而只能对那些"没有或因其本性不能处于主权管辖之下的区域或资源"进行调动与配置。[①] 从这一意义上来说，全球治理主要面向的是全球公域资源的治理。

简单地说，全球公域（global commons）就是全球范围内所有行为主体均可合法进入的资源领域。全球资源的配置是全球公域治理的核心问题，其关键就在于如何实现全球资源的分配与管理。埃莉诺·奥斯特罗姆曾经将全球公共领域的资源按照可分性具体划分为资源系统（resource system）和资源单位（resource units）两种类型。其中，资源系统是一个具有整体性的"储存变量"，其"在有利的条件下能使流量最大化而又不损害储存量或资源系统本身"，是对于资源聚集的空间描述，指某些具体的资源单位在空间上的集合，例如公海、外层空间、大气空间等，其属于空间型的资源。此类资源具有不可分性和开放性获取的特征，即任何单一的主体都无法实现对此类资源的绝对占有，同时也无法将其他主体有效排除在这一空间型资源之外。[②] 对于具有不可分性和弱竞争性特征的资源系统来说，其往往无法被外力分割，无论是资源的享有还是责任的分担都无法依据个体进行某种形式的划分，因此在全球治理中，这类资源的治理很容易在事实或潜在层面达成治理意愿的一致，不易受到利益追逐、权力竞争或理念碰撞等的外部影响。而资源单位则是指"个人从资源系统占用或使用的量"，是"作为流量的资源使用单位"。[③] 它可以被治理主体所划分，具体表现为某一主体所具体拥有的海洋资源、能源资源或太空资源的具体单位（流量

① John Vogler, *The Global Commons: Environmental and Technological Governance*, John Wiley and Sons, 2000, p. 1, 转引自张茗《全球公域：从"部分"治理到"全球"治理》，《世界经济与政治》2013年第11期，第60页。

② 关于全球公域资源的特点探讨，可参见 Brett M. Frischmann, Alain Marciano and Giovanni Battista Ramello, "Retrospectives: Tragedy of the Commons after 50 Years", *The Journal of Economic Perspectives*, Vol. 33, No. 4, 2019, pp. 211-228。

③ 〔美〕埃莉诺·奥斯特罗姆：《公共事物的治理之道——集体行动制度的演进》，余逊达、陈旭东译，上海三联书店，2000，第52~53页。

或数量）。作为一种具有可分性特征的资源类型，资源单位往往会涉及某种形式或程度上的所有权问题，围绕此类资源展开的竞争较为激烈，常常会出现资源抢夺而导致的"拥挤效应"或"过度使用"的状况，持续扰动全球资源既有的分配结构与布局，进而使全球治理的秩序陷入混乱与失序。

从属性来看，全球公域以及全球公域内的资源属于全球公共物品，但是其又并非完全意义上的"纯公共物品"，而是具有共有性、非排他性、竞争性以及整体性的"准公共物品"。[①] 这些全球资源为全球治理提供了丰富的资源基础，不断构筑着全球治理的能力有效性框架；但与此同时，这些全球资源本身也成为全球治理所需要面临和解决的全新议题——"如何实现公域资源在全球范围内的配置"以及"如何面对伴随资源运用所产生的新技术、新手段与新领域"。目前，随着全球治理环境中资源稀缺性特征的进一步显现以及对全球可持续发展路径的影响增强，全球资源本身的敏感性与脆弱性也更加凸显，围绕全球资源的争夺以及由此产生的竞争关系早已成为动摇全球治理正义与合法性基础的焦点所在。

（二）全球资源配置中的权力竞逐

在全球治理的理念中，作为"公平的正义"体现，全球公域治理所涉及的全球资源配置必须具备非歧视性特征，强调全球公域资源的全球性和开放性，坚持全球资源理应为全人类共同所有，并且全球治理中的各个主体之间享有同等的治理权。然而，现实中的全球治理作为一种对全球资源的配置方式，其本身仍然与既有的全球权力结构相契合，并且在一定程度上表现出对该结构的巩固作用。"在全球公域的治理中无法完全避开政治权力游戏，一方面是由于主权国家仍是全球公域最主要的行为体；另一方面是因为全球公域本身的功能及属性隐含遵循优势的逻辑，使其难以完全摆脱权力的桎梏。"[②]

---

① 韩雪晴：《全球公域治理：全球治理的范式革命?》，《太平洋学报》2018 年第 4 期，第 2 页。

② 郑英琴：《全球公域的内涵、伦理困境与行为逻辑》，《国际展望》2017 年第 3 期，第 110 页。

财富、地位与权力不对称条件下的正义至多只是保障了竞争程序的合法和形式的公平，无法避免诸多因上述因素所直接或间接引起的准入瓶颈与参与难题，这将导致在形式公平的体制下的"后来者"和"弱者"的处境愈来愈差，最终难免陷于连自身基本生存与发展尚无法保障的"非正义"境地。①

首先，全球资源配置的原则深受权力要素的驱动。在全球资源配置的历史进程中，其遵循的原则经历了从最初的"先占原则"（principle of preemption）到过渡的"公海自由原则"（principal of freedom of high seas）以及到最后的"人类共同继承财产原则"（principle of common heritage of mankind）的改变。其中，"先占原则"强调时间上在先而取得的相对于后来者的权益优先。在全球资源维度，该原则"作为一种有效的稀缺资源调配方式，有助于确定无主物产权，提高资源利用效率，建立相对公平的社会秩序"②。其为全球资源配置的不平等权力获致提供了合理的借口和先验的机会，以资源配置为核心的全球治理被强行置于全球"中心-外围"体系结构和等级制的权力结构的阴影下。通过对全球公域资源的分割与"圈占"，全球治理中的大国利益和强国利益得到维护，造成强者更强、弱者更弱的极化局面；而"公海自由原则"的提出则打破了"先占原则"的神话与随意"圈占"的行为，凸显了全球公域资源的公共性和整体性。由于"获得私有财产的前提是对物的占有，不能为人所占有之物不是私有财产所有权人的客体"，并且，在对这些物的占有过程中，"有些物品，虽然经常并持久地被当作财产，但仍不可避免地保持着共有的状态；属于这类性质的任何物品都是不能被占有的，除非对其享有某种用益性物权"。③ 因此，对于例如海洋、太空等不能被分割的资源，各国理应享有"对物的共有权

---

① 韩雪晴：《自由、正义与秩序——全球公域治理的伦理之思》，《世界经济与政治》2017年第1期，第60页。

② 景一珈：《全球公域传统治理原则对网络空间的适用性研究——以资源类型学为视角》，《陕西行政学院学报》2021年第4期，第69页。

③ 〔荷〕胡果·格劳秀斯：《战争与和平法》，〔美〕A.C. 坎贝尔英译，〔中国〕何勤华等译，上海人民出版社，2017，第100~102页。

利"（common right to things），对其进行共同的获取和利用。然而，受到资源开发技术水平的限制，各国切实的权利之间仍然存在较大的不对称性；此外，"人类共同继承财产原则"强调了资源为全人类共享的客观事实，认为人类应该共同管理那些具有全球属性和意义的资源，包括国家管辖范围以外的海床、洋底和底土以及区域内的资源、月球和其他星球物体等。尽管该原则主张全球公域资源以全人类为基础，任何国家都不能将其私自归置于单一主权之下，资源带来的发展利益也应该由各国共享，但是在全球治理的现实中，"国家进入公域的能力与公域本身存在的地缘属性成为一些公域治理领域代表性缺失的重要根源"，此类资源的配置仍然表现出俱乐部化的趋势，"根本原因还是国家自利性导致其并不希望公域治理权力扩散"。① 例如，在本应共同享有的南北极治理中，大部分在名义上拥有参与治理权的国家依然被拒之门外。其中，南极治理要求只有已经建立科考站或实际派遣科考队的国家才能够参与南极条约协商会议，并享有相应的决策权；而北极治理则强调地缘的"先天优势"，以北极国家为主的成员国和主席国才享有表决权，以英国、法国等六个欧洲非北极国家为代表的永久观察国和以中国、印度、日本等六国组成的正式观察国仅仅享有提案权，其他国家则完全无法参与。国家间围绕资源治理的权力差异尚如此显著，国家行为体与非国家行为体之间的不对称性更可想而知。那些表面看似公正合理的资源配置实际上在权力要素的驱动下，依旧呈现为"治理主体等级制、治理内容多元化、治理机制闭锁性"的深层格局。②

其次，全球资源的配置与掌握情况主要通过全球治理中制度性权力的方式得以显现。从资源与权力的关系来看，一方面，资源是重要的权力来源，全球资源的分配与布局直接关系到全球政治、经济、文化体系的主体结构，全球治理主体之间的关系最终将通过对全球资源的占有和分配而直观体现。另一方面，资源优势能够为权力提供坚实的保障。全球治理中的制度转向为权力的巩固提供了新的路径，全球治理主体（尤其是国家）能

---

① 陈秋丰：《全球公域治理与人类命运共同体构建》，《国际论坛》2021 年第 3 期，第 50 页。
② 章成：《全球化视野下的北极事务与中国角色》，《当代世界与社会主义》2019 年第 3 期，第 166~167 页。

够凭借自身在某类资源领域的优势制定相应的制度，进而获取在该领域的主导权和话语权。它们通过对治理议题的引导、制度偏好的嵌入等手段，以制度性权力的方式将自身维护资源优势的过程合法化，在全球治理的进程中巩固自身在全球资源配置方面的优势地位。

美国积极打造全球公域的概念内涵，为偏向维护本国利益的非中性治理安排进行理念造势，争当全球公域的定规立制的先行者，从而把持全球公域治理中的核心制度性权力，为其未来的国家战略进行部署，前瞻性地维护其未来的国家利益的实现。①

最后，全球资源配置的进化加速了资源知识霸权的建立。米歇尔·福柯（Michel Foucault，也译作密歇尔·福柯）曾经指出，"权力和知识正好是相互蕴含的，如果没有相关联的知识领域的建立，就没有权力关系，而任何知识都同时预设和构成了权力关系"②。如果说过去全球治理主体关注的是资源的占有量和可用性，那么未来则将更加集中于获取和提升资源知识，实现资源转化技术的进步。所谓的资源知识，是指"能源资源地理分布、资源开发和利用知识、相关资源信息数据，以及资源可持续开发的技术等，通常以资源信息公共产品的形式存在"③。伴随着新一轮科技革命和产业革命的到来，全球霸权不仅意味着可以通过对物质性资源的占有来实现对全球政治经济体系的掌控，同时还意味着能够通过对知识和技术的垄断来使自身霸权在全球治理体系中获得认可，它是对全球资源进行权威性分配的决定力量。当前，尽管资源的分布是固定的，但是资源知识却始终处于动态的再造和演进当中，资源的全球流动已经成为既成事实，以直接垄断资源的方式获得全球治理的权威基础已经不再可行，资

---

① 任琳：《全球公域：不均衡全球化世界中的治理与权力》，《国际安全研究》2014年第6期，第127页。

② 〔英〕阿兰·谢里登：《求真意志——密歇尔·福柯的心路历程》，尚志英、许林译，上海人民出版社，1997，第181页。

③ 于宏源：《霸权国的支撑机制：一种资源知识视角的分析》，《欧洲研究》2018年第1期，第44页。

源知识的生产便成为掌握资源优势的关键。一方面，资源知识生产是获致权力的新型方式。掌握资源知识的主体可以通过建立资源知识的领导权而在全球治理关系结构中获得主导地位，以此来实现结构性权力的扩大。例如英美两国借助其在地理勘探和能源分布领域的资源知识优势巩固自身在全球治理中的霸权地位。另一方面，资源知识的增加有利于培育新的资源优势。全球资源的开发与利益获取息息相关，技术进步能够推动新型资源的开发利用，例如凭借先进的技术手段在海底发现的多金属结核、富钴结壳等矿物质，深海底生物基因资源以及在月球发现的核聚变燃料氦-3 等，这些新型资源将成为新的资源优势和权力来源。更为重要的是，在技术蓬勃发展的今天，全球治理在人工智能技术的推动下将凸显更多的权力内涵。数据和算法作为两大新型资源，其范围涵盖全球，但是数据的采集、存储、处理、分析以及算法的研发和运行却仅被少数的国家或企业所掌握，围绕数据和算法的全球资源并未实现真正的全球共享。对于未来的全球治理而言，"掌握了数据就意味着掌握了资本和财富，掌握了算法就意味着掌握了话语权和规制权"[1]。由此可见，权力的作用并没有在全球治理中消退，其正在以一种全新的方式暗含在全球资源的配置过程中。

第二节　何为全球——全球治理理论的边界探讨

玛丽-克劳德·斯莫茨（Marie-Claude Smouts）曾经指出，"'治理'的概念以毫无章法的形式在国际关系中出现。它不仅没有愈使用愈清晰，反而成了一个含义广泛、无所不包的术语"[2]。建立在治理概念基础上的全球治理，更因其主体的多元性、内容的丰富性、形式的多样性以及涉及领域的广泛性特征，而被视为一个无所不包的概念。在全球化的推动下，似乎当前一切问题都可被归纳至全球治理的范畴，全球治理因而成了一个近乎

---

[1]　马长山：《智能互联网时代的法律变革》，《法学研究》2018 年第 4 期，第 22 页。

[2]　〔法〕玛丽-克劳德·斯莫茨：《治理在国际关系中的正确运用》，肖孝毛译，《国际社会科学杂志》（中文版）1999 年第 1 期，第 81 页。

"万能"的问题解答"指南"。这种对全球治理功能的无限放大为全球治理招致了众多与之无关的批驳，全球治理中"全球"的意涵愈发模糊。

本书认为，"全球"是造就全球治理特色的本质体现。当前，全球治理理论中弥漫着边界融合与互动的趋势浪潮，却忽视了对全球治理的理论本源——何为全球——的理论探讨。不可否认的是，边界的融合与互动的加深的确是全球化时代的重要改观和明确趋势，但是边界的明晰是融合的前提，否则，在缺失边界的基础上所构建出的融合，必然是虚浮且混沌的。

一 全球治理中的全球意涵

全球治理作为建立在治理理论基础上的创新与尝试，多元主体共同协商参与治理的特征被越来越多地予以强调。在既有的研究中，学者们常常探讨的是新兴的治理方式与传统的统治路径之间的区别，"治理"变成了全球治理概念的核心内容，很少有研究从理论角度探求全球治理中的"全球"意涵。然而，在这个强调多元、民主、协商、共享等的话语体系中，全球才是构成全球治理概念与理论的关键特征所在。

实际上，正是当前全球治理中全球意涵的模糊，才导致了现实世界对全球治理作用的神化与误读，全球性的模糊使得全球治理成了一个矛盾的集合。它时而展现出无所不包的包容力，是劳伦斯·芬克尔斯坦笔下的"似乎涵盖了一切"的"包罗万象的描述"[1]；又时而表现出可被替代的脆弱性，是克劳斯·奥菲笔下的一个"空洞的能指"[2]。这一矛盾警示我们，全球治理理论的研究不应仅仅作为一种多元的导向，而是要更加明确概念与理论本身的真实内涵，明确"全球治理中的'全球'到底代表了什么"，解释"全球治理'何为全球'"的基础理论问题。

围绕上述疑问，最具代表性的回应是罗伯特·莱瑟姆（Robert Latham）对全球治理中"全球"一词两种用法的区分。在"全球"的含义基础上，全

---

[1] Lawrence S. Finkelstein, "What Is Global Governance?", *Global Governance*, Vol. 1, No. 3, 1995, pp. 367-368.

[2] Claus Offe, "Governance: An 'Empty Signifier'?", *Constellations*, Vol. 16, No. 4, 2009, pp. 550-562.

球治理可以被具体划分为"具有全球性的治理"（governance that is global）以及"在全球层面的治理"（governance in the global）。① 克劳斯·丁沃斯（Klaus Dingwerth）和菲利普·帕特伯格（Philipp Pattberg）在莱瑟姆的研究基础上更为详细地阐释了全球治理理论中"如何'全球'与为何'治理'"的问题。② 本书将以此为基础，对全球治理中的全球性意涵予以分析。

（一）具有全球性的治理

将全球治理看作"具有全球性的治理"的观点主要建立在全球化所带来的空间重构基础之上，着重强调治理在功能层面的全球空间意涵，认为全球治理所包含的各种行为之间的协调活动（至少就其愿望而言）在范围上是涵盖全球的。

这种对于全球性的解读主要以全球化的社会空间理论为依据，全球治理作为全球化时代的产物，其必然以全球化所内含的调整与变化为依托，全球化所带来的"社会生活的重新空间化和本质性变化"转而成为全球治理构建和诞生的起点。③ 社会空间理论强调了全球化时代人类社会在空间上的变化，不仅物质资料和生活生产方式出现了重构，超越了既有的地域空间局限，同时人类的交往生活和精神生活也出现了空间结构和组织形式的发展与改变。这种巨大的调整背后暗含的是人类境况（human condition）的转变。

> 人类生活被放置于一个趋向于全球性的社会网络之中，生产体系和市场体系开始在世界层面上相互协调，媒体形象和资讯开始企及全球社会中的人民大众，信息化带来了远距离的互动，物质的和符号的

---

① Robert Latham, "Politics in a Floating World: Toward a Critique of Global Governance", in Martin Hewson and Timothy J. Sinclair, *Approaches to Global Governance Theory*, State University of New York Press, 1999, pp. 23-54.

② 〔德〕克劳斯·丁沃斯、〔荷〕菲利普·帕特伯格：《如何"全球"与为何"治理"？全球治理概念的盲点与矛盾》，晓谢译，《国外理论动态》2013年第1期，第27~33页。

③ 原文为"On the contrary, a definition of globalization as a respatialization of social life opens up new knowledge and engages key policy challenges of current history in a constructively critical manner"。参见 Jan Aart Scholte, *Globalization: A Critical Introduction*, 2nd edition, Palgrave Macmillan, 2005, p. 84。

交往日益频繁暗示着时空的压缩。①

空间关系的重构—时间仿佛使全球治理在功能上享有了全球空间内部任意的传导性，由此"治理"也成了"涵盖全球的治理"。肯定地说，全球治理确实在某种程度上"具有全球性的治理"功效。这种观点主要以全球治理的效果评估为出发点，依托全球空间、全球资源以及全球性问题的整体性、共享性以及全球性特征。例如，有效的全球环境与气候治理的结果的确惠及了全球各个角落的可持续发展，及时的全球安全治理的结果必然为全球各类主体的安全提供保障。在全球相互依赖的关系网络中，全球治理的确具有一定的全球影响力，但这种影响力是否必然契合于治理的初衷呢？或者说，这种影响对于全球而言是否是均等的呢？答案是否定的。

全球影响力的扩散并不等同于全球性治理的实现。因为治理涵盖了对"善治"（good governance）目标的追求，而全球影响力却存在积极与消极的两分。全球性的标签与现实的差异为理想化的"全球性"敲响了警钟。当前的全球治理仍然表现为部分治理，真正实现治理的全球性依然是全球治理所追寻的目标。

一方面，全球治理中权力要素的存续以及现实中的等级结构让全球治理功能的全球性和普遍性备受质疑。从审慎的角度而言，全球治理被认为重点集中于那些"治理较为成熟、机制较为密集的议题领域"，而对于那些尚未被治理的领域或是未被包含在内的其他欠发达地区与失意团体的利益诉求，全球治理并未给予其同等的关注；从批判的角度而言，全球治理不仅仅是全球性事务的管理与协调，同时还是对某些特定利益和思想的合法化，长期的不平等治理使得其所追求的"全球性"很难得到保障。

① 原文为"human beings are inserted in tendentially global social networks; productive systems and markets are coordinated at the world level; media images and messages reach masses of people all over the earth; informatics allows for interaction at a distance; and material and symbolic communications imply a compression of time and space"。参见 Alberto Martinelli, "Markets, Governments, Communities and Global Governance", *International Sociology*, Vol. 18, No. 2, 2003, p. 320。

　　它设计的社会生活是天下太平，无视那些你死我活的争斗、对他人实行直接统治的现象，以及因国际社会中若干部分之难以控制而引发的种种问题。事实上，它常常受到针对作为其基本依据的公共选择理论的各种指摘。全球治理的基本标准是效益：处理争议、解决问题的效益，调和各方利益的效益。这当然对大家都有利。但是，既然不存在中央组织和全球性的参照系统，市场便成为当今世界上惟一起作用并影响一切相互作用的社会子系统的调节者，而"全球治理"很有可能不过是一件理想主义、举世归心的外衣，下面隐藏着最狡诈的经济自由主义。①

　　另一方面，理想层面对全球性的广泛想象与现实中所涉及的实际领域间的差异加大了"全球性"的实现难度。全球治理理论中的"全球性"想象在某种程度上暗含了基于规则协调范围的隐含式假设，然而在全球治理实践中，这些规则所涉及的领域远远无法涵盖现实中的全球，"全球性"的形式和范围往往比人们的一般设想要更为宽泛。人类行为及其后果所影响的范围是全球性的，但是全球治理所涉及的关于理解、制度协调的范围以及舆论指令的空间却往往局限于更小或更狭窄的领域，与现实相比，无论全球治理制度的覆盖范围多么广泛，究其根本总是不够的。从这一角度而言，"具有全球性的治理"在理论与现实层面均存在一定程度的不可实现性，它隐含了对全球治理中"全球"的理想化假设。

（二）在全球层面的治理

　　"在全球层面的治理"是指全球治理中所有层级的治理行为和互动都来自或取决于全球层级。"因为不具有跨境效应是一种仅适用于极少数情况的似是而非的设定，所以，没有囊括在全球治理概念之内的现象已是少之又少。"② 它不再执着于对全球治理结果的探寻，而是强调全球治理的组成与

---

① 〔法〕玛丽-克劳德·斯莫茨：《治理在国际关系中的正确运用》，肖孝毛译，《国际社会科学杂志》（中文版）1999 年第 1 期，第 88 页。

② 〔德〕克劳斯·丁沃斯、〔荷〕菲利普·帕特伯格：《如何"全球"与为何"治理"？全球治理概念的盲点与矛盾》，晓谢译，《国外理论动态》2013 年第 1 期，第 29 页。

运行过程，其来源于全球层面社会性的建构，涉及全球层面中不同主体之间的利益互动，并催生了全球主义的价值观念。由此一来，"全球性"不仅仅作为一个空间概念，同时还是一个综合性的概念，它"强调地球这个整体以及基于整体的地球意识、全球意识"，在这一基础上所提炼的"'全球'，即全球主体（实体）、全球空间（整个地球）、全球制度、全球意识与价值，无疑成为全球性的灵魂与核心"，其蕴含和体现着更深层次的全球性意义表征。①

首先，"全球"强调全球空间的整体性。"在全球层面的治理"同样注重全球化时代的空间整合，但是这种整合的结果对于全球治理而言，并不是对治理结果的苛责或对治理范围的理想化，而是作为一种空间维度的变化强调此时全球的整体性和联系性。在全球化的基础上，"全球"已经占据了原先主权国家"以全国性话语（national discourse）占据的那个闲散的空间"，"当各国成了仅仅是一些有条件的而非绝对的障碍时，地球本身变成了对各种机构和个人活动来说最远的实践范围、限制和参照点"。② 一方面，这种空间优势使得全球治理在一定程度上能够回避时间所带来的桎梏，为治理的实现赢得时间层面的优势；另一方面，它意味着鲜明的时空传导性，任何单一主体或特定领域内的行动或决策都将对全球产生广泛的影响，催生以"主权义务"为代表的新的全球治理要求。

其次，"全球"强调全球主体的多样性。全球治理的合法性（legitimacy）是治理实现的前提基础，其既强调了规范意义上标准的理性化和权威性，同时又关注社会意义上的有效认同。就全球治理而言，这不仅要求其自身制度的合法性，同时还要求尊重"全球层次上大众化动员的成熟和公民社会的发达"③ 这一现实。此时的"全球"更多地趋向于"新多边主义"的内涵，它是指"全球各个层面的组织和团体都可以参与进来，包括超国家、

---

① 蔡拓：《全球性：一个划时代的研究议题》，《天津社会科学》2013 年第 6 期，第 58 页。
② 〔英〕马丁·阿尔布劳：《全球时代：超越现代性之外的国家和社会》，高湘泽、冯玲译，商务印书馆，2001，第 192 页。
③ 吴志成、朱旭：《新多边主义视野下的全球治理》，《南开学报》（哲学社会科学版）2012年第 3 期，第 4 页。

国家、次国家以及个人都可以是治理的主体，进一步说它的理想状态最终将建立在超越主权国家之上的'全球共同体'"①。

再次，"全球"构建了全球主义的内涵。全球治理中的全球主义是"基于人类共同体整体视角的价值观念系统，其实践情怀是解决全球性的公共问题，实现全球性公共利益的正义分配，最终促成全球的共同发展"②。伴随着全球整体性联系的加强，原先存在于国家间的隔阂被打破，全球化的融通性使得全人类的利益成了核心关注和理论灵魂。全球主义的出现回答了罗伯特·阿克塞尔罗德所提出的疑问——"什么力量可以使得一个国家变得更不以自我为中心，愿意为了合作行动收益或者全球化进程放弃一部分自治权利"③。此时的"全球"不再仅仅局限于全球层面国家的联合，而是聚焦于全球最基本的个体——人的发展，强调人类的共同利益和价值通约。

最后，"全球"包含了全球政治的可能。全球治理中的"全球"意味着传统政治定位的变化，过去国家所奉行的利己主义和地方主义发生了一定程度的扭转。随着国家边界的向外延伸，其开始形成并坚持自己不同于以往的、新的"跨国立场、价值和决定"。在全球化的影响下，全球治理开始具备了相应的塑造功能，它逐渐在全球层面上凭借协商形式成为国家之间共同塑造组织和政治合作方式的可能形式。④ 此时的"全球"不仅意味着主体类型的多样化，同时还意味着全球层面新的政治合作方式的出现。

总体而言，"在全球层面的治理"以"全球"多维度的意涵刻画了全球治理的生动形象，揭示了全球治理的多层面内容，强调了全球治理不同于其他治理形式的全球性特征；同时，这种"全球"意涵也在一定程度上打

---

① 王金良：《全球治理的内在逻辑与模式》，《比较政治学研究》2015 年第 1 期，第 155 页。
② 蒋小杰：《全球正义视域下全球治理价值重塑论纲》，《湖南师范大学社会科学学报》2019 年第 2 期，第 34 页。
③ 〔美〕罗伯特·阿克塞尔罗德：《合作的复杂性——基于参与者竞争与合作的模型》，梁捷、高笑梅等译，上海人民出版社，2008，第 129 页。
④ 〔德〕乌·贝克、哈贝马斯等：《全球化与政治》，王学东、柴方国等译，中央编译出版社，2000，第 38 页。

破了全球治理既成的高高在上的神话定位，主张以"在全球层面的治理"方式与其他层面的治理一道为全球可持续发展贡献力量，赋予全球治理理论体系以可操作性和可实现性。

二　全球治理的问题限度

伴随着全球化趋势的增强，边界的模糊和融通成了全球化时代全球发展的主要特征之一，不仅国家之间的边界随着外延式发展而逐渐模糊，不同层级的政治经济活动也逐渐开始相互交融，全球治理与国家治理、国际治理与国内治理之间的互动性愈加显著。在这样的趋势影响下，似乎更为紧密的相互依赖关系的建立就意味着更多的全球治理需求，全球联系的增强仿佛不断强化着全球治理"无所不及、无所不包"的概念意涵。在这个被"全球性"所包围和席卷的时代中，似乎一切问题的出现和治理都在全球联系的影响下被简单地纳入全球治理的范畴，一旦出现问题与挑战的持续与恶化，全球治理就会被冠以"失灵/失效"的"罪名"，全球治理因此成了一切问题的根源和"替罪羊"。

然而，是否一切问题都该归咎于全球治理？本书给出的答案是否定的。一方面，我们需要大胆承认既有的全球治理理论体系在现实面前表现出一定的滞后性和不适应性，全球治理理论亟待创新；另一方面，我们也需要开诚布公，并非所有现实困境都源于全球治理的缺位，其还可能源于国家治理的缺失。全球治理理论的发展亟待限度的明确，对那些盲目的神化和理想式的崇拜思想提出合理的质疑与批判。因此，全球治理应该治理什么？或者说，什么样的内容和问题才可以被纳入全球治理的问题框架之中？对上述问题的解答将引申出对全球治理限度的探讨。

（一）全球关系的独特性

全球治理建立在全球关系的基础之上，全球化时代全球关系的构建和全球联系的深入使得当下大部分问题具有了整体性和全球性的特征。在安东尼·吉登斯对全球风险社会的描述中，全球风险社会塑造了一个"没有他者的世界"，在这个世界中"当我们面对共同的风险时，所有人有共同的利益"。①因此，全球治理也成为关乎全人类共同发展的全球性问题的具体解决过程，强调全球的整体性和联动性。

詹姆斯·罗西瑙将治理看作"一个非常适合理解世界上旧有边界日渐模糊、新身份司空见惯、政治思考面向全球的概念"，它意味着原有的主体观念和本体论内容发生了空前的转变②；科菲·安南指出，尽管"世界政府还只是一个空头提议"，但是当前全球化时代的我们却真真切切地身处于一个囊括了各个国家、国际机构、跨国网络与公共、私人组织等主体的全球治理的网络之中，而全球治理的作用就是要通过发挥自身的影响力对那些人类共同面对的事务加以推动、调节或干预③；我国学者俞可平同样认为，所谓的"全球治理"，就是要通过"具有约束力的国际规制"，通过在多元主体之间构建的协商合作关系，以及通过对基本目标和总体秩序的维系，来实现对于"全球性的冲突、生态、人权、移民、毒品、走私、传染病等问题"的解决④。

然而，全球治理所依赖的全球关系并不是全球范围内原有个体关系的单纯叠加，也不是既有的国际关系在全球层面的简单扩展，全球关系表现出自身的独特性。一方面，全球关系在空间意涵上具有非领土性，换句话说，全球关系的空间性与传统基于领土而划分的空间性之间存在显著差异。在传统视阈下，空间关系的界定是以威斯特伐利亚主权国家的领土边界为划分，国家在领土范围内享有对内统治的最高权威，并且对外不受其他国家的干涉，具有一定的独立性，空间关系的互动就是基于不同领土空间的互动；而全球关系则打破了既有领土边界的空间划分依据，它强调的是"权威空间"（SOAs）而非"领土空间"，是基于"行为体参与活动时行使权威而造成的顺从中"得到确认和辨别。此时的全球治理是一种"脱领土

---

① 〔英〕安东尼·吉登斯：《超越左与右：激进政治的未来》，李惠斌、杨雪冬译，社会科学文献出版社，2000，第266页。

② 〔美〕詹姆斯·罗西瑙：《面向本体论的全球治理》，载俞可平主编《全球化：全球治理》，社会科学文献出版社，2003，第64页。

③ 〔英〕戴维·赫尔德、安东尼·麦克格鲁编《治理全球化：权力、权威与全球治理》，曹荣湘、龙虎等译，社会科学文献出版社，2004，"导言"第1页。

④ 俞可平：《全球治理引论》，《马克思主义与现实》2002年第1期，第25页。

化"的政治形式，其代表着"从领土政治转向非领土政治"的转变。① 全球关系中的资源、人口、技术等核心要素在全球化的影响下实现了全球范围的大规模流动，其不再以疆域领土为界限，信息时代的来临更是凸显了权威的重要作用，塑造了全球关系的独特性。

另一方面，全球关系强调全球的共生性和整体性，凸显系统性思维。它是指"所有那些把世界联系在一起的物质和思想的占有和分布状态"②。全球关系的视阈超越了传统的国际关系逻辑，其不再以具有边界性的各个国家或者以具有权力差异的多元行为体为划分，而是关注以人为基本单位的全球系统和以人类命运共同体为集合的全球整体，突出了集体理性的需求。马丁·阿尔布劳在对"全球"一词进行探讨时，强调了全球化时代对"全球"意涵的深刻改变，曾经的"全球"仅仅作为一个涵盖了"政府间的相互作用"（interstate interaction）和"跨国性的相互作用"（transnational interaction）的总称，而当前"全球性的现象包含着比各种跨国现象的总合更多的东西"，它被"用以指称作为一个整体的世界"。③ 因此，全球关系更加凸显全球主义的逻辑起点，主张以人类命运共同体的构建为新的目标追求，强调全球层面共生共存的紧密关联。

可以说，全球关系的独特性塑造了全球治理的独特性，它使全球治理成为一项区别于传统政治关系和逻辑的治理形式存在于全球政治的舞台。以全球关系的独特性为基点，我们必须要看到：一方面，全球治理具有不可替代性，它是基于全球化时代所形成的崭新的全球关系而进行的治理探索，因其在治理领域、治理逻辑等方面的独特性表征而无法被其他治理形式所随意替代；另一方面，全球治理也具有范围与能力的有限性，它的全球定位明确了治理的范围和目标，并不是所有的关系都可以被简单地看作全球关系的范畴，也并不是所有的治理都适用于全球治理。

---

① 许超：《全球治理中国家如何在场——兼与刘建军教授商榷》，《探索与争鸣》2021年第8期，第82页。
② 陈玉刚：《全球关系与全球研究》，《国际观察》2012年第1期，第33页。
③ 〔英〕马丁·阿尔布劳：《全球时代：超越现代性之外的国家和社会》，高湘泽、冯玲译，商务印书馆，2001，第188~189页。

（二）全球问题的边界

全球治理最普遍的定义之一就是"一种解决全球性问题的程式"。例如它被强调并不等同于全球政治或世界政府，也不是民族国家行为体的简单组合，而是一种国家与非国家行为体之间的合作，以及从地区到全球层次解决共同问题的新方式；① 又被看作对那些必然要对全球各个地方产生影响的问题——包括生态、人权和发展，以及难民、移民、毒品和传染病等问题——进行的辨识和管理。全球问题所带来的挑战成了全球治理产生的根源，同时也赋予了全球治理以现实价值和理论意义。

然而，什么样的问题才算是全球性的问题呢？什么样的状况才能被纳入全球治理的范畴中呢？第一，依照"全球性"的定义，"凡是局限于一定疆域或领土之内的事物与现象，就不能称之为全球性的，从而是与全球性格格不入的"②。在全球化时代，尤其是伴随着全球风险社会的来临，国家相对封闭的边界被打开，任何国家内部所面临的问题都可能在全球化的推动下演变为潜在的全球性问题。那么，是否所有存在于全球层面的问题都属于全球性问题呢？第二，依照全球治理的运行方式，全球治理并未主张消除主体间的差异，反而倡导在理论与现实中尊重多元化和差异性。这些异质性的存续既代表着不同历史、文化以及发展路径背后所建构出的多元主体的偏好，同时还意味着各类主体对于全球运行方式所持有的迥异看法。那么，基于全球治理所具有的协同作用，全球规则应该在什么情况下才能超越国家分歧，发挥其协同作用呢？

有学者指出，"对于解决当今世界所存在的各种全球性问题而言，恐怕没有哪种理论能够做出如下判断：哪些是必需或者只能由全球治理来解决的，哪些是必需或者只能由国家治理来解决的"③。本书认为，尽管该问题没有得到理论上的明确区分，但是这并不能成为理论研究忽略问题边界的理由和借口；正是由于无法在一时间得到详尽的解释，才更加需要在该问

---

① 〔日〕星野昭吉：《全球政治学——全球化进程中的变动、冲突、治理与和平》，刘小林、张胜军译，新华出版社，2000，第 277~278 页。

② 蔡拓：《全球性：一个划时代的研究议题》，《天津社会科学》2013 年第 6 期，第 56 页。

③ 吴昄：《全球治理的理论困境》，《武汉大学学报》（哲学社会科学版）2016 年第 3 期，第 17 页。

题上付出更多精力。因为放任这种模糊性蔓延的结果就是全球治理的意义漂移，不仅全球治理将成为一个无所不包的概念，全球性问题也将成为一个无所不及的集合，当任何一个所谓的"全球问题"得不到相应的"全球方案"时，全球治理就会面临"治理缺口"，这些缺口最终将成为压倒全球治理的"稻草"。

为此，丹尼·罗德里克（Dani Rodrik）于2020年特别著文对该问题进行了探讨，他在《把全球治理放对地方》一文中指出，呼吁全球治理最经典的两种理由，莫过于"全球公共品性质"和"以邻为壑型政策"，尽管这些领域的治理"充满失败"，"却不是因全球治理薄弱所致，而源于国内治理失败，因此不能通过国际协议或多边协作予以纠正"。[①] 欣喜的是，他在试图对"为何教育政策、高速公路限速、汽油税通常被认为是'国内'政策，而农业补贴、汽车进口税以及税收天堂则被认为应属全球治理范围"这一问题予以解答时，从跨境溢出效应的大小、对国家的损害程度以及政策制定目标的国内国际范畴等方面提出了诸多颇有建树的思想，否认了"跨境溢出效益"作为全球性问题划分充分条件的猜想。但遗憾的是，其未能给出进一步的答案，而是将该现象的出现简单归因于"机缘巧合或政治游说"。

本书在其研究基础上，提出了另一个解答的思路，即或许我们不应将全球性问题的划分标准建立在影响范围基础上，而是应该从问题解决的根源性质着手，从国家是否具有能力解决该问题产生的根源来判断其从属。这是因为，在全球化浪潮的席卷下，跨境溢出效应的产生已成必然。全球化问题与国家治理负外部性在区域或全球范围内产生，然而，"民族国家在治理范围上无法覆盖全球化问题。这是全球化进程中最根本的矛盾"[②]。全球化的存在为任何问题的影响外溢打开了通道，无法依靠单一主体的力量

---

① 原文为"The policy domains I have just lifted are certainly rife with failures. My argument is that when such failures exist, they arise not from weaknesses of global governance, but from distortions of domestic governance. As a general matter, these domestic failures cannot be fixed through international agreements or multilateral cooperation"。参见 Dani Rodrik, "Putting Global Governance in Its Place", *World Bank Research Observer*, Vol. 35, No. 1, 2020, pp. 4–5。

② 〔英〕戴维·赫尔德等：《全球大变革：全球化时代的政治、经济与文化》，杨雪冬等译，社会科学文献出版社，2001，"译序"第23页。

予以解决。然而，尽管影响范围是全球性的，但是该问题解决的根源却具备明确的范围属性。当一类问题通过单一主体能够在源头上得以解决时，那么此类问题就不属于全球性问题，反之则属于全球性问题的范畴。例如，尽管美元贬值严重扰动了国际货币体系的稳定，损害了以美元为主导的国际货币体制，对全球市场和经济运行造成了巨大冲击，但是由于其问题根源在于国家内部，源自美国的量化宽松货币政策，因而美元问题不被看作全球治理的范畴；而同样作为关乎世界经济、冲击全球发展的贫困及南北差异等问题，由于无法在单一国家内部得以根除，因而则能够被视为全球性问题，亟待通过全球治理予以解决。因此，我们不能以问题的影响范围作为全球性问题的评判标准，而是要关注问题产生和解决的根源，"尽管有世界大战和大萧条的先例"，但还是不能简单地"把在一个地区消除疟疾和防止那些病人进入某地的努力在性质上等同于防止恐怖分子洗钱、禽流感或酸雨"。①

全球化所造就的全球关系赋予了全球治理独特性表征，全球化时代的全球性为全球治理描绘了不可抹去的背景图色。在二者的共同作用下，全球治理以一种不同于以往的新的组织形式和政治进程而得以存续，这些内涵既是全球治理的显著标识，明确了它的目标与追求，同时也作为全球治理的概念与理论边界，划定了全球治理的能力范围，构成了全球治理的理论限度。

第三节　如何治理——全球治理理论中的治理反思

全球治理理论建立在治理理论的基础之上，以其作为主要的理论借鉴。从本质上而言，治理理论的生成赋予了全球治理不同于传统国际政治的显著特征，治理是全球治理的基本依托和根本路径，而如何治理则是全球治理论设计和具体实施的关键问题。然而，当前的治理理论仍然是宽泛的，甚至是模糊的，在涉及治理系统构建和治理方案运行的具体层面，理论并没有给出明确的路径指导，甚至回避了一系列关键的主体间协同问题，以

---

① 〔美〕托马斯·韦斯、〔英〕罗登·威尔金森：《全球治理再思考：复杂性、权威、权力与变迁》，贺羡译，载陈家刚主编《全球治理：概念与理论》，中央编译出版社，2017，第159页。

至于治理更多停留于美好的理念蓝图，仅仅成了"一个脆弱的概念"，在面对具体复杂的现实时，缺乏理论的指导和协同作用。① 一方面，治理本身建立在一定的目标导向基础之上，治理机制和规则的建立以及治理思想的统一使得治理行动存在时间上的滞缓性，造成了治理的行为总是滞后于现实问题；另一方面，治理的多元化思路试图打破传统的政治运行模式，引入市场式的决策来推动治理目标的达成。② 当政府的管理、市场的效率和社会的民主相碰撞时，很容易导致治理的混乱与失效。

对于全球治理理论体系而言，如果仅仅依靠"一个脆弱的概念"一味探求理论大厦的高度，那么其根基必然是摇摆的，全球治理理论需要对治理根基进行相应的巩固与强化。如何看待治理现实中所存续的竞争态势，如何认识去中心化与去国家化之间的关系，以及如何评价治理的解释力、发现存在的理论空白等问题，是全球治理现实对理论提出的要求；治理理论所倡导的包容性、开放性以及治理的灵活性与治理自身所需要的底线性、原则性以及边界性之间该如何平衡与把握，是全球治理理论对治理现实所发出的疑问。

一 竞争的出现与治理的构想是否相悖

根据治理理论的相关描述，治理从根源上具有区别于统治的概念特性，共同参与、多元协调以及谈判进程构成了治理的核心，并且以一定程度的合作关系的建立使治理作用得以直观体现。在运用过程中，治理逐渐被等同于有序、和谐、协同合作，似乎治理的出现意味着不和谐因素的消除；同样，现有全球层面主体及制度间存在的竞争、竞逐关系乃至实力比对都仿佛成了治理的消解因素或被看作治理失效的表现。针对当前对治理实践以及全球治理作用的批判，本书想要澄清的是，"治理"（governance）与"竞争"（competition）并不是一组相互对立的概念，当前全球政治活动中竞争关系的存续并不意味着全球治理必然失效。

① 〔瑞士〕彼埃尔·德·塞纳克伦斯：《治理与国际调节机制的危机》，冯炳昆译，《国际社会科学杂志》（中文版）1999 年第 1 期，第 92~94 页。
② 〔法〕阿里·卡赞西吉尔：《治理和科学：治理社会与生产知识的市场式模式》，载俞可平主编《治理与善治》，社会科学文献出版社，2000，第 132 页。

合作并不意味着没有冲突，相反，它显然是与冲突混合在一起的……合作只会在行为者认为它们的政策处于实际或潜在冲突的情况下而不是和谐的情况下才会发生。合作不应该被视为没有冲突的状态，而应该被视为对冲突或潜在冲突的反应。[①]

这是因为"竞争是相对垄断而言的，而合作是相对冲突而言的"[②]。造成"竞争"与以合作为体现的"治理"之间相互对立的根源在于将"竞争"简单等同于"冲突"。实际上，竞争本身的作用是中性的，竞争也并非单纯意味着无序与冲突，其存在良性竞争与恶性竞争的区分。其中，恶性竞争是指为了满足自身利益而排斥或打压他者的行为，体现为一种缺少规则、无法讲求公平正义以及无序化的竞争，包括发动价格战、贸易战、科技战以及恶意舆论宣传等。恶性竞争常常以斗争或冲突的形式予以呈现，其打破了治理秩序的稳定性和违背了治理的公平性，成为阻碍治理发展的消极因素。而良性竞争则是指建立在基本道德和秩序前提下，承认规则的约束作用，强调纵向的自我提升而非横向的相互比较，注重绝对收益而非相对收益，通过竞争过程来促进结果优化与进步的行为。良性竞争基于对外在约束条件的尊重，保证竞争关系互动的边界，控制失序的风险，进而可能成为促进社会发展的原动力。

由此看来，真正与治理相互对立的并不是竞争本身，而是冲突的具体形式。竞争作为"获致繁荣和保证繁荣最有效的手段"，其通过优胜劣汰式的筛选推动着治理系统的优化与演进。[③]

（一）主体间的竞争与治理

在治理理论对多元化主体类别和非统治性特征的强调下，竞争关系被隐含在了治理主体的差异当中。就全球治理而言，无政府状态的特性意味

---

① 〔美〕罗伯特·基欧汉：《霸权之后——世界政治经济中的合作与纷争》，苏长和、信强、何曜译，上海人民出版社，2001，第 64 页。

② 徐勇：《治理转型与竞争——合作主义》，《开放时代》2001 年第 7 期，第 32 页。

③ 〔西德〕路德维希·艾哈德：《来自竞争的繁荣》，祝世康、穆家骥合译，商务印书馆，1983，第 11 页。

着没有主体能够实现对合法权利的完全垄断，全球层面中各类政府与非政府组织、跨国公司、私人企业、利益集团等多元主体将与主权国家一道共同参与治理的相关事务。然而，"没有任何全球治理主体的治理权利可以被视为天然的"，尽管全球治理本身体现为基于共同利益和共同目标而产生的合作，但是这种合作的进程实际上是以主体（尤其是国家政府）"行为的便利化为基本诉求"，而"并不以培育跨国认同为目标"，因此，全球治理仅仅是一种基于共同利益和共同目标而产生的合作行为，并不以共同利益和共同目标的生成作为其追求。① 在相互依赖程度得以加深的趋势下，全球治理中各个主体间的差异也日益普遍化。治理的目的仅仅是在有限的范围内克服差异，而不是在全球层面彻底消除普遍存在的差异。这种对于差异性的默认就暗含了主体之间竞争关系存在的可能。

考察竞争的具体表现，个人层面的竞争大多围绕"成就"而展开，主要强调的是时间逻辑，即个人竞争优势的获取与时间和速率紧密相连。这种逻辑施予了个人以直接的社会压力，迫使其要通过速率的提升来获得时间优势，从而"推动社会运行和社会变化的加速化"，竞争成为社会加速变化的主要推动力；② 而国家、国际组织以及其他社会团体则围绕权力展开激烈竞争，强调比较优势的重要影响，它们往往通过在军事、经济、文化等领域的竞争来获取和塑造自身在全球舞台上的优势地位，这种竞争关系的存续同样在一定程度上使国际政治和全球治理的演进与完善加速。

以太空治理领域的全球卫星导航技术竞争为例。伴随着全球科技的进步以及人类对新兴疆域的探索，太空的全球属性进一步明确。卫星导航系统作为重要的空间基础设施，能够为全人类的发展提供"全天候的精准时空信息服务"，其不仅具有精确的导航与定位功能，同时还可以用于地壳运动观测、资源勘查、地籍测量、气象分析等关乎全人类福祉的领域，为全球治理提供新兴的技术与治理平台。与此同时，太空也成为国家间权力竞逐的新兴场域，全球卫星导航系统的自主运行作为关乎国家发展与战略实

---

① 于海洋：《全球治理中非政府治理主体的发展困境思考》，《商业研究》2014 年第 8 期，第 137 页。

② 张康之：《论从竞争到合作的历史走向》，《浙江学刊》2019 年第 3 期，第 5 页。

施的核心议题，引发了国家（尤其是大国）之间激烈的竞争。

可以看出，太空领域的全球治理进程与主体间的竞争互动相互交织，并且此时的竞争能够在一定程度上发挥积极的促进作用。第一，国家间围绕卫星导航技术的竞争打破了美国全球定位系统GPS此前对该领域的垄断，围绕技术的良性竞争与自我超越实际上为全球卫星导航技术的进步注入了新的活力。21世纪以来，伴随着俄罗斯格洛纳斯（GLONASS）卫星系统的恢复与升级，欧盟伽利略（Galileo）系统的建造与发展，中国北斗（COMPASS）卫星系统的自主建设与运行，以及印度、日本的区域导航卫星系统的研发，虽表现为国家间的技术竞逐，却在全球视野中加速着技术的整体进步，为太空治理提供了先进技术的依托、崭新的主体构成并为其注入了新的技术活力。第二，全球卫星导航领域多主体、多系统的竞争发展，敦促了全球太空治理中兼容（compatibility）与互操作（interoperability）原则的生成。其中，"兼容"是指确保各个卫星导航系统以及增强系统之间的相互兼容，不造成不可接受的干扰，不对单个系统或者服务产生有害影响，而"互操作"则是指利用来自不同卫星导航系统以及增强系统的信号，获得优于仅仅依靠单个系统的信号提供的导航服务。① 这些对基本原则的探索尝试弥补了原先全球治理在该领域中的空白，推动了全球治理的发展和完善。第三，竞争的结果直接推动了全球治理在该领域相关制度的建立与优化。伴随着多国在全球卫星导航技术方面的技术进步，各国间开始逐渐填补制度领域的空白。自2014年以来，《中美卫星导航系统（民用）合作声明》《北斗与GPS信号兼容与互操作联合声明》《中国北斗和俄罗斯格洛纳斯系统兼容与互操作联合声明》的签署，都推动着全球治理制度在太空治理领域的进一步完善，为未来更加多元、更加广泛的全球治理奠定基础。

因此，主体间的竞争并不完全是阻碍治理进程的"绊脚石"，其"优胜劣汰"的逻辑思维同样能够推动治理本身的演进，竞争所施予各个主体的压力进而也能够成为治理得以向前发展的助推力。总之，对于治理而言，

---

① 郑华、张成新：《太空政治时代的国际竞争与合作——基于全球导航卫星系统发展的分析》，《上海交通大学学报》（哲学社会科学版）2019年第5期，第48页。

其"一方面要求多元竞争、权力分化，另一方面又强调多元合作、权力整合，最终达到'和而不同'的'和合'政治哲学境界。这尽管是一个十分漫长的过程，但却是一个值得努力的目标"①。

（二）载体间的竞争与治理

制度通常被看作治理的载体，制度生成本身涵盖了治理过程所需要考量的权力、利益以及价值等基本要素。首先，制度建立在一定的权力结构基础之上，它通过促进集体理解与现有权力关系的协调保证了自身的稳定性与治理的合法性；其次，制度的生成依赖于多元利益的协调，满足了保障多元行为体共有利益的基本诉求，明确了治理的方向与功能；最后，制度是价值的具象呈现，"治理是只有被多数人接受（或者至少被它所影响的那些最有权势的人接受）才会生效的规则体系"，制度的构建以共同的目标为依托。② 因此，制度可以被视为一种有效的载体，容纳着治理所包含的基本内容。

然而，正是由于制度自身所涉及内容的复杂性，单一的制度安排很难满足治理的所有需求，因此，制度竞争就成了当前的一种常态现象。制度竞争（institutional competition）主要可以分为制度内竞争和制度间竞争，其中，制度内竞争是指不同主体围绕制度规则的制定权、话语权等内容而展开的竞争，而制度间竞争则是指不同制度在同一个层次上的竞争。本书所探讨的治理载体间竞争将主要围绕制度间的竞争展开。

具体而言，制度间的竞争关系主要是通过新兴制度的创设来予以呈现。这些新兴的治理制度对于既有制度发挥挑战性或互补性两种作用。③ 其中，挑战性意味着新兴制度与既有制度之间并不兼容，治理的运行必须在两种或多种不同的制度间进行选择，这种零和性将会导致全球治理中权力政治的"回潮"，进而引起冲突的加剧与合作困境的生成。具有挑战性的制度之

---

① 徐勇：《治理转型与竞争——合作主义》，《开放时代》2001 年第 7 期，第 33 页。
② 〔美〕詹姆斯·罗西瑙：《世界政治中的治理、秩序与变革》，张志新译，载〔美〕詹姆斯·N. 罗西瑙主编《没有政府的治理》，张胜军、刘小林等译，江西人民出版社，2001，第 5 页。
③ 有学者在分析国际机制竞争时，依照对兼容的具体内涵——挑战和补充的划分，将国际机制竞争的主体描述为"挑战性机制"和"补充性机制"两类。参见朱杰进《金砖银行、竞争性多边主义与全球经济治理改革》，《国际关系研究》2016 年第 5 期，第 105 页。

间的竞争将导致治理中"制度过剩"或"机制拥堵"的状况，而互补性则意味着新兴的制度创设与既有的制度之间相互兼容，其在规范原则、目标诉求、价值观念等方面存在一定共性，仅仅在具体的规则和决策方式等方面存在差异。新创设的制度将作为对既有治理制度的补充而提升治理的有效性，促进治理体系的不断创新和完善。

对于全球治理而言，基于不同的时代需要和利益诉求，多元主体塑造了纷繁的全球制度，这些制度之间没有明确的层级关系，相互嵌套、无法整合，同时也并不能全面且综合地涵盖全球治理的全部内容，因而成了一个"联系松散的国际机制复合体"（international regime complex），而制度间的竞争关系则构成了全球层面机制复合体的核心特征。① 尽管它们将可能会给治理造成负面的影响，例如成本的增加以及协调失败的可能，但是与此同时也将赋予治理更加显著的灵活性和适应性，为治理带来资本的增加和风险的分散，为全球治理提供多样的选择，加速实现"完善的国际分工和国际规则的一致性趋同"②。

综上所述，竞争与治理并不是一组相互对立的概念，竞争关系的存在也并不代表着治理的绝对失败。一方面，竞争为治理的实现或合作关系的建立提供了潜在动力，全球治理中权威的塑造、制度的完善以及观念的进

---

① 原文为"They have been created at different times, and by different groups of countries. They have been crafted in a context of diverse interests, high uncertainty, and shifting link-ages. They are not integrated, comprehensive, or arranged in a clear hierarchy. They form a loosely-linked regime complex rather than a single international regime"。参见 Robert O. Keohane and David G. Victor, "The Regime Complex for Climate Change", *Perspectives on Politics*, Vol. 9, No. 1, 2011, pp. 19-20。

② 原文为"Regime complexes establish interinstitutional competition among functionally overlapping institutions as a systemic feature that influences the operations of their elemental institutions. While competition may lead to open conflict and turf battles, it may also produce a well-established division of labor among the elemental institutions. Since regime complexes create forum-shopping opportunities for actors, they can be assumed to put all functionally overlapping governance institutions under continuing competitive pressure, but they do not necessarily predominantly benefit the most powerful states. In order to increase the coherence and effectiveness of global governance activities, their management will become an increasingly important task of global governance"。参见 Thomas Gehring and Benjamin Faude, "The Dynamics of Regime Complexes: Microfoundations and Systemic Effects", *Global Governance*, Vol. 19, No. 1, 2013, p. 120。

步都离不开深层所蕴含的竞争关系；另一方面，治理中对于"协调"的强调体现了治理并未否认竞争的存在，竞争潜在地成为治理新兴动力与活力的来源。"全球治理从本质上应该是一个由多元行为体提供不同方案的竞争性平台。"①

需要明确的是，本书意在通过梳理竞争对治理的积极作用来回应当前对于全球治理理论的盲目批驳与质疑，明确"竞争的存续"并不等同于"治理的失败"，但与此同时也承认竞争的负面影响。实际上，在治理现实中，合理的竞争往往以不合理的冲突或斗争的方式予以呈现，有序的竞争成了无序的开端，这就导致"即便所有竞争者都在竞争中取得了正收益，但总体环境的恶化也使竞争者甚至连带未参与到竞争过程中来的无辜者都陷入了失败的境地。也就是说，包括竞争者在内的所有人都必须面对风险社会和危机事件频发的困扰"②。正是竞争的极端表现形式——冲突——将普遍存在的差异消极化了。竞争的双重作用提示我们，对于治理而言，它的目的并不是消除竞争，而是应该关注如何规范竞争的行为，使竞争关系在一定的底线范围内良性发展。全球治理所需要并倚赖的竞争应该是"健康有序、优胜劣汰的竞争，而不是无序混乱、恃强凌弱的竞争"③。只有良性的、有序的竞争关系的存续，才能够成为促进和完善治理的持久动力。当前全球治理体系中所出现的两种竞争——国际权威的政治化和反制度化——将以反向的驱动作用助推体系的调整与变革。④

---

① 余博闻：《治理竞争与国际组织变革——理解世界银行的政策创新》，《世界经济与政治》2018年第6期，第86页。
② 张康之：《论从竞争到合作的历史走向》，《浙江学刊》2019年第3期，第7页。
③ 双艳珍：《培育社会组织间竞争与合作机制的学理依据与制度保障》，《天津行政学院学报》2015年第4期，第30页。
④ 原文为"My major claim is that the features of the current global governance system have endogenously produced two main forms of contestation: politicization of international authorities and counter-institutionalization"；"Depending on the strength of the challenges, the delegitimation strategies employed, the capacity and willingness of authority holders to adapt, and available alternatives for challengers, politicization and counter-institutionalization can lead to fragmentation and a decline of global governance. Yet, these processes can also create space for decisions that may, in the end, deepen global governance"。参见 Michael Zürn, "Contested Global Governance", *Global Policy*, Vol. 9, No. 1, 2018, pp. 141-142。

二 治理"去中心化"的逻辑是否等同于"去国家化"的后果

治理理论因强调主体的多元化和治理过程的民主化而备受推崇。作为一种完全不同于"统治"的新型管理方式和过程，治理中蕴含着多元主体共同参与、集体协商和民主谈判的思路，打破了原先国家政府在政治过程中的权力垄断地位；在全球化发展的加持下，其"逐层地把脚踏实地的、定居一处的、以自我为导向的，以及从自我中来有着强大治愈力的集体生活的梦想外壳炸裂开来……并把它们放置到网状结构上去"①。

在这种变化的影响下，治理（尤其是全球层面的治理）理论所蕴含的"去中心化"思想逐渐与"去国家化"的理解紧密相连，原本只是强调主体多元化的"去中心化"，逐渐在对多元主体力量的强调中演变为了对国家作用的削弱、否定甚至抛弃。伴随着上述趋势的加剧，对治理的呼吁仿佛变成了对国家地位和作用的间接否定，理论研究中关于"谁来治理"的争论越来越激烈，对国家作用的解读和"国家回归"的关注越来越多，并且随着非国家行为体（尤其是治理理论中所倾向的社会主体）对治理过程的具体参与，由于无法保证其利益方面的统一性和治理结果的一致性，分化和极端的社会逐渐开始作为一股强劲力量对国家权威发出质疑和挑战，严重扰乱了治理秩序的稳定性，引发了学界对治理理论的反思。

实际上，治理理论中所强调的"去中心化"仅仅是对于国家政府作为单一治理中心现状的调适与改变，其试图通过对多元主体共同作用和方式的接纳来维护治理过程的民主化和治理结果的公平化。这体现的是一种包容的思想，而不是否定排斥的思路。因此，治理理论中的"去中心化"绝非等同于被夸大了的"去国家化"，对"治理"的呼吁也并不意味着对国家作用的摒弃。

（一）治理主体的多元化定位

治理理论建立在全球化时代治理环境的复杂性变动基础之上。根据巴

---

① 〔德〕彼得·斯洛特戴克：《资本的内部：全球化的哲学理论》，常晅译，社会科学文献出版社，2014，第42~43页。

里·布赞（Barry Buzan）的描述，这种复杂性来源于现代社会功能的不断分化以及对这些功能分化所具有承载作用的次级单位和系统的持续衍生，这些数量众多的单位和系统之间相互产生了一种横向连接的紧密关系，在一定程度上减弱了传统的纵向统治功能。在国家内部，这种复杂性表现为以非政府组织为代表的自治力量的兴起，打破了政府在公共事务层面的垄断，强调社会治理的作用。此时，治理本身作为一种社会整合运动，它的目的在于通过调动社会乃至市场的作用，通过多元治理主体的广泛协作来实现相较以往政府统治的优化，"把社会整合成一个和谐的整体，使社会成为有着合理秩序、不断进步的适宜于一切个人共生的环境"①。在国际社会，这种复杂性则体现为国际舞台上行为主体数量的增多、密度的增大、相互依赖关系的增进以及不稳定性的增强，这也正是罗西瑙笔下的"混沌世界"。在这样的环境中，国家不再作为唯一的行为主体，而是需要通过与国际组织、跨国公司、市民社会等非国家行为体之间的协作来确保治理的实施并保证治理结果。

从本质上而言，这种复杂性造就了治理理论围绕主体构成的多元化定位，即无论是在国内还是国际层面，国家都不再作为唯一的权威来源。"权力被蚕食，效率被质疑，许多国家和公共机构还遭遇了合法性危机……公民对政治游戏失去了好感。"② 治理的主体不再局限于国家政府，而是强调国家与其他主体力量的合作，其共同构成国家层面乃至国际层面的政治、经济以及社会调解方式。在治理多元化的主体定位下，多元主体之间基于共同的利益、价值及立场等因素而形成相互依赖的紧密关系，其围绕共同目标展开协商，最终以合作的方式予以呈现。总体而言，正是主体的多元化定位造就了治理理论区别于传统统治方式的根本特征。在统治的视角下，权威来自政府的法令，其凭借强制性成为维护国家统治机器的坚实后盾；而治理权威的合法性则来自多元主体的认同，其注重广泛的民意基础，将一致的社会认同看作权威的主要来源，同时赋予权力上下互动的多重运作方式。

---

① 程倩：《论全球化中的治理创新》，《太平洋学报》2012 年第 10 期，第 9 页。
② 〔法〕皮埃尔·卡蓝默、安德烈·塔尔芒：《心系国家改革——公共管理建构模式论》，胡洪庆译，上海人民出版社，2004，第 7~9 页。

因此，从理论贡献的角度出发，治理理论的兴起为政治研究提供了一个崭新的视野。它通过对国家之外主体力量参与政治的可能性探索实现了政治主体与政治内容的丰富，为国家与国际层面的政治实践提供了多元化的思路，非国家主体以对国家传统作用的补充身份被纳入多元的治理主体集合。治理理论围绕主体的多元化定位表明，"显然，在纯粹的市场、等级制国家机构以及避免任何一方统治的理论话语能够发挥作用的范围以外，还有更多（更为有效）的协调机制，是以前的科学未能从经验数据和理论思维两个方面加以把握的"①。

（二）"去国家化"观点解读的生成

治理理论所蕴含的主体多元化思想引发了对主体关系的多元探索，确定的是，国家不再作为唯一的治理主体，国家的强制力也不再作为单一的权威来源；但是在治理（尤其是全球治理）理论中，国家到底应该在多元主体的架构中居于何种位置，以及国家在治理中到底应该发挥何种作用，却始终没有得到明确的答案。

围绕上述问题，学界给出了两类不同的解答。第一类观点否认了治理理论对于国家所做出的改变，例如克拉斯纳认为治理方式不足以颠覆治理所处环境的根本特性，即传统国际政治中的权力分配关系以及个体利益诉求等基本规则并没有发生任何实质性的变化。此时，建立在治理基础上的全球治理也不过是芬克尔斯坦笔下的"在全球层面做政府在国内所做的事"②。显然，由于此类观点提出时间较早，并没有深刻感触到治理方式的出现以及全球化发展给全球政治关系带来的巨大变化，因此其仍然坚持国家在治理中的中心作用。第二类观点则注意到国家在治理过程中的地位变动，认为随着非国家行为体力量的上升，国家开始作为多元主体集合中的成员参与治理进程。此时，全球层面的治理不仅意味着"国际机构、政府

---

① Fritz W. Scharpf, "Positive und Negative Koordination in Verhandlungssystemen"，转引自〔英〕鲍勃·杰索普《治理的兴起及其失败的风险：以经济发展为例》，漆燕译，《国际社会科学杂志》（中文版）2019 年第 3 期，第 54 页。

② Lawrence S. Finkelstein, "What Is Global Governance?", *Global Governance*, Vol. 1, No. 3, 1995, p. 369.

间合作"，同时还意味着其他多元主体的共同参与，如果这些除国家之外的行为体力量被排除和忽视，那么治理的研究将会缺乏形式和动力方面的充分支撑。① 这类观点立足于治理的多元化主体定位，凸显治理过程所强调的共同参与和共同协商，表达了主体多元化所蕴含的社会性特征，此时的治理呈现为一种崭新的集体行动方式。

在确认国家作用切实发生改变的基础上，治理中围绕主体关系民主化的需求越来越强烈。"蔚为大观的壮举并不是由公家完成的，而是由私人自力完成的。民主并不给予人民以最精明能干的政府，但能提供最精明能干的政府往往不能创造出来的东西：使整个社会洋溢持久的积极性，具有充沛的活力，充满离开它就不能存在和不论环境如何不利都能创造出奇迹的精力。这就是民主的真正好处。"② 逐渐地，治理开始更多强调社会的作用，治理职能的重心也逐渐从国家政府转移到了社会自治的层面，社会的积极作用逐渐取代了政府的功能，强政府开始向强社会转变。③

这种国家作用弱化的趋势在促进治理理论发展的同时，也进一步加重了治理理论自身的理想化色彩，对于和谐共存、多元互动、功能互补的理想性追求进而极端地演变为对当前政治现实和运作过程的绝对化抛弃，治理逐渐从对国家一元论思想的超越转变为了对国家整体作用的否认。国家既有的职能与治理功效一方面通过对市民社会的内嵌而下置到社会和跨国网络，另一方面则通过对国际组织的建构上移至超国家行为体。此时的国

---

① 〔英〕戴维·赫尔德等：《全球大变革：全球化时代的政治、经济与文化》，杨雪冬等译，社会科学文献出版社，2001，第70页。

② 〔法〕阿力克西·德·托克维尔：《论美国的民主》（上卷），董果良译，商务印书馆，1988，第280页。

③ 詹姆斯·罗西瑙曾经在《没有政府的治理》一书中将"治理"定义为"一个潜在的规则，是恒定不变的，人们自觉地遵守治理这个潜在的规则，它无须依靠国家强制力实行下去，这将减少政府的权力，由一个'强政府'向'强社会'转变"；同样，彼埃尔·德·塞纳克伦斯也曾在《治理与国际调节机制的危机》一文中认为"治理"是规则的集合，它是一个由多数协议所聚集而成的规范系统，可以在没有政府的正式授权和具体批准的情况下贯彻实施某些集体行动项目。参见〔美〕詹姆斯·罗西瑙《世界政治中的治理、秩序与变革》，张志新译，载〔美〕詹姆斯·N.罗西瑙主编《没有政府的治理》，张胜军、刘小林等译，江西人民出版社，2001，第4~5页；〔瑞士〕彼埃尔·德·塞纳克伦斯《治理与国际调节机制的危机》，冯炳昆译，《国际社会科学杂志》（中文版）1999年第1期，第94页。

家"不仅变得太小以至于无法解决大问题，而且也变得太大以至于无法解决小问题"①；而此时的治理也同样呈现出一种"去政治化"的图景，"去国家化"的治理思想开始形成。

此时，"政治体系"代替了既有的"国家"，"功能"代替了传统的"权力"，"政治文化"以及"政治社会化"也逐步取代了过去的"民意"，国家这一政治学中的规定性身份被削弱甚至被取代。② 原本作为试图为国内乃至全球提供一种新的协调思路的治理，而今成为对"去国家化"思想的呼吁。在治理理论的演进中，其并没有强调对国家政府作用的留存和对国家主权的维护，治理甚至被极端地改造成为对国家的摧毁以及对主权的漠视。③

（三）"去中心化"与"去国家化"关系的误读

在现有的理论研究中，治理概念所蕴含的主体多元化思想在很大程度上被等同于对国家作用的弱化，"去中心化"（decentralization）和"去国家化"（denationalization）成为一组相近且关联的概念，仿佛治理理论中对于"去中心化"的呼吁变成了对"去国家化"的强调。然而，本书认为，"去中心化"和"去国家化"是完全不同的两个概念，二者之间并不存在直接的因果联系，对"去中心化"的呼吁并不等同于对"去国家化"的强调。在治理理论（尤其是全球治理理论）中，"共同治理、多元治理和去中心化

---

① 〔英〕安东尼·吉登斯：《失控的世界》，周红云译，江西人民出版社，2001，第9页。

② 〔美〕加布里埃尔·A. 阿尔蒙德等：《发展中地区的政治》，任晓晋、储建国、宋腊梅译，上海人民出版社，2012，第1~2页。

③ 在治理研究中，国家主权以及国家行为体所享有的权威性并没有得到凸显，例如德国学者厄恩斯特-奥托·泽皮尔将"治理"看作一种在无人有权指挥的情况下也能把事情办成的能力；法国历史学家阿历克西·德·托克维尔（Alexis de Tocqueville）指出社会可以独立于政府而实现"自我管理"以及"为自己而管理"，他认为"人民以推选立法人员的办法参与立法工作，以挑选行政人员的办法参与执法工作。可以说是人民自己治理自己，而留给政府的那部分权力也微乎其微，而且薄弱得很，何况政府还要受人民的监督，服从建立政府的人民的权威"。在这样的治理思想下，国家政府所能够拥有的权力以及能够发挥的作用就少之又少。参见 Ernst Otto Czempiel, "Governance and Democratization", in James N. Rosenau and Ernst Otto Czempiel, *Governance without Government: Order and Change in World Politics*, Cambridge University Press, 1992, p.250；〔法〕阿力克西·德·托克维尔《论美国的民主》（上卷），董果良译，商务印书馆，1988，第63~64页。

治理"是该理论最基本的价值预设，其凸显了对国家中心主义和国家一元论的超越，强调了不以国家为中心的思路，而并非对国家作用和意义的全盘否认。① 对于"去中心化"和"去国家化"关系的误读，是当前理论研究容易陷入僵局的主要原因，同时也是现实中治理失效的主要根源。

从理论的角度出发，"去中心化"的结果是"多中心"，它意味着在一个多元系统的网络中，任何网络节点都是独立且平等的共存关系，其仅仅是对单一中心或不可变化的中心思想的摒弃，而并没有否认国家作为新的治理中心的可能。迈克尔·博兰尼（Michael Bollany）最早在《自由的逻辑》一书中指出，"多中心"强调在一定法律遵循的前提下，人与人之间基于独立、平等而达成的一种合作与协调的关系；而后，埃莉诺·奥斯特罗姆提出了"多中心治理"（polycentric governance）理论，强调治理过程中的平等、合作、互信等关键要素，凸显公共物品制度供给、可信承诺以及相互监督的问题。

> "多中心"意味着许多个决策中心，它们形式上相互独立……多中心体系的特征在于不同维度上的多重治理权威，而非单一中心的单位。一个多中心体系内的每一个单位都在特定的领域内展现制定规范和规则的相对独立性。②

"去中心化"的思想并不是否认中心的作用，而是旨在说明中心的可变性、灵活性和多元性，即治理不再以单一中心为恒久的治理条件，而是可以围绕具体的治理议题，自主、灵活以及阶段性地在多元主体集合中选择治理中心，赋予其相应的治理权威，以此来确保治理的有效性。此时，国家作为权力的容器和制度的通道，仍然在资源配置、人口聚集、主权掌控等方面拥有既成和新晋的优势，依旧可以在多元治理主体和多重治理过程

---

① 田野、卢玫：《全球经济治理的国家性：延续还是变革》，《探索与争鸣》2020 年第 3 期，第 42 页。

② 〔美〕埃莉诺·奥斯特洛姆：《应对气候变化问题的多中心治理体制》，谢来辉译，《国外理论动态》2013 年第 2 期，第 83 页。

中承担某项中心性职能，凸显国家对于治理的重要意义与贡献。

从现实的角度出发，在失去国家作用的前提下，"去中心化"所蕴含的民主化以及社会化思想，不仅没有为治理带来其所希望的结果，反而成为阻碍，延缓治理进程、削减治理效果。国内层面的社会利益由于差异性的存在而无法得到统一，市民社会变成典型的利益集团社会，其不仅扭曲了公共事务治理的议程，同时还成为否决政治出现的根源。就这样，基于市民社会而产生的治理理论，事实上变成了寡头式治理，"没有政府的治理"变成了资本权力的治理。① 而国际层面的国际组织和规则则由于无政府状态的延续和国家利益的分歧而缺乏强制性和公平性，国际制度成为"俱乐部"的产物，全球治理成为某些国家谋取私利的新手段和新领域。在那些倡导"强社会"和"弱国家"的治理理论中，人们逐渐发现，"在强人们日益依靠国家资源来支持其社会控制的同时，国家领导者们却也日益依靠这些强人们，而正是这些强人在运用着这些资源，对抗国家法律和规则"②。

因此，对于治理理论的发展而言，"去中心化"只是强调去除以国家为中心、排斥其他主体作用的思想，而不是反对国家、抛弃国家的"去国家化"思路。治理理论中蕴含着对传统非此即彼的主体两分法的否定，包括政治中的私对公，国际关系中的无政府对主权以及全球层面的国家对非国家行为体，它们之间实际上是一种平等且共存的关系。"治理"真正所需要的，是去除"国家中心主义"的顽固逻辑和"以国家为中心"的绝对化路径，而非去除国家的作用和职能。事实上，国家及政府仍然是保障和推动治理运行的最重要力量。只有明确了这一认识，才能够在运用和发展治理理论时，具备坚实的、多元化的主体关系设想与构架，并在主体作用高效发挥的基础上实现理论与现实的紧密衔接；也只有明确了"去中心化"和"去国家化"之间的关系，才能够在全球治理中正确看待国家的地位，理性接纳国家这一主体。

---

① 杨光斌：《发现真实的"社会"——反思西方治理理论的本体论假设》，《中国社会科学评价》2019年第3期，第19页。

② 〔美〕乔尔·S.米格代尔：《强社会与弱国家：第三世界的国家社会关系及国家能力》，张长东、朱海雷、隋春波、陈玲译，江苏人民出版社，2009，第147页。

三 治理理论的有限解释力反思

治理作为近年来学术研究和实践指导的热门话题之一，被高频提及，治理理论的独特性和优越性与日俱增，它自身的作用因理论本身在理念上的包容性和过程上的民主性而被无限放大。然而，当人们"急于使用一种理论，便会忽略这一理论的自洽性而看重这一理论的有用性"①。

从发展的角度而言，治理理论呈现出理论与现实同步的轨迹，目前该理论自身仍然处于理论构建和发展的初始阶段，不仅治理概念没有得到统一明晰的解释，同时治理理论中所包含的协调方式和治理手段也没有形成统一和成熟的理论架构。尽管学者们尝试从理论的角度对治理进行解读，例如鲍勃·杰索普将治理分为了"人际网络"、"经谈判达成的组织间协调"以及"分散的由语境中介的协同间调控"三个层次，试图对治理理论的整体结构进行说明，但是当前的治理研究仍然更多地表现为一种对多元化的呼吁和共同协商的理念倡导，治理更多地面对现实问题提供了一种新型的政治协作构想和多元共治的可能，却没有解决例如如何解决分歧、谁来主导治理以及治理如何维系、多元主体协作的动力是什么等根本性问题。

对这些问题的忽视造成了治理理论解释力的局限，成为阻碍治理理论发展的内生因素。同样，全球治理理论的研究，如果选择忽略治理理论的根基，忽略治理理论内在的逻辑限度，而一味地描绘全球范围多元主体的联动、合作以及和谐关系的构建，其必将成为缥缈的、浮动的"空谈"。

（一）治理系统的有限协调

治理被看作"政府与社会力量通过面对面的合作方式组成的网状管理系统"，它以一种网络化的关系建构来联结多元的治理主体，最终以治理系统的方式予以呈现。在一个庞大的治理系统中，融汇着不同类型、不同层次以及不同领域的多方治理力量，治理的实现建立在对它们彼此协调、优势互补以及效用最大化的希冀之中。具体来说，国家内部的治理被期望于

---

① 任剑涛：《中国现代思想脉络中的自由主义》，北京大学出版社，2004，第291页。

实现政府、市场以及社会三方力量的有效结合，而国际层面的治理则希望能够同时集合国家、市民社会、跨国公司以及国际组织等多方面的作用。治理因此成为横向汇聚多元主体，纵向蕴含多重逻辑的复杂集合体。

其中，国家视野中的各类主体（例如国家、政府以及围绕公共安全、卫生、气候等议题而产生的国际组织等）主要通过依赖等级控制、垄断性权威以及自身所拥有的强制性权力等手段提供相应的公共产品，市场层面的主体（例如全球市场、跨国公司以及围绕经济、贸易等议题而建立的相应运行机制）主要通过奉行自由竞争、供需关系等逻辑实现资源的最优配置，而社会方面的主体（例如市民社会、非政府组织等）则通过强调道德、志愿、发言权以及集体行动等理念和原则参与治理。①

不可否认的是，市场和社会的作用确实能够对国家单一主体的治理效能予以补充，但这三者的结合并不是一蹴而就的，也不是简单的"聚沙成塔"。治理理论的有限性表现为其片面地将不同主体的差异看作治理实现的途径，过多强调了治理系统的整体性，企图通过多元主体的自身优势和特色的简单聚合来实现三维体系的治理效果叠加。

> 治理的理想就是将政府机制的公平导向、市场机制的效率导向以及第三部门的公益导向结合起来，在公私分摊公共事务和公共责任的基础上，既能有效地维护公共利益，又能保障私人利益。换言之，公共治理就是整合政府、市场和第三部门的力量，在合作共治中实现三者比较优势的最大化涌现，以达到对公共事务的良善治理。②

显然，这种理想化的聚合忽略了现实运行的桎梏。国家、市场和社会作为奉行不同逻辑的三类主体，其相互之间的初始关系并不是相互分离的。

---

① 需要说明的是，这种分类方式并不是对国家行为体和非国家行为体的混淆，如此分类是为了应和"治理"理论最初在国内治理层面的思想创设，通过不同的领域或运行逻辑对各个主体职能进行重新分类，是基于国家-社会-市场的领域划分，而不是延续传统的超国家-国家-次国家的主体层次划分。

② 谭英俊：《批判与反思：西方治理理论的内在缺陷与多维困境》，《天府新论》2008 年第 4 期，第 85 页。

现实中国家、市场和社会既相互交织影响，又受到主权国家的权威限制，呈现出一种混沌结构中的等级式关系。其中，国家居于三者关系结构的顶端，国家政府的作用贯通市场和社会。"公私关系的安排既有让私方利用国家资源谋求私利的危险，也有政府出于国家的或执政党的利益把手伸到市场经济和民间社会中的危险"①；社会则居于三者关系结构的最底端，它在国家和市场的共同压力下延续。最后，"社会不是被政治权力支配，就是被资本权力支配，或者被资本权力俘获的政治权力支配"②。

如此一来，原本致力于实现整体最优的治理构想在现实的差异面前很容易陷入整体性的失效，治理在多元力量的聚合和拉扯作用下变成了"残缺的"治理，它既不能"代替国家而享有合法的政治暴力"，也不能"取代市场而自发地对大多数资源进行有效的配置"。③ 治理成为国家、市场和社会三方共同牵制、裹挟的妥协产物，其缺乏在三者间相互协调的统一通道。由此也引发了学界对治理未来的疑虑，即治理的重心和期待到底是要强调政府的责任，还是要注重市场的效率，抑或是体现社会的民主？

（二）整合性治理动力的缺失

治理被看作对单一主体的超越以及对多元主体力量的联合。"治理是将不同公民的偏好意愿转化为有效的政策选择，将多元社会利益转化为统一行动，以及实现社会行为体对此的服从的方法和手段。"④ 然而，治理理论始终回避了一个根本性的问题——这些多元主体在治理中到底依靠什么要素才能实现协作和联合，即是什么力量将不同的主体紧密地结合在一起呢？

---

① 〔英〕鲍勃·杰索普：《治理的兴起及其失败的风险：以经济发展为例》，漆燕译，《国际社会科学杂志》（中文版）2019 年第 3 期，第 64 页。

② 杨光斌：《发现真实的"社会"——反思西方治理理论的本体论假设》，《中国社会科学评价》2019 年第 3 期，第 19 页。

③ 吴志成：《西方治理理论述评》，《教学与研究》2004 年第 6 期，第 65 页。

④ 原文为 "In essence, 'governance' is about the ways and means in which the divergent preferences of citizens are translated into effective policy choices, about how the plurality of societal interests are transformes into unitray action and the compliance of social actors is achieved"。参见 Beate Kohler-Koch, "The Evolution and Transformation of European Governance", in Beate Kohler-Koch and Rainer Eising, *The Transformation of Governance in the European Union*, Routledge, 1999, p. 14。

当前这一问题的答案主要被归结为共同利益的存在，认为全球化时代的相互依赖关系使得国家、社会、市场多元主体彼此交织，其利益之间存在相互对接重合的交互关系。共同利益是各个主体资源参与治理的核心要素。然而，这种答案并未彻底解释治理形成的根本原因。一方面，治理本身建立在共同利益的基础上，以共同利益为基础动力去尝试解决共同面临的问题，但是治理并不以共同利益的生成作为其追求的目标，即治理并没有从结果上保证共同利益的必然延续。从长远和可持续的角度来看，这样的治理缺乏长期的动力源泉，共同利益仅仅是单独的或者某一区间内治理行为的基础，不能够作为解释多元主体联合的连续性要素。另一方面，治理一味地强调自组织的重要性和优越性，却选择性地回避"反思的理性同样也存在的短视、不确定性、私益至上等缺陷问题"①。也就是说，在当前个体相对独立的身份没有被彻底打破（威斯特伐利亚主权国家仍然存续）以及全球政治共同体尚未完全建立的前提下，即使多元主体对全球合作的路径以及全球治理的方式予以认同，其关注到了彼此利益的相互牵绊以及集体行动所带来的成本优化，但是这并不意味着指向治理的合作形式的必然出现，即观念上的认同并不必然转化为行动上的一致。因此，共同利益并不能解释治理合作形成的必要性。

如果我们无法从治理客体的角度完全解释这一问题的话，那么可以从主体的视角出发，去回答"如果治理作为一种协调的观点被广泛接受，那么到底应该由谁来协调，由谁来承担责任"的问题，去反思真正结合多元治理的力量——国家——既可以作为利益、价值等基础性要素的集合体，同时又联动多元的治理主体。

> 一方面，作为一个制度性子系统的国家，不过是更广大、更复杂的社会的一部分（并且因此可以自上而下控制社会），但它同时又按常规承担着（特别是作为最后一着）保证该社会的机构制度完整和社会

---

① 谭英俊：《批判与反思：西方治理理论的内在缺陷与多维困境》，《天府新论》2008 年第 4 期，第 86 页。

*凝聚力的责任。*①

然而，在日趋强调多元化的治理话语中，国家的作用面临着空心化的趋势。国家仅仅被看作多元主体集合的普通一员，似乎与社会和市场具有同等的地位，其原有的聚合与联通作用被忽略，进而生成了困扰治理的另一种集体行动难题——集体规模对集体行动的抑制。简单地说，伴随着治理对多元主体的强调，多元力量的汇集带来的是集体规模的无限扩大，而个人参与集体行动的激励和收益份额在这一过程中将被迅速减弱。② 在缺乏一种整合性主体力量的作用时，集体规模的无限增大将制约治理的进程，导致治理的失效。

> *治理视角明确指出在为社会和经济问题寻求解答的过程中存在的界限和责任方面的模糊之点。治理视角不仅承认我们的政府制度越来越复杂，而且提醒我们注意责任的转移，即国家（state）往后退缩，把责任推给私营部门、志愿团体甚至广大公民这样的问题。*③

实际上，治理理论所强调的主体多元化和共同协商的思想仅仅是对于国家中心主义的超越，但是治理中所提倡的"不依赖于国家强制力并不意味着治理规则就可以脱离国家权力影响"④。在主体分散、权力分散、议题分散以及制度分散等倾向中，或许治理理论需要在分散里找寻出一种整合的力量，为其提供引领和规制，作为一项政治活动的治理并不是无限地分散与共享，而是在一定限度内合理地实现多主体互动。

---

① 〔英〕鲍勃·杰索普：《治理的兴起及其失败的风险：以经济发展为例》，漆燕译，《国际社会科学杂志》（中文版）2019 年第 3 期，第 65 页。

② 〔美〕曼瑟尔·奥尔森：《集体行动的逻辑》，陈郁、郭宇峰、李崇新译，上海三联书店、上海人民出版社，1995，第 64 页。

③ 〔英〕格里·斯托克：《作为理论的治理：五个论点》，华夏风译，《国际社会科学杂志》（中文版）2019 年第 3 期，第 26 页。

④ 赵洋：《破解"全球治理赤字"何以可能？——兼论中国对全球治理理念的创新》，《社会科学》2021 年第 5 期，第 43 页。

（三）治理普世性思维的矛盾性

在提及治理时，人们往往忽略了"治理应该是什么"和"治理是什么"两个问题之间的差异，而是将二者混为一谈。实际上，理想中的治理充满了乌托邦的色彩，在治理（尤其是全球治理）中，由于治理主体的多元化设定以及治理过程对共同协商的强调，当人类的政治经济活动开始出现深层次交互时，治理中所涉及的道德考量和正义关怀也被要求必须扩展到全球范围。此时的治理被赋予了一定程度的普世意义，这也回答了"治理应该是什么"的问题。然而，现实中那种具有"普世意义"的治理在不同国家间、各类主体间的差异面前，往往无法得以顺利实施。"应然"的治理在面对"实然"的治理时，普世思维的矛盾性被予以深刻体现。

> 治理理论无法回避统一的治理模式和多元的国家政体间的内在矛盾性。从理论上讲，在当今这个多元化的世界里，国家之间的社会、历史和文化背景各不相同，设计一个契合所有国家且不失一般性的治理理论框架几乎是不可能的。①

具体而言，治理的普世性思维和假设需要高度一体化的前提作为保障，认为"所有的知识原理都适用于所有地方的所有的人，仿佛世界上只存在一种可能的知识共同体"，并且可以被无差别地予以实践。② 不可否认的是，在无政府的治理环境中，"普世"所蕴含的统一化思维能够聚合主体间的利益分歧和主体差异，一种具有统一性的"普世"治理思维能够确保治理路径的统一，并赋予治理一定的合法性。但是，过分强调统一和普世的治理思维将使部分国家产生额外的压力。加布里埃尔·阿尔蒙德（Gabriel A. Almond）和小 G. 宾厄姆·鲍威尔（G. Bingham Powell, Jr.）曾经指出，统一的治理对于第三世界政治发展而言，其忽略了一个根本性的矛盾，即发

---

① 巩建华：《西方治理理论存在的内在缺陷》，《江南大学学报》（人文社会科学版）2007 年第 5 期，第 19 页。
② 参见赵汀阳《没有世界观的世界——政治哲学和文化哲学文集》（第二版），中国人民大学出版社，2005，第 92 页。

展的逻辑和发展政治之间的矛盾。"第三世界国家还无法按照这一逻辑自如地应付由这种发展的辩证法所带来的冲突……尽管发展的逻辑意味着国家建设和经济建设要先期进行，但发展的政治却迫使第三世界国家同时面临人们对于参政和分配的要求及期望。"① 在面对普世性治理思维时，发展中国家很难通过自身原本脆弱的政治结构和政治能量强行达到统一化的治理高度和治理标准；同时，不同国家间围绕"何为普世"以及"谁来定义普世"等问题仍然存在一定的争议与分歧，不仅没有在结果上促进治理的有效性达成，反而形成了新的"亟待治理"的重要议题。因此，在被需要和被超越的张力拉扯中，治理普世思维的矛盾性产生。

实际上，普世思维的存在并不是治理思维的本质缺陷。当前，我们需要的并不是摒弃治理理论的统一性和所谓的"普世性"，这样反而会加剧治理环境中竞争与混乱，而是要重新认识治理中"何为普世"的基本问题。过去，我们往往把对多元主体、理念以及价值的包容看作治理进步的一种正向体现，然而，对于多元的包容本质上并无法确保治理效果的必然达成。对于治理理论而言，"普世"并不在于其"放之四海而皆准"的普世意义，而在于在对不断变化的世界多样性领会和尊重的前提下寻找多方的共同点。治理中的"普世"并不是要求构建出一套适用于所有领域和场合的运行模式及标准，而是需要构建一个底线和原则，使得各类主体能够在这种最基本的普世要求的基础上，根据自身情况灵活自主地参与治理、实现治理。

> 推动构建人类命运共同体，不是以一种制度代替另一种制度，不是以一种文明代替另一种文明，而是不同社会制度、不同意识形态、不同历史文化、不同发展水平的国家在国际事务中利益共生、权利共享、责任共担，形成共建美好世界的最大公约数。②

---

① 〔美〕加布里埃尔·A. 阿尔蒙德、小 G. 宾厄姆·鲍威尔：《比较政治学——体系、过程和政策》，曹沛林、郑世平等译，东方出版社，2007，第 379 页。

② 习近平：《在中华人民共和国恢复联合国合法席位 50 周年纪念会议上的讲话》，《人民日报》2021 年 10 月 26 日，第 2 版。

第四章　全球治理理论的重塑与创新

　　"治理理论，尤其是全球治理理论，建立在政府的作用和国家的主权日益削弱、民族国家的疆界日益模糊不清这一前提之上，强调治理的跨国性和全球性。"① 然而，这种理论的基础在全球风险挑战加剧的现实面前溃败不堪，原有理论根基薄弱的缺陷被繁荣时期多元主体共治、非国家行为体作用凸显的火热景象所掩盖，当全球结构调整的来临以及民粹主义、认同政治、地缘思想席卷时，全球治理理论的结构性问题暴露无遗。当对非国家行为体的热情退却时，人们惊奇地发现，"回归到作为全球治理基础的国家间的讨价还价，是有意义的"②。那么，当全球治理理论体系面对来自主权国家回归的冲击时，其到底应该如何自处？未来的全球治理理论发展是应该继续坚守其理想化的去国家式的乌托邦构想，还是需要摒除去中心化思想，妥协于国家的中心地位？是要坚持理论的理想化，还是妥协于现实的解释力？是要坚守全球治理的理论底色，还是要妥协于国际政治的基本逻辑？这些都是对全球治理理论体系建设的深刻发问。

　　实际上，绝对的坚守或妥协对于全球治理理论而言都不是"万全之策"，全球治理理论的颠覆或倒退都无法带来解释力度的增强。全球治理理论需要以一种全新的视角对原有的理论进行整合与调适，使其既不能在妥协中颠覆原有的理论基础，又不能在坚守中走向与现实背离的道路。因此，

---

① 俞可平：《全球治理引论》，《马克思主义与现实》2002 年第 1 期，第 31 页。

② 〔荷〕亨克·奥弗比克：《作为一个学术概念的全球治理：走向成熟还是衰落?》，来辉译，《国外理论动态》2013 年第 1 期，第 25 页。

本书提出以内外联动的视角重新审视全球治理理论体系中的国家作用，以空间性的逻辑取代原有理论中单一平面式的线性思维，并以此为基础对全球治理的结构进行立体化重塑。

第一节　全球治理理论的基础重识——国家的重要性

全球治理理论以全球化所带来的深度影响为依托，旨在在高速流动和多元主体互动的基础上针对全球性问题开展一系列治理活动。国家在这一过程中的作用似乎被弱化，并成为众多治理主体中的一员。甚至有学者认为，在全球化所表达的动态图景中，其不断对民族国家的边界构成挑战，直至最终将整个民族大厦摧毁。① 国家的地位和作用在全球化的存续中岌岌可危，而全球性问题的治理难题和严峻挑战又成了另一根"压垮国家的稻草"。正如前文所言，部分国家在国家治理层面的缺位成了全球问题的根源，反之，全球治理的"失败"也进而引发了对作为一种政治建制的国家的质疑。

"国家"成了全球治理理论体系中被弱化的力量，国家的重要性逐渐被人们忽略。然而，伴随着近年来一系列"黑天鹅""灰犀牛"事件的频发，国家在全球治理中的自主性和重要性重新得到关注。全球治理的现实警示我们，如果只是"憧憬以国际机构、民间组织、跨国公司、工商企业等非国家行为体尽可能地取代政府来承担更大范围的公共职能"，而不去审视国家行为体的重要意义，不去厘清变化中的国家与外部世界之间的关系，那么"'全球治理'也只会从新自由主义者们勾勒的朦胧轮廓，加速退化为空洞的观念符号和政治标签"②。

正是因为全球治理的实践离不开国家的作用，因而全球治理理论的构建也不应回避国家的重要意义。一方面，现实提示我们，国家仍然是全球治理中不可逾越的政治主体，国家对于资源要素和权力要素的掌控使得全

---

① 〔德〕尤尔根·哈贝马斯：《后民族结构》，曹卫东译，上海人民出版社，2002，第79页。
② 汪卫华：《疫情之下国家治理与全球治理的再审视》，《国际政治研究》2020年第3期，第35~36页。

球治理依赖于国家，其他非国家行为体无法脱离国家的作用而单独行动；另一方面，理论告诫我们，"国家间的合作在客观上可能会逐渐演变为一种身份的重构过程，但是这种长期性的过程绝不是国家本身所期待的，只能说是国家间在必要合作基础上可能带来的附带后果之一"①。全球治理中的合作仅仅是国家在对外部环境适应过程中的一种选择，究其根本，国家仍然是自身政治作用和政治组织形态最忠实和最坚定的支持者、维护者。因此，本书对于既有的去国家化的治理理论提出的质疑是，既然现有的政治运行并没有摆脱国家的行为框架，那么全球治理如何能够脱离国家而独立于传统政治存在呢？

一　重新理解国家的地位

全球治理作为一种概念性工具，其蓬勃的发展进程似乎印证了过去传统的"依靠那种把国家和民族政府看做是世界组织的实质基础的理解已经不再适用"，全球治理理论中多元化的主体设定更多地体现着"权威向亚国家、跨国、非政府的层次转移"，"边界的渗透性"改变了传统政治中的国家既成。② 国家的存续似乎成了全球治理演进的桎梏。在一路高歌猛进的全球化和全球治理的进程中，国家的地位和作用逐渐被弱化，全球化所引致的对于全球主义的乐观构想似乎逼退了国家在全球治理中的巨大能量，国家逐渐被忽视甚至被"取代"。然而，当理想在现实的重创下逐渐溃败时，当面对国际组织缺位引发的治理失效、社会力量异化而导致的秩序混乱时，脱离国家把控的全球治理的失败让人们不得不将视线重新归落至国家，审视国家在全球治理中的重要性。

（一）全球治理中国家地位的探讨

全球治理理论对于国家地位的质疑主要来自全球化对国家所产生的冲

---

① 于海洋：《全球治理中非政府治理主体的发展困境思考》，《商业研究》2014 年第 8 期，第 138 页。

② 〔美〕詹姆斯·罗西瑙：《面向本体论的全球治理》，载俞可平主编《全球化：全球治理》，社会科学文献出版社，2003，第 55~56 页。

击和影响，国家自身的变化以及其他非国家行为主体的出现导致传统国家的中心性地位遭到质疑。"全球化时代国家是否存续"、"全球治理是否需要国家"、"国家是否依旧重要"以及"国家的作用是否可以被替代"等质疑的声音甚嚣尘上。

就国家自身的定位而言，全球化时代国家形态和意义的转变带来的是国家地位的弱化。例如，后国际体系理论从国家的历史性出发，认为全球化的出现已经"溶解了国家的坚硬外壳"，国家在历史比对中发生了巨大的变化，其只是作为一种针对有关现象、权威以及由此引发的忠诚关系的集中载体和表现形式，具有动态流变的特性，不再作为固定且唯一的主体，因而当前的"世界政治"实际上已经演变为一种"政体的世界"而不再是"国家的世界"。① 后现代主义则从"永恒批判"的理论特色出发，对全球化时代来临后的国家主权合法性以及国家在全球舞台上的重要行为体身份提出了批驳，对于国家既往的唯一主体性地位提出了质疑，其认为"主权"身份已经不完全归属于民族国家，"在当代进程中，国家当然并不拥有过去的特权了，国家现在只被视作包括非国家行为体在内的主权行为体大集合中的其中一个而已"②。新马克思主义看到了国家从"国家视野中的国家"向"国际视野中的国家"转变的事实，承认国家在全球化驱动下的身份转变，认为此时的国家具有双重身份，其既是"对社会进行意识形态和生产管理并具有一定独立性的组织机器"，同时还是一个"更大、更复杂的政治结构的一部分"（这种更加广泛的政治结构与国际性生产结构相对应）。③ 而全球化理论则以全球化的时空压缩为出发点，强调在时空压缩背景下国家彼此间的相互依赖关系和彼此作用的交织，其提出了区别于传统"国际性"的"全球性"分析框架，指出在"全球性"的整体逻辑主导下，国家边界

---

① 参见 M. Jamie Ferreira, "Hume and Imagination: Sympathy and 'The Other'", *International Philosophical Quarterly*, Vol. 34, No. 1, 1994, pp. 39–57。

② 郭树勇、唐小松：《试论后现代主义对西方国际关系理论的影响》，《解放军外国语学院学报》2001 年第 3 期，第 103 页。

③ 〔加〕罗伯特·W. 考克斯：《生产、权力和世界秩序：社会力量在缔造历史中的作用》，林华译，世界知识出版社，2004，第 181 页。

的重要性将进一步缩小，地区特性的超越和整合趋势将进一步增强。① 就国家的相对地位而言，国家对全球政治经济事务的参与带来的是国家地位的衰退。其中，以自由主义为代表的国家衰退论明确强调，全球化时代对国家的冲击表现就是国家主权的让渡，国家地位伴随着这种让渡关系的形成而发生巨大改变，其将一部分参与全球事务的权力向上让渡给国际组织，又将一部分社会治理的权力向下让渡给市民社会和跨国公司，此时的国家不再作为"权力的集装箱"，多元化主体的出现和对多中心治理模式的强调使得国家不再是唯一的政治主体，而是开始与那些"不受主权约束"的行为体集合并存。

在全球化和全球治理理论蓬勃发展的 20 世纪末 21 世纪初，国家的作用一度被质疑，国家的地位也一度衰退，国家本身成了一种"怀旧的幻想"，甚至被预言"正在走向尽头"，国家主权的让渡使世界悲观地认为"威斯特伐利亚神殿的支柱正在朽化"。② 然而，繁荣的表象往往会掩盖深层次的本质问题。随着全球发展的整体演进以及全球新发事物的高频出现，当前环境、气候、公共卫生、发展与安全等众多议题清晰地摆在人们面前，成为各国发展不可逾越的现实障碍。全球治理不仅要面对主体多元化所带来的内涵扩延，同时也要面对议题多元化所产生的责任扩充，世界对全球治理的需求越来越多，由此对全球治理的考验也越来越广泛。面对全球风险的笼罩和不确定性的增强，非国家行为体在全球治理中的失能失效让国家再次回归到了视野中心，国家再一次向全球治理举证了其存在的价值和意义仍然十分稳固。

一方面，国家自身在全球治理中仍然保持着一定的自主性，尽管出现了一定程度的权利让渡，但这些让渡都是在国家自主选择和可控的框架范

---

① 〔美〕詹姆斯·H. 米特尔曼：《全球化综合征》，刘得手译，新华出版社，2002，第 4~5 页。

② 英国学者马克·赞奇提出了"威斯特伐利亚神殿的支柱正在朽化"的观点，参见〔英〕马克·赞奇《威斯特伐利亚神殿的支柱正在朽化：国际秩序及治理的蕴意》，姚志刚译，载〔美〕詹姆斯·N. 罗西瑙主编《没有政府的治理》，张胜军、刘小林等译，江西人民出版社，2001，第 63~99 页。

围内完成的，这就为国家不能够被其他主体所替代奠定了稳固的理论与现实基础。就国内向度而言，国家的自主性来源于国家是"从社会中产生但又自居于社会之上并且日益同社会脱离的力量"①。它能够以一种凌驾于社会之上的等级式权力建构去缓和国内冲突，并将冲突保持在一定的"秩序"范围之内。尽管国家给予了社会一定的自治权利，但是社会总体的权利边界仍然在国家的掌控当中。就国际向度而言，国家的自主性则体现为从国内汲取资源再到国际层面释放资源能力的衔接，是从国家权力到国家能力的过程转换。此时的国家更多表现为一种宏观结构，其"首先并主要是从社会中抽取资源，并利用这些资源来创设和支持强制组织和行政组织"，具体将通过设立相应的组织架构和制度安排的形式予以实现，因此，国家是一个作为行动主体的血肉形象和有机生命体，其具有自身的相对自主性和独立性，关系到对社会和超国家主体能力让渡和衔接的掌控，而不仅仅充当缺乏能动性的"展开战斗的一个场所"。②

另一方面，全球治理功能失效所带来的结果使全球治理重回对国家的依赖。面对来势汹涌的新冠疫情的全球席卷，弗朗西斯·福山（Francis Fukuyama）表示，"如今我们看到了新自由主义的彗星尾巴，它已经死了……大流行再次表明，一个强大的国家是必要的"。③ 实际上，现今的全球治理失效已经成了部分国家治理失能的借口和理由，而国家主体的存续又成了全球治理失败这一论断的"替罪羊"。人们试图以国家的边界限制和国家治理的模式禁锢来解释全球治理的失效，把国家的主体存续看作全球治理实践止步不前的阻碍。然而，这种观点存在两个误区：一是高估了全球治理相对于国家治理的地位；二是混淆了国家能力和国家建制的概念。全球治理作为围绕全球性问题而产生的一种新的合作形式和政治尝试，是众多政治构成的一个部分，其既没有凌驾于其他政治行为的强制性和优先

---

① 《马克思恩格斯选集》（第四卷），人民出版社，1972，第166页。
② 〔美〕西达·斯考切波：《国家与社会革命：对法国、俄国和中国的比较分析》，何俊志、王学东译，上海人民出版社，2007，第30页。
③ Francis Fukuyama, Nous Allons Revenir à UnlibéRalisme des Années 1950－1960, Le Point, April 9, 2020.

性基础，也没有改变以主权国家为基本构成的政治现状的能力。全球治理仍然需要国家，甚至依赖国家。我们既要承认国家在全球化时代的变化，看到国家已经不再作为全球治理中的唯一主体的现状，同时也要区分"国家"和"国家治理能力"的定义，把国家在"面对新发问题时功能的失效"所带来的对"国家治理能力"的质疑，同国家这种"建制模式的彻底失败"予以区分，全球治理中部分国家的缺位，一定程度上受到了此类国家自身发展水平、发展历程以及文化差异和技术局限等因素的影响，其既不是作为一项政治建制的"国家"整体的失败，也不是"把全球治理面临可选择的行为体难题挑战视作国家行为体治理地位动摇的标志"①。国家尽管在多元主体参与治理的过程中发生了变化，但是国家的构成来源与权利本质并没有发生改变，当对全球化和全球治理的盲目推崇的热潮褪去时，会发现国家仍处于关键性地位。

（二）全球治理与国家治理的关系

全球治理理论中对主体多元化和去国家中心主义特性的强调，使得全球治理中的国家始终难以寻找到合适且平衡的身份。全球治理与国家治理之间存在扭曲的关系，全球治理理论一方面强调全球问题的国家根源，另一方面却又试图通过回避国家或强调非国家行为体的作用来对这些问题予以解决。其在治理过程的前半程追溯中重视国家，却又在治理实践的后半程试图绕开国家。这就造成了全球治理理论与现实之间的脱节和错位。"以自由世界主义为支撑的全球治理观念将其与国家治理对立起来，这是全球治理在世界范围内推进困难的症结所在。"②

实际上，尽管全球治理与国家治理之间存在层级上的差异，但并不代表双方具有地位或等级上的优劣。就二者的差异性来说，全球治理主要强调通过多元化的主体力量，以全人类的价值共识和利益为基础，以全球规则为基本框架来对全球性的公共问题予以解决；而国家治理则强调国家在

---

① 刘建军、莫丰玮：《国家从未离场，何须找回——兼与任剑涛教授商榷》，《探索与争鸣》2021 年第 1 期，第 78 页。

② 高奇琦：《社群世界主义：全球治理与国家治理互动的分析框架》，《世界经济与政治》2016 年第 11 期，第 26 页。

国内等级式关系中所具有的强制性力量，主张以国家或政府为主体，以国家长久以来所依托的历史文化沿袭或民族传统为依据，通过自上而下的权力向度来实现对公共事务的管理。因此，全球治理与国家治理的差异主要在于双方在治理目标、范围、主体构成及方式上的差异，而非治理问题的优先级别或等级的高低。实际上，"由全球化进程发展而来的全球治理模式实质上并没有凌驾于国家作为行为主体的模式之上，依旧是一种与国家治理平等发展、穿插于国家之间的治理模式"[①]。它们二者之间既存在难以趋同的差异，同时又存在难以复刻的特性。全球治理无法跨越空间性而将治理的手段、资源以及范围固定在某一国家边界之内，国家治理也难以将国家发展的利益需求完全等同于全人类的利益需求予以考量。全球治理无法替代国家治理的作用，全球治理也无法改变国家存续的现实，这就构建了全球治理与国家治理彼此之间的差异性和独特性。在这样的关系面前，"我们不应该让'全球共同体'指导各国国家如何权衡相互冲突的国内目标与优先次序"[②]。

然而，这种差异性并不意味着二者在关系上的相互对立，反而使它们彼此间实现互补得以可能。它们各自构成了一组能够相互有效嵌合的齿轮，在彼此契合转动的过程中推动全球治理和国家治理共同向前发展。

对于全球治理而言，有效的国家治理是其坚实的基础。事实上，全球治理所面向的治理对象主要可以被分为三类：第一类是由于国内治理失败而引发的矛盾蔓延；第二类是由不合理或不负责任的国家对外政策引发的全球冲突；第三类则是全球资源分配领域的国家管辖范围之外的全球公域治理。而纵观这三类问题来源，其都可以被归结为"全球问题的国家来源"，即当前很多全球性问题的激发实际上来自国家层面治理问题的外溢或针对国内发展负外部性蔓延而产生的全球治理需求。当一个国家内部出现

---

① 刘建军、莫丰玮：《国家从未离场，何须找回——兼与任剑涛教授商榷》，《探索与争鸣》2021年第1期，第77页。

② 原文为"It should not be up to the 'global community' to tell individual nations how they ought to weight competing domestic goals and priorities"。参见 Dani Rodrik, "Putting Global Governance in Its Place", *World Bank Research Observer*, Vol. 35, No. 1, 2020, pp. 1-18。

治理失败的情况时，其不仅会引发国内的秩序混乱，还会造成相应的负外部性——包括"国内失序的负外部性"、"国内弱序的负外部性"以及"国内秩序的负外部性"，其将借助全球化高效便捷的通道向外部世界（全球）传输这种混乱。① 由此一来，全球治理成了在全球层面解决和处理国家无力解决或国家无力协调的全球公共事务的努力，其问题的根源在于国家，解决的主体依赖国家，手段的构成（资源）归属国家。因此，"（以）主权国家为基础构成的现行国际秩序，从根本上决定着各国政府才是解决国内外公共问题的最终责任人……当今世界，无论经济领域还是政治、社会、文化、生态领域，全球治理体系最根本的'基础设施'仍旧只能是一个个具体问题领域上的政府间合作"②。

对于国家治理而言，有效的全球治理为其提供了保障。全球治理从制度建构、理念呼吁等方面体现了对时代的价值引领和现实指导，为全球的发展描绘了宏伟的蓝图，并为各领域的进步提供了最基本的原则。其不仅能够以全球合作的促成来推动全球公共问题的解决，减少同类问题对各国发展所形成的外部冲击，为国家治理营造一个更加有序和稳定的外部环境；同时，全球治理的存续能够在以国家利益为根本竞逐的氛围中唤醒各国对共同利益的关注，以共有价值和道德对国家间恶性竞争行为进行一定的规制，促进国家彼此间在发展问题上的公平正义原则的达成。

因此，就全球治理与国家治理之间的关系而言，它们之间呈现出一种"有区别的联系"，国家正是构成其联系的根本性力量。一方面，国家是全球治理最基础的力量源泉和构成，国家不仅掌控着全球治理的资源，同时国家治理水平还关乎全球问题的解决进程；另一方面，国家的相对自主性在全球治理面临危机时得以充分显现，当对全球治理的盲目热潮逐渐退去，非国家力量在治理中表现低迷时，国家始终是全球治理最坚实的后盾。正如科菲·安南所言，全球化"促使我们去重新思考该如何管理我们的共同

① 陈志敏：《国家治理、全球治理与世界秩序建构》，《中国社会科学》2016 年第 6 期，第 17 页。

② 汪卫华：《疫情之下国家治理与全球治理的再审视》，《国际政治研究》2020 年第 3 期，第 35 页。

活动和共享利益，因为我们今天面对的许多挑战已并非一个国家可以独自解决。在国家层面，我们必须更好地治理；在国际层面，我们必须学会一起更好地治理。有效的国家对两种任务而言都是必不可少的，国家的能力也需要双向的提升"①。

二　重新认识国家的作用

国家的作用问题紧紧地依赖于对国家的认识，对于国家作用的探讨实际上解答的是国家存在的价值和意义何在的问题，也可以说是国家应该以何种身份去参与既有政治活动的问题。尽管当前"国家"作为一项政治实体的概念得到了普遍承认，同时国家也切实地参与到了国内和国际乃至全球的政治互动当中。但是，对于国家的理解却存在较大分野，国家被单向地看作面向国内的权力集中载体或是面向国际的原子化单位，其作用和意义在不同的知识体系和框架中被撕裂，缺乏连贯性和统一性。

正如丹麦学者乔格·索伦森（Georg Sorensen）所指出的，现有国家理论的研究仍然存在四个方面的缺憾：第一，关于造成国家变化的因素划分过于割裂，缺乏"由内而外"和"由外而内"的融通；第二，对国家的关注单方面地停留于"国内"或"国际"，缺少综合性的考察；第三，将国内或国际因素简单地归结为国家在决策时所面临的内外压力，贬低了国内外因素之间的彼此建构关系；第四，仍然以静态的研究方法和目光去看待国内外的边界划分问题。② 对国家作用的认识和对其职能的边界划定直接影响国家政治参与程度的强弱，国家作用成为国家职能发挥的基础。现有研究中关于"何为国家"这一问题存在的认识分离，使得国家在不同的话语体

---

① 原文为 "That in turn requires that we think afresh about how we manage our joint activities and our shared interests, for many challenges that we confront today are beyond the reach of any state to meet on its own. At the national level we must govern better, and at the international level we must learn to govern better together. Effective states are essential for both tasks, and their capacity for both needs strenthening"。参见 Kofi A. Annan, *"We the Peoples": The Role of the United Nations in the 21st Century*, United Nations Department of Public Information, 2000, p. 7.

② Georg Sorensen, *Changes in Statehood: The Transformation of International Relations*，转引自吴勇《国家属性变化论：一种分析国际关系的新视角》，《中国人民大学学报》2014 年第 6 期，第 11~12 页。

系中承担着完全不同的职能，国家理论面临多领域"自说自话"的情况，国家的作用和意义也变为了完全不同的认识的堆砌。实际上，国家本身作为内部权力、资源和社会力量集中的载体以及特定文化价值、利益诉求的对外传导的原点，并不是某一研究领域中静态的、割裂的、单向的政治实体，而是处于全球化资源高频流动进程中的内外部资源聚合、信息传输、制度衔接的联动通道和桥梁。

（一）内向化的国家：权力集中的载体

大多数关于国家作用和职能的研究偏重于内向化的逻辑，倾向于从国家与社会的关系出发去解读国家的源起及作用。根据政治学中主流的国家理论的相关论述，国家是国内权力、资源和社会力量集中的载体，其存在的意义主要是维护国内的稳定和统一。首先，以托马斯·霍布斯（Thomas Hobbes）、巴鲁赫·德·斯宾诺莎（Baruch de Spinoza）、约翰·洛克（John Locke）、让-雅克·卢梭（Jean-Jacques Rousseau）等为代表的契约论者将国家的形成建立在契约关系的基础之上，认为在国家诞生之前，人类始终处于一种"一切人反对一切人"的自然状态，每个人都想达成自己的目的，在达到目的的过程中，他们都力图摧毁或征服对方。而国家的意义生成，"只有通过订立社会契约，使每个人把自己的权利交给社会，形成共同意志，即'公意'。'公意'在现实社会的具体形态就是国家"①。因此，在契约论的视角中，国家充当的是"守夜人"的角色，保护人们最基本的自然权利。"按约建立的国家"的出现将使得"一群人确实达成协议，并且每一个人都与每一个其他人订立信约，不论大多数人把代表全体的人格的权利授予任何个人或一群人组成的集体（即使之成为其代表者）时，赞成和反对的人每一个人都将以同一方式对这人或这一集体为了在自己之间过和平生活并防御外人的目的所作为的一切行为和裁断授权，就象是自己的行为和裁断一样"②。

---

① 李拥军：《卢梭人民主权理论的内在逻辑及其警示》，《社会科学辑刊》2010 年第 3 期，第 96 页。

② 〔英〕托马斯·霍布斯：《利维坦》，黎思复、黎廷弼译，商务印书馆，1985，第 133 页。

其次，以查尔斯·蒂利、赫伯特·斯宾塞（Herbert Spencer）以及弗朗茨·奥本海默（Franz Oppenheimer）为代表的强制论者将"武力和未开化的私利"看作自治村落一步步走向国家的"政治演化动力"。① 正如约 2500 年前古希腊哲学家赫拉克利特（Herakleitus）所提出的"战争是万物之父"的论断，查尔斯·蒂利提出了"战争缔造国家"的重要命题，其将战争所产生的组织化自助形式需求看作一个稳固的集权化结构——国家——生成的合理性解释。此时的国家是运用政治手段的机构，通过强力维持内部的统治。

再次，以卡尔·海因里希·马克思（Karl Heinrich Marx）、弗拉基米尔·伊里奇·列宁（Vladimir Ilyich Ulyanov Lenin）以及弗里德里希·恩格斯（Friedrich Engels）为代表的马克思主义者认为国家是阶级冲突剧烈化和矛盾尖锐化的产物，其以缓冲阶级矛盾和利益矛盾为原生职能，强调国家的阶级属性，并指出国家区别于氏族社会的显著特征就在于国家以一系列的权力机构和以监狱、军队、法庭等为代表的物质附属物确保其系统地使用暴力和强迫人们服从暴力，因而国家是一个阶级压迫另一个阶级的机器，是"从社会中产生但又自居于社会之上并且日益同社会脱离的力量"②。

最后，在马克思主义的基础之上，以道格拉斯·诺斯（Douglass C. North）和约拉姆·巴泽尔（Yoram Barzel）为代表的新制度主义国家论者将国家看作寻求利益最大化的经济人。其中，道格拉斯·诺斯认为国家可视为在暴力方面具有比较优势的组织，在扩大地理范围时，国家的界限要受其对选民征税权力的限制。他将国家起源看作对于"暴力潜能"（violence potential）的分配，此时的国家具有两个目的：一是围绕产权结构的竞争与合作订立基本的规则，以确保统治者在产权关系中的租金最大化；二是基于上述规则框架，尽可能地降低交易费用以保证社会产出的最大化，进而增加国家层面的税收来源。③ 而约拉姆·巴泽尔则将国家看作一个臣服于使

---

① 〔美〕罗伯特·L. 卡内罗：《国家起源的理论》，陈虹、陈洪波译，《南方文物》2007 年第 1 期，第 99 页。

② 《马克思恩格斯选集》（第四卷），人民出版社，1972，第 166 页。

③ 参见 Douglass C. North, "A Framework for Analyzing the State in Economic History", *Explorations in Economic History*, Vol. 16, No. 3, 1979, pp. 249-259.

用暴力执行合约的个体集合以及一个容纳个体居住和实施者权力运行的疆域的集合体。① 此时，国家是一个以暴力为后盾来保护协议履行（并且界定双方权利）的第三方力量，将个人在自然状态下所拥有的经济权利转化为法律权利。以拉尔夫·密利本德（Ralph Miliband）为代表的"工具主义"国家论者认为国家代表的是某个阶级的特殊利益，在其对经济权力的掌管下，国家成了某个阶级用来统治社会的工具。② 而以路易·皮埃尔·阿尔都塞（Louis Pierre Althusser）和尼科斯·波朗查斯（Nicos Poulantzas）为代表的结构主义国家论者则认为国家具有对内保证生产条件、维持生产方式秩序，特别是作为调和因素保证社会形态统一的结构性职能，是对各个环节矛盾予以集中的场所。③

由此看来，在政治学主流的国家理论中，国家被作为一种内向化的政治主体，是对内高度集中的载体，国家的作用也因而被单向地看作基于一定的社会力量和阶级活动而产生的统治体系或公共服务集团，此时国家作用为内向化的、自上而下等级式的。

（二）外向化的国家：被原子化的单位

在国际关系的研究视阈下，国家的作用是外向化的，但是这种外向化建立在黑箱化的体系处理方式的基础上，国家内部社会以及发展状况的差异性和多元性一定程度上被忽略，其更加侧重于国家之间互动的过程。此时的"国家"被看作原子化了的"同类行为体"（unitary actor），其意义仅仅是构成国际体系的基本单元，强调国家作为一个政治主体的高度统一性（不可拆分）以及其所兼具的国家理性，不同的国家只是"作为通过国界相

---

① 〔美〕约拉姆·巴泽尔：《国家理论——经济权利、法律权利与国家范围》，钱勇、曾咏梅译，上海财经大学出版社，2006，第 31 页。

② 密利本德实际上仍然继承了国家相对自主的基本思想，其本人并未使用过"工具主义"一词来描述自己的国际理论，因而在很多批判性的文章中将"工具主义"看作对他思想的误读。但是，从他的观点来看，其认为相对的独立性并没有排斥国家所具有的阶级属性，并且自主性的存在实际上是为了给政治留出余地，防止陷入经济决定论。因此，从理念的分类以及后来围绕工具论和相对自主论的密利本德和波朗查斯之争的角度出发，本书仍然将其观点称作"工具主义"。

③ 〔希腊〕尼科斯·波朗查斯：《政治权力与社会阶级》，叶林、王宏周、马清文译，中国社会科学出版社，1982，第 40 页。

互区分开来的同质主体，在国际舞台上遵循同样的物质性和结构性规则谋求自身的安全和利益"①。

例如，结构现实主义从体系-单元的层面对国家进行了界定，认为国家是互动中的国际政治系统内的同质性单元，尽管其承认国家内部在资源分配和技术掌握等方面存在的差异，但认为这些差异的存续并不会使无政府状态的总体逻辑产生任何改变。② 自由主义则从相互依赖关系构建的角度对国家这一基本单位进行了统一，其认为"在相互依存的世界中，国家——政府间的竞争——纠纷已不复存在，通过逐渐调整国界措施，在国家间会结成各种各样的跨国交流网络，这样就使'对外依存'强化，进而失去由自己一人实现目标的所谓自律性"③。其更加强调外生环境对于国家所造成的改变，却忽视了国家内生的本源性因素所产生的重要影响。而亚历山大·温特在提出建构主义时则明确指出其更加关注国家在时间和空间范畴的共性，"亦即'本质国家'（essential state）或'国家自身'……我们采取最小主义（minimalist）的国家观，即把国家的一切附带成分统统剥离开来"④。国家被看作政治活动中最具有优势和最基本的分析单位，温特将国家的作用比喻为树木之于森林。尽管其也承认国内因素对国家身份所造成的影响，但是这种影响仅仅被等同于"人对自己想做什么"的挣扎。"如此一来，温特在三言两语之间便巧妙地将'国家以上层次'连接至宰制宏观问题的古典法则，而将'国家以下层次'划归了微观测不准的量子世界。"⑤

---

① 才金龙：《国际关系理论中的主体性问题研究》，《教学与研究》2014年第10期，第105页。

② 原文为 "For realists, anarchy is a general condition rather than a distinct structure. Anarchy sets the problem that states have to cope with. Once this is understood, the emphasis of realists shifts to the interacting units. States are unlike one another in form of government, character of rulers, types of ideology, and in many other ways…A theory of international politics can leave aside variation in the conposition of states and in the resources and technology they command because the logic of anarchy does not vary with its content". 参见 Kenneth N. Waltz, "Realist Thought and Neorealist Theory", *Journal of International Affairs*, Vol. 44, No. 1, 1990, pp. 36-37。

③ 〔日〕山本吉宣：《国际相互依存》，桑月译，经济日报出版社，1989，第55页。

④ 〔美〕亚历山大·温特：《国际政治的社会理论》，秦亚青译，上海人民出版社，2000，第256页。

⑤ 石之瑜、殷玮、郭铭杰：《原子论是国际政治学的本体？——"社会建构"与"民主和平"的共谋》，《世界经济与政治》2008年第6期，第32页。

国际政治层面的国家更多地作为一种外向性的原子化政治实体，关注由国家所产生的国际行为规律和国际政治之间的关系。国家仅仅是内部关系的集中者、全民利益的代表者以及对外行为的决策者，这种对国家黑箱化的处理模式，使得国家内部因素的制约和扰动作用被忽略，国家仅仅成为国际政治互动关系中的一个原点。

（三）内外连通的国家：双向的通道与桥梁

对于国家作用理解的断裂直接带来的是对全球治理中国家作用和地位的误读。一方面，国家对内具有等级式的统治色彩使得国家的治理方式与民主的治理显得格格不入；另一方面，基于国家对外权力让渡而产生的超国家组织和机构直接导致了国家作用的弱化，国家在治理中的重要意义被削弱。实际上，现实中的国家本身作为一种统一的政治实体的本质并没有因为国内外政治的分野而发生改变，认识上的断裂无法改变国家存续的现实，只能加重理念上的分歧和矛盾，成为全球化时代国家作用发挥的桎梏与阻碍。

对于国家本身而言，其内向性和外向性的作用之间并不存在实质的界限，国家是国内社会与国际参与双向度的集合体，对内和对外的职能同时汇聚在同一国家实体之上。正如西达·斯考切波（Theda Skocpol）所指出的，"国家从根本上说具有两幅面孔，从而内在地依赖于两个方面：其一是阶级分化的社会经济结构；其二是国家的国际体系"①。国家的"两幅面孔"是同时存在的，并没有单向地引导国家产生对内或对外的绝对倾斜。

所以，研究国家属性需要打开国家这个"黑箱"，通过国内政治的变化来透视国家属性的生成与变迁。从研究层次来说，这属于国内政治层次，属于华尔兹所说的"还原主义"研究法。也就是说，我们需要选择一个来源于国内的自变量来解释一个本质上属于结构层次上的

---

① 〔美〕西达·斯考切波：《国家与社会革命：对法国、俄国和中国的比较分析》，何俊志、王学东译，上海人民出版社，2007，第33页。

因变量，并且在这一过程中，国家属性扮演的是一个中介变量的角色。①

"内政是外交的基础，外交是内政的延续"，对于全球化时代的国家而言，它既不是一个"简单的'被支配物'"，也不是一个"彻底的'自治体'"。② 全球化早已使国家发生了深刻的变化，它们各自封闭的内外政治屏障在全球化的席卷中被打破，国内政治与国际政治之间彼此分离的状态也被全球化的趋势所弥合。今天的国家既不完全独立于内外现实，也不偏向于单一向度，而是凭借内外部统一的集合体身份，成为连接国内外政治活动的桥梁，发挥着双向联动的重要作用。在围绕国家的理论研究中，无论是詹姆斯·罗西瑙提出的"连锁政治"（linkage politics）概念、罗伯特·普特南提出的"双层博弈"理论，还是彼得·古勒维奇提出的"颠倒的第二种设想"，抑或是海伦·米尔纳提出的"多头政治"（polyarchy）等，都秉持了国内外互动的原则，印证了国家在双向联动中的重要意义。在此，国家作为国内政治与国际政治双向联动的统一体以及内外政治衔接的桥梁，通过双向社会化制度通道功能对公共资源进行传输和再分配，实现对国内社会与国际社会的连接。"国家"不是单纯的内向性或外向性的独立存在，其作用也不是与生俱来或由内/外部环境单独赋予；相反，国家既是内外互动的主体，同时也在内外交互的关系中得以更新和重塑。

三 重新审视国家的变化

国家是全球化和全球治理的关键主体，国家以自身无形的权力、资源以及价值贡献推动着全球化和全球治理的前向发展，同时也以有形的制度和互动实践去引导和影响着全球化、全球治理的路径轨迹。在双向的关系中，国家的力量改变着全球，全球的力量也加速着国家的演变。尽管国家

---

① 徐进：《国家何以建构国际规范：一项研究议程》，《国际论坛》2007年第5期，第10页。
② 亓光：《布尔迪厄的国家学说：解释视角、理论指认与核心要义》，《江苏社会科学》2021年第1期，第72页。

在全球舞台上作为最核心政治单元的地位并没有发生实质性的变化，但是国家自身却在全球化的加持下出现了边界的外延和权力的流动，其内涵正在经历深刻调整。今天的国家不再是传统意义上被固定性边界所包裹和禁锢的封闭性实体，而是逐渐成了在一定的主权框架内具有开放性、通道性的活跃单元，其早已在全球化所蕴含的"资本主义独特的政治和经济的结构性中经历了内化、变形和发展"①。

因此，如果以传统的国家视角去审视全球治理中的国家，那么将会在主权国家特性与现代国家职能之间发现不可弥合的鸿沟，在此基础上所构建出的全球治理理论体系也必然将是存在局限的，甚至是失败的。全球治理理论的适用性切实地依赖于其内容和框架的动态性，我们必须承认的是，全球化所带来的不仅是时代总体趋势和宏观发展路径的变迁，同时也是微观层面上各个主体单元（无论是国家还是社会乃至个人）的具体实践方式（或生产生活方式）的演变。重新审视国家的变化，不仅仅是审视国家自身在历史沿袭中的自我比对，同时也是指将国家放置于全球化和全球治理的时代框架下，以外在环境变迁的视角来审视国家所经历的洗礼。只有明确了"国家发生了怎样的变化"，才能进一步解释"国家的变化将如何为全球治理提供新的契机"。

（一）全球化时代国家边界的外延

"国家是地球表面上的特殊的空间组合"，边界是国家成长以及安全的载体，其对于国家而言具有极其重要的意义。② 边界为国家划定了生存和发展的物理空间，同时框定着国家主权运行和实施的领土界限。国家作为一个包含着物质资源和权力资源的政治实体，其在边界的保护下，孕育着自身的利益空间。可以说，有形的国家边界分割和固化着国家的领土范围，而无形的国家边界则蕴含并牵动着国家的利益构成。

就全球化时代的国家而言，其基本主体仍然延续着1648年《威斯特伐

---

① Ellen Meiksins Wood, "Global Capital, National States"，转引自刘建军、莫丰玮《国家从未离场，何须找回——兼与任剑涛教授商榷》，《探索与争鸣》2021年第1期，第77页。

② 〔英〕罗伯特·迪金森：《近代地理学创建人》，葛以德、林尔德、陈江、包森明译，商务印书馆，1980，第81~82页。

利亚和约》所缔造出的"现代主权国家",是由领土、人口和主权三大基本要素所构成的政治实体;但是在全球化的加持下,现代主权国家的特性正伴随着国家对全球事务的更多参与而从威斯特伐利亚主权国家的封闭性、固定性逐渐转变为开放性和动态性,领土、人口和主权三大本体性要素伴随着国家的外向性演变而愈加模糊,国家的全球身份也在传统国家边界外延的过程中从地理意义更多地向政治意义过渡。

就国家的边界类型而言,其可以被划分为地理边界和非地理边界。其中,地理边界是指国家之间根据一定的规则框架所划定的领土界限,在地理边界内部,其有限的领土范围规定了国家生存和发展的物理空间。约翰·鲁杰在其研究中指出,"现代国际体系就是由彼此之间相互排斥、在管辖领域内享有绝对权威的领土国家所构成的……其最显著特征就是以界定的、固定的、相互排斥的合法统治领土对主体群体进行划分"①。对于全球化时代的主权国家而言,其领土边界依旧是明确且稳定的,国家领土神圣不可侵犯,并且不可分割和逾越。尽管当前关于国家边界的主张相比以往而展现出更多的开放性、模糊性和可渗透性,但是自然领土边界仍然是各国严防的底线,其为一个国家提供了最基本的生存和发展保障,国家的领土认同仍旧十分强烈,难以松懈。因此,本书所探讨的国家边界的外延,主要是对于非地理边界的审视(下文中出现的"国家边界"均是指国家的非地理边界)。

国家的非地理边界又被称为国家的无形边界,它是指"基于国家实力和国家意志所能达到的主权国家利益的空间界限,是一国国内资源配置和国家利益实现的最远处"②。在全球化的影响下,国家之间的资源、信息、资本等要素跨越国家边界高速流动,原本属于国家内部的经济政治事务更

---

① 原文为"The distinctive signature of the modern-homonomous-variant of structuring territorial space is the familiar world of territorially disjoint, mutually exclusive, functionally similar, sovereign states...And, the distinctive feature of the modern system of rule is that it has differentiated its subject collectivity into territorially defined, fixed, and mutually exclusive enclaves of legitimate dominion"。参见 John Gerard Ruggie, "Territoriality and Beyond: Problematizing Modernity in International Relations", *International Organization*, Vol. 47, No. 1, 1993, p. 151。

② 杨明洪、王周博:《"边界"的本质:主权国家的利益分割线》,《新疆师范大学学报》(哲学社会科学版) 2022 年第 2 期,第 120 页。

多地暴露在外部世界面前，原本固化的边界开始在内外互动的过程中松动。一方面，国家的非地理边界跟随国家利益空间的外延而进一步向外扩展，边界的形态开始从鲜明的线条式划定转变为模糊的范围指向，甚至在面向诸如信息、文化等领域的问题时，国家边界开始出现了不同程度的交互和重叠；另一方面，国家边界的作用发生了深刻的转变，地理边界所固化的地域特性和非地理边界动态的非地域性限制之间，以及领土空间的稳定性和发展空间的外延性之间的张力为跨边界活动提供了源源不断的内生动力，国家边界的作用从传统的保障国家完全独立的屏蔽作用更多地转变为维护国家间相互依赖的中介作用，边界的可渗透性进一步增强。

具体而言，全球化时代国家边界的外延主要体现在三个方面。第一，国家的利益边界开始超越领土边界向外延伸。利益边界实际上是对不同政治实体及其管辖范围内各种关系和空间资源的利益分割线。在传统的国家中，利益边界总是与领土边界相一致，国家的政治活动总是以固定的国家界限为框定，并且以这一固定领域内的利益构成为出发点，国家利益的实现总是局限于领土边界所划定的具体领域之中。然而，随着全球化的出现，国家的利益构成开始超越领土边界，国家需要以加入全球价值链的方式获取全球层面的发展机遇和利益分配，各国自给自足和相对孤立的发展状态在全球合作的必然趋势中被打破。国家的政治经济活动开始在更加广阔的空间内进行，除了既定的领土疆域之外，国家崭新的"利益边疆"正在逐步生成。可以说，"全球化时代国家的边疆是多义的、弹性的，或者说全球化时代是多边疆的时代，总之，'利益边疆'的存在已是事实，并成为全球化时代维护国家主权和制订国家战略的重要基点"①。由此一来，国家的利益范围不仅涵盖了原先领土空间内以深海、底土以及外层空间为代表的新兴实体领域，并且还伴随着科技的进步而逐渐延伸至以数字、信息、互联网等为代表的虚拟空间领域。

第二，国家的认同边界开始超越政治边界向外延伸。就国家边界的意

---

① 于沛：《从地理边疆到"利益边疆"——冷战结束以来西方边疆理论的演变》，《中国边疆史地研究》2005 年第 2 期，第 32 页。

义而言，它"不仅是国家间的界线，对社会群体来说，边界具有更深刻的符号、文化、历史和宗教意义。边界划分了空间和社会的界限，对人们的生活方式产生影响，也影响到社群的自我认知方式以及社群的互动方式"①。因此，国家不仅具有领土边界、政治边界，同时还拥有历史文化边界和认同边界。其中，传统国家的认同边界以政治边界为基础，一个国家内部公民对于国家的认同源于政治边界对于"自我"和"他者"的划分。政治边界建构了国家的身份，为国家在特定的领土空间内选定并限定了固定社会群体的范围，划定了主权的行使空间，构成了国家的认同边界。然而，全球化的到来打破了政治边界与认同边界的一致性，全球合作催生了众多跨越政治边界的交流活动，"历史文化边界越来越被销蚀而变得模糊，无边界的文化、科学研究、教育、经贸等交流活动十分频繁，人们的身份认同表现模糊，甚至出现所谓身份认同危机"②。

第三，国家的主权边界开始超越国家边界向外延伸。传统中国家的主权总是在国家这一实体及其权威的框架内运行，主权是国家区别于其他政治集团最为显著的属性和特征，同时也是国家所拥有的最高权力。然而，全球化时代国家的外向性发展使得国家原本固化的主权边界逐渐出现了多维度转向，领土的局限性愈加显著，越来越多的资源问题和全球影响让传统的政治疆界无力应对。"甚至最有权力的国家也发现，市场和国际公共舆论强迫他们越来越多地追随特殊的议程。"③ 在多元主体力量日渐凸显的全球化时代，国家原本固化的主权边界表现出消融和外延的双向特征。

总体来说，全球化时代的国家已经伴随着国家边界的向外延伸而成了"全球视野中的国家"，其外向性的发展变化使得国家更多地被打开，传统

---

① 初冬梅：《西方政治地理学对边界问题的研究》，《中国边疆史地研究》2017 年第 3 期，第 163 页。

② 陈华：《全球化时代国家认同的三种边界形态与功能》，《教学与研究》2017 年第 5 期，第 16 页。

③ 原文为"Even the most powerful states find the marketplace and international public opinion compelling them more often to follow apartimlar course"。参见 Jessica T. Mathews，"Power Shift"，*Foreign Affairs*，Vol. 76，No. 1，1997，p. 50。

国家封闭、固化的特性被打破，国家之间的衔接更加紧密和多元。国家在利益空间、认同空间及主权空间方面的延伸成了其在权力、资源、领土等方面固态化的有力补充，国家成了一个具有内在实体硬核和外层拓展空间的弹性主体，这就为国家进一步参与全球治理合作、承担全球治理责任并衔接全球治理多元关系奠定了主体优势。

（二）全球化中国家权力的演变

全球化时代最深刻的讨论之一就是国家的存续问题，而围绕这一问题最大的争论则是国家权力的作用。其中，权力的强弱与大小直接决定国家这一政治实体的存在方式，其为国家提供了最为可靠的合法性基础，而国家权力的最高表现形式——主权——则为国家的基本生存和发展提供了最为坚实的保障。"国家的主要特征就是它掌握着主权，主权是国家的至高无上的权力，它的行使不受其他任何权力的限制，它的意志也不能为其他任何权力所取消，它是独立的不受任何法律和个人干涉的权力。"[1] 然而，在全球化的影响下，国家的权力正在经历深刻的变化，国家权力的行使方式和路径相比以往也发生了巨大的改变。

其中，一部分学者悲观地认为国家权力正在逐步走向衰退。全球化的到来使得原本属于国家内部的事务更多地暴露于世界面前，国家封闭的边界被打开，其成了全球资本、商品、贸易以及人员、信息跨边界流动的中介和通道。国家地理边界的跨越造成国家时空掌控能力的下降，原本基于传统权力而构造的国家认同，却在全球化的冲击中遭遇了来自多元性的挑战。此时的国家在权力的上置和下移中逐渐丧失了原本的地位，国家权力被削弱和分化。

国家试图通过设置超国（supranational）组织来确保它在全球层级的能力的企图，进一步削减了它的主权；而国家试着下放行政权力到区域和地方以重振正当性的努力反而因为人民更接近于政府、却对民族国家更冷漠，而强化了离心的趋势。因此，在全球资本主义兴盛、

---

[1] 马啸原：《西方政治思想史纲》，高等教育出版社，1997，第232页。

而民族国家的意识形态在各地爆发开来之际，"民族国家"——这个现代的历史产物，它的权力似乎正在衰落当中，更精确地说，是权力而非影响力（influence）的丧失。[①]

而另一部分学者则积极地强调了国家权力在全球化时代的增长，其认为全球化所带来的国家边界的外延对于国家权力而言是一种生长性的激励因素，国家在全球化中的职能范围和责任范围进一步扩大，因而国家权力也得到了相应的扩展；同时，尽管国家权力表面上呈现一种静态形式，但是国家权力行使方式的变动却赋予了其更多的灵活性，国家权力并不是绝对固化或刚性的，其比想象中具有更强大的适应能力，国家可以根据其政治、经济活动边界的外延而对国家权力进行适时的调整和改变。由此一来，全球化的进展依旧在国家权力调适的可承受区间之内，全球化的深度和广度也并不足以撼动当前国家权力的基础。因此，琳达·韦斯指出，"在全球化进程中，民族国家的作用不是更小而是更大了，不是在阻滞发展而是推动进步"[②]。

实际上，全球化时代国家权力并没有呈现单向的衰退或增长的演变趋势，正如索伦森所指出的，国家的存续与全球政治经济体系之间是一种共存的关系，国家可以在新的互动中寻求适应性的变革，其既不是现实主义所认为的"赢家"，也不是自由主义所论述的"输家"。[③] 一方面，国家通过参与全球化时代的多元主体共治而将权力转移和让渡给了包括国际组织、跨国公司和社会公民在内的非国家行为主体，国家的权力受到了多源的监督和限制；但是另一方面，全球治理又在一定程度上将自主性和权力归还

---

① 〔美〕曼纽尔·卡斯特：《认同的力量》，夏铸九等译，社会科学文献出版社，2003，第283页。

② 〔英〕琳达·韦斯：《全球化与国家无能的神话》，杨雪冬译，载王列、杨雪冬编译《全球化与世界》，中央编译出版社，1998，第93页。

③ 具体观点可参见吴勇《国家属性变化论：一种分析国际关系的新视角》，《中国人民大学学报》2014年第6期，第12～13页；Georg Sorensen, *The Transmformation of State: Beyond the Myth of Retreat*, Palgrave, 2004；〔英〕戴维·赫尔德等《全球大变革：全球化时代的政治、经济与文化》，杨雪冬等译，社会科学文献出版社，2001，第2～14页。

给了国家，其需要借助国家权力来调动治理所需要的分布在国家领土边界内的各类资源。因此，对于国家而言，其权力的本质并没有发生变化，国家权力并没有因为全球化的来临而被削弱，也没有因为全球事务的参与而增多，其仅仅是在一个相对于传统而言更加广阔的全球空间内发挥作用。权力的内涵并没有发生变化，而是权力的运行方式、牵涉范围以及表现形式出现了演变动向，国家权力不再以强制性和绝对性为特征，而是需要在全球化更大的领域内通过与多元行为体关系的重构来予以实现，正是这种演变使全球化时代的国家具有更加强大的适应性。

第二节 全球治理理论的逻辑创新——全球治理的空间阐述

空间既区别于传统的时间和平面概念，同时又以其广泛的指向涵盖了时间和平面的分析逻辑，全球治理的空间阐述就是指将全球治理放置于更大范围的空间视角中予以阐述。在传统的研究中，互动关系通常以时空压缩而来的平面式的描述方式进行表达，行为体之间的关系是点-面关系；然而，全球治理作为一个涵盖了多元主体设定和复杂议题结构等内容庞大的集合体，原本单一平面式的框架无法包含其中横向的内容拓展以及纵向的关系流动之间的交织，而空间性的建构则为其提供了一个合适的框架，赋予了传统时空压缩路径以重新复原和蓬勃饱满的机会。在空间性的描述中，全球治理不仅仅是一种特定平面上的点对点之间的互动合作，同时更是在全球空间范围内主体之间多向、多维的共存关系以及主客体之间复杂联系的互动集合。因此，全球治理的空间性逻辑就是将全球治理的要素从以地理边界为划分的地域性中抽离出来，放置于更加立体复杂的空间结构内进行重构。

一 全球治理理论的空间性构建

原有的政治研究以主权国家的地理边界和主权边界为划分，是不同政治单元之间的横向互动。随着全球治理中主体的多元化以及议题领域的增多，原本单向的平面建构无法容纳和阐释更多的全球治理活动及变化；而空间转向则为全球治理理论体系提供了一个新的契机，其将传统单向平面化的研究拉伸至立体的横纵关系建构。对于空间性的强调深刻区别于"全球范围之内把其他多元和差异的空间形态缩减为线性时间序列的一个静态平面"的时间叙事，而是更加凸显空间内部各个要素之间的流动性和空间整体运行的动态性。① 通过对全球空间的构建，全球治理的意涵深度和广度都有了不同程度的扩展，其为全球治理中纷繁复杂的横向交互以及纵向传递关系提供了一个空间的容器，全球治理理论进而也能够在一个更加广泛的全球空间内容纳更加多元的力量。对于全球治理理论体系而言，无论是其对于现实的解释力还是理论自身的指导性和适应性都在这种空间转向以及空间性建构中得到了不同程度的提升。

（一）理论研究的空间转向

空间与时间相互对应，在 20 世纪中叶以前，大多数的学科聚焦于时间性而掩盖了空间性，空间由此消失在历史的时序中。此时，时间性被看作最能够体现人类本质的东西，并且认为时间在逻辑上是优先于空间而存在的。20 世纪中叶之后，哲学社会科学领域开始了对于空间的关注，其逐渐以空间来解释历史、社会以及政治等议题，这一转变因而被称为空间转向（spatial turn）。此后，这种转向逐渐从地理学、城市规划学等领域蔓延至哲学、社会学、国际政治以及马克思主义理论等领域，在对于以空间为标识的时代探讨以及具体的女权主义、种族理论、后殖民主义等问题的研究中被广泛运用。

实际上，空间转向的关键就在于将空间性提升至与时间性相对等的地位，甚至在某些领域认为空间优先于时间而存在。米歇尔·福柯曾经指出，过去的空间隶属于"自然"范围之内，空间被看作既定的条件，而随着空间转向的到来以及空间政治的逐步发展，空间逐渐成为人们关注的问题。

① 夏银平、何衍林：《从时间叙事到空间叙事：人类命运共同体对全球现代性的话语重构》，《理论与改革》2021 年第 4 期，第 41 页。

当今的时代或许应是空间的纪元。我们身处同时性的时代（epoch of simultaneity）中，处在一个并置的年代，这是远近的年代、比肩的年代、星罗散布的年代。我确信，我们处在这么一刻，其中由时间发展出来的世界经验，远少于连系着不同点与点之间的混乱网络所形成的世界经验。①

对于空间性的强调造成了原本时间（历史）对空间（地理）想象的持续性特权地位被打破，空间不仅指向了人们生活的意义以及空间内的建构客体，同时它还以一种能动的主体特性塑造着空间内部的活动，并试图在空间内营造"我者"和"他者"之间的共存关系（共同体）。对于理论而言，空间转向并不是对传统历史以及其背后的时间力量的排斥，对空间的强调也并不意味着对时间路径的抛弃，而是旨在将原本缺位或处于边缘的空间要素提升至与时间思维同等的地位，以空间的补充性再平衡（complementary rebalancing）来实现"人类本质上既是时间的存在又是空间的存在"（as much spatial as temporal beings）的美好希冀。② 从这一角度而言，尽管空间和时间在概念上存在区别，但二者并不是相互对立的分离关系，而是通过对"空间性"的建构，将原本平面式的时空压缩关系恢复到原有的时空交互之中，将时间的流动放置于更加广阔立体的空间范围内，由此更加凸显空间内部的动态性特征。

在政治领域中，空间性主要是通过对于空间与地方（place）的比对而得以凸显。其中，地方意味着安全，而空间则象征着自由。③ 在全球化将世界联系为一个紧密互动的网络空间的基础上，传统的政治经济互动方式被予以更新，人们试图以空间范围内的政治联合和实践去克服群体生存的风险和挑战；同时，空间性强调空间内的多元主体共存和深嵌于

① 〔法〕米歇尔·福柯：《不同空间的正文与上下文》，陈志梧译，载包亚明主编《后现代性与地理学的政治》，上海教育出版社，2001，第18页。

② Edward W. Soja, *Seeking Spatial Justice*, University of Minnesota Press, 2010, pp. 15–17.

③ 参见〔美〕段义孚《空间与地方：经验的视角》，王志标译，中国人民大学出版社，2017，第1~5页。

其中的政治制度和权力结构，传统认知中的物理空间已经向着更大范围的政治权力空间悄然改变，而传统的政治要素——权力——也在这种空间转向中被重塑。一方面，空间不仅是地理和认同的延伸，同时还是多元的政治权力和利益的容器，"空间为权力的扩散提供了温床，权力在空间的掩护下变得不可见"[①]，权力脱离了原本生硬的固态表现形式，而弥散在政治空间的各个角落，对空间内部的主体以及关系施加普遍性影响。另一方面，权力能够作用于空间。"权力可以根据自身的意志，对空间进行改造、隔离和规划，这使空间从一般的物质空间变成特定的有边界的空间。"[②] 从这一意义上而言，空间是权力的另一种表达方式，权力塑造着空间。

当然，空间转向为人们所带来的不仅仅是政治空间的构建与权力边界的外延，同时空间性以一种全新的思维逻辑让人们开始关注在一个开放空间内多元力量是如何持续互动与共存的重要问题。就政治主导的空间而言，其不是具有明确开始和结束节点、尺度的封闭空间，也不具有井井有条的乌托邦式的结构，而是多元力量维系下的开放的平衡结构。从这一角度而言，政治研究的这种空间转向为全球治理的实践开展和理论研究提供了一种全新的思路，它为除主权国家之外的行为体基于自身利益需求参与治理提供了可能的路径。在全球风险社会的生成和全球性问题的严峻威胁下，多元主体力量的联合为全球空间内治理的实现塑造了全新的"有机生命体"，"空间"成为多元主体共同发挥作用和施展力量的全新场域，为解释全球化和指导全球治理提供了有力抓手。

（二）全球治理理论的空间性体现

在关于全球治理的理论探索中，空间性的表征远远超过了时间性的影响，全球治理更加强调在全球空间内多元主体的联合以及空间特性的转变，

---

① 谢欣然：《米歇尔·福柯的"异托邦"空间理论探析》，《人文杂志》2015年第10期，第73页。

② 宋道雷、丛炳登：《空间政治学：基于空间转向分析框架的空间政治》，《东岳论丛》2021年第7期，第180页。

空间性成为全球治理理论体系基本的逻辑预设。① 其中，最具有代表性的空间讨论当属詹姆斯·罗西瑙在建构全球治理理论时所提出的"权威场域"理论，以及近年来随着中国对全球治理的实践贡献而阐发的人类命运共同体理念。在理论的建构过程中，前者以全球治理中的权威变迁为核心，而后者则以全球治理下的本体关切为出发点，尽管二者的视角不同，但都深刻地体现了全球治理的空间特性，并将全球治理放置于全球空间的范畴内予以讨论。

詹姆斯·罗西瑙将全球治理的多元主体建立在权威场域（Spheres of Authority，SOA，也被译为"权威空间"）这一空间性前提假设之上，认为由正式或非正式制度所共同建构的权威结构是全球治理新的分析单位。具体而言，以治理理论为依据的全球治理理论体系在内涵上与传统的统治具有严格的区分。如果说统治强调的是运用强制性权力来达成目标的话，那么治理则是指通过对系统的"掌舵"来实现其目标。基于此的全球治理理论更加强调多元主体力量的联结，主张将国家行为体和非国家行为体共同放置于权威空间之中，共同应对公共物品的供给以及各类全球性问题的具体解决。

就权威场域理论对于全球治理中的空间设定而言，其体现了全球治理空间的三层意涵。一是空间内主体范围的总体延伸。权威场域的空间指向远远超过了主权国家的地理范畴，多元主体的参与使得全球活动在时间和空间上呈现出碎片化的趋势，传统的政治权威将不再以等级和时间的先后顺序予以传递，而是通过多主体的权威联合和再分配的过程得到体现。二是空间场域对地域性的超越。在传统的国际政治中，权力和权威深嵌于

---

① 需要说明的是，本书对于空间性的阐述并不是将"空间"放置于与"时间"相对立的位置，而是一种相对意义上的描述，是指全球治理中的各类关系和结构并不仅仅是时间线条上的延续和发展，其同样具有空间意义上的内涵。此时的"空间性"实际上同样包含着对时间的描述，因为对于全球治理而言，无论是全球治理理论还是全球治理现实，"空间"与"时间"的逻辑都不是分离的关系，"时间"线条中仍旧存在全球治理发展的空间场域，而"空间"范围中仍旧包含着时间作用下的流动变化，其二者是共存的关系，无法被割裂或完全分离。因此，本书对于"空间性"的强调，实际上就是将原本被压缩的时空关系予以重新恢复，从而在复杂的互动中探寻那些全球治理理论原本忽略了的内容。

特定的地理范畴之内，而随着全球问题的出现，多元主体基于共同利益和目标展开了跨越边界的政治合作。其中，国际制度的订立、国际组织的生成以及多元主体协商路径的开拓，都将权力的运行拓展至一个更加广阔和多元化的空间。因此，在全球治理的空间设定中，权威可能脱离了实体的地理疆域而存在，治理的互动"在空间上可能没有疆域，只靠非正式权威去实现其空间内的人们的遵从"①。三是空间中认同力量的强化。传统的空间由既定的疆域和边界划分，而全球空间的建构则更加倾向于思维空间的建立，其"不再是笛卡尔意义上的所有物体运动其中的参照系，也不是康德所理解的与经验世界相对的感性直观的先验秩序"，而是一种由社会力量所建构的虚拟空间的产物。② 其中，国家强制性的权力被空间内的权威所替代，认同和对权威的服从在客观上描绘着全球空间的边界，并赋予其一定程度的灵活性和流变性。

而人类共同体理念的提出则建立在长期以来所积攒的发展问题的基础之上，全球化所蕴含的资本逻辑在全球空间内刻画了明显的差序格局，全球空间内的空间不平等和空间剥削关系始终存在，而人类命运共同体理念正是"对这种空间不正义的反拨与修正，尝试探索出一条新型的全球空间发展道路，以实现全球空间正义为价值目标和实践指向，为促进全人类的平等、自由和全面发展创造条件"③。该理念回归了以人为基本单位的逻辑，以全人类公共的福祉和命运为依托，以"持久和平、普遍安全、共同繁荣、开放包容、清洁美丽"的共同追求为引领，强调人类作为整体的发展考量，追求更具全面、更高层次的"共同性"全球治理。

从理论意涵上来说，人类命运共同体理念扩展了全球空间的纵深，把空间的订立和维系建立在最基本的政治单位——人——的基础之上，强调了人类共生共存的现实和意识，赋予了全球空间更加广泛和深厚的基础以

---

① 翁士洪：《全球治理中的国家治理转型》，《南京社会科学》2015 年第 4 期，第 75 页。
② 夏银平、何衍林：《从时间叙事到空间叙事：人类命运共同体对全球现代性的话语重构》，《理论与改革》2021 年第 4 期，第 43 页。
③ 左路平：《迈向全球空间正义：人类命运共同体的空间意蕴》，《中国地质大学学报》（社会科学版）2019 年第 3 期，第 11 页。

及更加重大的责任使命；从实践路径上来说，人类命运共同体理念体现了全球空间内实践的多维化和多向化转变，它强调全球治理中国家"由地理政治空间向利益政治空间、由主权地理空间向战略地理空间、由具体地理空间向共有地理空间的转型"，试图以一种新的空间设定来推动全球治理的发展。① 由此一来，人类命运共同体所构建的全球空间并不是一个空洞的形态，它包含了超国家-国家-次国家等多维度的价值考量和关系互动，将人类生存和发展的多元需求散布在空间内的各个角落；同时，人类命运共同体所描绘的全球空间也不是一种同质复刻，其秉承开放包容的理念，尊重多元主体多样化的发展需求，主张在共同利益的基础上承认自我利益的差异，允许在全球空间内实现自我空间的保留，凸显了全球空间内所蕴含的多元化价值及属性。

总体而言，空间转向将全球治理放置于空间逻辑之中，以全球空间的建构取代了传统的单一平面式互动，全球治理成为全球空间内治理活动的聚合。这种空间性更加强调多元主体之间的复杂关系，治理的出现不仅带来了一种横向的权力让渡和作用竞逐，同时也使多元的主体、利益、价值在纵向关系中嵌入和重合，其以一种更加立体化的空间建构赋予了全球治理独特的意涵，加速了全球治理内容的创新。

二　全球场域中的治理互动逻辑

"场域"（field）一词最先来源于物理学领域，是对于无形空间范围的描述，其认为在一定的场域内，具有某种特性的物质在不与其他同类物质发生接触的情况下，仍然会对其产生一种力的作用，例如磁场或引力场。后来，场域的概念被社会学引入，在社会科学的研究中迅速被接受和运用，其用来描述具有主观模式设定的互动环境。从场域的内涵来看，其不仅是对地理意义上一定实体场所的描述，同时也是对空间意义上互动关系的建构，场域内的结构以及互动情景共同构成了场域情境。皮埃尔·布迪厄

① 陈宇：《人类命运共同体视域中的国家传统疆域与新疆域》，《世界地理研究》2021 年第 5 期，第 900 页。

（Pierre Bourdieu）基于对场域概念的延伸提出了著名的"场域理论"（field theory），认为场域并不是一个传统地理意义上被边界所定义的领地，而是一个涵盖了力的关系的网络化空间建构，场域是各种关系、资本、行为以及规则的集合。其中，关系、惯习和资本是构成场域的三大基本要素，尽管它们在场域中具有不同的职能，但是彼此之间并不是一种混杂无序的关系，而是基于一定的规律，通过彼此间的紧密联系决定着场域中的基本规则，维系着场域空间内的互动实践，行为体在场域所提供的媒介作用下与空间内的结构彼此依存。

场域理论的提出为全球治理的空间化建构贡献了一个新型的、框架式的阐释逻辑。全球治理作为一个蕴含了多元性、过程性和动态性的概念，传统的主体间单一平面式的阐述框架难以对其纷繁复杂的过程和相互交织的关系做出完整的诠释，全球治理立体空间性塑造的需求进一步显现，而场域恰恰为其提供了一种适用的思路。一方面，全球化在全球空间内为多元主体所编织出的相互依赖的共生网络，隐含着纷繁且无形的关系链条，任何主体的细微行为都将以"蝴蝶效应"的方式予以传递，这就赋予了全球治理主体一定的场域属性，其将无时无刻不受到场域内其他主体行动所造成的直接或间接的影响。全球治理可以被看作围绕全球性问题而构建出的一个开放式的治理空间。另一方面，全球治理并不是理想状态中和谐合作的全部体现，治理的过程仍然潜藏着个体权力与利益的竞逐，全球治理的实施仍然无法摆脱个体发展差异的鸿沟，这正是场域理论所一再强调的"力"的作用。尽管场域是个体共同参与和共同构建的场所，但是"资本"的较量成了场域中最活跃的部分，资本最终将化约为权力，而这种基于权力的互动则为场域的维系提供了原始动力。正如"治理与权力并非两个不可以兼容的词"一样，尽管权力不是最终目的，但它的确以一种工具和手段的力量推动着全球治理的发展。①

因此，本部分将借鉴布迪厄所提出的"场域理论"的相关内容，通过

---

① 任琳：《全球公域：不均衡全球化世界中的治理与权力》，《国际安全研究》2014 年第 6 期，第 116 页。

对全球治理中场域中关系、惯习以及资本的剖析，厘清全球治理要素在空间意义上的角色和意涵，提出全球治理空间性的互动框架。

（一）全球治理场域中的关系——互动中的位置分布

场域中的关系（relativity）是对于一定场域空间内各种关系的总称，关系造就了场域，场域由此也被看作一个关系的网络。布迪厄曾经指出，以场域逻辑为出发实际上就是从关系的角度去思考问题，"从分析的角度来看，一个场域可以被定义为在各种位置之间存在的客观关系的一个网络（network），或一个构型（configuration）"，关系性贯穿场域的构建始终，因而场域的本质特征便体现为"诸种客观力量被调整定型的一个体系（其方式很像磁场），是某种被赋予了特定引力的关系构型"。①

关系的意义在于为场域构建了主体的位置，而这一过程中的基本依托要素就是权力。关系"既是场域的存在单位，也是一种权力分配规则，主要体现在位置等级上"②。也就是说，不同的行为主体在复杂的关系网络中的位置决定了它们在场域中的影响力，而这种影响力正是通过权力——场域中特定位置的行为体所获得的话语权以及对资源的掌控权——而决定的，行为体将根据其所处位置的不同而获得相异的权力。因而，在权力要素的驱动下，对于场域中优先位置的争夺就成为行为体展开互动关系的重要考量。

正是在这些位置的存在和它们强加于占据特定位置的行动者或机构之上的决定性因素之中，这些位置得到了客观的界定，其根据是这些位置在不同类型的权力（或资本）——占有这些权力就意味着把持了在这一场域中利害攸关的专门利润（specific profit）的得益权——的分配结构中实际的和潜在的处境（situs），以及它们与其他位置之间的

① 〔法〕皮埃尔·布迪厄、〔美〕华康德：《实践与反思——反思社会学导引》，李猛、李康译，中央编译出版社，1998，第133~134、7页。
② 刘作奎：《欧盟和中国关系中的西巴尔干问题——场域理论视角下"对手"语境的形成与启示》，《欧洲研究》2021年第2期，第29页。

客观关系（支配关系、屈从关系、结构上的对应关系），等等。①

关系的意义探索为全球治理开启了一扇新的大门。全球治理作为一种动态性的结构，其中包含了更加多元复杂的关系，场域内容纳了包括主权国家、国际组织、跨国公司以及市民社会等多元的主体力量，尽管它们在全球治理中拥有不同的分工，承担着责任，但彼此之间并不是一种相互孤立或静态的既成关系，而是在关系网络多维度的互动中找寻自身参与治理的意义，同时在相互关系的探索中确立各自的身份，"是一种转化生成的过程而并非独立的存在"，正是基于关系的位置而界定各自的治理职责和使命。

可以说，全球治理的空间中容纳了多元的关系链条，同时其自身也在紧密的关系联结中成为一个更大范围的关系网络，关系成了全球治理理论体系的内核。此时，全球治理的主体不再是单独的个体，而是在相互依存关系网络中的具体一环，"在以规则和规范为基础的语境中"实现了"自我与他者之间关系的发生和运作"，以主体间性取代了主体性。② 具体而言，这些关系的建构与行为主体在场域中的位置以及所掌握的资本和行动有关，而关系的运作又直接体现为治理惯习的塑造和治理资本的获取方面的全球治理权。权力既是关系的基础，同时也是关系建构的目标。由此一来，全球治理中的权力又成了治理关系的最终归属，并且这种权力本质上体现为一种结构性的权力，是在全球治理的具体关系中所被赋予和建构出的一项新的权力内容，它成了贯穿全球治理始终的关键性要素，甚至如果没有对全球治理中的结构性权力给予一定的考量的话，"我们就不能指望开始理解'全球治理'事实上是指什么"③。

---

① 〔法〕皮埃尔·布迪厄、〔美〕华康德：《实践与反思——反思社会学导引》，李猛、李康译，中央编译出版社，1998，第 134 页。

② 秦亚青：《关系与过程：中国国际关系理论的文化建构》，上海人民出版社，2012，第 207 页。

③ 参见 Esref Aksu, "What, Then, Is 'Global' about Global Governance?", *The Chinese Journal of Global Governance*, Vol. 1, No. 2, 2016, pp. 105-132。

（二）全球治理场域中的惯习——作为基础和底线的价值与认同

场域中的惯习（habitus）是对于场域中行为主体所做出的各项行为活动背后的逻辑的概括。在一定场域的互动实践中，主体的行动并不是基于纯理性的选择过程，而是受到了所谓惯习的支配和影响。它是指"持久的、可转换的潜在行为倾向系统，是既存社会结构、社会经验、思维与行动图式被保存的现时可能性"[①]。这种基于惯习所做出的下意识的反应就犹如应激反应模式之下的自我感知。同时，惯习并不是一种恒定的形态，场域中的惯习在自我感知和潜意识抉择的同时，还经历着场域内的适应性塑造。场域在形成之初实际上就拥有了一套基本的制度规则，包括对于场域的基本性质、功能和目标的界定，场域参与者身份和资格的限制，场域内行为体位置关系的设置，场域互动的准则，场域资本价值的认定、资本与权力的兑换方式，以及各种保障性和奖惩机制等。这些对于场域基本规制的认知、习得、内化以及实践的具体过程影响着既有的惯习，同时也推动着惯习的动态性、适应性演进。

在全球治理层面，惯习本质上指向的是价值的具体内容和重要作用。全球治理所依赖的价值基础能够对全球治理中各个主体的观念以及行为发挥导向性的作用，全球治理本身就是在价值支配下所进行的全球协调性活动。价值的生成一方面来自行为主体自身的历史文化沿袭，另一方面来自场域空间的外生塑造。全球治理场域中的价值并不是与生俱来或一成不变的，它生成于全球空间，"全球治理在本质上对价值保持开放性，最终确立什么价值是协商过程的产物，而不是预先既定的产物"[②]。

价值作为一种关键要素在全球治理场域中的作用是多维的。其一，价值不仅为场域的构建提供了基础性的价值导向和规则引领，同时还以共同价值生成的方式强化了场域内的认同；其二，全球治理中多元价值之间的

[①] 谢喆平、宗华伟：《从"客场"到"主场"：中国参与联合国教科文组织实践的变化》，《外交评论》2021 年第 2 期，第 69 页。

[②] 赵可金：《全球治理知识体系的危机与重建》，《社会科学战线》2021 年第 12 期，第 180 页。

差异性为全球治理实践的前向式发展提供了内生动力，围绕价值的争论实际上是全球治理多元化和多样性的体现①；其三，"一种政治秩序的形成是以统一的价值体系、一致自洽的制度等为标志的"②。价值的统一维系了全球治理的秩序，为全球治理提供了一种底线思维，从而规制了各方的行动。

此时，价值对于全球治理中主体行为选择的影响和塑造功能是双重的。一方面，这些各异的价值经过相互融通生成了全球治理所倚靠的全球价值，此时行为体在全球场域内的行为选择就受到这种基于全人类共同价值的约束，牵动着全球治理具体实践活动的底线和原则；另一方面，行为主体基于自身的历史文化沿袭形成了具有自身特色的价值观念，这些价值观念指导着全球治理主体在底线原则的基础上开展具体的、差异化的实践行为，这种个体价值的多样性为全球治理的发展和演进不断注入新的活力。

由此一来，价值在全球治理场域中不仅连接了权力的要素——全球治理中对于权威和权力的认同构成了全球治理的合法性基础，全球治理场域中的价值必须与社会公共观念、文化传统、价值理念具有一致性，

---

① 全球治理各个主体在人权、民主、正义等基本价值的设定上已经达成了一致，但是对于其具体意涵仍然存在着争论。有学者指出，以人权和民主为核心的全球治理价值体系"仅仅是一种浮现在全球治理表面的价值陈述而已。这种陈述，就西方人士而言，体现为对他们熟知的价值观念的再现，以及在再现中的重建。而对于非西方国家人士而言，则区分为对于西方价值认同者和对西方价值拒斥者的对立"。以中美两国在具体价值理念的争论为例，近年来，双方围绕全球治理基本价值的具体内涵阐述了各自不同的观点，展现出了各自在价值判断上的差异性。其中，美国在人权以及正义的价值取向中更加强调个体的权利，认为全球层面的民主应该更加倾向于"内部价值外溢式"民主；而中国的人权观则更加关注作为整体的人的发展权和生存权，正义观更加强调秩序的公正，而民主则更加凸显权力的公平分配等。这些争论的存在尽管在一定程度上对全球治理实践构成了挑战，但是从理论发展的角度而言，其反映了全球治理框架中开始出现新兴主体的推动性力量，表明了全球治理开始从"半球治理"逐渐走向"全球治理"，全球治理的内涵将在这种异质性的争论中得到更加全面的论证。因此，无论是价值的一致性达成对全球治理的直接贡献，还是围绕价值的争论对全球治理的潜在推动，都体现了价值在全球治理场域中的重要性。参见任剑涛《在一致与歧见之间——全球治理的价值共识问题》，《厦门大学学报》（哲学社会科学版）2004年第4期，第6页；胡键《全球治理的价值问题研究》，《社会科学》2016年第10期，第7~8页。

② 苏长和：《世界秩序之争中的"一"与"和"》，《世界经济与政治》2015年第1期，第27页。

对于全球治理而言，价值在一定程度上赋予了主体以全球治理权。同时，价值还连接了制度规则的要素，全球治理的规则框架均建立在一定的价值认同基础之上，任何制度的生成和运作都需要以特定的价值和伦理精神为支撑，换言之，以制度为关键的全球治理紧密依赖于作为惯习的价值。

（三）全球治理场域中的资本——全球公共产品的供给

资本（capital）是场域内行为实践的关键性要素，行为体对于资本的掌控直接决定了其最终权力的输出方式，因此，资本与场域中的权力紧密相连，其在场域中具有双重的意义。一方面，资本为场域中的实践提供了物质基础和手段，是场域变化的原动力；另一方面，资本也是场域中行为的最终目的，场域成为争夺资本的空间。总的来说，场域中的互动就是围绕资本的互动（消耗资本与获取资本的贯通），其不仅涉及各类物质性资本在场域内的自由流动和交换，同时还包含了物质资本向权力资本的转换以及权力资本本身所施展的作用。如果将场域中的关系和惯习看作场域构建的无形要素的话，那么资本则是场域中有形与无形要素的集合。具体来说，场域中的资本可以被划分为经济资本、社会资本、象征资本以及文化资本四类。[①] 它们共同构成了场域中的权力资源，并以权力的方式予以表现。

"只有在与一个场域的关系中，一种资本才得以存在并且发挥作用。"[②]全球治理场域中的资本要素主要通过公共产品的供给来参与治理的互动。实际上，全球治理中公共产品的供给过程就是全球治理主体将其自身所拥有的各类资本转化为全球治理实践的具体过程，公共产品容纳了主体在经济、文化以及网络关系中所享有的各类内容，资本构成了公共产品供给的

[①] 其中，经济资本可以被划分为有形的物化资本以及无形的符号化资本两种，具有支付、交换以及衡量的尺度功能；社会资本是指行为体在特定场域位置中所具有的网络关系资源；象征资本是行为体在场域中所享有的声誉、威望、信誉等无形资本的集合；而文化资本则是场域中能够对场域结构、规则、互动产生影响的文化资源。

[②] 〔法〕皮埃尔·布迪厄、〔美〕华康德：《实践与反思——反思社会学导引》，李猛、李康译，中央编译出版社，1998，第139页。

基础和成本；同时，在无政府状态下，大国为了提升自己的影响力和吸引力，会通过一定的成本付出来竞相推出各具特色的全球公共产品。由此一来，公共产品的供给不仅是资本的转化形式，而且成了治理主体扩大其影响力、获取更多资源的有效途径，因而成为一种"仁慈的霸权"（benevolent leadership）。①

就全球治理中公共产品的供给而言，一方面，行为主体通常将通过全球公共产品激烈的供给端竞争来试图扩大自身在全球范围内的影响力，这种对于自身资源的转化过程最终将使得处于优势地位的主体通过"让利"的方式来换取其他主体对自身地位和身份的"承认"。② 其对于资本的拥有将通过全球治理在数量和质量上占优的公共产品供给来予以表现。另一方面，全球公共产品的类别也将通过其对于治理需求（包括刚性需求或弹性需求等分类）的判断而被赋予层次性，这种对于公共产品类别优先性的考量深刻契合于场域的资本运作方式。"一般而言，发展类公共产品与安全类公共产品是国际社会的刚性需求，涉及国家与国际社会的生存，具有供给优先性；其次规则类公共产品与价值类公共产品，是基本需求得到满足之后更高层次的需求，可以后续供给。"③

依据场域理论的相关内容，其所强调的关系、惯习以及资本三大要素的联系串联起了全球治理中的主体互动、价值塑造以及公共产品供给的主要环节，权力、制度和价值不仅在各个环节中散布，同时三者之间还呈现出贯通式的结构。关系中的主体位置最终以公共产品供给为支撑，全球治理中的主体关系主要以全球治理权为表现，而资本中的公共产品

---

① 原文为 "In the benevolent leadership model a greater absolute size of the largest actor means it has a greater interest in providing the good. The group is thus more likely to be privileged"。参见 Duncan Snidal, "The Limits of Hegemonic Stability Theory", *International Organization*, Vol. 39, No. 4, 1985, p. 588。

② 有学者提出，大国获取利益和影响力的途径有两种——武力及武力胁迫/利益交换，其中，利益交换就是指"为其他国家提供某种好处，以此换取其他国家对本国的支持"，这种利益交换具体表现为"霸权国可以向国际社会提供诸如安全保障、经济秩序这样的国际公共物品，以此换取霸权体系的稳定"等。参见杨原《大国无战争时代霸权国与崛起国权力竞争的主要机制》，《当代亚太》2011 年第 6 期，第 16～17 页。

③ 曹德军：《论全球公共产品的中国供给模式》，《战略决策研究》2019 年第 3 期，第 9 页。

供给则以影响力和话语权的争夺为动力，这些权力内容进而同惯习层面的价值一道建构场域内的制度规则，即权力的占有为主体利益的表达提供了可行的通道，其在事实和潜在层面将自身本土化的经验和认同转化为首创的治理价值及具体方式，以期通过场域内的互动获取更大范围的认同，进而使这些首创的治理价值和具体方式演变为全球治理场域内的制度规则，实现对自身治理资本的维护。而全球治理场域中的制度规则一方面能够从提供信息渠道、确立行为规则、组织集体行动以及直接参与治理的路径中为治理提供公共服务。[①] 另一方面，制度的创设又成了行为体谋求场域地位的手段和资本。场域主导者利用制度在权力和利益分配方面的非中性特征，基于自身在场域中的先发优势将利益需求和价值判断融入其中，这"造成了场域规则天然的不平等性"[②]。遵循规则将获取更多资本，实现场域内地位的提升，而违背规则或将导致地位降低、资本剥夺以及权力削减等严重后果。这些纷繁复杂的关系共同造就了全球治理的空间运行逻辑（见图4-1）。

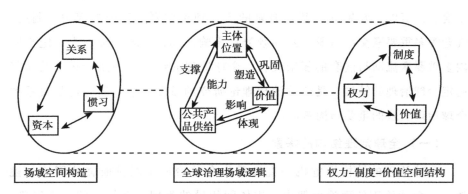

图 4-1　全球治理在场域空间内的运行逻辑

资料来源：笔者自制。

---

① 李巍：《国际秩序转型与现实制度主义理论的生成》，《外交评论》2016 年第 1 期，第 40～43 页。

② 岳圣淞：《场域视角下的国际话语权：理论、现实与中国实践》，《当代亚太》2020 年第 4 期，第 134 页。

第三节　全球治理理论结构的重塑——立体化的构建

一　全球治理基本结构的设定

全球治理的结构一直以来都是全球治理理论体系的一个重要话题。所谓"结构"（structure），是指构成某一系所包含的要素之间的空间位置分布关系。肯尼思·华尔兹曾经指出，结构并非政治机构的集合，而是它们的排列，其主要通过构成这一系统内的各个单元之间基于功能差异和能力分配的排列关系而界定；"结构限制和塑造了行为体和机构，而且尽管行为体和机构的目的和努力存在着差异，但结构却使其运作趋向产生同质的结果"，并且这种结果由于"行为体的社会化和彼此间的竞争"而表现为一种间接性的影响。① 与此相应的，全球治理的结构就是指全球治理的各个要素之间的排列关系及其相对位置。然而，全球治理作为包含了主体、客体、制度、价值以及效果五大基本要素的庞大理论体系，其中的权力、制度、观念等多重要素交织重叠，互动频繁且影响深远，全球治理成为一定空间内多重要素流动与嵌套的复杂集合。全球治理的结构到底是什么以及如何确定全球治理的结构，是全球治理理论研究的重要问题，同时也是关系到全球治理实践的重要结构考量。

（一）全球治理结构的探索

全球治理的结构性危机一直被看作全球治理发展所面临的困境与挑战。在全球治理的理论框架中，主体间相异的类别、客体间的优先级别、价值层面的差异以及制度层面的碎片化趋势都在不同程度地加深着全球治理的结构性危机。全球治理在倡导多元性和多样性的同时，需要面临多元化背后所掩藏的压力和挑战。过去我们通常以全球治理的包容性作为评判其成功与否的标准，然而，这种包容性的存续并不意味着治理成功的必

---

① 〔美〕肯尼思·华尔兹：《国际政治理论》，信强译，上海人民出版社，2003，第98~99、107~109页。

然，因为多元性的作用是双向的，其在为全球治理注入新的活力的同时，也存在一定的负面效应——多元性的负面效应就是会导致结构的重复与重叠，过度强调多元性而忽略结构的作用，反而会在一定程度上加剧治理危机。就当前的全球治理而言，对于主体、议题以及价值、制度等内容多元化和多样性的包容使得全球治理正在趋向一种"多元的多边主义全球治理结构"。

在这种多元的多边主义全球治理结构中，不仅包括大国之间的合作，也包括大国和小国之间的权力共享以及责任共担；不仅包括国家之间基于条约建立的国际组织，也包括非政府组织以及私人团体；不仅因议题不同而遵循从上到下的治理，而且也因议题不同考虑从下到上的治理；不仅考虑权力的强制性力量，而且也考虑规则的监管性力量。总之，这种基于多元的多边主义制度的治理结构不仅考虑国家利益，而且也考虑个人的安全和人类的可持续发展目标。①

这种"多元的多边主义全球治理结构"为全球治理理论体系中复杂的要素关系梳理了大致的轮廓和走向，但是这仍然是一种笼统的表述，仍然主张将全球治理所包含的全部内容放置在一个集体的空间中，并没有在诸多复杂的要素及要素互动关系中构建起一个明晰的治理结构，国家与非国家行为体之间、正式与非正式制度之间以及从上到下和从下到上的治理路径之间到底呈现怎样的关系，在治理的过程中如何运作等问题仍然没有得到明确的解决。相反，这种模糊的结构使得"全球治理变得更加复杂，民族国家也仅仅成为构建世界秩序时众多主体中的一种。更重要的是，在全球范围内建立秩序和处理问题时，民族国家已经不能够在传统的多边框架内处理好这些问题"②。

由此一来，就引发了对全球治理结构的新的探索，在原有的"多元的

---

① 王正毅：《全球治理的政治逻辑及其挑战》，《探索与争鸣》2020年第3期，第7页。
② 〔加〕威廉·科尔曼：《世界秩序、全球化和全球治理》，周思成译，《中国治理评论》2013年第1期，第120页。

多边主义全球治理结构"基础上，学者们又针对具体的治理结构提出了分层级分领域的碎片化治理和跨层级的网络化治理。其中，分层级分领域的碎片化治理创新强调"分而治之"的理念，其认为过去传统的整体化的治理思路难以满足全球治理中的差异化问题应对需求，从而导致了治理有效性的降低，因此，根据不同的问题构建不同的治理结构，分层次分领域分问题的碎片化治理方式似乎更加灵活。此时，主体、制度以及价值等要素的结构是根据具体议题而不断处于动态变化之中的。但是，这种对于全球治理的结构探索忽略了一个重要的问题，那就是全球治理各个议题之间并不是独立且分离的关系，而是彼此相互交织重叠，其并不像田地里一捆捆被扎好的稻秸，而是犹如水中一层层的涟漪，不同的议题之间相互贯穿，往往呈现出"牵一发而动全身"的复杂关系。因此，分而治之的难点就在于无法在相互交织嵌套的议题治理中找寻结构的连续性，从而无法在整体上保证治理的效果。而跨层级的网络化治理则从网络关系的角度出发承认了治理的联动性，其将全球治理的主体和议题共同编织在一个广泛的网络关系中，认为网络化治理的路径能够有效克服治理主体之间的权力失衡和利益差异，进而"有助于更高效地凝合成员以共同应对挑战"[①]。此时，全球治理的结构是横向的平面式网络结构，不同的行为主体是网络中的节点，而议题、价值和制度则作为节点之间的连接线，共同发挥作用来应对外部的问题。然而，这种结构同样存在一个很大的局限，即网络中"搭便车"行为的广泛存在以及不同节点之间的功能差异将会导致节点之间的牵伸和网络平面的扭曲，此时的全球治理结构将不再呈现为一种均衡的网格化分布，进而治理也很可能将演变为一种"扭曲的治理"。

因此，全球治理理论需要一种更深层次和更加细化的结构创新，其不仅要求将全球治理中主体、制度、议题、价值等要素包含于其中，而且更加需要对这些混杂的要素关系和相互传递的方式予以明晰，使其为全球治理提供一个更具连续性和稳定性的结构框架。

---

① 姚远：《全球金融治理的内在张力——等级结构下的网络化治理》，《国际展望》2019年第2期，第140页。

（二）全球治理结构的主体性内涵

全球治理的结构依照全球治理的构成要素，一般被划分为主体结构、制度结构、议题结构以及观念结构等类型。然而，这些结构之间并不是相互独立的关系，而是相互影响、彼此联动。

在传统的全球治理理论体系中，"全球治理制度"位于结构的中心位置，对于全球治理理论的创新，也大多集中于制度层面。然而，"全球治理制度"仅仅是全球治理实现的必要不充分条件。其必要性体现为无论是理论层面还是实践层面的全球治理都需要依赖相应的制度架构，制度对于全球治理的表征意义以及重要作用决定了"全球治理制度"位于全球治理理论体系的中心（见图 4-2）。但同时其也具有不充分性："全球治理制度"的创设并不是一个独立的过程，在全球治理各个要素所形成的关系结构中，制度往往作为各项要素汇集的重要表现形式和中心性的传导节点。制度相对于主体和价值而言，其位于全球治理体系构建过程中要素关系链条的最后一环（见图 4-3）。对于全球治理理论体系的反思和创新而言，如果仅仅将视线聚焦在"全球治理制度"之中，则很难从根本上解决理论既有的深层次问题。因此，我们一方面承认传统的全球治理理论体系中制度在结构中的中心地位，另一方面认为如果需要对全球治理理论进行更加深入的反思，则需要打破"全球治理制度"对于其他全球治理要素的"遮蔽"，需要以制度为原点反向地找寻影响制度的因素。

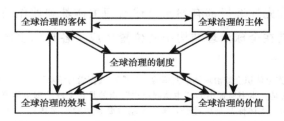

图 4-2　全球治理理论体系的简化示意（全球治理制度的中心地位体现）

资料来源：笔者自制。

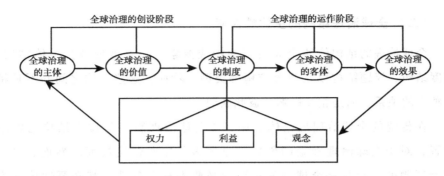

图4-3 全球治理各个要素的关系链条（全球治理主体的原点意义体现）

资料来源：笔者自制。

全球治理理论作为一个庞大而又复杂的体系，其"主体、客体以及制度、观念都是紧密相连的"，其中，全球治理的主体发挥着基础性的作用，主体结构的变化是全球治理理论体系演进的核心，"它将带动全球治理其他要素的变化"。[①] 因此，全球治理结构更多地表现为一种主体性的特征，即全球治理的各类结构均离不开主体间关系结构的影响，因而，从本质上来说全球治理结构是一种主体间结构。[②]

一方面，全球治理的主体间结构贯穿了全球治理结构中的制度结构、议题结构以及观念结构。其中，制度结构通常被看作享有与主体间结构同等的重要地位。然而，"在治理机制复杂性情况下，理解单元并不能达到理解整体的目的，也不能理解整体形塑单元和次单元的动力"[③]。厘清单元主体之间的关系是理解制度的关键。在全球治理中，制度的创设、观念的推广以及议题的优先性选择都有赖于全球治理主体基础性作用的发挥。各个主体单元根据其在全球治理结构中的位置生成了各自的主体利益，并依照

[①] 刘雪莲：《充分认识全球治理体系变革的局限性》，《探索与争鸣》2020年第3期，第14页。

[②] 需要说明的是，本书所提出的"主体间结构"指的是在全球治理主体要素之间所建立的结构。此处的"主体性"是相对于全球治理基本要素中的"客体"、"议题"以及"价值"而言的，体现的是多元主体之间的关系，而不是一般理解中"主要的""大致的"意涵。

[③] 原文为"We see the core insight of complexity studies as helpful—the ideas that understanding units does not sum up to the whole and that the dynamics of the whole shape the behavior of units and sub-parts"。参见 Karen J. Alter and Sophie Meunier, "The Politics of International Regime Complexity", *Perspectives on Politics*, Vol. 7, No. 1, 2009, p. 15。

各自的权利关系来设定相应的制度，建构一定的观念，并决定治理议题的优先性等级。因此，全球治理主体间结构是全球治理结构的核心，主体间结构的确立是其他各类结构形成的依据。

另一方面，全球治理的主体间结构贯穿了全球治理结构产生过程中的权力、利益以及观念等要素。首先，权力只有在一定的关系中才具有意义，而主体间结构的生成最初带来的就是全球治理主体间权力关系的确立，处于不同结构位置的主体拥有的权力资源各不相同。此后，各个主体将根据其对于权力的把控情况和意图而对全球治理中的制度和观念要素进行塑造。其中，全球治理制度的非中性特征使其成为代表特定主体利益、维护特定主体权力的规制。全球治理过去的实践表明，"多行为体、多层面全球治理体系的兴起似乎并没有为发展中国家创造出有效参与全球治理制度的空间……如果那样的话，发展中国家则将不可能在未来国际政治和全球治理中发挥有效的作用"①。其根源在于全球治理制度所依赖的主体间权力结构没有被打破，发展中国家所享有的制度性权力仍然有待进一步提高。而全球治理中的观念要素同样需要主体间权力结构的支撑，其不仅需要依靠主体通过"物质的成功带来了对文化的伸张，硬实力衍生出软实力"②，同时还需要通过主体间关系所划定的权力结构以制度的形式向全球社会输入新的价值理念。因此，全球治理中的主体间结构就成为关系全球治理权力、利益和观念三重要素运作的核心，而权力则成为首要条件。

从这一角度而言，全球治理的结构不仅具有主体性意涵，同时还强调主体之间的权力分配关系。因此，全球治理的结构就是指作为主体的"国家与非国家公共权力之间的相互关系，即国家与非国家的公共权力之间的权限问题"③。简单地说，全球治理的结构就是全球治理体系中各类主体之间的权力分配关系。围绕这一理念，詹姆斯·罗西瑙提出了"两枝理

---

① 〔德〕德克·梅斯纳、〔英〕约翰·汉弗莱：《全球治理舞台上的中国和印度》，赵景芳译，《世界经济与政治》2006 年第 6 期，第 8 页。
② 〔美〕塞缪尔·亨廷顿：《文明的冲突》，周琪等译，新华出版社，2013，第 89 页。
③ 王金良：《全球治理：结构与过程》，《太平洋学报》2011 年第 4 期，第 46 页。

论"（bifurcated theory），又被译为"双重结构论"，认为当前全球治理中存在两种并行的主体结构，一种是由主权国家和政府所支配的国家间结构——政府治理的结构，而另一种则是由不同于传统主权国家的非国家公共权力组成的多元中心结构——"没有政府的治理"结构，它们以并行的方式构成了全球治理的主体结构；星野昭吉将全球治理看作由国家中心治理和超国家中心治理所组成的一种复合结构，认为国家与超国家行为主体之间的力量对比关系决定了国家中心治理占据主导地位，而超国家中心治理则居于周边的从属地位；马蒂亚斯·科尼格-阿尔基布吉（Mathias Koenig-Archibugi）则从公共性、授权性和包容性出发，将全球治理的理想结构划分为全球政府间主义、全球超国家主义、直接霸权、直接的全球跨国家主义、授权的全球跨国家主义、直接垄断和间接垄断。以上对于全球治理结构的理论探索尽管形态各异，但均没有离开全球治理的主体构成以及主体间的结构关系，进一步印证了全球治理结构的主体性内涵。

二 全球治理主体间结构的创新

全球治理结构具有深远的主体性意涵，然而，全球治理理论体系对于主体间结构的形态却没有给出明确的解答。全球治理大多时候仍被看作一个多元主体的笼统集合，主体所蕴含的类别的多元性和内容的多样性特征都被以一种整体且高度概括的方式予以表达。全球治理在功能层面的重要性日渐加强，围绕全球治理的研究也更多地将其看作一种解决冲突和争端的方式和领域，而在体系层面的探讨却进展甚微，多元主体间的利益聚合关系在全球治理中要么被忽略，要么则被问题视角所左右。这种对全球治理结构中主体性意涵的忽略，使得全球治理的主体间结构问题成了一个模糊虚浮的存在，主体之间的关系似乎成了一种自由的（缺乏条件的）可以被随意支配变化的关系，缺乏理论层面对其原则性和规律性的架构，这不仅造成了全球治理理论体系在主体要素方面的欠缺，同时也造成了实践中主体责任的推脱和作用的委顿。实际上，全球治理的过程并不是一个主体力量和行动关系的偶然联合的过程，而是各具差异的行为主体依照一定的关系原理做出巨大努力的过程。因此，探明全球治理的主体间结构是理解全球治理行为、发展全球治理理论体系的基础，然而，这种主体间结构具体呈现怎样的形态，则需要在多元主体间流动的关系中找寻答案。

（一）寻找既有理论的空白地带

interregnum（空白地带）原本指的是朝代更迭时的过渡状态，而汤姆·佩格勒姆和米歇尔·阿库托（Michele Acuto）将其创造性地引入了全球治理理论体系的探讨当中，认为全球治理的空白地带"并非指概念、经验或者理论的空白，也不是国际关系范式中或'大论战'（grand debates）中库恩式的类似概念。相反，它鼓励对未知'领域'的批判性反思"，并且这种反思不是对于经验主义回归的排斥，反而更加强调全球政治作为理论基础的重要意义。[①] 因而，对于当前的全球治理理论体系而言，对于空白地带的探索和超越并不是创造出新的概念或理论，而是在全球治理现实的复杂变动中发现原有理论的解释盲点，在原有理论框架的基础上对其进行更加深入的探讨，从而使全球治理理论体系更加完善。

在第一代全球治理研究发展伊始，全球合作的效率、国际组织功能的差异化识别以及国际制度的建立为全球治理理论提供了坚实的框架和深远的视野。但是，受到"全球治理"这一术语提出时的经验的影响，全球治理理论从一开始就将全球治理与既有的包含权力、利益以及价值要素的国际政治理论相区别。[②] 因而，在全球治理理论体系的构建过程中，很少有研

---

① 〔英〕汤姆·佩格勒姆、米歇尔·阿库托：《全球治理的空白地带》，谢嘉婷、吴秋怡、翁士洪编译，《国外理论动态》2016年第5期，第95页。

② "全球治理"作为一个术语被提出时，并没有被赋予过多的政治内涵，其更多地被看作一种描述工具而不是理论工具。对于当时正处于20世纪90年代初的学者们而言，全球治理仅仅作为一个普通词语被用来描述当时的变化。正如劳伦斯·芬克尔斯坦所指出的，"我们真的不知道该如何称呼正在发生的事情"，因此，全球治理成了一个包罗万象的描述，用来表现当时正在发生变化的"几乎所有的事情"，这些事情实际上就是原有的国际政治理论所无法解释的事情。因此，在全球治理作为一个术语被提出之始，它就与传统的国际政治理论分离开了。参见David Coen and Tom Pegram, "Towards a Third Generation of Global Governance Scholarship", *Global Policy*, Vol. 9, No. 1, 2018, p. 108。

究去关注多元主体之间的权力关系、利益分配以及价值冲突等结构性问题。"这一漏洞影响了我们解释'全球治理的结构在实际中怎样运作以及它为什么重要、什么时候重要'的能力，同时阻碍了我们解释伴随着威斯特伐利亚秩序出现的跨国挑战。"① 第二代全球治理研究在第一代理论雏形的基础之上，围绕全球治理理论中国家之间的联合、公共性问题的解决以及议题领域的治理等具体问题，试图从各个学科的理论联合中探寻更加贴切的解释。这一时期的全球治理实践得到了更多的理论支撑，全球治理理论的水平也有了一定范围的提升。但是，此时的全球治理仍然被看作多层治理的总和，是不同领域、不同视角以及不同层级的治理的集合，尽管此前的结构性问题得到了关注，但是全球治理本身并未被建构为一种独立理论或一个专门领域。

从概念上讲全球治理是有缺陷的，它无法反映全球政治中各种行为体之间的权力结构关系，"这种田园牧歌式的美好愿景与新千年以来新自由主义全球治理的冷峻现实相去甚远"②。而全球治理作为一种区别于传统国际政治的结构重构就成了全球治理理论体系的空白地带，这也成为第三代全球治理研究所要解决的重要问题和承担的理论职责。对于全球治理而言，它的理论构建不应该建立在对既有国际关系理论完全摒弃的基础之上，因为全球治理尽管容纳了更加多元化的主体、改变了既有的权力运行方式、产生了个体利益之上的全球利益甚至扩展了政治经济合作的空间。但是，全球治理并没有取代既有的国际政治体系，全球治理和国际政治二者之间是并行的关系，是在两个不同空间场域内所进行的政治活动，全球治理也没有冲破传统政治的界限而建立一个崭新的全球政治版图，政治运行中主权国家的参与和权力的基本作用没有被颠覆，全球治理的独特之处在于其主体的多元性和随之而来的结构的复杂性。那么，对于第三代全球治理研究而言，我们需要从全球治理理论的角度回答苏珊·斯特兰奇所提出的疑

---

① 〔英〕汤姆·佩格勒姆、米歇尔·阿库托：《全球治理的空白地带》，谢嘉婷、吴秋怡、翁士洪编译，《国外理论动态》2016 年第 5 期，第 95 页。

② 〔荷〕亨克·奥弗比克：《作为一个学术概念的全球治理：走向成熟还是衰落？》，来辉译，《国外理论动态》2013 年第 1 期，第 22 页。

问——我们是否已经在多元主体关系中找到了结构？——又或者需要从理论上建构一个更加清晰的全球政治权力结构。

（二）空白地带的填补与超越

正如前文所言，既然全球治理的主体间结构是全球治理理论体系发展的空白地带，那么对于这一空白地带的填补和超越就需要从全球治理多元复杂的主体关系着手。最初的全球治理理论体系往往以一种混杂的方式描述主体之间的关系问题，全球治理被认为描绘了一种"政治舞台不再由国家或政府所独占"的多中心化的图景。全球治理的主体要素包含了国家、国际组织、跨国公司、市民社会以及其他利益团体等多元行为主体，其共同构建了全球治理理论体系中的主体部分。"国家似乎被强行置于全球治理的更大框架中，成为一个全球治理层面之下的具体治理主体。"① 然而，这就带来了一个极具影响力和颠覆性的问题——国家的作用是否可以被替代？在原有的主体间结构中，尽管多元主体之间的作用相互交织，但是没有形成明确的主体间结构，多元主体是分散在主体框架内的单元。尽管它们共同以"全球治理主体"的身份出现，但是依然被看作独立的粒子，并不必然形成合力或凝聚力，因而，当某一主体的作用缺失时，主体间框架内的其他主体将顺其自然地替代其地位，由此一来，国家就变成了一个可以被其他非国家行为体所替代的主体。

这一理论体系的空白地带使得全球治理理论显然背离了现实的发展，造成了全球治理理论与实践的脱节。实际上，尽管全球治理造成了"国家的属土性降低，但在领土控制和人口规制上的国家属性，使得可以取代它的机构还没有出现"，国家在当今的政治现实中仍然具有高度的不可替代性。② 一方面，国家自证的理由仍然强劲，不仅全球治理中所需要的资源要素没有随着全球化的出现而脱离国家的地理边界管控，而且全球治理中的国家也没有伴随着全球化的出现而丧失政治上的独立性，尽管全球化导致

---

① 任剑涛：《找回国家：全球治理中的国家凯旋》，《探索与争鸣》2020 年第 3 期，第 29 页。
② 〔英〕保罗·赫斯特：《民族国家的未来》，载〔美〕D. 赫尔德、J. 罗西瑙等《国将不国——西方著名学者论全球化与国家主权》，俞可平等译，江西人民出版社，2004，第 191 页。

了更大范围实体获得更多授权，但国家仍然保留随意取消这种授权的权力，国家依然垄断着全球治理中合法权力的授予。① 另一方面，非国家行为体的治理能力还有待进一步提升。它们不仅在主观和客观上缺乏与国家行为体同等的治理参与，"非国家行为体更多是治理和监管的对象，而较少主动地参与相关的制度创设"；② 同时还缺乏资源掌握的独立性，它们的活动强烈依赖于国家的政治、权力、文化以及自然资源，并且深受国家意愿的影响，看似独立的非国家行为体其实早已被打上了国家的烙印。因此，全球治理主体中的国家仍然占据核心的地位。

同时，全球治理的多元主体在高频次的互动中早已通过权力流动而形成了一种黏合力和凝聚力，国家与非国家行为体之间也不再是二分的对立关系。一方面，全球治理中的国家并没有否定或反对非国家行为体的存在、价值以及功能，反而以一种积极的态度接纳了它们。另一方面，全球治理中的国家本身也在这种新的融合中发生了变化，"国家自然不会涵盖一切"，国家的身份以及政治和社会关系同样也受到了来自其他非国家行为体的影响。③ 因此，此时的国家尽管仍然是全球治理的核心实体，但是国家本身已经成了包括自身社会基础在内的扩大化了的国家，国家的行为也受到了越来越多来自非国家行为体的影响。

因此，对于全球治理的主体要素而言，多元主体不再是分散的粒子，同时也不再呈现出主体要素的随意混杂排列，它们在国家与非国家行为体权力的让渡和聚合的过程中早已凝结为一个不可分割的、全新的多元主体间结构。正如图 4-4 所示，国家居于这一结构的核心，而非国家行为体则根据权力运行的向度分散在这一核心的周围。其中，国家不再如传统的以国家为中心的治理模式中那样发挥主导作用，而是更多作为一个连接的原点或纽带，在多元主体之间进行权力的分配与协调。

---

① Miles Kahler and David A. Lake, *Governance in a Global Economy: Political Authority in Transition*, Princeton University Press, 2003, pp. 9–10.

② 何曜：《全球治理体系的权力结构变迁及启示》，《浙江学刊》2017 年第 3 期，第 7 页。

③ 〔美〕彼得·埃文斯、迪特里希·鲁施迈耶、西达·斯考克波编著《找回国家》，方力维等译，生活·读书·新知三联书店，2009，第 9 页。

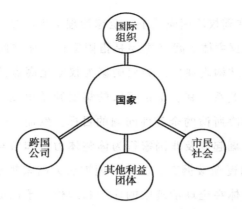

图 4-4　全球治理理论体系中的主体间结构

资料来源：笔者自制。

三　全球治理立体化结构的塑造

全球治理理论的主体间结构的构建，在全球治理中多元的主体力量之间实现了凝合和统筹，以国家为联动的多元主体间的集合关系让全球治理的主体要素更具代表性和统一性。同时这一结构的构建也为全球治理理论体系整体结构的形成奠定了最坚实的主体基础，主体的多元性背后所承载的全球治理机制的创新以及全球治理内容的扩延均在主体间结构的基础上得以显现，全球治理理论的整体结构应运而生。

（一）全球治理单一平面式结构的缺陷

上文中所构建的全球治理主体间结构的理论基础，成为全球治理整体结构重塑的关键。这是因为，全球治理的独特性就在于以主体为代表的内涵的多元化以及空间关系的外延化，全球治理主体成了全球治理进程中资本、权力、制度、价值等要素新的容器和载体。因此，全球治理中主体在逻辑上的空间性和关系上的创新性就成了全球治理区别于其他政治形式的主要根源，同时也决定了全球治理不同于他者的整体架构。

依照传统的理论分析视角，学者们倾向于将全球治理的过程描述为一种单向度的平面式的结构——既包括了霸权治理模式下的纵向立面（见图 4-5），也涵盖了多元多中心网络化治理模式下的横向截面（蛛网）（见

图 4-6）。其中，在霸权治理模式下，全球治理呈现的是平面化结构中纵向的立面形态，即根据主体之间（主要是指国家行为体之间）不平等的权力地位，全球治理的结构表现出以霸权国家为权威至高点的自上而下的连续式的纵向治理传导关系，其从个别国家的集团利益出发，通过构建相应的国际制度来达到解决所谓的全球性问题的目标。然而，随着国家行为体中新兴国家的群体性崛起以及非国家行为体整体力量和参与度的提升，这一纵向式的立面结构逐渐被摒弃，全球治理被认为越来越趋于"扁平化"。[①]伴随着多元行为主体在全球治理中的作用和地位被予以更多强调，全球治理的结构也相应地从纵向的立面开始向横向的截面（蛛网）过渡。此时，全球治理的结构表现出以多元行为体为节点，以相应的制度考量、价值观念、利益诉求以及全球性问题贯穿为连接的横向网络化关系。网络化结构的构建打破了个别国家和集团利益的垄断，是对全球化发展的一种应和，此时，全球治理的过程不再是一种国家间的互动行为，而是应该被当作"一场发生在各种各样参与者之间的磋商及互动"[②]。

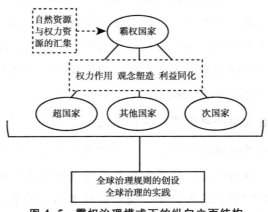

图 4-5　霸权治理模式下的纵向立面结构

资料来源：笔者自制。

①　秦亚青：《全球治理趋向扁平》，《国际问题研究》2021 年第 5 期，第 70 页。

②　Martin Hewson and Timothy J. Sinclair, *Approaches to Global Governance Theory*, State University of New York Press, 1999, p. 298.

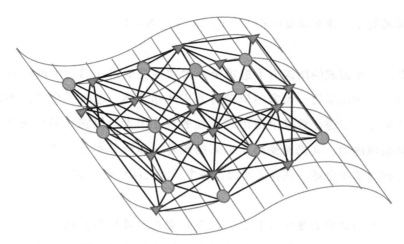

◯ 主权国家行为体构成的节点　▲ 非国家行为体构成的节点
—— 制度、价值、利益、全球问题的链接

图 4-6　多元多中心治理模式下的横向截面结构

资料来源：笔者自制。

这种单一的平面式的全球治理结构存在两个主要的问题。其一，单一的平面式结构过度强调了非国家行为体的作用。其中，以霸权治理为代表的纵向立面结构将全球治理的合法性权威建立在权力的基础上，却忽略了认同在其中的重要作用。全球治理中的共有价值和观念认同就是将"'重叠共识'所达成的政治认同"作为"公共理性"的基础。① 基于权力的压迫而缺乏认同的治理必然是一种片面的治理，一个问题解决之后可能会滋生出更多的问题源头，甚至治理将重新回归统治；而以网络化治理为代表的横向截面（蛛网）结构则将非国家行为体与国家行为体置于同等的位置，忽略了国际体系在全球治理中的粘性（viscosity）。

治理的政策网络使得非国家行为主体虽获取了部分权威，却没有对国际治理特别是大国搭建的治理架构构成颠覆性改变，这说明了国际体系在全球治理中的粘性（viscosity）。其实，国际体系只是反映国

———————

① 〔美〕约翰·罗翰斯：《政治自由主义》，万俊人译，译林出版社，2000，第 603 页。

家间关系，诸多议题的产生机理还必须深入到运行机制。①

其二，平面式的结构为了追求全球治理各类要素在结构中的连贯性和关系性，而把原本属于国家的资源与其主体相分离，忽略了全球治理资源的领土属性。资源尽管是全球治理过程的贯穿因素，但它并不是随意分散在全球场域内的，其仍然受到了国家的统筹，即资源本身无法作为一种自由的存在而承担全球治理各个层级或各个节点之间的链接职能。

> 我们经常老生常谈地说，从气候变化、移民和疫病流行，再到恐怖主义、金融不稳定以及大规模杀伤性武器的扩散，当今许多最棘手的问题都是跨国界的。而要成功地解决这些问题，需要采取的行动不是单边、双边、甚至多边的，而必须是全球性的。一切都被全球化了，唯有政治除外。应对这些问题所必不可少的政策、权威以及资源仍然分散在各个国家，而非集中于全球性的机构。②

因此，将全球治理的结构看作一种单一的平面式结构无疑是片面且空洞的。这种单向的结构一方面无法反映全球治理中交织的关系和交错的层级分布，只能作为全球治理在某些具体领域和问题上的简化和降维模式，不足以涵盖复杂的理论全局；另一方面弱化了全球治理的理论基础，其以全球治理的架构覆盖了原有的国际政治版图，加深了对全球治理概念的误读，造成了全球治理本身内容的含混性加剧以及对全球治理实践职能的夸大。

（二）全球治理立体化结构的提出

既然单一的平面式结构在全球治理理论体系的构建过程中被发现存在

---

① 汤伟：《全球治理的新变化：从国际体系向全球体系的过渡》，《国际关系研究》2013 年第 4 期，第 48 页。
② 〔美〕托马斯·韦斯、〔英〕罗登·威尔金森：《反思全球治理：复杂性、权威、权力和变革》，谢来辉译，《国外理论动态》2015 年第 10 期，第 116 页。

一定的问题，那么，在融合了全球治理的空间性逻辑的基础上，本书将提出全球治理的立体化结构。这种立体化的结构涵盖了横向与纵向的平面分布结构，其既有横向的跨边界流动，又有纵向的关系传递。如果说先前的网络是一种基于领域边界的有限开放而生成的平面网络，那么后工业化时代的网络则是一种突破了单向性的立体网络。具体来说，全球治理的立体化结构就是以全球治理主体间结构的立体形态为支撑，以全球治理的空间想象为场域，以国际治理的全球分布为基础，以国家的国内外联通作用为交界，既是全球空间内治理行为的复杂交互，同时也是传统的国家间合作关系的有力补充。这种立体式结构的提出主要基于以下三点考量。

第一，全球治理的逻辑基于空间性的想象。全球治理中的关系是立体的，其既有纵向的权力让渡关系和治理层级的分布，同时也有横向的边界延伸和资源流动的现实，更重要的是，这些过程是同步发生的。因为全球化的出现使得全球治理呈现一种随时随地准备状态，其"为全球化的事物成为生活的构成部分做准备，为全球性成为任何局部或任何领域、任何制度中的一种基本要素做准备"①。因此，全球治理所面临的变化过程并不存在时间上的先后，无法通过空间压缩而予以全球治理某一平面化或时间线性的结构诠释。

第二，全球治理的结构关系表现为一种复杂的联动关系。一方面，全球治理中的关系是复杂且多维的，全球治理内部包含着纷杂的内容，且始终处于流动发展过程中，因而全球治理本身并不是一种具有秩序和等级的明确设定，而是呈现一种高度分散化的图景。正如詹姆斯·罗西瑙所言，"如果勾画一下以新本体论为基础的世界地图，对全球治理的描绘将是高度分散的，即使它的许多空间向度出现重叠。全球治理因而不是一个高度一体化和秩序的标识，因为它是对高度复杂而广泛的全新行动的一种总结"②。另一方面，全球治理空间内部的结构形态并不是连续的，即尽管各个要素、

---

① 〔英〕马丁·阿尔布劳：《全球时代：超越现代性之外的国家和社会》，高湘泽、冯玲译，商务印书馆，2001，第169~170页。

② 〔美〕詹姆斯·罗西瑙：《面向本体论的全球治理》，载俞可平主编《全球化：全球治理》，社会科学文献出版社，2003，第62页。

领域以及问题紧密相连，但这种联系并不代表在每一个具体的治理截面中，所有的要素之间都必然有连接。实际上，全球治理中的主体、要素以及治理关系并不是一个连续的、遍布全球的巨大链条，而是更多呈现为一种"莫比乌斯环"状的结构形态——尽管它们从整体上具有紧密的联系性，但是中途没有节点、没有过渡，也没有明晰的因果推导关系，而是通过潜在的传导性予以链接，相互嵌套，互为因果。在每一个横截面上，都具有不同的治理要素的排列、主体的参与以及不同的治理方式（例如全球海洋问题的治理可能只针对海洋利益相关国家，内陆国家在全球海洋问题治理的截面中的联系并不紧密或者主体的显现度并不高，但是海洋问题又以蝴蝶效应的方式传递到了气候、经济甚至金融等与内陆国家有着紧密关系的领域，这种传导性可能带来的是不同领域问题上具体的治理结构、治理关系，甚至治理模式的变动）。这种非定式的结构更契合于量子世界的非定域原则，"在量子视域中，世界不是一个依照机械的因果机制运行的机器，而是一个万物高度关联的时空域及其不确定性本原和流动不居的关系纠缠"①。

第三，全球治理的运行基础是国际政治所提供的根基。全球治理与国际政治之间并不是二元对立的关系。一方面，全球治理没有脱离国际政治而单独存在，全球治理过程中所依赖的资源仍然以国际政治中的主权国家疆域为划分，全球治理中的权力、制度、观念仍然以主权国家的重要作用为支撑。国际政治的稳定运行仍然是全球治理的基础，在解决全球治理失灵的具体问题上，全球治理理论体系需要更多尊重各国的政策空间，而非片面地强调协同；当全球性问题可以被国家或国际所解决时，就无须将其大动干戈地上升至全球治理的范畴。另一方面，全球治理是对国际政治的有力补充，全球治理强调多元主体的协同，但是这种协同的空间并没有覆盖既有的国际政治空间，并没有在治理的协同中解决国际政治本身所存在的固有矛盾，而只是针对全球性问题在多元主体之间、在国家关系之上所构建起的一个新的治理空间。由此一来，国家

---

① 秦亚青：《知识观重建与国际关系理论的发展进路——以三大理论批判为例的分析》，《中国社会科学》2022 年第 9 期，第 53~54 页。

就处于全球治理空间和国际政治空间交互的边缘。国家通过权力向上和向下的让渡路径将两个空间相连接，同时又通过对权力的掌控和收回把握着国际治理和全球治理的限度，从而让全球治理维持在一个可持续的范围内。当然，这种作用边界的浮动可能使全球治理与国际政治存在一定程度的空间重叠（见图 4-7）。

　　全球化侵蚀了国家的边界，削弱了国家的一些传统的能力，但是，在国家主权被弱化的同时，有效的国际制度规则并没有被及时地创制出来，而那些现有的国际制度如联合国、区域性合作机构等在集体安全、维护和平、促进经济社会发展上不能承担起应有的责任。迄今为止，治理似乎对政治问题的处理还沾不上边，对贫困和边缘化等紧迫问题的解决还无能为力，像国际货币基金组织和世界银行这样的国际组织，自 70 年代初布雷顿森林体系解体以来一直未能阻止一系列的金融财政危机。[①]

 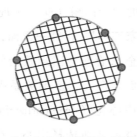 

国际政治的结构　　　　传统全球治理的平面式结构　　　　创新型全球治理的立体化结构

◯（圆形实线）表示国际场域　● 表示国家 —— 表示相互之间的联系 ⟷ 表示双向的关系流动
◌（圆形虚线）表示全球治理的空间边界 ◎（灰色阴影）代表全球治理空间与国家政治空间的重合

图 4-7　三种类型的结构比较

资料来源：笔者自制。

---

① 唐贤兴：《全球治理：一个脆弱的概念》，《国际观察》1999 年第 6 期，第 22~23 页。

综上所述，全球治理理论体系中的结构是一种立体式的空间化结构，其定位于国际政治的基础之上、内含复杂的联动关系，依赖国家在其中的纽带作用。这一结构具有稳定性特征，去除了原本结构中的空心化色彩。在以国家为核心的主体间结构的联动下，全球治理的结构具有了一个坚实的内核，国家基础性作用的提出凝合了全球治理中的多元主体，同时也倚赖国家的权力聚合了全球治理的制度、价值要素，使其在全球问题的解决上更具合力；同时，国家基础性作用的赋予也重新强调了国家的职能与责任，国家对其他行为体的联动和把控既保证了全球治理模式的灵活性，同时也划定了全球治理责任义务的范畴。

需要说明的是，这种立体空间结构的重塑尽管建立在对国家重要性予以肯定的基础之上，但是这种结构并不等同于国家中心主义的回归。一方面，把国家找回来，并不代表把其他主体踢出去。此时的国家是经历了全球化的洗礼和内化后已经扩大了的开放的国家，而非威斯特伐利亚"紧身衣"束缚下的封闭的国家；是多元主体关系结构中发挥凝合作用、被约束和监督的国家，而不是政治环境中以独立自我利益为先的个体的国家。它是"以行动主体和制度结构的理论面相（向）出现的'分析变量'，而非传统政治学中整全意义上的国家实体"①。另一方面，国家在全球治理中是以主体间结构的内核身份以及全球治理与国际政治的空间链接而出现的，国家并不是一个独立的节点，而是多元、多维关系中的国家，此时的"把国家找回来"更趋向于一种去中心化（decentarlization）的逻辑。其中，去中心并不是不要中心，而是可以灵活地选择中心。在全球治理中，国家并没有被置于全球治理的中心位置，同时也没有被置于全球治理的固定结构之中，其更多地作为一种纽带和通道。对于其他主体而言，国家既不具有强制性，同时也不具有分离性，国家是在合理的自主性和有限的能动性之间发挥作用并保持存续的。

---

① 曹胜：《范式转换视域中国家理论的知识变革——兼评国家中心范式的理论创新》，《广西师范大学学报》（哲学社会科学版）2021年第5期，第112页。

第五章 全球治理理论的能动建构
——全球元治理范式的加持

元治理（meta-governance）由英国学者鲍勃·杰索普所提出，这是对治理失灵的一种有效回应，它突破了原有研究中主张从外部分析治理失败的路径，将视线转向了治理的内在结构本身，为治理理论痼疾的疗愈提供了一种可行思路。追溯元治理建构的根源，它包含了对治理的反思与回应，是一种针对治理而进行的治理。

> 在国际社会，由于不存在一个超级国家这一主体来统管全球性公共事务，每一个国家都是非饱满性的有限治理主体，在全球治理的全域性主体缺失及其全球治理的国家悖论存在的情形下，把元治理范式引入全球治理是一种反思全球治理危机的便捷路径。[①]

伴随着第三代全球治理研究的发展，全球治理已经从一个"无所不包"的工具性概念逐渐转变为一种独有的建构性理论，世界对于全球治理功能性的关注也逐渐得到体系性的深化。因此，全球治理理论不仅仅是要面对全球性问题和风险的存续，同时也被赋予了能动性地展开理论建构的职责，其不仅要解决现实问题，同时也要能动地建构良性的全球

---

① 邵发军：《人类命运共同体视阈下的共同发展与全球治理问题研究》，《社会主义研究》2021年第1期，第125页。

秩序。如此一来，元治理范式能够成为全球治理理论体系良性发展的有力加持，其在解决既有理论矛盾的同时也能够助力全球治理理论内核更加坚固。

全球治理的元治理逻辑，既不同于公共治理的元治理逻辑，又不同于国家治理的元治理逻辑，它不仅是以解决问题为导向的，而且是以建构共同体为导向的。虽然全球治理能否以及有没有必要建立起类似欧盟的、政治、政体和政策具有某种统一性的机构和组织，仍是一个问题，但这并不妨碍我们把构建人类命运共同体当做全球"元"治理的根本指向。[①]

第一节　对治理的治理——元治理范式的超越

元治理概念的提出是基于对治理失灵的反思以及对理论所固有的结构性难题的出路探索，其将治理的失败看作一种必然。因此，元治理提出了对自组织进行组织、对自规制进行规制的具体路径，被定义为一种"超越结构、规则以及转变社会和经济生活的具体治理形式的高阶治理（higher-order）形式"[②]。因此，从理论建构的角度而言，元治理范式的生成就是以治理的失灵为先验条件的，并试图以"克服治理的失灵"而对治理系统展开的再治理——"对治理的治理"（governance of governance）——而实现对原有治理的路径超越。

[①]　吴畏：《人类命运共同体构建与全球"元"治理范式》，《华中科技大学学报》（社会科学版）2019 年第 1 期，第 14~15 页。

[②]　原文为"Metagovernance refers to higher-order governance transcending the concrete forms of governance through which social and economic life is shaped, regulated and transformed"。参见 Eva Sorensen and Jacob Torfing, "Making Governance Networks Effective and Democratic Through Metagovernance", *Public Administration*, Vol. 87, No. 2, 2009, p. 245。

一 元治理范式的超越路径

如果说元治理通过"对治理的治理"实现了对原有治理理论的超越，那么，全球元治理范式的构建则将成为对全球治理理论的完善与补充。就当前的全球治理理论体系而言，其所依赖的治理理论本身存在的欠缺导致全球治理理论构想仍然更多地滞留于第二代研究中，学者们试图从不同学科的理论援引中去诠释全球治理的具体内容，却唯独无法从治理理论本身出发。这是因为，治理理论迄今为止仍然更多地展现为一种对多元性、协商性、民主性治理方式的呼吁，在面对具体的实践问题时常常由于内容的含混而止步不前。

（一）承认治理的失灵可能

元治理建立在对治理失灵的反思以及对治理理论欠缺回顾的基础之上。在现代政治学的研究中，治理被看作一个特定空间内多元的共同体成员以公意为基础，以共同参与和民主协商的方式而进行决策和管理的方式，其对于多元性、协商性以及民主性的强调使得其从一开始就区别于依赖强制力运行的统治。然而，治理理论的多元性并不会指向治理成功的必然，反而可能因为主体间利益的冲突、价值的分歧以及权力的不平等分布而成为治理运行的阻碍，治理理论忽略了对多元主体聚合及协调过程的探讨，由此也使全球治理理论——以治理理论为基础——在权责的含混中遭到质疑。

紧随理论问题所到来的，是民主胁迫下政治异变所造成的治理理论的失灵，多元主体的参与诉求与多元协商的路径并不匹配。正如迈克尔·桑德尔（Michael J. Sandel）所指出的，全球化所造就的新兴商业和通信的模式冲破了原有的政治边界，构建了跨越距离的新的相互依赖关系，但是，其并没有带来"新的共同体感"。① 多元主体在治理参与中参照完全不同的逻辑和理念，治理的民主路径成了压抑情绪的释放端口，

---

① 〔美〕迈克尔·桑德尔：《公共哲学：政治中的道德问题》，朱东华、陈文娟、朱慧玲译，中国人民大学出版社，2013，第23~24页。

认同的异化增加了协同的难度，治理实践逐渐脱离了治理理论为其所铺设的理想化轨道。

> 岂止经济全球化，现在的情况是，政治也走进了全球化进程，而且在全球化中发生了变异。因而，不用说民主还有什么权威，即便是在民主的名义下所开展的活动，都更多地染上了狂欢节的色彩。这样一来，人们只是借着民主的形式去释放受到压抑的情绪，而国家机构以及法律等既定设置却像往常一样非常认真地对待通过民主程序决定的事项，把随意性的表演当成了严肃的正剧。在国家之间，则把这种并不真正反映公众意志的东西当作人民的指令，并按照这种指令去开展活动和处理国际关系。[①]

这种治理失灵的现象并不是极端的个例。鲍勃·杰索普指出，任何一种治理都存在失败的可能，治理本身存在不可避免的局限性。因为在治理中"不存在对一个对象或一组对象实现完全或总体控制的情况——治理必然是不完全的，它的一种必然结果只能是失败"[②]。因而，承认治理"失败"就成了元治理对治理理论反思的重要结论之一。

第一，治理"失败"的原因"根植于资本主义本质之中，即总是寻求市场化组织形式与非市场化组织形式之间的矛盾平衡"[③]。治理的理念强调了政府-市场-社会的凝合，主张沿用资本市场的自由主义逻辑摒除政治统治的强制性，然而，其忽略了市场运行与政治运行在本质上的区别。放纵资本主义市场和创建自我规制的市场文明具有局限性和内部矛盾。[④] 尽管治

---

① 张康之：《论民族国家在全球化中的处境》，《学术界》2019 年第 3 期，第 35 页。
② 原文为 "There is no such thing as complete or total control of an object or set of objects—governance is necessarily incomplete and as a necessary consequence must always fail"。参见 Jeff Malpas and Gary Wickham, "Governance and Failure: On the Limits of Sociology", *The Australian and New Zealand Journal of Sociology*, Vol. 31, No. 3, 1995, p. 40。
③ 〔英〕鲍勃·杰索普：《治理与元治理：必要的反思性、必要的多样性和必要的反讽性》，程浩译，《国外理论动态》2014 年第 5 期，第 16 页。
④ 参见〔英〕卡尔·波兰尼《大转型：我们时代的政治与经济起源》，冯钢、刘阳译，浙江人民出版社，2007。

理理论试图在它们中间构造一种新型的平衡关系，但现实是，其在打破原有的关系平衡条件时并没有带来新的平衡，治理主体所构成的自组织无法确保内在关系的对称性。第二，治理"失败"的原因在于其忽略了国家体系的政治性和独立性，治理希望引入多元主体共治的方式来弥补传统统治方式的缺陷，但是这种方式由于缺乏理论本身对于边界（包括权力边界、主体边界以及问题边界）的探讨，使得新兴的治理与传统的统治混为一谈，甚至企图以治理的方式来替代必要的统治进程，造成了国家自治与全球治理在很多领域实践中的不相容性。第三，治理本身就包含失败的可能。例如治理中"对治理对象缺乏了解、对行动条件简单化处理、多系统层面（如组织层面与人际层面）的不协调、治理安排时相互依存的伙伴关系之间的协调不畅等"，这就使得治理理论失灵的风险再一次加大。[1]

（二）元治理范式的形成

治理失败必然性的背后，实际上将问题的根源直接指向了治理中的自组织——涉及广义与狭义的治理。按照杰索普对于治理概念的解读，广义层面的治理是指诸多方式中任何一种独立活动的协调方式，主要包括交换（交流）的无秩序、有组织的等级制以及自组织（self-organizing/heterarchy）；而狭义层面的治理则仅仅指自组织（heterarchy），其包括人际网络、经谈判达成的组织间协调以及分散的由语境中介的系统间调控（context-mediated inter-systemic steering）三种表现方式。[2]

由于治理中的自组织缺乏组织性和规制性，并且自组织的形成秉持了一种具有高度包容性和开放性的逻辑，这就造成了自组织本身的缺陷，治理主体也并不能实现对自组织内部形态以及治理对象的完全掌控，"治理结果也必然是失败"。这种现象同样对照在了全球治理的进程中。由于全球治理强调更大范围的多元主体共治，全球治理理论体系中弥散出对网络化治理的热衷与迷恋的气息，网络治理方式被看作新型全球治理的灵丹妙药，

---

① 郭丁：《鲍勃·杰索普的元治理理论探析》，《山东社会科学》2022年第1期，第85页。

② 〔英〕鲍勃·杰索普：《治理的兴起及其失败的风险：以经济发展为例》，漆燕译，《国际社会科学杂志》（中文版）2019年第3期，第52页。

而网络治理中去中心化的强调又使得全球治理从理论层面逐渐忽略国家的重要意义。然而，在所谓的"网络化全球治理"的自组织中，网络并不是一种稳定的结构，其要么在"枢纽"撤退之后倾向于瓦解，要么则在诉求的蔓延中试图向正式组织发生转变。因此，全球治理理论中主体之间关系的含混和主体间结构的缺失，造成了全球治理实践中责任和作用的委顿，而这种委顿又进一步回旋，导致了全球治理理论的"失败"。因此，无论是治理理论还是全球治理理论，都需要对自组织形态进行反思，从治理主体之间的协调角度出发，探寻理论自身的出路。而元治理则恰恰是对治理理论失灵以及对治理中去国家化趋势的反思与回应。

元治理作为治理的"关键构成部分"，其打破了从治理的外缘去寻找可行性力量形塑治理理论的传统路径，主张从治理理论的内部着手，在尽可能保持理论完整性的基础上，挖掘理论内在要素对理论自身的建构作用。面对治理的失败，元治理创造性地提出了对治理中的自组织进行优化的思路，它强调了元治理者（meta-governor）的重要作用，认为元治理者的存在可以在自组织内部建立起一种多元主体有序凝合的关系。丹麦学者伊娃·索伦森（Eva Sorensen）特意在研究中指出，当治理的网络无法克服多元主体之间的分歧时，治理必然会走向失败，而元治理范式的构建意义就在于在一个充满多元性和碎片化的治理系统中，元治理范式可以在保持治理主体高度自治权的同时，推动各方主体的共同协作。①

因此，对于治理来说，元治理既是治理的重要组成部分，以一种内化的形式在治理理论框架下展开探索；同时又是对治理失灵的反思和对治理理论的有力补充，呈现一种外化于治理的形式。元治理范式的构建，解决了一直以来围困治理理论的主体间结构难题，其通过"对治理的治

---

① 原文为"Metagovernance is a way of enhancing coordinated governance in a fragmented political system based on a high degree of autonomy for a plurality of self-governing networks and institutions"。参见 Eva Sorensen, "Metagovernance: The Changing Role of Politicians in Processes of Democratic Governance", *American Review of Public Administration*, Vol. 36, No. 1, 2006, p. 100。

理"弥补了治理理论中由于协调性不足而可能导致的路径缺陷。从这一角度而言，元治理范式既是一种对治理的完善，同时又可被视为对治理的超越。

二　全球元治理的构建原则

元治理将自身的提出建立在对治理的反思基础之上，认为任何治理都存在失败的可能，因而"承认治理的失败"就成了元治理在对治理反思之后所得出的主要答案；但元治理作为治理理论中的一个重要组成部分，其本身也不可避免地面临失败或失灵的风险考验。"当治理目标和元治理目标复杂无比又相互联系时，尤其可能发生失灵现象。"① 对此，鲍勃·杰索普指出，为了应对这种失灵的风险，无论是治理还是元治理，都应该在理论的构建过程中坚持三个原则——必要的反思性、必要的多样性以及必要的反讽性，即当治理中协调尝试的不完全性出现时，我们将有必要从这三者中选取一个较能令人满意的角度来予以回应。本质上而言，这三个原则就是在面对治理失灵时元治理范式所做出的创新性回应。其不仅是全球治理理论体系完善的主要推动力，同时也是一种基于结果的反向思维而对理论构建本身提出的一种具有底线性的启示和要求，以保障理论的持续性和有效性。

（一）　必要的反思性原则

必要的反思性是指治理的主体在充分认知了治理存在失败可能性的前提下，仍然能够以客观的立场对当前治理理论中所包含的内容以及其与实践的关系进行重新评估，即在不完全成功的条件下，反思治理定位与治理目标之间的契合程度，对于治理所包含的多种协调方式予以比较，并对治理结果的评判标准予以再设定。

对于当前的全球治理理论而言，必要的反思性正是第三代全球治理研究所必须坚持的，同时也是当前学界对全球治理理论体系进行重塑和创新

---

① 〔英〕鲍勃·杰索普：《治理与元治理：必要的反思性、必要的多样性和必要的反讽性》，程浩译，《国外理论动态》2014 年第 5 期，第 14 页。

的思想源泉。当全球治理逐渐从功能性走向理论化时，当全球治理逐渐作为一项独立的理论形态被世人接受时，当对全球治理盲目乐观的情绪逐渐在现实面前冷却时，甚至当全球治理理论被质疑、被认为"走向衰落"甚至"失灵/失效"时，必要的反思性远远地向黑暗笼罩下的全球治理理论体系投射了一束光。

我们不禁去反思，全球治理理论体系是否充斥了过多的乌托邦色彩，全球治理理论是否与全球治理现实相对应，全球治理理论是否该止步于其内容的多元性和包容性，全球治理理论如何与人类漫漫长河中所构筑的国际政治版图相对接，全球治理理论如何承载国家的延续、如何安置非国家行为体的地位，全球治理的边界在哪儿，全球治理的意蕴如何？这些都是全球治理理论需要反思的重要问题，同时也是全球元治理范式构建的价值所在。

一方面，全球治理理论曾经热衷的单向度平面网络化治理结构在历经了多次实践检验后逐渐显现出在权责分配方面的缺陷，过去所推崇的依照非国家行为体（主要指向国际组织）的力量而形成的全球治理在现实的危机面前溃败不堪。"全球政治和经济体系没有提供重要的全球公益物：公共卫生、气候行动、可持续发展与和平。"[①]"对国家力量的弱化"成了遥远的乌托邦，国家又以危机中最后防线的身份重回全球治理的舞台中央。另一方面，全球治理理论中共同利益必然导向合作的美好设想在现实危机面前逐渐表现出逻辑漏洞。"越来越多的例证显示全球性公共事务中的合作成本显著增加，面对全球性问题的挑战时重要行为者开始趋向规避风险、转嫁成本。"[②]繁荣时期的全球联合掩盖了个体的利益差异，国家在危机面前的各自为政更是印证了全球共同利益达成的漫长性和复杂性。因此，在对全球治理理论体系的必要性反思中，我们看到了全球合作的脆弱性，认知到了全球联合的条件性（权力的作用），也意识到了全球治理的边界性，这些

---

① 〔葡〕安东尼奥·古特雷斯：《消除普遍存在的不平等：新时代的新社会契约》，联合国网站，https：//www.un.org/zh/node/88648，最后访问日期：2023年6月25日。
② 于海洋：《全球治理中非政府治理主体的发展困境思考》，《商业研究》2014年第8期，第137页。

反思都将成为全球治理理论体系重塑的基础，同时也将成为全球元治理范式构建的主要内容。而必要的反思性给全球治理理论发展的启迪就是，放弃一路高歌的宏伟设想，在反思中前行。当然，这种反思性在一定程度上也蕴含着理论倒退的风险，这就需要在与其他两种原则的结合中加以规避。

（二）　必要的多样性原则

必要的多样性原则更加类似于控制论中的规则，其表达的是这样的一种图景——由于外围环境的变化将会对系统本身产生显著影响，因此，为了避免外部环境的冲击或抵抗外围的环境动荡，"必须充分发挥控制器与调节器的功效"，使之能够在一个选定的框架范围内激发出"尽可能多的不同反作用力"，由此来保证已选定的系统在动荡之中产生确定值。[①] 将这种思维对应至治理的相关领域，就是元治理范式所强调的灵活性和多样性。

> 在一个动态的、日新月异的世界里，自然和/或社会无法避免的无序状态，将立即粉碎任何在此概念基础上建立起来的控制机制。由于在这个复杂的世界里，对于一种制度的干扰有无限种可能，因此，我们应当将一种制度的内在多样性最大化，这样，该制度就可以应对尽可能多的偶然事件。于是，可将该法则做如下调整：若要在动荡环境中将（元）治理失灵危机最小化，我们需要有足够多的应对措施，以便保持改变策略或择优选择的灵活性。[②]

元治理范式所强调的多样性的原则，是对于全球治理理论中多元性的一个补充。全球治理理论要求在主体层面以开放包容的思维容纳主体的多元性，要求除国家行为体之外，其他的非国家行为主体也能够在全球治理的舞台上享有相应的地位和权利。而多样性则是在对多元性这一基础的承

---

① 郭丁：《鲍勃·杰索普的元治理理论探析》，《山东社会科学》2022 年第 1 期，第 86 页。

② 〔英〕鲍勃·杰索普：《治理与元治理：必要的反思性、必要的多样性和必要的反讽性》，程浩译，《国外理论动态》2014 年第 5 期，第 19~20 页。

认之上，又强调了主体间结构和制度创设的多种可能，主张以一种灵活多变的方式处理全球治理的实践问题。

这就涉及理论层面对"全球治理"本身所持有的预设的探讨。就全球治理理论失灵的批判而言，很多声音源于对"全球"范围的误读以及对全球治理功能和路径的夸大，将全球治理视为以一种高度一体化的方式而对全球事务进行处理的过程。在这种语境下，全球治理被当作对传统的、以国家为核心的国际政治关系的替代，这显然是对于全球治理功能的预设偏差。实际上，全球治理只是在全球化影响之下所构建出的一种针对单一国家无力解决或对全球具有广泛影响的全球性问题的应对方式，全球治理只是在全球的空间场域内处理属于"全球"的事务，其并不是对原有政治方式的完全替代，在全球治理的场域之外，仍然存在国家间的政治交往、双边的经贸互通、国家内部的社会管理以及其他形式的跨国治理、区域治理甚至国际治理的行为。全球治理对于传统的政治方式而言，是一种作用的填补而非对传统的颠覆。因此，全球治理理论的预设应该是共同体的建立，而非一体化的形成，其并不是要求"出于自愿或迫于压力的主权丧失"，而是强调对全球化时代下紧密的相互依赖关系的承认。①

由此一来，全球治理中的多样性就具有了两个维度的重要体现。第一个维度是对于主体层面行为体之间结构多样性的承认。全球治理理论既尊重主权国家的重要地位，同时也承认其他主体的积极作用。主体间结构的多样性就是指全球治理中多元主体之间的联合方式并不是固定的，而是可以根据全球治理的客体而进行权力的多样重组。第二个维度则是对于全球治理制度层面多样性的要求。一方面，在传统的全球治理制度要素中，全球治理的制度往往是正式和非正式制度的总和，基于规则的治理被看作唯一模式。然而，中国学者秦亚青基于中国的文化传统提出了不同于"规则治理"的"关系治理"模式，认为实现良治的关键在于两种模式中有益成

---

① 〔加〕阿米塔·阿查亚：《重新思考世界政治中的权力、制度与观念》，白云真、宋亦明译，上海人民出版社，2019，第 87 页。

分的合理结合，全球治理需要一种新型的综合治理模式（synthetic model of governance）。① 另一方面，全球治理制度的碎片化一定程度上也是多样性的保障，多元机制更易于通过良性竞争来促进全球治理本身的优化。因而，在多样性的要求下，全球治理制度在追求有效性的同时还需要在多元性中兼具一定的韧性，以此来适应外部环境的变化。

　　将全球治理中两个维度的多样性要求统合起来，就得到了对于全球治理理论必要的多样性原则的进一步启发——全球治理理论体系的开放性。实际上，对于第三代全球治理而言，其一方面要在第一代、第二代的研究的基础上以更加深入的视角去探寻全球治理的运作规律，包括为理论建立边界、反思理论构建的初衷、推动理论的政策执行以及发掘理论中的主要驱动力。② 而另一方面则是需要以一种更加专业的全球治理理论视角去探寻理论本身，这种视角应该是相对独立的、具有全球治理特色的、具有开放性的。其中，"开放性"的要求并非指向对多学科、多领域的借鉴层面，而是指向理论的高度和理论内涵的包容性。"元治理并不意味着建立一个铁板一块的治理方式，毋宁说它涉及的是复杂性和多元关系的管理。"③ 全球治理理论体系的构建，并不等同于全球治理政策的提出，其目标并不是要构建出一整套清晰严密的、模式化的、可以在不同领域场合被嵌套的行动指南，而是旨在为全球治理提供一个独特的理论空间，以一种高度概括化的逻辑去阐述复杂表象背后的逻辑，全球治理理论相对于全球治理实践而言，具有更高的理论站位，它所提供的理论空间将内含主体结构、制度种类、价值观念以及问题领域的多元性和多样性。简单来说，全球治理理论体系允许更多实践的可能。

---

① 秦亚青：《关系与过程：中国国际关系理论的文化建构》，上海人民出版社，2012，第125页。

② 大卫·科恩和汤姆·佩格勒姆围绕第三代全球治理研究提出了构想，"As a first cut, we have identified four areas of inquiry intended to illustrate the scope and specificity of some of the issues which underpin a purposive turn in global governance scholarship"，"Establishing boundaries"，"whither theory? What kind of global governance theorisation can the field aspire to?"，"Implementation politics" and "What Works?"。参见 David Coen and Tom Pegram, "Towards a Third Generation of Global Governance Scholarship", *Global Policy*, Vol. 9, No. 1, 2018, pp. 109–110。

③ 〔英〕鲍勃·杰索普：《治理的兴起及其失败的风险：以经济发展为例》，漆燕译，《国际社会科学杂志》（中文版）2019年第3期，第65页。

（三） 必要的反讽性原则

必要的反讽性原则对于治理理论而言，充满了哲学意涵。它是指在认识了治理失灵的必然性以及治理不完全的难以避免性之后，仍然能够以一种乐观的心态，对于治理和元治理采取恰当的立场。① 简单地说，必要的反讽就是要在理论的构建中尊重反讽的作用。不可否认的是，对于反讽的接受是一个困难的过程，因为反讽意味着质疑、反对甚至颠覆。韦恩·布斯（Wayne C. Booth）指出，"反讽往往被视为是清晰有序的终结者，它打开了混乱局面，要么通过摧毁所有条条框框进行释放，要么通过揭露所有肯定因素中那些不可避免的否定疮疤进行毁灭"②。米兰·昆德拉（Milan Kundera）也承认，"反讽可以激怒我们，因为它通过揭示世界的不确定，否定了我们认为确定的东西"③。

诚然，在这个处处弥漫着不确定性的全球风险社会中，不确定性成了这个时代唯一的确定性。所有的治理理论（包括全球治理理论）均承载了这份不确定性，并且在外部环境的极速变化中备受考验和质疑，全球治理理论与全球治理现实之间的鸿沟越来越大，全球治理失灵以及全球治理理论体系的解释力欠缺等声音越来越多。元治理范式的反讽性原则启示我们，尊重反讽并接受失败或许可以为理论带来新的契机，因为其在实践的变动中揭示了治理环境的复杂性，在失灵中提出更多治理理论所要面对的时代

---

① 原文为 "Of course, insofar as we may be more successful, we can also be less so. In this sense failure may be said to be that which, in part, prompts sociological inquiry. Yet it prompts it not because of some recognition of the inevitability of failure and the limitations that failure brings to our attention-a recognition which might lead to a conception of sociology as concerned with the charting of those limits-but because of a desire to overcome such failure"。参见 Jeff Malpas and Gary Wickham, "Governance and Failure: On the Limits of Sociology", *The Australian and New Zealand Journal of Sociology*, Vol. 31, No. 3, 1995, p. 38。

② 原文为 "Irony is usually seen as something that undermines clarities, opens up vistas of chaos, and either liberates by destroying all dogma or destroys by revealing the inescapable canker of negation at the heart of every affirmation"。参见 Wayne C. Booth, *A Rhetoric of Irony*, University of Chicago Press, 1979, p. ix。

③ 原文为 "Irony irritates. Not because it mocks or attacks but because it denies us our certainties by unmasking the world as an ambiguity"。参见 Milan Kundera, *The Art of the Novel*, Grove Press, 1988, p. 134。

使命。正是这种强调语境、视角以及反复性的反讽，才是对"知识的现状"所进行的最好定义。

对于全球治理理论体系的发展而言，质疑的声音一直都在。从第一代全球治理创立时来自传统理论的质疑，到第二代全球治理发展时基于宏观视角的质疑，再到第三代全球治理实践时发端现实的质疑，全球治理理论体系正是在充满了质疑的反思性中得以构建。因此，面对当前现实带给理论的挑战，"唯一的机会就是跳脱出其政治实践并同时把他们对反讽地位的认识融入实践本身"①。在寻求创造性解决问题的同时对理论的有限性给予充分的承认，并以此为助力推动全球治理理论体系的前向发展。

第二节　对自组织的组织——全球治理中的国家重构

元治理是"治理的反过程，其事关政治权威通过对伙伴关系、网络以及治理制度的更多参与而形成的自我组织形态"②。其中，自组织是元治理范式的关键，元治理的核心议题就是对自组织的组织（organizations of self-organization），即对治理中的自组织结构进行再治理。这是因为治理中所形成的自组织结构尽管保证了多元主体的参与，是对于治理理论中多元参与以及协商的应和，但是，这种松散的自组织内部由于缺乏有效的协调，导致自组织结构的本身成了治理失灵的主要来源。作为建立在治理理论基础上的全球治理理论体系，同样包含了以国家行为体和非国家行为体为代表的多元主体，打破了原有政治中的国家中心主义。尽管这种对于主体多元性的强调为全球治理戴上了多元、包容的王冠，但是由于缺乏对主体间协调模式的探讨以及对权责的进一步明确，全球治理理论的地位并不稳固。由此，全球元治理范式成了修复全球治理结构性问题的主要工具，其

---

① 〔英〕鲍勃·杰索普：《治理与元治理：必要的反思性、必要的多样性和必要的反讽性》，程浩译，《国外理论动态》2014 年第 5 期，第 21 页。

② 原文为"Meta-governance refers to a counter preocess to governance, whereby: Political authorities are more involved in organising the self-organisation of partnerships, networks and governance regimes"。参见 Mark Whitehead, "'In the Shadow of Hierarchy': Meta-Governance, Policy Reform and Urban Regeneration in the West Midlands", *Area*, Vol. 35, No. 1, 2003, p. 7。

通过对全球治理中自组织的组织，挖掘国家在自组织结构中的核心作用，试图为多元主体建立一种更加明晰的具有反思性的关系和结构，从全球治理理论体系的内部（主体层面）去激发理论自身的活力，增强理论的调适性。

一　在全球元治理范式中探寻国家的出路

全球治理理论作为一个由前提假设、构成要素以及体系建构所组成的整体，其内部行为体之间的行为和方式本身就可以作为一种参照，对系统中其他要素的互动环境产生影响。从这一意义上而言，全球治理理论体系中各个主体之间关系及互动所形成的结构本身就将以一种结构性要素的方式对理论进行塑造。① 然而，在全球治理理论的具体构建过程中，国家作为全球治理理论主体要素的核心，其地位和作用一直在理论发展和现实实践中备受争论。究其原因，一方面，全球治理在追求多元性和包容性的过程中逐渐忽视国家；另一方面，国家作为一定边界内权力与资源的容器，长久以来以一种"政治权威组织模式之间长期竞争的获胜者面目出现"。全球治理尤其是危机治理，仍然需要紧紧依赖国家的基础地位。这种对于国家的矛盾定位不仅使得全球治理中的国家在被弱化和被需要的张力之中出现了委顿，同时也造成了全球治理理论体系的结构性难题始终尚未得到明确的回应。而元治理范式，则强化了对于自组织（结构）的认知，其试图采用"对自组织的组织"路径，为复杂的治理主体梳理出关系主轴，进而为全球治理理论体系中国家角色的重塑寻找一条合适的出路。

（一）反思性自组织的构建

自组织（self-organization）是指在一个开放的系统中，子系统之间的关系从原先的混乱无序转向一种在时间或空间上的相对有序（例如分子结构）的过程，如果这一过程没有外界的干扰和参与，那么它就可以被看作一个自组织形成的过程。然而，并不是所有子系统之间的互动都可以被看作自

① 姜珮瑶：《试析全球治理的结构性困境问题》，《法制与社会》2019 年第 2 期，第 106 页。

组织，其存在一个具有约束性的严苛条件——自组织建立必须是"若干物质上相互依存而形式上自主、且又控制着重要资源的组织，感到有必要协调行动以便获得被认为互利的共同结果"①。由于这些组织之间具有关系层面的依赖性、行动方式的自主性、时空领域的跨度性以及利益方面的共通性，因此，在种种情况下，自组织便是一种特别适宜的协调方式。

　　然而，依赖自组织的治理并不一定意味着治理作用的必然显现或治理的必然成功，因为缺少外界的干预，并且其建立的基础仅仅是共同利益之下的自我规制，因此，自组织的结构并不能够对治理主体产生约束甚至控制作用，这就指向了治理的失败。此时，针对既有的自组织形态而构建出一种反思性自组织就显得尤为必要，这也因此产生了元治理中"对自组织的组织"过程。具体而言，反思性自组织就是通过对原有治理项目中主体间更加广泛的联合可能性的探寻，是对于主体在治理结构中的地位进行的重新定义。其并不是要在众多的主体之中选定一个固定的代言人，也不是要采取强迫的方式使其接受某一实质性的目标，"相反，它建基于对话与承诺以解决具体的协调问题，为谈判成功、资源共享等协调行动奠定基础，蕴含着一种实质意义与程序上的合理性"②。因此，反思性自组织的构建就成了治理结构焕发新生的指引。

　　可以发现，这种自组织的形态对应着全球治理理论中的主体间结构，而反思性自组织的理念则为全球治理理论提供了一条可行的出路。首先，全球治理多元主体之间的关系构造在全球无政府状态的背景下排除了外界的干扰，主要是基于全球场域中各类物质资源、权力资源的流动向度以及发展中所形成的共同利益而自发形成。由于超国家权威机构的缺乏，全球政治舞台上多元主体的行为大部分是在自我意愿的指引下进行的。尽管国际制度能够在一定程度上发挥相应的约束和监督作用，但是由于其本身缺乏类似于国内法规所具有的强制性和权威性，对于全球空间内多元主体的影响仍然存在较大的局限。从这一角度出发，全球治理中主体之间的结构

① 〔英〕鲍勃·杰索普：《治理的兴起及其失败的风险：以经济发展为例》，漆燕译，《国际社会科学杂志》（中文版）2019 年第 3 期，第 59 页。

② 郭丁：《鲍勃·杰索普的元治理理论探析》，《山东社会科学》2022 年第 1 期，第 85 页。

就可以被看作元治理所对应的自组织结构。

其次，全球治理中自组织结构本身的运行存在较大问题，甚至成为全球治理发展的重大阻碍，全球元治理范式中的反思性自组织亟待建立。对全球治理理论的批判观点认为全球治理高估了"世界事务中有序协调的数量"，尽管全球治理打破了原本具有强制性意味的霸权治理方式，转而从多元主体共同参与和地位平等的角度构建了以自组织为基础的新型治理模式，网络化治理被奉为圭臬。但是，"网络化"具有普遍性的传导功能，其更加强调作为一个集体的结构属性，而全球治理中的具体行动却又依赖于个体的自我抉择，这就带来了网络化治理在现实利益面前的同等失效。因此，全球治理的主体间结构亟待得到进一步的"治理"。

最后，全球治理中反思性自组织的建立具有其独特性，这种独特性来源于国际与国内政治行为的差异。无政府状态将国际与国内两种维度的行为进行了鲜明的分割，其中，国内政治中追求权力的斗争是在法律和制度的框架和支配下进行的，而国际政治中，法律和制度是受追求权力的斗争限制和支配的。[①] 全球治理框架中的自组织面临一个主要的困境——对谁负责？在无政府的前提下，全球治理的自组织很难通过既定法规制度的作用对主体间结构进行反思性治理，基于权力的争夺和对于多元的尊重将使得主体之间的关系更加复杂。其中，治理要求将拥有不同资源和目标考量的多元主体汇聚在同一集体行动之中，然而，由于缺少有效的协调，这些多元的利益考量将带来理念和行动上的分歧。因而，全球元治理范式中反思性自组织的建立，将比政府-市场-社会所构成的治理更具复杂性。

---

① 原文为 "The provision of order may not require formal institutions or laws. But supposedly the manner in which order is provided is what distinguishes the two areas. Within the state, law and hierarchy prevail; within the international system, power without legitimate authority dominates. Anarchy is equated with lawlessness"; "The renewed focus on anarchy in international politics has led to the creation of a sharp distinction between domestic and international politics. Politics internationally is seen as characterized primarily by anarchy, while domestically centralized authority prevails"。参见 Helen Milner, "The Assumption of Anarchy in International Relations Theory: A Critique", *Review of International studies*, Vol. 17, No. 1, 1991, pp. 74-75。

（二）全球元治理中的国家出路

与其将国家视为类似于资本主义那样的一个固有实体，不如说它是各种力量之间的一种关系，或者更确切地说，它是阶级和阶级派别之间这样一种关系的物质凝聚，以一种必然特定的形式表现在国家之中。①

全球治理中的国家具有双重的意涵，其不仅是作为一种政治实体的国家概念，同时也是一种汇聚了各种关系的意义表征。伴随着国家研究的国际视野转向，国家和全球治理中的多元行为体共同出现在全球舞台之上。从这一意义出发，全球化所提供的强劲动力不仅造成了统治向治理的转变，同时也促成了公共权力与私人权力的再造、国家角色的转变以及国内社会治理的改观，社会力量的崛起和国际力量的下沉使得国家逐渐处于公共与私人、国内与国际等更加复杂的多重关系之中，传统国家所具有的稳固形态在全球化的冲击下被动摇。

杰索普元治理理论的诞生并不是偶然的，而是有其深刻的社会背景与理论渊源。杰索普将国家视为社会关系的集合而不是一种实体，因而当上层建筑不再凝固时，便需要理论的发展与更新来回应作为一种策略关系与制度整体的国家的运行方案。他以国家理论与治理理论为基础，以现实中的国家与市场调节模式失灵的现象为介质，建构了一种包括多元研究范式、涉及诸多研究领域、结合最新理论资源的思想体系。②

---

① 原文为 "The（capitalist）State should not be regarded as an intrinsic entity：like 'capital'，it is rather a relationship of forces，or more precisely the material condensation of such a relationship among classes and class fractions，such as has expressed within the State in a necessarily specific form"。参见 Nicos Poulantzas，*State, Power, Socialism*，Verso，2000，pp. 128-129。

② 郭丁：《鲍勃·杰索普的元治理理论探析》，《山东社会科学》2022 年第 1 期，第 83 页。

针对国家的身份变化，原有的全球治理理论体系并没有为其提供一个明确的解释，甚至认为"网络化治理"才是真正实现了罗西瑙笔下所谓的"没有政府的治理"（governance without government），全球治理理论之所以成立，就是因为全球治理中多元主体的共同参与使得权威的运行向度和方式发生了巨大变化，全球治理并不是国家治理在全球层面的简单延伸，其区别于国家治理的形态就在于，国家治理呈现的是"治理加统治"的方式，而全球治理则依托于"治理减统治"的路径。① 诚然，网络化治理确实涵盖了全球治理中的民主性和多元性特征，但也正是复杂的主体之间缺乏有效的协同机制，才导致了一致性往往难以达成。在全球治理中，集体行动困境的出现表面上显现为个体利益与整体利益、短期利益与长期利益之间的博弈，但其更深层次的原因在于，集体行动强调集体性，而集体行动成功的关键却高度依赖于个体的决策。从这一角度而言，集体行动困境的背后实际上体现的是全球治理自组织运行的失效。

为此，元治理范式提出了一种"对自组织进行组织"的方式，即对于自组织结构中多元行为体的关系进行梳理，并从中选取一个核心的主体——国家，其以国家拥有的权力和资源为基础，认为通过发挥国家对于多元行为体关系的协调作用，可以在一定程度上对自组织的行为进行规制和统筹，进而实现"对治理的治理"，保证治理的目标达成。

全球元治理范式的构建实际上为全球治理中的国家提供了一种新的机遇，为国家在全球化时代中的角色重构指明了出路，其表明全球治理中的国家地位不仅难以被撼动，同时国家还需要在一个新的场域空间内承担更大的职责和使命。因为"元治理意味着国家应该在监控、引导以及协调治理制度安排中起到关键性作用，此外，它在动员治理所必需的资源，在处

---

① 原文为"At the national level, we have governance plus government, which-whatever its shortcomings-together usually and predictably exerts effective authority and control in Brazil or the United States. At the international level, we have governance minus government, which means too little capacity to ensure compliance with collective decisions, although with more order, stability, and predictability than one might expect"。参见 Thomas G. Weiss, *Global Governance: Why? What? Whither?*, Polity Press, 2013, pp. 98-99。

理与治理有关的合法性与问责等议题的过程中也应起到关键性作用"①。

　　一方面，全球元治理中的国家仍然保有在全球治理中的重要性地位。这是因为"全球治理的最终目标是促进人类福祉，但由于不存在为人类谋福利的世界政府，人类只是被各种标准划分为各个主权国家的公民，所以主权国家能否运用其充足的政策资源落实全球治理的各项规范和规则，就成为全球治理成败的关键"②。尽管多元主体的出现让国家的地位表面上看起来被弱化，但是国家本质上仍然掌控着这一过程的资源和权力命脉。另一方面，全球元治理中的国家责任和权力得到了进一步延伸。此时的国家不仅要继续承担原有的国内治理和全球治理的职能，同时还要在全球治理内部的自组织间发挥一定的作用，它不仅要为自组织体系内部持有相左意见的主体安排对话与沟通，以此来确保自组织内部多元主体之间的协调性和一致性，同时还要以一种底线性思维指导国家自身的行动，在其他治理主体作用缺失或失灵的状态下，发挥最后补救的作用。

　　因此，"国家"仍旧是政治舞台上不可或缺的重要行为实体，同时也是政治理论中其他主体不可比拟的政治建制。国家在历经了漫长的历史涤荡之后仍然屹立，其中必然有其无法被超越的特征与自证的理由。对于全球元治理范式中的国家而言，它的身份正在历经改变而非弱化，它的作用正在历经外延而非内聚。全球治理并没有否定国家的功效，也没有忘记国家的功勋，反而在此基础上，赋予了国家更加重要的使命，这是全球元治理范式为国家指出的一条可行的出路，同时也是全球化时代国家适应性重构的一条新的路径。

二　在双向互动中重塑国家的角色

　　国家身份和角色的变迁长期以来都被看作全球化趋势以及全球治理兴

<hr>

① 原文为"Metagovernance implies that the state should play a key role in the oversight, steering and coordination of governance arrangements, that it play a role in mobilising the requisite resources used in governance, and that it takes prime carriage of legitimacy and accountability issues in relation to governance arrangements"。参见 Stephen Bell and Alex Park, "The Problematic Metagovernance of Network: Water Reform in New South Wales", *Journal of Public Policy*, Vol. 26, No. 1, 2006, p. 66。

② 康晓:《新冠疫情危机与全球治理新态势》,《国际论坛》2021 年第 2 期, 第 24~25 页。

起对国家所造成的深刻影响，国家被认为在这一过程中被动地接受冲击并进行改造。然而，元治理范式的提出，尤其是反思性自组织的构建，为国家和全球治理的关系提供了一个新的思路——国家与全球治理之间的关系是双向的。不仅国家作为一种政治建制，需要在全球治理的进程中通过身份与角色的不断调适而得以延续，而且国家通过这种主动调适，也为全球治理的发展提供了有力支撑。因此，从理论角度而言，国家的能动作用正是全球治理理论体系重塑的原动力。

（一）国家的地位：反思性自组织的结构

国家在实行元治理时，提供了治理的基本规则，保证不同治理机制与体制的兼容性，拥有组织智慧与信息的相对垄断权，可以用来塑造人们的认知和预期，可以在内部发生冲突或对治理有争议时充当"上诉法庭"，可以为了系统整合的利益和（或）社会凝聚的利益，通过支持较弱一方或系统建立权力关系的新平衡；种种作用，不一而足。[①]

全球元治理范式中反思性自组织的建立赋予了国家相对于其他行为体而言的核心地位，其不仅承认了国家在治理中的重要性，同时还认为国家在治理中具有更大的责任和使命，元治理加持下的国家在全球治理中有了一种更为优先的地位。就国家与超国家行为体之间的关系而言，尽管当前全球治理场域内的国际组织和机构的数量出现了快速增长，但是"在对资源和价值观的权威性分配上"，国家依然扮演着绝对重要的角色。国家为全球场域内的治理行为提供了基本的规则，塑造了共同的价值，其不断尝试为不同的机制构建兼容的通道，并且在危机中仲裁冲突、平衡利益，甚至成为超国家机构缺位时的补充；就国家与次国家行为体之间的关系而言，在一个统一的全球社会尚未形成的当下，国家仍然是资源的提供者、利益的统筹者、权力的掌控者以及政策的最终制定者。

---

① 〔英〕鲍勃·杰索普：《治理的兴起及其失败的风险：以经济发展为例》，漆燕译，《国际社会科学杂志》（中文版）2019年第3期，第65页。

从某种意义上讲，民族主义并未如全球治理的倡导者所期望的那样被共同威胁、共有身份和长期预期逐渐取代，反而以公民权益最终捍卫者的身份在国际局势恶化的情况下再次走向前台。①

如此一来，国家在全球治理中所享有的这种优先地位似乎预示着反思性自组织中主体间等级式关系的确立。诚然，鲍勃·杰索普在提出元治理范式时并没有逃避这一问题，其也承认了等级制的存在；较早研究治理理论的罗得·罗茨和弗里茨·沙普夫（Fritz W. Scharpf）也从不同程度强调了等级式关系的重要性。② 他们认为，尽管"等级制的合作"是一种非常罕见的现象，但是在治理现实中这种合作关系在"等级制的阴影下"真切地发生和进行着，这正是因为"等级制的结构"为相互之间的关系提供了（规定了）协商场域出现的可能性。

然而，元治理范式加持下所形成的全球治理中的国家地位，并不意味着国家类似于以往等级制中的最优者。杰索普对此进行了详细的阐释，其认为"不可将元治理混同于一个至高无上、一切治理安排都要服从的政府层级"③。因此，全球元治理范式中的国家也并不等同于具有至高无上权力、掌控一切事务的主体。这种"等级制"的刻画是一种相对地位描述，其意在指出国家在多元治理主体中的具体位置。尽管国家处于核心地位，但是这种地位不再是绝对的、不容挑战的权威的象征，而是更加类似于"同辈中的长者"或"相互间的领头羊"的角色。国家需要在全球治理的反思性自组织中发挥一种总体协调和方向把控的作用，包括设计机构制度、提出远景设想等，敦促不同的自组织在不同目标、空间时间尺度以及行为后果

① 于海洋：《全球治理中非政府治理主体的发展困境思考》，《商业研究》2014 年第 8 期，第 137 页。
② 具体可参见〔英〕R. A. W. 罗茨、〔中国〕丁方达《理解"治理"：二十年回眸》，《领导科学论坛》2016 年第 17 期，第 5~17 页；Fritz W. Scharpt，"Games Real Actors Could Play：Positive and Negative Coordination in Embedded Negotiations"，Journal of Theoretical Politics，Vol. 6，No. 1，1994，pp. 27~53。
③ 〔英〕鲍勃·杰索普：《治理的兴起及其失败的风险：以经济发展为例》，漆燕译，《国际社会科学杂志》（中文版）2019 年第 3 期，第 64 页。

领域的相互协调。因此，在全球治理中，国家是制度的提供者、对话的组织者、价值的塑造者、权力的平衡者以及冲突的协调者。

需要说明的是，将国家看作全球元治理范式中反思性自组织结构的关键性节点，赋予国家以全球治理理论的关键性主体地位，并不是主张对于国家中心主义的回归。以国家为节点与以国家为中心两种思维逻辑最大的不同，就在于中心的可变性和灵活性。在以国家为节点的新型全球治理理论的结构中，国家基于自身在物质性资源和权力性资源方面的优势，与参与治理的多元主体进行联动，国家尽管居于节点位置，起到过渡、串联以及融合、协调的重要作用，但是并不意味着国家在治理过程中的绝对性和中心性，此时的国家深受其他行为主体的监督和制约，并且根据全球治理议题领域的变化，全球治理主体间结构可以灵活地选择自组织的中心主体。简单而言，全球治理主体间结构的中心是可变的，其可能归属于国家，也可能归属于非国家行为体（国家居于反思性自组织结构呈现的中心，而非结构性地位和作用的中心）。而以国家为中心的传统逻辑则否定了非国家行为体参与并主导全球治理进程的可能，其将国家置于绝对的中心性地位，否定了主体间平等协商共治的选择，主张国家在各议题领域均享有主导性和权威性，从源头上弱化或否定了其他非国家行为主体的参与度和话语权。

为此，元治理加持下的全球治理并不旨在实现一种无政府主义的治理，而是"坚持国家在治理层次中的首要地位，同时也要求国家将自身置于与其他协调模式平等的伙伴关系中去"[1]。同时，元治理加持下的国家也并非追求在"等级"中的优先地位，而是通过国家身份的转变和职能的明确为全球治理塑造更加良性有序的自组织结构，从治理的内部发挥积极能动的推进作用。

（二）国家的作用：多重治理汇集的贡献

伴随着边界外延，国家的职能不断得以拓展，而国家的作用也随着全球治理所赋予的时代职责和使命而不断增强。在全球治理的视域中，国家

---

[1] 郭丁：《鲍勃·杰索普的元治理理论探析》，《山东社会科学》2022 年第 1 期，第 88 页。

是多元治理方式的集合，其在原有的国家治理的基础上，还内含国家层面的全球治理向度。从这一角度而言，国家治理和全球治理之间二元分立的关系得到了重新审视。

> 国家治理与全球治理是交互影响的两端，而非全球治理的优秀表现挤占了国家治理的发挥空间。因为全球化时代下国家能力、国家自主性面临内外压力，国家建构遭遇捉襟见肘的困境，于是全球治理走向被大国主导的虚幻治理，引发全球治理的失效。全球治理和国家治理绝对不是此消彼长的关系。国家治理能力的落后亦会影响全球治理功效的发挥。[①]

实际上，国家不仅仅是权力和资源的集装箱，同时也是各种关系的集合体，不同层面的治理都聚集在国家这一节点之上。可以说，前者为后者的出现奠定了坚实的基础，并为后者提供了有力支撑。国家正处于自上而下的治理和自下而上的治理关系的中心位置和交汇点，而国家在上下互动的向度中成了将治理连接在一起的纽带和桥梁。因此，国家对于全球治理而言，其作用和贡献是双重的，既包括了传统的国家治理的运行，同时也包含了在全球主义观照下的国家层面的全球治理的展开。国家自身在全球治理环境下的改观，恰恰是全球治理中的国家发挥节点性作用而不断调适的印证。

一方面，国家作为全球治理的重要行为主体，其在全球治理的反思性自组织中承担着重要的使命和责任。国家的这种重要作用不仅仅是围绕其他主体关系的自组织协调，同时还包括对于自身作为一种政治建制存在价值的自证，其中，良好有序的国家治理就成为全球治理中国家自证的充分理由。基于国家在反思性自组织中的重要地位，治理本身离不开国家自我的建构，因为良好的国家治理是国家承担元治理角色的重要保证。"福山指

---

① 刘建军、莫丰玮：《国家从未离场，何须找回——兼与任剑涛教授商榷》，《探索与争鸣》2021年第1期，第81页。

出，国家建构也许比治理更加重要，一个强而有力的国家也许比自组织治理更加重要，尤其对于广大第三世界发展中国家而言。"① 其中，有效的国家治理要满足两个层面的要求：就消极意义而言，其必须要"防止国内失序、控制国内行为的负外部性、不实行破坏性的对外政策"，这是国家维护自我治理、维持国内基本秩序的底线；而就积极意义而言，国家则需要以"一个更高标准的国内秩序建设、增强其正外部性、实行建设性的对外政策"发挥国家对于外部世界的作用。②

此时的国家治理尽管仍然在国家的边界之内，但是治理的意涵已经发生了深刻的变化，国家不仅要关注自身的发展利益诉求，同时还要兼具全球视野，从外部世界互动与关联的角度防止国家作用失效而引发的负外部性的全球蔓延。因此，此时的国家治理实际上是在"全球主义观照下"的国家治理，是"民族国家在全球治理背景下具备的一种高度自主性的治理方式"。③

另一方面，伴随着国家边界的外延，当下的国家已经从"国家的国家"走向"世界的国家""全球的国家"，国家在处理自身内部事务的基础上，同时还作为全球治理的重要节点，扮演"全球治理中的国家"的重要角色；同时，全球治理也因为超国家权威的缺乏而最终又将具体的重任归落于国家。因而，对于国家来说，其不仅要实现自我治理，同时还要发挥国家层面的全球治理作用，在国家层面上开展全球治理具体的相关事务，并且实现对来自不同主体的多元治理层级的统筹。

作为国家层面的全球治理，其主要体现在如下几方面。首先，国家往往成为决定全球治理最终成败的关键。一方面，国家层面的问题在全球化的推动下在全球蔓延开来，这正是众多全球治理客体生成的归宿；另一方面，全球治理中很多所谓需要被"全球"治理的问题实际上是原本应该归属于国家的问题，是对于国家作用的忽视和对"全球"作用的夸大。无论

---

① 郁建兴：《治理与国家建构的张力》，《马克思主义与现实》2008 年第 1 期，第 87 页。
② 陈志敏：《国家治理、全球治理与世界秩序建构》，《中国社会科学》2016 年第 6 期，第 17 页。
③ 高奇琦：《试论全球治理的国家自理机制》，《学习与探索》2014 年第 10 期，第 57 页。

从何种角度来看，国家都成为全球治理问题的本源。正如弗朗西斯·福山所指出的，在过去的一代人时间里，世界政治总是倾向于对"大政府"的批判，试图将原本属于国家的事务转移到私人市场或民间社会，然而，国家中软弱、无能或根本缺失的政府才是各种严重问题的根源所在。[①]因此，国家层面对这些问题的治理实际上就是国家履行全球治理职责的体现。其次，全球治理所依赖的物质、权力等资源要素均是以国家边界为划分而实现分布的，当需要全球的集体协作而又不存在全球政府的治理时，国家无疑成为治理的最终主体。"国家所具有的强制性（暴力垄断）、行政组织性、法律权威性让国家的自主性在各个场域发挥作用。"[②]此外，资源的价值并不存在于主体的框架之下，而是在一定的关系和场域中才能够体现。国家之间的互动以及国家与其他主体之间所构建的自组织结构，赋予了全球治理资源以一定的价值。而全球治理构建所依托的共同利益也是在国家单元的基础上形成的——"国家利益决定着共同利益形成的内在本质，而相互依赖则构成了共同利益形成的外部条件"[③]。从这一角度而言，国家层面上对于资源的调动以及国家所兼具的内外传输作用实际上就是国家推动全球治理进程的体现。最后，国家作为反思性自组织结构的核心主体，其不仅对多元的行为主体具有协调的功能，同时其还以紧密结构中的节点身份联通着各个主体间的关系。对于国家而言，它一方面是使社会诉求以一种合法途径传向全球的正式平台，另一方面又是全球规制得以落实的一种适应性权威转换形式，因此，国家是对于来自不同主体的多层多元治理模式的汇集，而国家层面上对于这些治理方式的统筹就是国家参与全球治理实践的体现。

（三）国家的根基：传统权力的演进

全球治理"一方面是一个多样性主体参与的多层次体系，一方面又是

---

① 〔美〕弗朗西斯·福山：《国家构建：21世纪的国家治理与世界秩序》，郭华译，上海三联书店，2020，第7～8页。

② 刘建军、莫丰玮：《国家从未离场，何须找回——兼与任剑涛教授商榷》，《探索与争鸣》2021年第1期，第80页。

③ 刘笑阳：《国家间共同利益：概念与机理》，《世界经济与政治》2017年第6期，第108页。

以主权国家相互合作与竞争为主导的权力与权威框架"①。全球治理不仅没有摆脱传统国际政治中权力根深蒂固的影响，同时其本身的运作还深深地依赖于权力的作用。尽管全球治理不依赖于国家的强制力，但是这并不代表治理的规则就可以脱离国家权力的影响。这一论断在多元行为体参与对主权国家所造成的权力流散的巨大改变中即可得知。"事实上，治理与权力并非两个不可以兼容的词汇，它们一同构成了全球治理的概念内涵。"② 当以国家为主体来源的权力为全球治理提供激励因素和行为动力的同时，全球治理也反过来改变着国家的权力根基。

从整体角度而言，国家权力的类型正在由最开始传统的、绝对的"实力即权力"的形态而逐步向着全球治理体系中的"结构性权力"形式演变。过去，传统的国家权力总是以实力的形式予以表现，其取决于国家所拥有的资源数量，资源基础竞争力的强弱被等同于国家权力的大小。这是权力的"第一张面孔"，具有一定的强制性，即"意味着在一种社会关系里哪怕是遇到反对也能贯彻自己意志的任何机会，不管这种机会是建立在什么基础之上"③。然而，随着国家与其他主体间互动关系的增强，人们开始意识到，权力已经在这种关系的新型构建过程中悄然发生变化，"实力即权力"的界定被"关系性权力"所替代。权力并不是在主体的框架下自主运行的，而是需要在主体间相互关系的基础上才能得以显现。此时的权力从直接的强制性影响转为隐秘的决策议题设定，"个人或者团体在多大程度上——有意识地或者无意识地——创设或加强了使各项政策冲突进入公共领域的障碍，个人或者团体就拥有多大范围的权力"④。而全球化时代国家权力建构所依赖的"二元关系性"正在全球共生网络中日渐模糊，国家权力不再具有明确的指向，权力的运行受到了多元行为体以及多层面的权力流散的影

---

① 门洪华：《应对全球治理危机与变革的中国方略》，《中国社会科学》2017 年第 10 期，第 37 页。

② 任琳：《全球公域：不均衡全球化世界中的治理与权力》，《国际安全研究》2014 年第 6 期，第 116 页。

③ 〔德〕马克斯·韦伯：《经济与社会》（上卷），林荣远译，商务印书馆，1997，第 81 页。

④ Peter Bachrach and Morton S. Baratz, *Power and Poverty: Theory and Practice*, Oxford University Press, 1970, p. 8.

响，权力的平台始终处于动态的复杂结构之中。由此一来，"结构性权力"得以生成，它"以结构为介质而并非直接作用于特定行为体，其影响将通过结构中多条交错的路径到达特定行为体"，由于其不易被追踪和识别，因而被称为"去面孔的权力"，隐性地塑造着体系的共识与取向。[1]

对于全球治理中的国家而言，全球治理既没有延续传统的权力形态，也没有颠覆既有的权力表达，而是产生了一种能够解决当代全球威胁的特殊结构。全球治理中自组织的建立，为国家新型的结构性权力的运行提供了基本的结构框架，国家正是在这种全球自组织的结构中行使自身的权力。这种权力更多地体现为全球治理制度创设过程中的权力运用，更接近于我们所熟知的"制度性权力"。

从个体角度而言，全球治理中不同国家的权力运行方式也出现了新的变化和调整。一方面，大国在经历了全球化冲击后，多元主体的参与和治理方式的革新使得其既有权力在很大程度上发生了流散。全球治理中立体化结构的建立以及对于去中心化的主张使得大国不再享有对全球规则的绝对制定权和对其他国家与非国家行为体的绝对支配权，它们在全球治理网络中的国家权力更多地体现为体系中的议价权力（bargaining power）、社会权力（social power）以及退出权力（power of exit or de-linking）。[2] 另一方面，小国在全球化时代获取权力的方式和途径更加广泛和多元。过去，小国由于实力的差异和代表性的缺失，长期处于全球权力结构的边缘。然而，伴随着结构性权力的构建，小国逐渐在多元多维的全球治理立体结构中探寻出了全新的权力道路。

第一，小国以全球治理的制度为平台，通过相关国家间的联合而不

---

[1]　史蒂文·卢克斯（Steven Lukes）在分析了以马克斯·韦伯为代表的第一维度的权力观及以彼得·巴卡拉克（Peter Bachrach）和莫顿·巴拉茨（Morton S. Baratz）为代表的第二维度的权力观之后，提出了第三维度的权力，认为这是一种隐性的权力行使的过程，其主要通过价值主张来实现对社会共识和人们利益取向的设定，是一种"去面孔"权力。参见〔美〕史蒂文·卢克斯《权力：一种激进的观点》，彭斌译，江苏人民出版社，2012，第13~17页。

[2]　Miles Kahler, *Networked Politics: Agency, Power, and Governance*, Cornell University Press, 2009, pp. 11-13.

断提升在全球治理中的影响力。例如由东盟国家发起的《区域全面经济伙伴关系协定》（Regional Comprehensive Economic Partnership，RCEP）以及其隔年承办的 APEC（Asia-Pacific Economic Cooperation）会议，都以一种对全球治理制度参与的积极方式不断开辟自身权力的获取路径。第二，小国以全球治理的议题为支撑，通过对新兴治理议题的有效回应来提升自身在全球治理中的引领力。相较于对大国实力依赖程度较高的安全议题，小国更容易在诸如数字治理、公共卫生治理等非传统安全领域的议题中获取权力的通道。例如瑞典、芬兰、挪威、冰岛和丹麦五国围绕构建一体化 5G 地区而发布的合作宣言，以及新加坡、智利和新西兰所签署的《数字经济伙伴关系协定》（Digital Economy Partnership Agreement，DEPA）等都成为对全球治理新兴议题治理的成功尝试，其通过对全球新兴治理领域的初探而不断扩展自身的权力范围。第三，小国以全球治理中的共有价值和道义为依据，通过对于全球共同利益的维护来体现对全球治理的贡献力。例如，斐济利用担任联合国气候变化公约缔约方第二十三次大会主席之机，将原本属于区域内的蓝色太平洋计划纳入联合国气候变化框架公约谈判；图瓦卢主张将全球气温上升的温度设定标准严格限制在高于前工业化时期的 1.5 摄氏度的范围之内，质疑了此前大国所认同的 2 摄氏度。[①]

可以看出，全球治理中国家基础——国家权力——的变化实际上带来的是全球治理进程中权力运行方式的变化，整体俯视下的国家权力运行方式变得更加柔和，而具象分析中的国家权力运行结构也变得更加平顺。伴随着传统权力的演进，全球治理架构中自组织的结构也将更为凝合。

第三节　对自我规制的规制——理论与现实的对接

元治理不仅是对于多元化、碎片化的治理系统本身的改进，以及对

---

① 徐秀军、田旭：《全球治理时代小国构建国际话语权的逻辑——以太平洋岛国为例》，《当代亚太》2019 年第 2 期，第 120 页。

拥有了相对独立性和自治权的自组织结构的优化，而且元治理还意味着构建一种新的机制，使得公共权力或其他资源拥有者，能够启动或刺激协商机制并引导推动治理方向的一致性。① 实际上，元治理范式的构建在治理构想与治理实践之间搭建了一座桥梁。在制度层面，机制的供给能够促使有关各方集体厘清不同地点和行动领域之间的功能联系和物质上的相互依存关系；在战略层面，共同愿景的建立又能够弥补现有治理模式的不足。② 其正是力图通过"对自我规制的规制"（regulation of self-regulation）来实现语境的供给和贯通，让治理更加贴合于现实。这一主张为全球治理理论体系的构建创新提供了重要启示，全球治理作为不同层面、不同空间的治理内容的集合，在其宏大的理论框架下涵盖着复杂的治理关系和结构，一方面全球治理理论如何从框架内部去实现构想与实践的联通，另一方面全球治理理论又如何从整体上去实现治理与现实的联动，或许这些问题才正是全球治理理论体系所面临的最直接的，同时也是最终极的考验。

一　理论内部：构想与实践的联通

当前对于全球治理理论的质疑，大多源于理论构想与现实实践之间的脱节，全球治理理论的理想化建构忽略了现实运行中的权力要素、全球治理效能的边界以及治理自身的协调能力，这是造成宏观的理论面对多变的现实而表现出失效失能的根源所在；同时"为理论建立边界、探讨理论的未来路径、联通全球与地方的差异，以及解释全球治理变革的主要动力（权力）"也是第三代全球治理研究的主要方向。③ 这些源自理论和现实的

---

① 原文为"Metagovernance points to the various mechanisms that public authority and other resourceful actors can use to initiate and stimulate negotiated self-governance among relevant stakeholders and/or to guide them in a certain direction"。参见 Anne Reff Pedersen, Karina Sehested and Eva Sorensen, "Emerging Theoretical Understanding of Pluricentric Coordination in Public Governance", *American Review of Public Administration*, Vol. 41, No. 4, 2011, p. 379。

② 〔英〕鲍勃·杰索普：《治理的兴起及其失败的风险：以经济发展为例》，漆燕译，《国际社会科学杂志》（中文版）2019 年第 3 期，第 64~65 页。

③ David Coen and Tom Pegram, "Towards a Third Generation of Global Governance Scholarship", *Global Policy*, Vol. 9, No. 1, 2018, pp. 109-110。

要求实际上都指向了一个共同的目标——推动全球治理理论构想与全球治理现实实践的联通。

（一） 全球治理中多重空间的交叠困境

全球治理内在的多元性不仅体现为主体的多元化，同时还体现为治理层级的多元。在国家这一节点性作用的基础上，多元空间关系交叠和重组，空间既为全球治理提供了基本的治理场域、治理对象以及治理所需的资源及其整合形式，同时也成了不同的时空想象相互连接和交织的场域。具体而言，第一，空间的构型以及其所产生的机会结构为治理的发展和存续提供了最为初始的场域，治理中所包含的集合、竞争以及调整等具体的方式均是在空间范围内实现的；第二，空间为治理提供了一种新的边界构想，其并不等同于传统疆域化的分界与局限；第三，空间通过提供不同形态的关系联结以及对范围的界定，塑造了治理的方式；第四，由于缺乏对空间具象的描述，空间的存续使得行为者必须以一种空间想象的方式来对待空间。① 对于全球治理而言，空间性的构建使得全球治理成为一个立体化的场域，其不仅要处理理论自身的问题，同时还面临不同空间之间的衔接问题——包括国家性如何与全球性相对接、国际政治如何与全球治理相对接、传统政治如何与新型合作相对接等。

总的来说，对于全球治理而言，这种空间性的交叠存在着几组矛盾的关系，这也构成了全球治理理论体系构建与创新过程中需要解决的现实问题。

---

① 原文为 "Space can be a site, object, and means of governance and, in terms of orienting action, is associated with various spatial imaginaries. First, inherited spatial configurations and their opportunity structures are sites where governance may be established, contested, and modified. Second, it is an object of governance insofar as it results from the fixing, manipulation, reordering, and lifting of material, social, and symbolic borders, boundaries, frontiers, and liminal spaces. These arrangements are not limited to those established through territorialization. Third, space can be a means of governance when it defines horizons of action in terms of 'inside', 'outside', 'cross', and 'liminal' spaces and when it configures possible connections among actors, actions, and events via various spatio-temporal technologies. And, fourth, because no actors can grasp geo-socio-spatial relations in all their complexity, this forces them to view space through spatial imaginaries that frame their understandings, orientations, directly spatial projects, or other projects with spatial aspects"。参见 Bob Jessop, "Territory, Politics, Governance and Multispatial Metagovernance", *Territory, Politics, Governance*, Vol. 4, No. 1, 2016, p. 10。

第一，开放性与封闭性之间的矛盾。全球治理依托于全球化的发展，其不仅要求体系必须向多元治理主体开放，同时还要秉持多元价值理念，甚至要求制度的开放、权力的"开放"。但是，全球治理所建立的政治背景却紧紧依赖于传统的国际政治基本架构，全球治理中所需要的自然与权力资源，都存在于以国家边界为划分的地理疆域内；全球治理中的效率要求使其必须尽可能地规避集体行动困境，将治理的过程维持在有限的、可掌控的范围之内。在这种理论与现实的差异之中，国家成了最主要的"受害者"，曾经的绝对性国家变为了全球化时代的相对性国家，国家权力所具有的集中性也变为了全球治理中的分散性。"主权国家体系把人们分成一个个作茧自缚的政治实体，而经济生活的繁荣却需要人们尽量交流商品和投资"，这成了全球治理理论与全球治理中的国家共同面临的根本性难题。①

第二，治理性与灵活性之间的矛盾，同时也是全球治理理论体系中多元性与统一性之间的矛盾。全球治理作为一种理论体系，其理论特色就在于多元性、民主参与和共同协商，其要求尊重多元主体的发展特性以及它们所具有的个体差异，以此来强调治理理念中的包容性和平等性，并旨在通过对霸权治理方式的摒弃，为维护全球公平正义做出贡献和表率。然而，全球治理又旨在解决具体的全球性问题，治理的有效运行深深地建立在协调性和一致性的基础之上，需要通过对资源和行为体的集体调动来确保治理效果，并且需要灵活的治理方式来应对全球风险社会中弥散的不确定性。这就造成了全球治理在治理性与灵活性、多元性与统一性之间的矛盾，从而导致了治理具体权责的模糊和治理实践主体的缺失。

第三，责任性与效率性之间的矛盾。全球治理被期待于构建一种国家行为体与非国家行为体、公共权威与私人权威、发达国家与发展中国家共同协商的新型合作标识，人们寄希望于全球治理通过制度、机遇以及其他形式公共产品的供给，实现对不同行为体自我发展差异和角色差异的填补，

---

① 〔美〕威廉·奥尔森、戴维·麦克莱伦、弗雷德·桑德曼编《国际关系的理论与实践》，王沿、孙宪倬、国昌、王彤译，中国社会科学出版社，1987，第13页。

这也成了全球治理的价值理性所在，然而，这也带来了一系列的现实问题——全球治理理想化路径的滞后性以及超国家行为体的局限性。一方面，"不管就其'场地'还是'玩家'来说，全球治理都落后于全球化"①，依赖于民主路径达成的全球治理远远无法匹及全球化以及全球性问题，这也是造成全球治理理论备受质疑的原因之一。另一方面，被寄予厚望的全球协调机制在个体利益差异面前往往表现出相当程度的局限性，理论上的国际协调被现实的个体争议击败。"理论上，民主国家在不同领域的协调行动理应形成协调的全球行动，但实际上，国家在国际问题上往往是不一致的。"② 因此，全球治理中明确的责任归属往往反而不利于高效率治理合作的达成。

由此可以看出，建立在"自我规制"基础上的全球治理理论在面对纷繁复杂的现实时常常表现出一定的局限性，全球治理空间在与原本的国际政治空间的衔接过程仍然存在一系列亟待解决的现实问题。因此，需要构建出一种具有元治理范式的新型全球治理理论，通过"对自我规制的规制"，来实现理论与现实的联通。

（二）以国家为连接的全球元治理范式的规制作用

由于传统的全球治理理论体系中缺乏围绕理论构想与具体实践之间的衔接性探讨，鲍勃·杰索普指出，这种基于自组织的治理理论还将面临一系列的矛盾问题，这些问题将进一步演化为导致治理失灵的风险所在。为此，元治理提供了一种有利于治理理论优化的路径——"对自我规制的规制"，其认为，通过挖掘国家在多元主体协调中的重要作用，构建以国家为核心节点的反思性自组织，不仅能够提升治理理论框架内部的协调性，同时，这种历经了凝合的全新自组织形态可以作为一个聚合的整体，统筹治理所需的各类资源与模式。在此意义上的元治理实际上是将多种独立的治理模式进行协调，推动不同治理模式协作关系的更新，在不削弱国家内在

---

① 这一观点具体参见〔美〕托马斯·G.怀斯《治理、善治与全球治理：理念和现实的挑战》，张志超译，《国外理论动态》2014 年第 8 期，第 18 页。

② 〔法〕帕斯卡尔·拉米：《全球治理的作用是什么？》，曹文译，《中国党政干部论坛》2011 年第 2 期，第 52 页。

一致性的前提下，建立适当的整体组织与互动体系来应对日益复杂的现实问题。

元治理的路径为全球治理理论体系的优化提供了启示，其将统筹不同治理空间的重任归落于治理主体间结构的核心——国家。全球元治理范式就是以国家的连通性为出发点，通过在宏观层面上对互动关系的把控、对互动能力的赋予以及对互动进程的调适来为现实中多元复杂的治理议题建构出灵活的、具有韧性的、可配适的治理体系。此时的国家尽管仍然是多元主体结构中的一部分，但被赋予了整合不同空间、贯穿各层制度、提升治理内部凝聚力的重任。实际上，对于全球治理理论体系中的国家而言，这种责任本质上体现为一种对语境的"规制"。

> "元治理"是自组织的组织，通过制度设计，提出远景设想，促进自组织的协调。在杰索普看来，"元治理"具有两个维度的内涵：一是制度上的设计，通过提供各种机制，促进各方的相互依存；二是战略上的规划，建立共同的目标，推动治理模式的更新与进化。"元治理"的目标是在维护民族国家一致性与完整性的同时，构建一种语境（谈判决策），使不同的治理安排（市场机制、科层制、自组织治理）得以实现。[①]

杰索普强调了"减少噪音干扰"和"进行负面协调"作为治理机制的重要意义，这也是解决治理理论中矛盾性存续问题、促进治理理论与治理现实有效衔接的关键。他认为，治理之所以能够在不同的空间产生交叠、在不同的系统层级出现互动，其根源就在于它们都旨在通过谋求相互理解与共同发展的路径，保证集体的宏观目标得以实现。要达成这一目标，就需要构建一种治理的统一语境。其中，"减少噪音干扰"是指在隶属不同机构序列的单位之间通过对理解的增进、个体合理性和敏感性的提升来减少

---

① 张骁虎：《"元治理"理论的生成、拓展与评价》，《西南交通大学学报》（社会科学版）2017 年第 3 期，第 82 页。

隔阂，在治理的具体运作中强调以对话的方式促进相互之间的理解，而不是把一种优势系统的原理和逻辑强加（或渗透）给其他的系统；"进行负面协调"则是指在考虑到自身行动将可能对第三者或其他系统产生不良后果时，能够适当地进行自我约束，治理中要求以真正的多元主义为基础，而不是使某一种规范或习俗覆盖一切。

实际上，对于治理而言，这种对于语境的"规制"有助于增强治理个体、系统、空间之间的共识，为治理场域提供一种兼具个性与共性的惯习要素；对于全球治理而言，这种语境具体体现为全球主义，而对语境的"规制"则具体表现为"全球主义观照下的国家主义"。这是因为，国家在全球治理现实中所具有的主导地位决定了在全球治理理论体系中，"无论是主体、空间、制度还是价值都有鲜明的国家性特征"，而全球主义所倡导的"全球思维、理念、价值与情怀"为超越国家主义的全球治理实践提供了一种"驱动"。① 因此，"全球主义观照下的国家主义"就是指在尊重国家之于全球治理结构重要地位的前提下，将全球主义置于全球治理理论与实践的轴心地位，以对全球主义至高点和总体语境的把握去统筹全球治理的理论，推进全球治理的实践，其无论是对于解决全球治理理论的空间差异问题，抑或是全球治理实践中国家内顾倾向加重的问题，都具有贡献意义。

> 30 年来全球主义与国家主义的碰撞与博弈表明顽固片面地恪守任何一种理念与价值都无助于全球治理与国家治理的正常运行、国际关系的平稳发展和人类文明的健康前行……全球主义观照下的国家主义倡导并体现出明显的中庸、综合、改良的理论特征，从而弱化了全球主义与国家主义两种理念、价值的对立；全球主义观照下的国家主义的理论逻辑清晰有力。这个逻辑就是起点—过程—目标，即高扬全球主义的起点，注重全球主义与国家主义互动、磨合与协调的过程，明

---

① 蔡拓：《全球主义观照下的国家主义——全球化时代的理论与价值选择》，《世界经济与政治》2020 年第 10 期，第 21 页。

确国家主义的目标，从而实现新质的起点、务实的过程和现实关怀的目标三者的统一以及价值理性与实践理性的统一。①

（三）反思性自组织中自我规制的规制生成

尽管国家是全球元治理范式中反思性自组织形成的关键，国家此刻处于全球治理主体间结构的中心位置。但是，以国家为连接的全球治理理论体系的构建与创新，再一次强调国家作用并不意味着主张全球治理理论"再国家化"，摒弃"去国家化"的思想也并不意味着将走向另一个理论的极端。对于构建以国家为连接的创新型全球治理理论体系而言，需要解决的一个重要问题就是如何界定国家作为节点的"中心性"，或者说如何避免创新型的全球治理理论再次沦为"再国家化"／"国家中心主义"的借口和理由。

从本质上来看，"以国家为连接"的创新型全球治理与"以国家为中心"的全球治理最显著的区别在于是否形成了对"自我规制的规制"。如果在主体层面，多元主体之间的结构仅仅是自我规制，即各个行为体均享有较高的自主性，其可以以自身利益和自我期望为出发点自主地进行行为选择，那么此刻尽管全球治理的形式存在，但是全球治理的结构是松散的，国家凭借其权力和地位的既有优势很可能占据治理的优先地位，"以国家为中心"的全球治理模式则可能随之出现。然而，全球元治理范式的构建，通过赋予国家以"元治理者"的角色，多元主体之间的关系和结构不再是松散而"自由"的，国家节点在反思性自组织中发挥着"阀门"和"通道"的作用，整体结构的凝合将催生"对自我规制的规制"，对于国家行为体和非国家行为体而言，都将产生相应的制约和规制作用。正如罗伯特·基欧汉和约瑟夫·奈所指出的，任何新兴治理模式"都必须拥有最低限度的而不是雄心勃勃的目标"②。国家节点性作用的发挥，既保持了主体间结

---

① 蔡拓：《全球主义观照下的国家主义——全球化时代的理论与价值选择》，《世界经济与政治》2020 年第 10 期，第 29 页。

② Robert O. Keohane and Joseph S. Nye, "Introduction", in Joseph S. Nye and John D. Donahue, eds., *Governance in a Globalizing World*, Brookings Institution, 2000.

构的稳定性，又确保了多元主体的共同参与和民主路径，为全球治理的理论和实践提供了其所需的"最低限度的目标"。

在全球治理的立体性主体间结构中，国家对于其他主体的凝合作用本质上是通过两种方式实现的。第一种方式表现为以国家为核心向外部其他行为主体的作用辐射，即通过国家对于权力的适度让渡来实现对多元主体的凝合，以及对其作用和职能的规制。权力不仅表现为一种直接的资源掌控和强制性的力量赋予，同时还体现为对资源运用的意志和手段。正如约瑟夫·奈笔下的"转化权力的技能"，其"就像一个手持弱牌的牌技高手也可以赢得胜利一样……是将以资源来衡量的潜在权力转化为可以改变他者行为的权力"。① 国家不仅同时掌握着以上两种权力，并且在全球治理主体间结构所构建的权力关系的调整中占据着多元主体权力共享的主动权。在权力的层面上，国家对于其他行为体的规制作用是从反思性自组织的圆心向外围散发的。第二种方式则体现为以多元行为体为出发点向国家节点的作用聚合，即多元力量、多元价值以及多元主体通过正式或非正式的路径对国家的行为产生直接或潜在的制约。全球治理的出现建立在全球化对国家本土性冲击的基础之上，国家传统的自治路径越来越无法赋予其公民判断力与价值观以影响决定他们命运的力量。② 此时的国家尽管居于反思性自组织的核心位置，但是国家在决策时的自主性早已在多元主体互动的过程中有所削弱。在多元利益汇聚产生的制度规则的约束下、在多元行为体共同参与的民主路径的监督下，以及在信息技术高速发展生成的舆论环境的制约下，国家不仅无法将个体利益的实现附加在对其他行为体的强制约束中，而且"随着权威的加速分流，国家将不再可能在越来越复杂的挑战面前继续仰赖主权作为保护它们利益的基础"。③ 此时的国家以全球共同利益和共有价值为约束，以《联合国宪章》和国际法为遵守，其不仅以"同辈中的长者"身份总体把控

① 〔美〕约瑟夫·S. 奈：《硬权力与软权力》，门洪华译，北京大学出版社，2005，第113页。

② 参见 Michael J. Sandel, *Democracy's Discontent: America in Search of a Public Philosophy*, Harvard University Press, 1996, p. 339.

③ 〔美〕詹姆斯·罗西瑙：《面向本体论的全球治理》，载俞可平主编《全球化：全球治理》，社会科学文献出版社，2003，第60页。

其他非国家行为体的行为，同时也基于对自身自主性的让渡成了其他非国家行为体共同监督和倚赖的对象。在共治的语境中，国家对其他行为体的凝合作用是由反思性自组织外围的多元节点向中心原点聚合的。

因此，对于全球元治理范式中的国家而言，它在反思性自组织中核心节点位置，并不是由国家自身所沿袭的既成优先地位而自行生成的，而是在全球治理权力共享、责任共担、多元共治的前提下，基于多元行为体之间的共同利益和共有价值而被其他非国家行为体所赋予的。在这种"全球性"的期望之下，国家与其他行为体之间双向的凝合路径共同建构起新型全球治理对"自我规制的规制"。

二　外部世界：治理与秩序的联动

全球治理理论的既有批判不仅针对其内部的多元主体间的结构问题，同时也聚焦于其忽略了的全球治理理论体系与外部世界之间的关联——全球治理与全球秩序之间的关系问题。全球秩序的有效性通常被用来质疑全球治理的必要性，这也成了全球治理理论体系被声讨和质疑的主要原因。"全球治理理论的塑造，如何与治理之外的世界相联动"既是对全球治理理论现实对接能力的重要考验，同时也成为全球治理理论价值自证的关键所在。

（一）全球治理与全球秩序之间的互构逻辑

全球治理与全球秩序之间的互构逻辑主要体现在三个方面。首先，全球治理与全球秩序之间具有高度的相似性。其中，全球治理以全球化的出现为基础，以全球相互依赖关系的建立为支撑，并以全球空间的存在为界限，旨在通过多元主体之间合作关系的建立来解决全人类发展过程中所面临的共同问题；而全球秩序则是在全球化的作用下萌芽，以解决全球问题为初衷，以全球各主体之间的合作为表现，以全球相互依赖关系为基石而生成的一系列制度安排。二者在全球相互依赖关系、全球空间场域以及全球性问题的解决等方面具有高度的相似性。随着全球风险社会的表现日益加剧，全球性问题为全球生活中的各个主体带来了一种强烈的不确定性情绪，表现为对对外行为选择和交往过程的"恐惧、无知、困惑以及不确定"。① 这就要求在全球范围内探索出一种合作治理的新方案，使其既能够超越"不现实的世界政府的设想"，又能够优于"可能导致反弹的自由放任"选择，以一种能够对现有政治情绪产生协调、疏导的全球治理形式来保持秩序的稳定。② 全球治理与全球秩序的相似性为二者在实践中的互构逻辑奠定了基础。

其次，全球治理与全球秩序具有紧密的重叠性。其中，全球治理内含的制度创设内容与全球秩序所依赖的制度规则要素相互重叠。全球治理制度既是全球治理的重要构成要素，同时也是全球秩序构成的主体性内容，在全球秩序中发挥着至关重要的支柱作用。从这一角度而言，在特定的治理机制的依托下，全球治理就成了"治理主体为应对全球性问题，依托特定的治理机制（mechanism），遵照一定的治理规范（norm），以实现某种国际政治经济秩序（order）的过程"③。全球治理与全球秩序共同享有一整套关于实现全球合作、解决全球问题的制度安排，因此，全球治理制度的变化，既会引起全球秩序的变动，也将导致全球治理体系的调整。

最后，全球治理与全球秩序之间具有强烈的连通性。一方面，全球治理建立在全球权力格局的基础上，并以此为依据产生了一系列相应的制度安排，管理着从高级政治到低级政治领域的所有全球性事务，其所依据的规则与权力基础，正是全球秩序构建的核心要素，二者具有结构上的连通

---

① 原文为"Uncertainty has multiple meanings that broadly correspond to these four paradigms of international relations. I argue that realists generally define uncertainty as *fear* induced by the combination of anarchy and the possibility of predation; rationalists as *ignorance* (in a nonpejorative sense) endemic to bargaining games of incomplete information and enforcement; cognitivists as the *confusion* (again nonpejoratively) of decision making in a complex international environment, and constructivists as the *indeterminacy* of a largely socially constructed world that lacks meaning without norms and identities"。参见 Brian C. Rathbun, "Uncertain about Uncertainty: Understanding the Multiple Meanings of a Crucial Concept in International Relations Theory", *International Studies Quarterly*, Vol. 51, No. 3, 2007, pp. 533–534。

② 〔美〕约瑟夫·S. 奈、约翰·D. 唐纳胡主编《全球化世界的治理》，王勇等译，世界知识出版社，2003，第12页。

③ 张旗：《国际秩序变革与全球治理机制重塑——基于国际责任动态分配的思考》，《政府管理评论》2019年第1期，第114页。

性；另一方面，全球治理通过构建一系列的制度规范，提倡全球价值与共识，对各个行为主体的行为选择产生一定的约束作用，为全球秩序的构建和转型奠定了基础。反之，当这种秩序以一种稳定的态势得以延续和发展时，全球秩序本身也具有了一定的治理效能；同时，全球秩序的构建为相应的全球治理提供了一种良好的外在环境，"国际秩序进化是推进全球治理的必然要求"，如果没有一个有效的全球秩序相伴，全球治理也很难得到有效推进。① 因而，全球秩序与全球治理在内容上具有连通性。

> 总之，治理与秩序无疑是明显的互动现象。作为设计用来调整维持世界事务的制度安排的活动，治理显然塑造了现存全球秩序的特质。然而，如果构成秩序的种种模式不利于治理的实现，它是无法进行这种塑造的……没有秩序就没有治理，没有治理也没有秩序（除非一定时期的混乱也被认为是秩序的某种形式）。②

需要明确的是，尽管全球秩序与全球治理在很大程度上存在重叠、连通关系，但是全球秩序与全球治理的概念本身并不等同。其中，全球秩序主要倾向的是全球范围内的权力分配，而全球治理则主要指向的是全球责任的分担。也正是这种概念上的差异决定了全球治理对全球秩序的作用力发挥。对于全球秩序而言，现有的秩序该如何适应变化，如何应对来自不同层面的机遇与挑战，未来的全球秩序该走向何处，以及该如何引导全球秩序朝着人们所期待的方向转型，都将依赖于全球治理的能动作用发挥。

此时的全球治理被赋予了一种主动性的行为内涵，而不再仅仅作为一个描述性或概括性的客观词语而存在。"全球秩序以全球层面的公共安全与和平的获致为目标，各种形式的全球治理都有赖于全球秩序的先行在场，

① 刘建飞：《全球治理中的国际秩序变革》，《学习时报》2016 年 7 月 4 日，第 2 版。
② 〔美〕詹姆斯·罗西瑙：《世界政治中的治理、秩序与变革》，张志新译，载〔美〕詹姆斯·N. 罗西瑙主编《没有政府的治理》，张胜军、刘小林等译，江西人民出版社，2001，第 8 页。

因此，如何证成全球秩序就成为了全球治理的首要理论任务。"① 全球治理并不仅仅是一种制度层面"规则的方式"，其除了能够以集体行动的方式来解决全球问题、促进全球发展、为全球提供公共物品之外，还具有一定的能动塑造功能，通过自身的调适性发展来带动全球秩序的良性变革，"引导社会走向众望所归的结果，远离众所不欲的后果"②。由此一来，全球治理通过对全球秩序的建构，实际上将理论的意义自证为"为我们必须共同居住的地球村提供一个灵魂，一种意义，一些规则，一种公平和一种前途"③。基于此，全球治理并非可以被秩序的良性存续替代，其理论内涵中的制度供给、多元价值以及共同合作的底线思维正是秩序生成和演进的动力及抓手，理论与外部世界秩序之间的衔接关系也由此得以自证。

（二）新型全球治理理论的能动意义

鉴于全球治理与全球秩序之间的紧密联系，全球治理理论体系实际上并不是一种单纯理论化的探讨和生成，其也印证了全球治理理论对于现实秩序而言的能动意义。然而，也正是基于理论与外部世界的联动关系，全球治理的自组织在国际法强制性缺乏、国际承接机制软弱无力以及非政府组织治理责任缺失等现实困境中，其内部的失序将构成对外部扩散的威胁。而全球元治理范式的构建，通过将国家置于反思性自组织的核心位置，发挥国家对于治理过程的统筹和对治理层级的整合作用，以对全球治理实践的指导和对全球秩序的维护来塑造全球治理理论体系的能动意义。

一方面，元治理加持下的全球治理理论体系兼顾了权力的要素，其对于国家作用强调的背后实际上凸显的是国家权力的本质以及权力运行的重要作用。对于全球治理的实践而言，其"依赖主体间重要性的程度

---

① 景璟：《全球秩序及其转型：基于转型框架的分析》，《社会主义研究》2022 年第 2 期，第 163 页。

② 〔美〕奥兰·扬：《复合系统：人类世的全球治理》，杨剑、孙凯译，上海人民出版社，2019，"中文版前言"第 3 页。

③ 〔法〕皮埃尔·卡蓝默：《破碎的民主——试论治理的革命》，高凌瀚译，生活·读书·新知三联书店，2005，"引言"第 1 页。

不亚于对正式颁布的宪法和宪章的依赖"，主体之间权力的对比状况是全球治理制度构建及施行的重要指标，换句话说，"治理是只有被多数人接受（或者至少被它所影响的那些最有权势的人接受）才会生效的规则体系"①。遗憾的是，既有关于全球治理理论体系的设计有意或无意地回避了权力的要素，这带来的结果便是全球治理理论与全球治理现实之间的脱节，全球治理理论对于世界的能动意义更是无从谈起。传统全球治理理论所信赖的"全球性的合作治理是一个理想设定，它的实现绝不能企望中心国家的自主变革或自我解除中心性权力"②；而全球元治理范式的创新，为全球治理理论体系中的权力提供了一种新的阐发路径，其既不至于在全球新的合作形式中被忽略，又不至于在全球互动中被过分强调，而仅仅作为一种反思性自组织的附属品，存在于全球治理多元主体凝合的有序的关系结构之中，以隐性权力的方式推动全球治理理论体系的价值自证。

另一方面，元治理加持下的全球治理理论更易于实现对主体间利益的妥善协调。对于全球治理理论体系而言，"设计出一套合理有效的全球体系难度很大，除了克服集体行动难题外，还有许多问题需要考虑，比如如何才能加总出全球利益"③。全球治理从理论层面弱化了个体利益的差异，其过多强调了"共同利益"的存在，并把基于共同利益而出现的全球合作视为必然。但是，全球共同利益的存续并无力抵挡危机来临时个体利益的自顾倾向，长远的共同利益总是缺少对于现行主体足够的激励。全球元治理范式的构建，将散乱的多元主体关系通过国家的凝合作用重新排列，能够在一定程度上实现利益的加总（见图5-1）。这种新型的主体间结构既能够促进各方利益之间的融合，同时又能将各方利益都放置在整体的体系监管和牵制之中，并且国家作为新型全球治理范式中的"元治理者"，能够为各方围绕自身收益与损害对话的展开提供具象的、明确的平台，从而推进全

① 〔美〕詹姆斯·罗西瑙：《世界政治中的治理、秩序与变革》，张志新译，载〔美〕詹姆斯·N.罗西瑙主编《没有政府的治理》，张胜军、刘小林等译，江西人民出版社，2001，第5页。
② 程倩：《论全球化中的治理创新》，《太平洋学报》2012年第10期，第6页。
③ 张宇燕：《全球治理：人类共同利益与冲突利益并存》，《探索与争鸣》2016年第5期，第70页。

球治理与全球秩序的有序化运作。这一过程恰恰显示出创新后的全球治理理论体系的优势及能动意义。

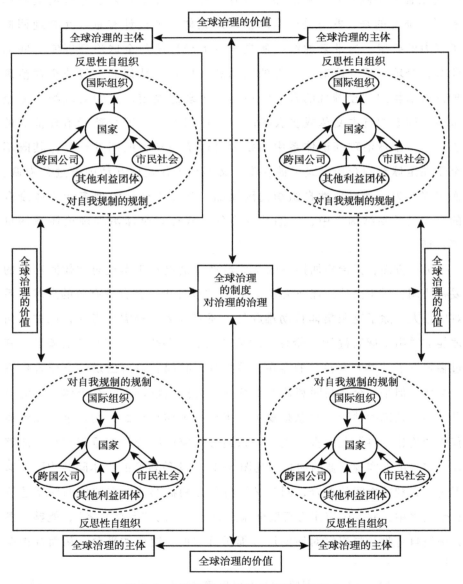

图 5-1　以国家为连接的全球元治理范式

资料来源：笔者自制。

第四节　创新型全球治理理论的案例验证
——以全球贸易治理为例

理论对现实解释力的缺失引致各界对全球治理理论体系的批判，而全球治理理论体系的创新则生发于全球治理实践对理论指导的需求，其意义最终仍将体现在全球治理实践中。因此，如何证成理论创新的价值与意义，就需要将全球治理理论与全球治理实践相结合。

就实践维度而言，全球治理是一个内容纷繁、体量庞大的多领域议题的集合，根据不同的问题属性，这些议题领域可以被具体划分为气候领域、能源领域、公共卫生领域、金融领域以及贸易领域等。[①] 在这些纷繁的议题领域中，当前大部分治理研究与实践已经取得了丰硕的成果，为全球治理的进程做出贡献，在长期的经验积累和时代调适中形成了较为稳定的治理结构与模式（尽管该模式可能存在一定的缺陷与不足）。例如，气候问题和能源问题作为全球性问题的代表，其因影响的广泛性和问题的紧迫性成为全球治理的重要议题。自 1972 年罗马俱乐部意识到全球资源有限性将为全球发展带来危机时，人们就开始试图建立"全球共同体"来应对危机，围绕全球资源而展开的合作与努力也延续至今。就当前全球气候治理和能源治理的现状而言，尽管表现出一定程度的危机与动荡，但是整体上却形成并沿用了较为稳定的治理主体间结构，即以国际组织为引领，以国家自主

---

① 需要说明的是，气候问题、能源问题、公共卫生问题、金融问题以及贸易问题等彼此之间并不是相互孤立的关系。例如，气候治理本身在很大程度上将依托于新型清洁能源的开发利用，气候治理所提出的碳中和、碳达峰的目标的实现也将紧紧依赖于新型能源问题的解决；同时，气候治理又关乎公共卫生治理的成效，极端气候的出现以及全球温室效应的加剧将导致冰川融化后病毒、细菌的大量传播与进化加速，为全球公共卫生安全带来巨大风险；此外，公共卫生问题的影响又将传导至贸易、金融领域，新冠疫情的暴发使得一路高歌猛进的全球化一度停滞，国家竞相封锁边境、撤回资本，全球贸易受阻，引发全球供应链危机，在经济低迷的环境中，全球金融市场大幅震荡，不确定性进一步提升；而贸易的发展又与能源体系紧密相连，能源的分布影响国家之间的贸易和权力关系，能源结构的调整也将进一步引发贸易结构的变动。为此，本书对不同议题领域的划分仅仅旨在区分不同议题领域中全球治理运行的特点，而不是对于全球性问题的具体领域的指标性区分。

性治理行为为核心的运作模式。① 而全球公共卫生治理当前正在经历调适与转型，国家的中心性地位和作用得到进一步显现和证实。传统的"后威斯特伐利亚公共卫生模式"在新冠疫情的影响下显露出滞后与失效的弊端，面对公共卫生安全的挑战，国家在治理中的内顾倾向进一步凸显。在当前的公共卫生安全领域，全球治理的结构总体较为稳定，且调适的方向逐渐明晰，其更多体现为以联合国为引领，以国家为主体的治理结构。全球金融治理包含多元的主体，既涵盖了例如以国际货币基金组织（IMF）、世界银行（WB）、二十国集团（G20）等为代表的政府间组织，以国际评级机构、跨国金融机构、"三十人小组"（G30）为代表的非政府组织，又包括了例如财政部、央行、金融监管部门等国家机构。但是就全球金融治理的结构而言，其表现出较强的霸权底色，美国以其在金融结构、资源运用、职员和管理以及正式的投票与权力结构四个方面的优势而享有在全球金融治理中的优势地位。"第二次世界大战后迄今，全球金融治理格局的一个重要底色是美国对主要国际经济组织的实际控制，最具代表性的当数 IMF 和WB。"② 因而，全球金融治理鲜明地表现为以具体国家（美国）为主导，以

---

① 全球气候治理经历了"自上而下"到"自下而上"模式的变化，原先在《京都议定书》的框架下，全球气候治理呈现为部分国家或局部区域的"关系型治理"，其进展缓慢且效率低下；而《巴黎协定》的提出改变了《京都议定书》强制性减排义务的规定方式，强调"国家自主贡献"，更加符合"契约性治理"，表现为"自下而上"的治理方式。当前，全球气候治理表现为以联合国为引领，以国家自主贡献为核心的治理模式（《联合国气候变化框架公约》秘书处的统计仍然以国家为主要单位，发布《国家自主贡献综合报告》，以此来分析缔约方的贡献率；碳中和气候治理目标的实现，同样以国家为主要依托）。全球能源治理同样表现为以国际组织为引领，以国家自主性治理行为为核心的运作模式。就全球能源治理的主体划分而言，其具体包括了政府间国际组织、国际峰会、国际非政府组织、多边金融机构、区域性组织以及混合实体六类。其中，以国际能源署、石油输出国组织（OPEC）以及国际能源论坛（IEF）为代表的国际组织在全球能源分配中发挥着重要作用，近年来，二十国集团（G20）也开始关注全球能源安全的议题。在国际组织关于能源问题的议题引领和制度供给下，全球能源治理所需要的公共产品主要关切稳定的全球能源市场体系的构建、稳定的能源生产消费关系、能源治理合作共识的达成以及能源开发利用知识的分享，其中，国家（能源生产国与消费国）成了主要依托，全球能源治理体系一方面主要依赖于以沙特阿拉伯、俄罗斯、加拿大、美国等为代表的能源供给端国家，另一方面又依赖于以中国、印度、日本等为代表的能源消费端国家。

② 李俊久：《全球金融治理：演进动力、内在缺陷与变革逻辑》，《社会科学》2022 年第 4 期，第 128 页。

其参与的各类国际组织为支撑的霸权形态。

然而，贸易领域的治理却表现出模糊性和不确定性，前进或停滞的全球化争论、新兴经济体的群体性崛起以及微观主体（跨国公司）的深度参与使得全球经济治理的多元性进一步凸显，复杂性进一步提升，难度进一步加大，WTO 的地位逐渐弱化，国家间分歧逐步显现，主体间关系逐渐模糊。因此，本书将以全球贸易治理为例，通过对创新理论的对比运用来阐述以国家为连接的全球治理理论体系创设的价值与意义。

一　全球贸易的本质：体系的经济考量与治理的政治逻辑的碰撞

全球贸易治理深刻区别于全球治理的其他议题形式。如果说围绕气候治理、能源治理的全球资源配置在其最初"先占原则"的影响下已经具有了某种竞争色彩，围绕金融治理的全球权力分配在美元本位制的影响下已经具有了某种霸权特征，围绕公共卫生治理的全球责任分摊在"后威斯特伐利亚公共卫生模式"的影响下已经具有了某种国家底色，其都在不同程度上体现了全球治理议题的政治性。然而，全球贸易治理建基于全球贸易体系，从议题创立之初就深刻体现着利益和经济的考量，而其又需要在维护经济目标的同时以政治合作的方式实现对秩序的维护，因此，全球贸易治理成了经济与政治话题及逻辑的集合，全球贸易治理的过程深刻体现着一体化的理想追求与权力作用的政治现实之间的碰撞。

回溯全球贸易体系的生成，其来源于全球化对于时空秩序的转变。全球化首先表现为经济的全球化，是资本、技术、劳动力在全球流动和配置的过程。其中，跨国公司的出现为全球生产方式的转变和贸易体系的建立提供了桥梁与纽带，以跨国公司为代表的追求利益最大化的资本主义生产方式开始在全球范围内传播，传统的以国家各自生产为特征的世界经济布局开始让位于以跨国生产为特点的全球性生产布局。伴随着全球生产空间的建立及全球市场的形成，全球机制的构建加速，全球贸易体系逐渐在全球价值链的影响下确立。从这一角度而言，全球贸易体系的生成紧密依赖于全球化（经济全球化）的发展，全球贸易的互联互通实际上深刻体现了全球化过程中"跨国商品与服务交易及国际资本流动规模和形式的增加，以及技术的广泛迅速传播使世界各国经济的相互依赖性增强"①。

这种根植于全球贸易体系中的经济特色，使得全球贸易体系的运行与全球贸易治理成了一组承载不同逻辑的差异化概念。就全球贸易体系而言，其运行于市场逻辑的框架下，并以英国经济学家大卫·李嘉图（David Ricardo）提出的比较成本贸易理论（或称"比较优势贸易理论"）为基础，强调不同经济行为体之间的比较优势，即在长期相对稳定的全球多边贸易中，不同的经济行为体基于生产技术的相对化差别，通过对自身绝对优势以及贸易中的比较优势的衡量而确定较为合理的分工定位，形成彼此间的贸易比较优势结构，从而确保各方在贸易关系中获利，并推动全球经济体系整体高效运行。而全球贸易治理则运行于政治逻辑框架下，其主张以全球政治制度的构建"解决贸易失衡、抑制贸易保护、推动多哈回合、完善与改革 WTO 以及与贸易有关的相关问题的解决与协调等"。全球贸易治理深度依赖于 GATT/WTO 的运行，第二次世界大战之后，以美国为主导的《关税及贸易总协定》（GATT）的初创标志着全球贸易治理体系开始形成。当前，1995 年成立的 WTO 日渐成为全球贸易治理的核心，不仅是全球贸易治理的主体，同时也是全球贸易治理的制度框架和规则依托。对于全球贸易治理而言，其正是需要以一种政治合作的方式来实现对经济利益的维持。

综上，全球贸易治理成为多方主体、多种逻辑、多重原则的集合，相较于其他领域的治理而言，全球贸易治理对于治理的要求进一步提升，治理的复杂性也更为凸显。具体而言，全球贸易治理的议题内含经济与政治的双重目标。一方面，全球贸易治理体现着贸易的市场性特色，建立在比较优势考量下的全球贸易需要维护和确保参与主体经济利益的获致，尊重并坚持市场运行的原则和逻辑。有学者指出，"目前，全球贸易治理中的核心问题是如何促进全球贸易增长"，而其中的关键和具体方式则是践行贸易

---

① 国际货币基金组织：《世界经济展望》，中国人民银行国际司基金处译，中国金融出版社，1997，第 45 页。

自由化的主张。① 然而，另一方面，全球贸易治理又体现着治理的政治性特征，其并没有脱离治理的政治本色，仍然依赖于政治方式的构建与运行，围绕贸易制度框架的构建仍然需要以民主协商与政治合作的方式予以达成，强调全球治理中制度规则对于行为体行为的约束作用。同时，全球贸易治理的过程深刻体现着全球化时代对于经济一体化的理想追求与全球治理中权力作用下的政治现实之间的双向逻辑：全球贸易治理蕴含着对于全球市场和贸易体系的向往，其期待在全球供应链的优化中实现贸易的一体化、自由化及便利化，实现资源在全球范围内的最优配置，凸显对于全球化的信心以及对于经济一体化的理想追求。但是，全球贸易治理又蕴含着对于政治现实的倚赖，无论是以 GATT/WTO 为代表的全球贸易治理体系的生成，抑或是基于规则或谈判的全球贸易治理体系的运行，均体现出"俱乐部式"的、"半球化"治理的政治现实。

因此，对于全球贸易治理这一议题而言，其包含着权利与义务、一体化与本土化、个体利益与共同利益等多重因素，兼具贸易主体与治理主体、收益方与贡献方、利益获得者与公共产品提供者、市场参与者与秩序维护者等多重身份，体现着经济与政治、市场与国家、自由与规制等多重逻辑。全球贸易治理不仅是全球经济治理的重要组成部分，同时也基于以上特色而成为关乎全球治理效果、检验全球治理理论的重点议题领域。

二 全球贸易治理实践对全球治理理论的映射

对于全球治理而言，全球治理理论来源于并指导着全球治理实践，全球治理实践体现并检验着全球治理理论。在全球贸易治理的过程中，其实践同样受到全球治理理论体系的引领与指导，全球贸易治理的实践是在强调多元主体、多边参与的全球治理理论语境下进行的。然而，当前全球贸易治理所面临的困境，从实践的角度反映出既有理论解释力和指导性的欠缺，其从实践的角度向理论本身反射出亟待反思和调适的需求。

---

① 苏庆义：《全球贸易治理：制度供给和需求的矛盾》，《东北师大学报》（哲学社会科学版）2016 年第 4 期，第 83 页。

全球贸易治理作为一项重要的全球治理实践，是全球治理理念构想和全球政治现实存续的集合体。一方面，全球贸易治理实践深受全球治理理论构设和理念追求的影响，在以主体多元化、民主协商和共同参与为基础语境特色的全球治理理论体系的指引下，全球贸易治理试图以全球化总体发展方向为指引，涵括全球化时代多样的主体类别、多元的主体利益、多边的协调机制以及多重的发展要素，致力于保证全球贸易关联的自由化与资源配置的最优化，为多方参与者提供稳定且有利的贸易秩序。但是另一方面，全球贸易治理实践又深受现实政治和现有环境的制约，全球治理实践本身所存在的主体间结构关系的松散、权责分配关系的模糊以及多元诉求代表性的欠缺，与贸易实践所具有的权力分布的不均、制度规则的排他性以及价值链重组所隐含的区域化、本土化趋势增强等表现相互穿插凝合，使得全球贸易治理成为政治裹挟下的治理实践。这种理想与现实之间的鸿沟直接映射出全球治理理论体系本身的不完备性。

（一）全球贸易治理实践中权力的体现

全球贸易治理并没有脱离政治权力的影响，其仍然表现为政治意涵影响下的治理实践。正如全球治理理论体系在构建之初忽视或回避了权力的作用一样，全球贸易治理作为全球治理中的一项具体实践，其蕴含着某种对于多元性、民主性以及共享性意涵的追求，却忽视了治理进程中的政治意涵。从GATT 到 WTO，全球贸易治理机制的创设都"基本遵循了共识（consensus）原则，这一原则的确立旨在保障多边贸易决策机制中各缔约方权利与义务的平衡"①。然而，政治权力的作用并没有随着理论向实践的传导而消解。在全球贸易治理中，政治权力仍然是影响治理实践进程的重要指标。

第一，作为一项多边贸易主体间合作关系确立的全球贸易治理，传统的政治权力结构是治理构建的基础。全球贸易治理的提出乃至之后的运行都深刻依赖于当时的权力分布结构以及相应的贸易秩序，全球范围内不对称权力的存续使得全球贸易治理呈现为不对等的关系结构，欧盟、美国、日本以及加拿大组成了全球贸易治理中的"四巨头集团"，掌控着贸易领域

---

① 张丽娟：《面向未来的全球贸易治理改革》，《当代世界》2021 年第 12 期，第 26 页。

的话语权,而大多数发展中国家则处于贸易结构的边缘,发达国家在全球贸易治理体系中所设立的"特殊与差别待遇"成为发展中国家主动参与合作的激励。因此,全球贸易治理中的合作关系实际上是一种主体间不对称的合作关系,不对等的权力分布掌控并决定着不同主体在贸易治理体系中的地位与获利方式。

第二,作为一项多边贸易治理制度构建的全球贸易治理,传统的政治权力以目标和手段的具体方式予以呈现。一直以来,WTO 作为全球贸易治理制度规则的集合体,在全球贸易治理中占据核心的地位,协商一致是 WTO 规则谈判所遵循的基本原则。然而,这种表面上看似民主的治理制度背后仍然蕴含着权力的重要作用。WTO 中的协商一致在实践过程中并未体现出构想的民主性,所谓的"协商一致"实际上仍然是大国主导下的谈判原则,规则的设定以及原则的运行缺乏透明度。一方面,大国可以凭借权力优势在具体谈判过程中迫使他国达成虚伪的合意。① 另一方面,大国又可以凭借这种权力手段在可能出现分歧的领域选择适当增加或放弃议题,来保证对自我利益的维护和对自身权力地位的巩固。② 因此,全球贸易治理中的制度创设并不是民主化的协商过程,而是潜藏着政治权力对制度体系的扰动。

第三,作为一项全球贸易资源分配的全球贸易治理,传统的政治权力成为撼动贸易市场运行原则的主要外力。全球资源的配置不仅关系到各个

---

① Ian Brownlie, *The Rule of Law in International Affairs: International Law at the Fiftieth Anniversary of the United Nations*, Martinus Nijhoff Publishers, 1998, p. 202.

② 原文为"But important work takes place on an informal basis in caucuses, the most important of which are convened and orchestrated by the major powers. The process has historically operated in the shadow of the coercive power of the EC and the United States… Both weak and powerful countries may advance initiatives, and they may be included in the ministerial declaration that launches a round. But initiatives from weak countries have a habit of dying: after launching the Tokyo and Uruguay rounds, powerful countries often blocked a consensus to advance initiatives by weak countries when they were introduced for formal action in the relevant negotiating committee. Moreover, weak countries are usually excluded from the initial informal caucuses at which powerful countries discuss with each other their important initiatives"。参见 Richard H. Steinberg, "In the Shadow of Law or Power? Consensus-Based Bargaining and Outcomes in the GATT/WTO", *International Organization*, Vol. 56, No. 2, 2002, pp. 354-355。

主体在生产体系中的地位，同时还关系到政治权力体系的建构。当前，全球竞争已经逐步从以石油、天然气、煤炭等为代表的传统自然资源领域扩展到以稀土、稀有金属、极地生物、深海矿物质以及外太空土壤等为代表的新兴战略资源领域，全球贸易资源的战略性、政治性以及归属性得到进一步强调。在这一背景下，全球贸易成为除资源地理归属之外的另一种权力获致途径，而全球贸易本身也被赋予了政治目的性。某些国家利用权力优势围绕资源流动而发起的贸易战、基于资源配置而设立的贸易壁垒、依靠高新技术而建造的"科技帝国主义"（technological imperialism）①，都阻碍了市场逻辑下全球资源分配和贸易关系发展，将自由的全球贸易置于对自身利益的维系和考量之中。此外，GATT中规定的"主要供应者原则"（principal supplier principle）②的思想遗留，又成为资源反向塑造全球贸易治理权力的根基。

（二）全球贸易治理实践中全球意涵的模糊

全球贸易治理重点强调贸易治理，却忽略了全球的意涵，即强调治理的方式而忽略了全球治理的全球底色。这种从理论到实践的传递将导致治理现实的偏差，对于全球意涵把握的缺失容易造成实践中"半球治理"的模式。对于全球贸易治理而言，其不同于其他治理议题的根源之一就在于

---

① "科技帝国主义"旨在探索技术发展与帝国主义之间的关系，主要围绕"科学技术的发展如何转换为帝国的强盛力量"展开。在信息技术产业蓬勃发展的当下，数字和算法成了一项新的权力来源，科学技术对于权力构建的作用愈加重要，甚至成了某些国家谋取霸权的新的途径和表现方式。因而，"科技帝国主义"又被称作"科学帝国主义""技术霸权主义"等。参见张务农《科技帝国主义：全球治理问题的一个症结》，《深圳社会科学》2021年第6期，第72页。

② "主要供应者原则"最早由美国等发达国家倡导，适用于GATT关于工业品关税谈判领域。GATT第二十八条规定：谈判双方在围绕特定产品进行谈判时，一方若为另一方在特定时期该产品最大数额的供应国，那么该国将有权向另一方国家提出关税谈判的请求，而其他供应国则无权提出请求。这一原则所具有的排他性和关系上的不平等性受到了广泛质疑。1973年，东京回合主张采取"瑞士公式"，将关税与减让额度相关联，致力于缩小不同成员国税则中的税率差异。然而，"主要供应者原则"并未就此消除，当时两种模式仍然平行展开，例如1986年乌拉圭回合期间，美国仍然坚持交替使用两种模式，"产品对产品"的关税谈判阻碍了"全面关税减让"目标的实现。2001年，WTO多哈回合第一次决定各方采用统一的"瑞士公式"模式，以此来保障谈判的透明度，保障国家间平等的权力关系。然而"主要供应者原则"具有极强的惯性，尽管在模式使用层面受到了限制，但由于"主要供应者原则"在GATT中的存续，仍潜在地影响贸易关系中行为体对于资源拥有的关注和强调。

贸易的方式并不是全球化出现后所新兴生成的，全球贸易体系的建立以传统的贸易关系为基础，以政治权力为依托，其本身就表现出一定的"中心-边缘"结构或"俱乐部式"的特征。如果在全球贸易治理的过程中仅仅将预期建立在"治理"的方式之上，而忽略了"全球"的范围以及对于"全球性"的追求，那么全球贸易治理最终将很可能走向部分治理，"真正的多边主义"将很难在贸易领域得以实现。

一方面，全球贸易治理是在全球层面的贸易治理，追求主体、制度、价值的全球空间属性，而非仅仅关注治理效果的全球性。当前全球贸易治理的困境之一就在于代表性的欠缺。为了填补协商一致原则所带来的民主性与有效性之间的鸿沟，提升多边贸易体制谈判机制的效率，"绿屋会议"的形式逐渐生成。尽管"'绿屋会议'是为了避免全体成员都参与多边贸易谈判而可能陷入僵局的变通做法"，但是它的生成终究是"发达国家成员希望借此在谈判中推行自己意志和实现自身的利益"，其作为一种非正式的磋商机制，仅由少部分国家参与。同时，当前的"绿屋会议"已经"越权"成为 WTO 正式会议的"雏形"，非正式会议所形成的"代为决策"的草案"一旦提交给正式会议，通常以协商一致的方式被接受，不做修改或仅进行细微调整"。[①] 此时的全球贸易治理沦为了部分国家的治理，尽管随着 WTO 的改革，中国、印度、巴西、墨西哥以及南非、阿根廷等国家逐渐参与到"绿屋会议"的进程中，但是最不发达国家成员仍然较少有机会参与其中。因此，全球贸易治理不应是追求正式制度形式的全球性和制度影响结果的全球性，而是需要给予全球治理中"全球层面的治理"这一意涵更多关注，将对于结果的全球性追求真切转向对主体参与的全球性维系。

另一方面，全球贸易治理是对于全球性贸易问题的治理，是对于共性贸易问题的治理，而不是对于局部主体集团利益的维护。在何为"全球性

---

① 原文为"The draft that emerges from the Green Room is presented to a formal plenary meeting of the GATT/WTO members and is usually accepted by consensus without amendment or with only minor amendments"。参见 Richard H. Steinberg, "In the Shadow of Law or Power? Consensus-Based Bargaining and Outcomes in the GATT/WTO", *International Organization*, Vol. 56, No. 2, 2002, p. 355；周跃雪《WTO 多边贸易体制下成员谈判集团制度与中国的策略》，《社会科学研究》2014 年第 5 期，第 87 页。

问题"的探讨中，本书探讨了对于"全球性问题"的划分或许不该停留于其是否具有全球性影响，而是需要关注该问题的根源归属。对于全球贸易治理而言，其主要的目标在于"维护开放的国际贸易环境，促进全球经济可持续发展，以应对全球化浪潮和全球价值链对国际贸易秩序带来的诸多挑战"①。全球贸易治理对于可持续发展目标的追求凸显了全球贸易治理与其他双边贸易关系治理和协调的差异，其正是以关税为依托实现了对于贸易秩序的维护。全球贸易治理以关税为抓手试图在多边贸易关系中实现彼此的双赢，而传统贸易则主要以关税为工具实现对本国利益的保护。因此，"GATT/WTO 的脱颖而出，主要是通过约束以邻为壑的政策，解决了集体协调的问题"，避免了各自行动可能导致的"集体愚行"②。然而，这一集体努力结果却日渐沦为某些国家维护自身利益的平台，例如美国试图阻挠上诉机构法官遴选、利用争端解决机制对他国提起上诉等，严重阻碍了 WTO 的正常运行，原本处理"全球性问题"的全球贸易治理成了申诉个体利益的工具，单边的贸易保护主义并未与真正的自由贸易反对论相区别，这将不利于 WTO 的公平性和权威性形象的塑造。面对日益繁杂的全球议题，以WTO 为核心的全球贸易治理需要明确一个根本性的问题——什么样的问题才是全球贸易治理需要解决的"全球性"问题？

> 应谨慎对待把环保、劳工标准等非贸易问题纳入 WTO 谈判议题。WTO 本质上仍然只是一个贸易协议，不是一个超国家的政府组织，难以独自承担全球治理的宏大使命。对 WTO 不切实际的过高期望只会最终摧毁其本身。③

---

① 张晓通、陈实：《百年变局下中美全球贸易治理的竞争与合作》，《国际贸易》2021 年第 10 期，第 21 页。

② 原文为 "The GATT/WTO flourished by solving this coordination problem-by disciplining selfish-but-harmful-to-others policies"。参见 Richard Baldwin，"WTO 2.0：Thinking ahead on Global Trade Governance"，https：//cepr. org/voxeu/columns/wto－20－thinking－ahead－global－trade－governance，最后访问日期：2023 年 7 月 5 日。

③ 韩永红：《WTO 体制下民主的缺失与补正——基于发展中国家的视角》，《理论导刊》2008 年第 3 期，第 108 页。

（三）全球贸易实践中"治理"协调性的欠缺

全球贸易治理体现了治理理论的有限性，多元主体间关系的协调成了全球贸易治理所面临的困境。从本质上而言，传统的全球治理理论并没有背离全球贸易发展的初衷，其对于主体多元化、民主协商和共同参与的强调恰恰符合全球贸易治理的需求，但是在具体运作过程中，全球贸易治理面临出的问题与困境为全球治理理论本身敲响了警钟——全球治理理论不应止步于对多元化的强调，而是需要进一步探讨"多元"之间如何有效协调的关键性问题。

首先，全球贸易治理的实践反映出治理系统协调的有限性。正如前文对于全球贸易治理多重内涵的分析，全球贸易治理体现了经济追求与政治构想的碰撞与融合，展现了国家-社会-市场三重主体类型的多元逻辑。然而，著名经济学家丹尼·罗德里克早在 20 多年前就提出了全球化时代的"三元悖论"，即全球化、主权国家和民主不可兼得，我们无法在追求民主和国家自主的同时追求经济的全球化。[①] 全球贸易治理中对于利益的追求、对于权威的信仰以及对于民主的渴望成为撕裂全球贸易治理本身的三重张力。一方面，"协商一致原则要求保障各成员方最大的参与度，但是维持组织的秩序却更需要少部分国家的参与"，这体现着民主与政治效力之间的矛盾。[②] 另一方面，区域贸易协定的提出将有利于减少贸易成本，提升资源利用效率，但是区域贸易协定的出现又将导致 WTO 地位的边缘化和功能效果的弱化，这体现出经济效益与政治权威之间的矛盾。同时，新兴技术的发展拓展了全球贸易治理的议题领域，大数据、人工智能、信息化服务等先进技术改变了全球贸易的方式，不仅贸易商品逐渐从有形转变为无形，同时贸易内容也逐渐从最终产品贸易、中间产品贸易转变为数字贸易，全球贸易治理在整体上面临超地域化和本土化两股力量的拉扯，全球贸易风险进一步加大。

---

① 〔美〕丹尼·罗德里克：《全球化的悖论》，廖丽华译，中国人民大学出版社，2011，"前言"第 10 页。

② 高奇琦、杨宇霄：《区块链技术与全球贸易治理体系变革》，《天津社会科学》2020 年第 5 期，第 77 页。

其次，全球贸易治理的实践反映出整合性治理动力的缺失。全球贸易治理的方式可以分为多边形式、地区性形式和代表性大国集团形式，除了这三种形式之外，"民间非政府组织参与全球治理的力量也在日益加强，并影响着全球贸易治理的变革"[1]。然而，这些多元的主体在全球贸易治理中呈现出松散的主体间关系结构，缺乏有效的联结。"事实上，现有的多边贸易谈判是由各国政府推动和主导的，由此产生的经贸规则并不是各国民众民意的体现，而且也没有独立的国际司法权对其正义原则进行评判。"[2] 这使得全球贸易治理中各个主体之间缺乏形成共识的基础，利益分歧将进一步加剧，制度的有效性无法得到保证。

最后，全球贸易治理的实践反映出治理底线性思维的欠缺。全球治理实践区别于全球治理理论的主要特征之一，就在于理论具有高度的凝练性和概括性，而实践则包含更加具象、复杂、细碎的内容。如果将全球治理理论中强调共同性而非"放之四海而皆准"的"普世"构想对应到全球治理的具体实践中，那么该类"普世"构想的价值就在于为全球治理实践提供行为底线。对于全球贸易治理而言，其当前正面临改革的压力，而美国、欧盟以及中国针对这一目标均提出了各自的构想。其中，美国主张构建符合美国利益的新规则体系，欧盟主张关注效率、透明性和公平性的提升，中国则强调对于多边贸易体系的维护和对于世界贸易组织地位的坚守。[3] 同时，在数字化时代，数字贸易（digital trade）日渐成为与传统贸易并行的治理议题。在数字贸易治理领域，美国更加关注数据的自由流通，欧盟更加关注数据的隐私以及数字风险的防范，而中国则更加强调数字主权。尽管围绕全球贸易治理体系改革这一目标达成了共识，但是不同的行为主体针对改革的具体方向提出了各自的主张，在这些多元的利益诉求和分歧之下，全球贸易治理亟须一项底线性的规制，在作为底线的共同性的基础上充分彰显多样性和灵活性。

---

① 于津平：《国际贸易新格局与全球贸易治理》，《南开学报》（哲学社会科学版）2012 年第 1 期，第 73 页。

② 燕楠：《全球贸易治理环境变化下的 WTO 改革路径》，《对外经贸实务》2019 年第 10 期，第 44 页。

③ 何伟文：《全球贸易治理视角下世贸组织改革问题》，《当代世界》2021 年第 8 期，第 61~62 页。

三　以国家为连接的元治理范式对全球贸易治理困境的突破

全球贸易治理的现状反映出传统全球治理理论解释力的不足，传统理论体系中对于多元化的止步、对于合作必然达成的信仰以及对于不对称权力的忽视，导致全球治理实践与理论之间始终存在无法跨越的鸿沟，理论的美好预设与构想在政治现实的运行中很难得以推进。本书试图对以上理论问题进行突破，提出以国家为连接的全球元治理范式的理论创新，实现从平面化到立体化、从松散性到有序性的结构突破。本部分将以全球贸易治理面临的困境为基础，检验全球治理理论创新的可操作性和贡献性。

（一）传统理论在全球贸易治理实践中的解释力欠缺

传统的全球治理理论强调主体的多元性，认为全球治理的进程实际上是多元主体平等共在、共同参与的过程。在传统的全球治理理论体系中，多元治理主体之间呈现为一种单一平面式的结构，试图以全球化所产生的跨国联系突破国家边界，将具有主体归属的资源、权力同跨边界的经济、数字等要素共同置于同一平面中，以此来体现理论的多元性和包容性。

然而，这种平面式主体间结构的理论预设为全球贸易治理实践带来了巨大的现实难题。追溯全球贸易治理制度的发展历程，GATT 的前身——国际贸易组织（ITO）率先反映出平面式主体间结构的弊端。第二次世界大战之后，战后主要国家曾经试图将 ITO 与 IMF 及 IBRD 共同作为全球经济治理的重要组成部分，但是由于《哈瓦那宪章》并未得到美国国会的批准，该计划流产。对于 ITO 而言，其失败的主要根源就在于试图将贸易、发展以及就业等问题相统合，并将其不予区分地放置于一个多边主义的框架下进行治理，尝试以一种超国家的治理方式来融合国家层面甚至国内社会层面的众多利益需求，忽视了治理协调的难度；而其最终也由于美国国内商业利益集团的反对以及分治政府的存在而走向失败。[①]

---

① 海伦·米尔纳在其书中对 ITO 的失败以案例的形式进行了分析。参见〔美〕海伦·米尔纳《利益、制度与信息：国内政治与国际关系》，曲博译，上海人民出版社，2010，第 131～152 页。

将多边主义与各国国内社会目标结合既是 ITO 高瞻远瞩的地方，但也是它失败的根源所在。ITO 在处理这一问题上过于理想主义，并且野心过大，未能把握好在多大程度上多边主义与国内目标的结合能够真正被接受。[①]

这种治理的逻辑仍然延续至今，当前 WTO 所面临的困境切实体现了这一问题。越来越多跨国公司和非政府组织的参与不仅冲击着国家在 WTO 中的主体地位，甚至对 WTO 提出了"民主机制"改革的要求。不可否认的是，跨国公司和非政府组织的参与为全球贸易治理带来了新的活力，其对于全球贸易规则的介入客观上推动了全球贸易治理体系的改革。但是，在平面式关系的全球治理理论指导下，对于多元性的强调和止步使得非国家行为体在治理过程中享有了与国家同等的地位，跨国公司和非政府组织的行为缺失了约束的主体来源。例如跨国公司作为全球贸易体系中主要行为主体，却试图利用各个国家税制的差异而逃避税收（例如谷歌、亚马逊公司的利润转移以及苹果公司的"爱尔兰荷兰三明治"税务安排）。[②] 非政府组织作为市民社会的代表，其直接参与的方式在一定程度上造成了与国家间政治性契约本质的背离，对 WTO 的效率和目标的实现造成了阻碍，甚至导致由于国籍、种族、性别、阶层等因素而造成的制度偏向。[③] 多元的主体利益汇聚，全球贸易治理体系正在面临民主改革与有效性维持之间的矛盾困局。

（二）创新型全球治理理论对全球贸易治理困境的解答

以国家为连接的全球治理理论体系的创新，主张从主体间结构的角度对混杂的平面关系进行梳理，构建主体间立体的结构关系。在立体化的结

[①] 陈曦：《国际贸易组织的失败及其对全球贸易治理机制改革的启示》，《复旦国际关系评论》2019 年第 1 期，第 73 页。

[②] 张浚：《试析欧盟打击跨国公司避税及其意义》，《现代国际关系》2016 年第 12 期，第 56 页。

[③] 参见 Jan Aart Scholte, Robert O'Brien and Marc Williams, "The WTO and Civil Society", *Journal of World Trade*, Vol. 33, No. 1, 1999, pp. 107–123。

构关系中，国家基于其对自然资源和权力资源的掌控而居于结构的中间位置，国际组织和跨国公司、市民社会根据其超国家和次国家的身份而居于结构的两端。在全球化所构建的跨国性和关系性思维的影响下，资源的跨国配置、信息的全球流动以及权力的主体间流散使得多元行为主体之间产生相互联结的链条，而国家则成了这一立体式关系结构的核心节点。国家不仅享有外向性传导的自主控制力，同时还承受中心性聚合的集体制约力。当平面式结构转变为立体式结构时，权力的运行具有了向度的约束，资源的配置拥有了源头的归属，制度进而也可以探寻到直接的运作对象。这一创新在一定程度上将跨国性的全球化纳入归属性的政治版图的规制中，将对于效率的盲目追求放置于质量的整体约束之下，能够在现实的运作中为经济的全球化与政治的全球治理之间的根本矛盾——"一切都被全球化了，唯有政治除外"① ——的解决提供思路。

作为全球经济治理框架下的全球贸易治理，一方面，其需要始终坚持和维护全球治理理论对于主体多元性、民主协商和共同参与的强调和主张，排除国家中心主义的思想，在具体的运作实践中尊重并切实考虑非国家行为体的利益诉求，给予其参与治理的途径和通道；另一方面，这种对于主体多元性的包容并不是建立在松散的结构或任意的主体间关系下的包容，多元主体间关系需要在全球治理的框架下得到有序协调。此时，国家作为传统的政治主体，需要承担起更大的责任，实现面向单元行为体的关系联动以及整体多元主体间的关系协调。

1. 纵向限度：多元治理主体间结构的立体呈现

在全球贸易治理的具体进程中，国家是跨国公司、非政府组织与 WTO 关系的建构节点。第一，国家是全球贸易治理中主体类型多元化的推动者，在推动 WTO 改革、提升非国家行为体参与全球贸易治理的问题上具有重要使命。纵观非政府组织在 WTO 中的地位变迁，其从原先的在 GATT 中不被认可的咨商地位发展到 1996 年 WTO 通过《与非政府组织关系安排的指导

---

① 〔美〕托马斯·韦斯、〔英〕罗登·威尔金森：《反思全球治理：复杂性、权威、权力和变革》，谢来辉译，《国外理论动态》2015 年第 10 期，第 116 页。

原则》（Guidelines for Arrangement on Relations with NGOs），正式获得参与准许，国家在议题提出乃至协定通过的过程中发挥着重要的作用。将国家作为重要节点，发挥国家在全球贸易治理规则设定中的重要作用，能够以兼具合法性和权威性的方式为多元的主体类型参与全球贸易治理提供有效途径，从而解决全球贸易治理中主体代表性缺失的问题。

> WTO 并非是一个超国家性质的机构，其本身并无立法权，也不直接为成员方（主要是国家）的公民设定权利和义务。WTO 的权力来源于各成员方基于意思自治的部分主权的让渡，其规则的制定和解释是成员方通过其政府代表谈判达成妥协的产物。[①]

第二，国家是全球贸易治理中多元关系的协调者，实现"对自组织的组织"。随着跨国企业与非政府组织对全球贸易规则的介入，全球贸易治理民主化改革的呼声越来越高，基于各国政府制定规则的"薄民主"模式被要求按照"真民主机制"予以重塑，考量民众与企业的意愿诉求。然而，其意愿在 WTO 中的最终实现，需要通过各成员国之间基于协商一致的表决，国家是多元主体意愿传递的关键。例如，在全球贸易治理的框架下，美国 USTR（United States Trade Representative）下设若干委员会，注重非政府组织作用的发挥，在一定程度上探索出国家利益与非政府组织利益的衔接途径。国家对于多元利益的整合，能够有效弥补全球贸易治理中由于不同主体分歧而导致的治理有效性欠缺的困境，国家成了多元利益整合的重要节点。

第三，国家是全球贸易治理中多方行为的约束者，扮演"同辈中的长者"的角色。例如国家通过东道国和母国的政策法规对跨国公司实现国家管制，通过构建区域性组织和规范对跨国公司实现区域管制以及共同在 WTO 中构建或践行全球贸易规则而对跨国公司实现全球/国际管制等。此

---

① 韩永红：《WTO 体制下民主的缺失与补正——基于发展中国家的视角》，《理论导刊》2008 年第 3 期，第 108 页。

时，全球贸易治理中的国家不仅代表自身利益，同时还兼具全球贸易治理的责任。在重要节点赋予国家以职责使命，不仅能够使国家在自身贸易行为中履行全球贸易治理的相关制度决议，同时还能够使其以"同辈中的长者"的身份，在区域乃至全球政策议题领域中凭借其在自然、权力资源层面的优势和权威对多元主体行为进行约束，弥补 WTO 在程序和路径上的欠缺。

第四，国家是全球贸易治理多重层面共同的被监督者，以国家为连接的反思性自组织实现了"对自我规制的规制"。此时的国家不仅处于立体结构的权力辐散中心，同时还处于立体结构的监管聚集的中心，受到来自不同层面的监督和制约。一方面，国家行为受到来自 WTO 自上而下的监督，例如 WTO 设定非歧视原则、互惠原则、关税减让原则、市场准入原则、公平贸易原则等刚性的价值原则对国家进行约束。另一方面，国家行为又受到来自非政府组织和跨国公司自下而上的监督。例如，非政府组织可以通过向 WTO 提供意见书，参与部长级会议、非正式会议，担当"法庭之友"对国家行为进行监督，跨国公司则利用其在跨国空间中权威的建立而对国家权力和权威产生冲击。正如托马斯·弗里德曼（Thomas L. Friedman）所言："我们生活在两个超级大国之间，一个就是美国，一个就是穆迪，美国可以用炸弹摧毁一个国家，穆迪可以用评级毁灭一个国家。"[①] 此时的国家成了全球主义观照下的贸易治理主体，通过多维度的监督和制约，进一步规范 WTO 中国家的行为，通过对贸易治理主体的约束构建更加良性的全球贸易秩序。

因此，在以国家为连接的全球治理理论的指引下，全球贸易治理多元主体间结构呈现为以国家为连接的形态，这既保证了全球贸易治理中主体的多元性、共同参与以及民主协商的理念，同时又以国家为各项价值诉求以及治理方略的聚合中心，实现对不同主体的连接和有效的协调。在国家的核心节点作用下，全球贸易治理将形成一种较为明晰的治理结

① 〔美〕托马斯·弗里德曼：《世界是平的："凌志汽车"和"橄榄树"的视角》，赵绍棣、黄其祥译，东方出版社，2007，第 10 页。

构，即以国家为主要依托，以 WTO 为运行框架，实现对多元治理主体的包容和协调。正如日本学者正村公宏对国家地位的判断，"'国际化'与其说是削弱经济性国家主权，还不如说是加强各国政府的责任，即在充分理解本国经济政策的国际影响的基础上，采取适当手段，有效地行使经济性国家主权"①。全球贸易体系的良性发展亟待在以国家为连接的模式中探寻政治发展与经济利益之间的协调路径，如果"经济自由在牺牲社会公正和环境可持续发展的代价下获得发展，长期看是得不偿失的"②。

2. 平行限度：同类治理主体间关系的秩序维护

全球贸易治理实践除了全球范围内多元主体的深度参与对 WTO 所带来的挑战之外，还面临另一重困境，即同类治理主体间关系如何平衡和调适的问题。这一困境主要集中在国家主体层面。一方面，政治版图中国家行为体正面临不对称权力为其参与全球治理实践而带来的结构性权力的缺失。另一方面，跨国公司和非政府组织之间的不平等关系最终仍然以国家的形式予以表现。③ 尽管创新后的全球治理理论提出"以国家为连接"，为全球治理中多元行为主体间关系的有效协调提供了路径，但是在具体的实践领域，同一类型的国家行为体由于彼此间实力的差异，仍将发挥出不同的治理效能。如何弥合同类主体（国家行为体）之间的差异，成为在实践检验中需要关注的重要问题，这也将成为在全球治理实践中突破国家"黑箱化"研究的关键。

---

① 〔日〕正村公宏：《国际化并不制约国家主权》，季玉新译，《现代外国哲学社会科学文摘》1990 年第 10 期，第 30 页。

② 〔英〕戴维·赫尔德：《重构全球治理》，杨娜译，《南京大学学报》（哲学·人文科学·社会科学版）2011 年第 2 期，第 21 页。

③ "跨国公司和非政府组织之间的不平等关系最终仍然以国家的形式予以表现"的观点主要源自对全球贸易治理体系中不同行为主体间关系的分析，跨国公司和非政府组织参与全球贸易治理体系的份额，在很大程度上取决于其所属国家的地位和权力大小，跨国公司和非政府组织对全球贸易治理体系的参与程度紧密联系于其所属国家的经济政治发展状况。例如跨国公司通常同时受到母国政治制度环境和东道国营商环境的影响；非政府组织对全球贸易治理体系的参与则往往表现为发达国家的非政府组织数量较多，而发展中国家，尤其是第三世界国家的非政府组织的数量和规模都相对较少。它们在全球贸易治理体系中的参与份额均不尽相同。因此，本书对于同类行为主体间不对称关系的探讨，主要集中于对国家行为体的探讨，认为这是探讨其他同类型主体间关系的基础和前提。

　　一方面，作为核心节点的"国家"是冲击和制约部分大国（霸权国家）行为、推动全球治理现实中不合理的半球治理模式转型的关键力量来源。全球治理作为无政府状态下的治理，其本身并不具有直接的强制力，全球治理制度对国家行为的约束力也甚微。国家间由于不对称权力所构建的半球治理、霸权治理模式，最终仍然需要发挥其他国家对霸权本身的消解作用而予以重塑。全球治理实践中不同国家根据物质性权力、制度性权力和合法性权力共同塑造出的权力分布形态而处于不同位置，由此不同的全球治理模式得以构建，并且以权力结构为基础呈现出动态性特征。就全球贸易治理而言，其早已经历了从"美国单边霸权的选择型模式"向"美欧等发达经济体共同治理的竞争型模式"的转变。① 近年来，随着新兴经济体的群体性崛起，发展中国家在全球贸易治理结构中的影响力得到空前提升，在全球贸易规则制定领域中的参与度和话语权也进一步提升，并致力于推动全球贸易治理体系向着包容性多边主义迈进。全球治理实践中具体模式的转变，本质上依赖于国家间权力结构关系的变化，"国家"在这一过程中成了对不合理的、部分发达国家主导下的半球治理模式的消解力量。

　　另一方面，以国家为连接的反思性自组织结构为小国参与全球治理提供了崭新的路径。在传统的全球治理中，小国因其实力的局限缺乏参与全球治理的机遇，然而，以国家为连接的反思性自组织的建构，赋予了国家在参与治理路径过程中更加多样的选择，"结构性权力"取代了"以实力为界定的权力"。在提供了灵活性和选择性的立体化结构中，小国根据自身具体实际，既可以以国家的方式直接参与治理议题，施加对治理的影响；同时也可以选择以非国家行为体的方式（例如加入区域组织）间接对全球治理权力结构进行解构。例如，在全球贸易治理领域，拉美国家曾经以直接参与的方式单独提出 WTO 改革的建议，2019 年乍得代表最不发达国家递交了《最不发达国家关于 WTO 改革的建议》。而东南亚国家则以东南亚国家联盟（区域性国际组织）的形式间接参与全球贸易治理进程，例如 2018 年

---

　　① 陈淑梅、仓勇涛：《全球贸易体系变革的逻辑动因与现实路径》，《国际贸易》2022 年第 1 期，第 48 页。

东盟成员国在新加坡签署《东盟电子商务协定》，成为全球首个签署电子商务协定的地区，其以东盟区域组织的形式对全球贸易治理产生影响。因此，以国家为连接的多元主体结构，赋予了小国更多参与全球治理的机遇和可能，弥补了由于小国实力欠缺而导致的治理缺位现象，体现了创新型全球治理理论的贡献。

结语　构建坚韧的理论进路：不确定
时代下的回落与平衡

> 一个理论越是承载着期望，越是需要严肃的批评。未来治理理论必然要接受更加严酷的逻辑和实证检验。治理理论的未来部分取决于它能否克服内部的裂痕，能否超越或者协调既有的重要理论；部分取决于治理实践的进展。[①]

全球治理理论作为全球化背景下人们以一种新的政治合作的方式来实现对崭新图景的探索和对时代的回应，其必然承载着艰巨的时代使命。对于全球治理理论体系的反思与重塑，或许也可以成为一种对于理论体系性探索的反向驱动。

为此，本书一共探讨了三个核心问题。其中，第一个问题紧紧围绕全球治理理论的深刻内涵，尝试回答了"全球治理理论是什么"。本书跟随全球治理研究的学科化进路，纵览其从治理的理念创新到全球治理的概念塑造，从简单的现实描绘到庞大的体系建构，从无所不包的宽泛内容到区别于其他概念的独特逻辑的理论体系化进程，审视三十余年的发展，全球治理及其理论体系已然发展为对现实境遇的涵括与指引。那么，全球治理理论究竟是什么呢？本书的第一章试图从两个维度给出答案。从理论自身的

---

① 王诗宗：《治理理论的内在矛盾及其出路》，《哲学研究》2008 年第 2 期，第 88 页。

意义而言，以治理理论为源起的全球治理，一方面延续了既有治理内涵中对于主体多元化、共同参与以及民主协商路径的强调，另一方面又因对全球化趋势的依赖、全球性危机背景等而拥有自身独有的内涵特征。全球治理理论作为一种理论体系建构，从本源上具有区别于全球治理实践的深厚底蕴，其不仅具有对传统国际关系理论基础的借鉴以及对历史性的传承，同时还具有理论的指导性和能动建构的意义。从理论生成的结构而言，全球治理理论涵盖着一个核心的理论体系框架，包含了理论建构所必需的前提假设、基本要素以及体系架构，它是对全球治理整体逻辑的归纳和其中要素关系的总括，是在"全球政治处于无政府状态""全球化影响下的相互依赖关系的建立""多元主体共同参与的可能""全球资源的有限性和稀缺性""全球层面个体利益和共同利益并存"的五项基本前提假设之下，对全球治理的主体、客体、制度、价值和效果五个基本构成要素之间关系的描述。

第二个问题深度依托于理论与现实的对照，回应了"全球治理理论为何亟待创新"的时代关切。这种对照下的视域错位暴露了全球治理理论自身存在的两种不完备表征。这种不完备性一方面表现为第二章所探讨的适用性和匹配性的不完备，即原有理论无法对应流变的现实，全球治理环境的变化、全球治理主体的增多以及全球治理需求的多样不断做出全球治理理论亟待演进更新的提示，全球治理理论所需要面对的环境、需要解决和处理的问题以及需要对现实的回应都早已在时间的流动中发生了巨大的转变，对全球治理理论的作用理解和功能期待均需在时代性的考量中予以适当的调整。另一方面又体现为第三章所讨论的诠释性和指导性的不完备，这一不完备的表征不仅仅是"田园牧歌式美好愿景"与"新千年以来新自由主义全球治理冷峻现实"之间的错位，同时还是"松弛的核心概念"与"宏大的理论意图"之间的差距。如果说第二章指涉的是全球治理现实对全球治理理论创新的紧迫需求，那么第三章则从理论自身推导的逻辑出发彰显了理论重塑的必然。这一思考为全球治理理论研究提出了更多更深层次的问题，例如，全球治理中的合作是必然的吗？共同利益一定导致合作吗？多元主体能够自行组织凝合吗？治理的景象是和谐的吗？全球治理的对象就是全球吗？或许这些问题的答案并非"必然"，但是问题提出本身也促使全球治理理论发展成为一种必要。对于这些问题的解答，或许我们今天的研究不能仅仅停留于对于治理特征的夸赞，而是需要真正直面"谁来治理"、"如何治理"以及"为什么治理"的根本问题。

本书关注的第三个核心问题则关乎全球治理运行过程中所倚赖的结构，在元治理理论的启发下对"全球治理的组织性"进行了探讨。这一问题牵动着近年来政治学领域的两个关键讨论——国家地位的找回以及空间政治的转向，本书的第四章和第五章对其有所涉及。诚然，伴随着治理理论的兴起，加之传统国际关系理论对国家黑箱化的简括，研究者们日渐放弃了"国家学"的身份而下沉社会，一时间，社会民主问题热度高涨，而国家似乎成为其对立面，重要性逐渐消融。久而久之，治理所提倡的"去中心化"主张异变为了"去国家化"趋势，而这种趋势又进而催生了全球治理研究中的"去组织化"。然而，当现实向愿景发起拷问时，当秩序向理论提出诉求时，隐含在激流中的国家重要性再次被凸显，我们不禁反问，威斯特伐利亚神殿的支柱是否已然朽化？本书认为，对于全球治理理论体系而言，当前并不是要做出国家和非国家行为体孰轻孰重判断，而是急需构建起某种"组织性"。"但是，西方以经济学和政治学为主的社会科学，提供的治理方案却是'去国家化'进而'去组织化'，而组织性正是现代性政治的最根本特征，去组织化的治理理论必然是无效治理，所谓的'自发秩序'事实上是一种返祖理论——一种前现代社会的状态。"① 除了依赖国家作为"同辈中的长者"的关键作用之外，全球治理体系中组织性的建立还需对空间性予以更多关注。当全球范围的相互依存绘制了全球共生关系网络时，我们再也无法将国家看作餐盘里相互碰撞的独立圆球，它们更像是一个个相互分离却又远距离纠缠不息的粒子，在更大的空间范围中产生作用。因而，无论是权威空间，抑或是场域空间，全球治理的研究者们均察觉并把握了空间的独特意义，在建构组织性的同时，组织本身也在反向建构着全

---

① 杨光斌：《发现真实的"社会"——反思西方治理理论的本体论假设》，《中国社会科学评价》2019 年第 3 期，第 26 页。

球治理运行的空间。

在这个充满了不确定性的世界中，我们不禁要问，未来的全球治理该走向何处？未来的全球治理理论体系又该如何发展？本书认为，如果要对其进行展望的话，这里有两个关键的词语："回落"与"平衡"。

其中，"回落"不仅包含了回归的意涵，同时还指代了将理论沉降于现实的期待。过去在全球治理的发展中，我们似乎混淆了"全球治理是什么"和"全球治理应该是什么"的问题。谈起全球治理，人们更愿意将其看作一开始提出时那种具有浓郁"乌托邦"色彩的概念，而忽略了政治现实中全球治理的真实作用与意义。一方面，全球治理被看作一个包罗万象的描述，指涉"几乎所有的事情"，这是一种充满了理想主义色彩的解读，而现实中的全球治理更多的是一种制度、一种合作形式或是一种理念呼吁，全球治理是在各方相互走近的政治进程中合力解决全球性问题的共同努力，是在全球政治基础上对于权利、义务和责任的分摊。另一方面，全球治理又被看作全球事务高度一体化的代表，在这种所谓的治理语境下，似乎异质性的主体都将在共同利益中天然摒弃个体差异而实现联合。然而，现实中的全球治理与区域治理、国家治理具有同等的功效，其仅仅是一种基于共同利益、共同目标和共同价值的全球合作方式，并不享有时序上的优先性或层级上的优越性。这里需要明确的是，全球治理意味着全球共同体的生成，而非全球一体化的最终建立；全球治理所倡导的团结协作，也并非对困境的简单承认，而是需要生成并肩解决紧迫问题的共同意愿。

因此，对于全球治理理论的发展而言，过去第一代大刀阔斧式的建构和第二代事无巨细般的阐明似乎都不再适用于当下的环境现实。全球不确定性的存续、传统政治与新型治理的交织、全球敏感性与脆弱性的递增，以及数字化与信息化发展所带来的高度便捷但同时又极具风险的互动通道，为今后全球治理理论的探索提出了更高的要求。一方面，理论要在历史沿袭的基础上稳固向前的步伐；另一方面，理论又需要在现实面前停下脚步，自我完善。未来全球治理理论体系的演进，或许无须一味夸大治理功能，无须将全球治理置于高高的神坛，也无须苛求提出一整套完整的、万能的理论指导手册。这种理论回落更多需要的是全球治理理论与现实的对接，对于全球治理边界和限度的承认，对于那些在理想化情绪笼罩中被忽略和回避的政治权力基础的重拾，以及对于全球治理运行方向的总体把控。全球治理理论体系的发展既需要坚持理想又需要尊重现实，既提倡放眼全球又提倡本土关切，既主张心怀未来又主张立足当下。同样，全球治理理论体系的建构，不是要讨论出哪种形式更加高级、哪种模式更具创新性，抑或是哪些主体类型更为罕见、哪种价值更显先进，而是要在底线思维、适用性思维、匹配性思维以及可行性思维的框架下进行；不是要追求一个完美的理论形态，而是要将全球治理看作一个真切进行着的、不可避免的现实进程，尽可能以最小幅度的调适去激发出理论的活力与生气。诚然，理论的建构不同于实践的运行，理论必须具备一定的前瞻性。但是，对于当前的全球治理理论体系而言，现实性问题的解决是全球治理面临的最为紧迫的需求，也是全球治理理论体系发展面临的最大挑战。理论与现实的配适不仅关乎全球治理理论当下的存续，更关乎其未来的演进。

而"平衡"则是指在全球治理理论体系发展建构的过程中需要平衡理论与现实之间的关系，这无疑是对于回落路径的进一步探索和补充。在平衡的过程中，有几组较为突出的关系值得我们重点关注。第一组关系是宏观理论和微观路径之间的平衡。这里除了前文所探讨的理论与现实的平衡意涵之外，还包含了另一种关系，即宏观治理层面所涉及的治理理论、多边主义、多元化与微观实践层面所需要的权力、制度、观念等理论要素之间的平衡。在既有的全球治理理论建构时，宏观的理论主要强调以治理理论所提倡的多元主体、共同参与以及民主协商为基础，通过对国家、社会、无政府状态、合作关系等范畴的假定而构建起一种具有普世性的解释框架。尽管这种宏观理论能够实现对逻辑的简化和总括，但由于其往往太过抽象而无法对现实问题施以指导。而微观路径则依赖于行为主义或理性选择方法，其中蕴含了权力的逻辑、制度的构建过程以及共识的形成等具体事项，但是，其结果又由于太过聚焦而缺乏普遍意义上的解释力。为此，我国学者赵可金指出："全球治理的研究任务要求在方法论上将抽象的宏大理论研究和零打碎敲的微观经验研究结合起来，消除两者之间存在的学术鸿沟，弥合宏观与微观的研究裂痕，这是全球治理研究的重要路径，其可能的理论方式就是在宏大叙事理论与微观经验研究之间建立中层理论。"① 本书认为，这一中层理论的内容需要涵盖全球治理中开放性与聚合性、多元性与组织性、协商性与权威性，而建立中层理论的关键就在于把握全球治理理念和传统国际关系理论之间的平衡。当"无所不包"的全球治理术语的不精确性已经开始剥离或吞噬其作为一个学术概念的严谨性和作为一项理论框架的解释力时，我们需要再次回到具有一定解释力的国际政治主流理论中为全球治理找寻解释的养分。

第二组关系是全球治理理论中动力和张力之间的平衡。哈罗德·雅各布森（Harold Jacobson）曾经描绘到，各个民族国家走向世界政府的征程已经被绘入挂毯，用来装饰日内瓦万国宫的墙壁。② 在历经了全球化席卷之后，面对当下的全球政治人们依旧迟疑——全球真的走向融合了吗？今天的研究者们通过贸易、金融、政治交往等测度着全球化，但是在全球化的过程中，我们是否已经设计出了"促进各国安定繁荣的共同模式"？当今时代技术在发展、科技在进步、人口在迁移、资本在流动、文化在传播，可以说各国间的相互联系日益密切，全球治理在这一流动的过程中蔓延至世界的各个角落。然而，信息在交互、主体在增多，共识却未等量增长，冲突也并未就此消弭。我们无法否认这些交融与分裂，也无法回避其中的互构与阻滞，因为这些都是我们正在切身经历的事实。全球治理理论体系的构建，正是需要直面这些事实——各国之间不擅长却必须合作、全球亟待合作却又不得不面对分离——在全球治理的无尽张力和内核动力之间寻求平衡，这一问题又与上文所探讨的"国家"紧密相关。如果全球治理理论仅仅停留于强调"没有政府的世界治理"，寻求无限张力的话，那么其将不免陷入坐而论道的境遇。本书认为，真正的全球治理并非没有政府的治理，而是尊重国家、尊重政府合作的治理，这样才能予以全球治理深层次动力足量的关注，实现动态的平衡。

---

① 赵可金：《全球治理知识体系的危机与重建》，《社会科学战线》2021 年第 12 期，第 190 页。

② 参见〔美〕托马斯·韦斯、〔英〕罗登·威尔金森《反思全球治理：复杂性、权威、权力和变革》，谢来辉译，《国外理论动态》2015 年第 10 期，第 112~113 页。

第三组关系是全球治理理论构建时所面临的继承与发展之间的平衡。在高速发展的时代，全球治理概念内涵的深刻变化正考验着全球治理理论体系的韧性发展。阿米塔·阿查亚（Amitav Acharya）在其著作中指出，当前全球政治中的很多被人们所熟知的主导性观念都在经历着明显的变化。[①]例如，来自传统欧洲（威斯特伐利亚）的主权概念，已经经历了从不干涉主义到人道主义干涉再到"保护的责任"的变化；诞生于美国的"国家安全"关切，也经历了从最开始军事层面逐渐发展到综合安全、总体安全乃至"人的安全"的变化；等等。在如此鲜明的内涵变化面前，"工业化时代的任何一种全球治理理念现在都显得捉襟见肘"。因此，如何着眼长远，完善全球治理体系和规则，弥补相关的治理赤字，如何在概念内涵的变动中把握问题的本质，在不确定性之中寻找确定性，是构建更具韧性的全球治理理论体系需要考量的关键。这种韧性的构建不仅需要理论与现实的结合，同时还需要理论与时代的结合。全球治理的出现不只如表面所体现的是一种发展情势的营造，同时其更本质的源起正是人们对安全本身的关切。因而，对于全球治理理论而言，或许其最紧迫的是在对本质问题的继承中寻求发展，从对安全本质的关注中获益，在安全空间和发展空间的聚合中实现平衡。

第四组关系则涉及全球治理理论体系建构过程中西方与非西方理念之间的平衡。全球治理建基于复合世界的多元特征，强调政治、经济、文化的多样化，主张全球政治的多中心，并且涵盖了治理层次的多重性，其在客观上阐明"我们并不是生活在一个消除了地区间差异或所有地区紧密融为一体的'无缝式'（seamless）全球化世界中"，确切地说，"我们正面对一个具有日益增长的复杂性和交叉重叠的多样性的世界"。[②] 对于全球治理理论体系的发展而言，如何在主体的多样性和异质性基础上探索出一条真正具有包容性和普世性意义的全球治理道路，是直接关乎全球治理理论有

---

① 〔加〕阿米塔·阿查亚：《建构全球秩序：世界政治中的施动性与变化》，姚远、叶晓静译，上海人民出版社，2021，第20~21页。

② 〔加〕阿米塔·阿查亚：《建构全球秩序：世界政治中的施动性与变化》，姚远、叶晓静译，上海人民出版社，2021，第2页。

效性的关键问题。当前个别西方国家尽管表面假定和宣称自己是普世的，但其言说却是偏袒的，对于西方全球治理理念的过分推崇将加深理论在全球层面的不适用性。这里需要明确的是，所谓的普世性并不在于"放之四海而皆准"的普世意义，而是在领会和尊重不断变化的世界多样性的过程中找寻彼此的共同点。当前，伴随着非西方国家的崛起以及全球多个财富、权力和文化中心的出现，"一个普遍性的自由主义目的论正在变得更为分散，深层次的多元主义将通过重要的方式重塑全球国际社会"①。这种核心与外围关系的变化需要一种更具包容性的全球治理理论以便反映"他者的崛起"这一客观事实。本书认为，未来全球治理理论体系的构建发展需要更多融合西方与非西方理念，在全球众多文明间加强全球性理论对话，以此来构建真正具有现实意义的全球治理理论体系，从而更好地发挥理论的引领和指导作用，提升全球治理的功能与成效。

全球治理理论体系的构建任重而道远，这一职责与使命也更为艰巨且光荣。"回落"与"平衡"既是本书关于全球治理理论发展所提出的美好希冀，同时也是笔者相关研究致力前行和努力的方向。尽管本书的内容大多集中于反思与重塑，但是本书写作的目的并不在于理论的巨大创新或突破，而是意在通过这一过程，发现那些曾经在疾驰中被搁置或忽视的问题。如果以上的内容和呼声能够为今后的研究者们所察觉，并有幸为其提供一些微小的启发，那就再好不过了。

最后，还要对本书撰写过程中给予我帮助和支持的各位前辈以及吉林大学东北亚研究中心、社会科学文献出版社致以真诚且深厚的谢意。

---

① 〔加〕阿米塔·阿查亚、〔英〕巴里·布赞：《迈向全球国际关系学：国际关系学科百年反思》，张发林译，《中国社会科学评价》2019年第4期，第34页。

参考文献

一 中文著作

包亚明主编《后现代性与地理学的政治》，上海教育出版社，2001。

陈家刚主编《全球治理：概念与理论》，中央编译出版社，2017。

陈岳、蒲俜：《构建人类命运共同体》，中国人民大学出版社，2017。

方旭光：《政治认同的逻辑》，中国社会科学出版社，2018。

刘伟、张辉主编《全球治理：国际竞争合作》，北京大学出版社，2017。

马啸原：《西方政治思想史纲》，高等教育出版社，1997。

秦亚青：《关系与过程：中国国际关系理论的文化建构》，上海人民出版社，2012。

任剑涛：《中国现代思想脉络中的自由主义》，北京大学出版社，2004。

沈荣华、金海龙：《地方政府治理》，社会科学文献出版社，2006。

王逸舟：《西方国际政治学：历史与理论》（第二版），上海人民出版社，2006。

杨雪冬：《全球化：西方理论前沿》，社会科学文献出版社，2002。

俞可平主编《治理与善治》，社会科学文献出版社，2000。

俞可平主编《全球化：全球治理》，社会科学文献出版社，2003。

张宇燕、任琳：《全球治理：一个理论分析框架》，载张蕴岭、高程主编《改革开放以来的中国与世界》，社会科学文献出版社，2018。

赵汀阳：《没有世界观的世界——政治哲学和文化哲学文集》（第二

版），中国人民大学出版社，2005。

赵修义、童世骏：《马克思恩格斯同时代的西方哲学——以问题为中心的断代哲学史》，华东师范大学出版社，1994。

中共中央党史和文献研究院编《习近平关于中国特色大国外交论述摘编》，中央文献出版社，2020。

二　中文译著

〔英〕阿兰·谢里登：《求真意志——密歇尔·福柯的心路历程》，尚志英、许林译，上海人民出版社，1997。

〔法〕阿力克西·德·托克维尔：《论美国的民主》（上卷），董果良译，商务印书馆，1988。

〔加〕阿米塔·阿查亚：《重新思考世界政治中的权力、制度与观念》，白云真、宋亦明译，上海人民出版社，2019。

〔美〕埃莉诺·奥斯特罗姆：《公共事物的治理之道——集体行动制度的演进》，余逊达、陈旭东译，上海三联书店，2000。

〔英〕安东尼·吉登斯：《超越左与右：激进政治的未来》，李惠斌、杨雪冬译，社会科学文献出版社，2000。

〔英〕安东尼·吉登斯：《失控的世界》，周红云译，江西人民出版社，2001。

〔英〕安东尼·吉登斯：《现代性的后果》，田禾译，译林出版社，2011。

〔美〕彼得·埃文斯、迪特里希·鲁施迈耶、西达·斯考克波编著《找回国家》，方力维等译，生活·读书·新知三联书店，2009。

〔德〕彼得·斯洛特戴克：《资本的内部：全球化的哲学理论》，常囤译，社会科学文献出版社，2014。

〔英〕伯兰特·罗素：《逻辑与知识（1901—1950 年论文集）》，苑莉均译，商务印书馆，1996。

〔美〕布鲁斯·拉西特、哈维·斯塔尔：《世界政治》（第五版），王玉珍等译，华夏出版社，2001。

〔美〕D. 赫尔德、J. 罗西瑙等：《国将不国——西方著名学者论全球化与国家主权》，俞可平等译，江西人民出版社，2004。

〔美〕查尔斯·贝兹：《政治理论与国际关系》，丛占修译，上海译文出版社，2012。

〔德〕克劳斯·罗克辛：《德国刑法学总论》（第1卷），王世洲译，法律出版社，2005。

〔英〕戴维·赫尔德、安东尼·麦克格鲁编《治理全球化：权力、权威与全球治理》，曹荣湘、龙虎等译，社会科学文献出版社，2004。

〔英〕戴维·赫尔德等：《全球大变革：全球化时代的政治、经济与文化》，杨雪冬等译，社会科学文献出版社，2001。

〔英〕戴维·赫尔德：《民主的模式》，燕继荣等译，中央编译出版社，2008。

〔美〕丹尼·罗德里克：《全球化的悖论》，廖丽华译，中国人民大学出版社，2011。

〔美〕道格拉斯·C. 诺斯：《制度、制度变迁与经济绩效》，刘守英译，上海三联书店，1994。

〔美〕段义孚：《空间与地方：经验的视角》，王志标译，中国人民大学出版社，2017。

〔美〕弗朗西斯·福山：《国家构建：21世纪的国家治理与世界秩序》，郭华译，上海三联书店，2020。

国际货币基金组织：《世界经济展望》，中国人民银行国际司基金处译，中国金融出版社，1997。

〔德〕哈尔特穆特·罗萨：《加速：现代社会中时间结构的改变》，董璐译，北京大学出版社，2015。

〔荷〕胡果·格劳秀斯：《战争与和平法》，〔美〕A.C. 坎贝尔英译、〔中国〕何勤华等译，上海人民出版社，2017。

〔美〕加布里埃尔·A. 阿尔蒙德、小G. 宾厄姆·鲍威尔：《比较政治学——体系、过程和政策》，曹沛林、郑世平等译，东方出版社，2007。

〔美〕加布里埃尔·A. 阿尔蒙德等：《发展中地区的政治》，任晓晋、储建国、宋腊梅译，上海人民出版社，2012。

〔英〕卡尔·波兰尼：《大转型：我们时代的政治与经济起源》，冯钢、刘阳译，浙江人民出版社，2007。

〔美〕肯尼思·华尔兹：《国际政治理论》，信强译，上海人民出版社，2003。

联合国秘书处经济社会事务部编《世界发展中的多国公司》，南开大学经济研究所世界经济研究室译，商务印书馆，1975。

〔西德〕路德维希·艾哈德：《来自竞争的繁荣》，祝世康、穆家骥合译，商务印书馆，1983。

〔美〕罗伯特·阿克塞尔罗德：《合作的复杂性——基于参与者竞争与合作的模型》，梁捷、高笑梅等译，上海人民出版社，2008。

〔英〕罗伯特·迪金森：《近代地理学创建人》，葛以德、林尔蔚、陈江、包森明译，商务印书馆，1980。

〔美〕罗伯特·基欧汉：《霸权之后——世界政治经济中的合作与纷争》，苏长和、信强、何曜译，上海人民出版社，2001。

〔美〕罗伯特·基欧汉、海伦·米尔纳主编《国际化与国内政治》，姜鹏、董素华译，北京大学出版社，2003。

〔加〕罗伯特·W.考克斯：《生产、权力和世界秩序：社会力量在缔造历史中的作用》，林华译，世界知识出版社，2004。

〔英〕马丁·阿尔布劳：《全球时代：超越现代性之外的国家和社会》，高湘泽、冯玲译，商务印书馆，2001。

《马克思恩格斯选集》（第一卷），人民出版社，1995。

《马克思恩格斯选集》（第四卷），人民出版社，1972。

〔德〕马克斯·韦伯：《经济与社会》（上卷），林荣远译，商务印书馆，1997。

〔美〕马汀·奇达夫、蔡文彬：《社会网络与组织》，王凤彬、朱超威等译，中国人民大学出版社，2006。

〔美〕迈克尔·桑德尔：《公共哲学：政治中的道德问题》，朱东华、陈文娟、朱慧玲译，中国人民大学出版社，2013。

〔美〕麦克尔·哈特、〔意〕安东尼奥·奈格里：《帝国——全球化的政治秩序》，杨建国、范一亭译，江苏人民出版社，2003。

〔美〕迈克尔·麦金尼斯主编《多中心体制与地方公共经济》，毛寿龙、李梅译，上海三联书店，2000。

〔美〕曼纽尔·卡斯特：《认同的力量》，夏铸九等译，社会科学文献出版社，2003。

〔美〕曼瑟尔·奥尔森：《集体行动的逻辑》，陈郁、郭宇峰、李崇新译，上海三联书店、上海人民出版社，1995。

〔美〕海伦·米尔纳：《利益、制度与信息：国内政治与国际关系》，曲博译，上海人民出版社，2010。

〔希腊〕尼科斯·波朗查斯：《政治权力与社会阶级》，叶林、王宏周、马清文译，中国社会科学出版社，1982。

〔法〕皮埃尔·布迪厄、〔美〕华康德：《实践与反思——反思社会学导引》，李猛、李康译，中央编译出版社，1998。

〔法〕皮埃尔·卡蓝默、安德烈·塔尔芒：《心系国家改革——公共管理建构模式论》，胡洪庆译，上海人民出版社，2004。

〔法〕皮埃尔·卡蓝默：《破碎的民主——试论治理的革命》，高凌瀚译，生活·读书·新知三联书店，2005。

〔美〕乔尔·S. 米格代尔：《强社会与弱国家：第三世界的国家社会关系及国家能力》，张长东、朱海雷、隋春波、陈玲译，江苏人民出版社，2009。

〔美〕塞缪尔·亨廷顿：《文明的冲突》，周琪等译，新华出版社，2013。

〔日〕山本吉宣：《国际相互依存》，桑月译，经济日报出版社，1989。

〔美〕史蒂文·卢克斯：《权力：一种激进的观点》，彭斌译，江苏人民出版社，2012。

〔美〕托马斯·弗里德曼：《世界是平的："凌志汽车"和"橄榄树"的视角》，赵绍棣、黄其祥译，东方出版社，2007。

〔英〕托马斯·霍布斯：《利维坦》，黎思复、黎廷弼译，商务印书馆，1985。

王列、杨雪冬编译《全球化与世界》，中央编译出版社，1998。

王浦劬、臧雷振编译《治理理论与实践：经典议题研究新解》，中央编译出版社，2017。

〔美〕威尔特·A. 罗森堡姆：《政治文化》，陈鸿瑜译，桂冠图书有限公司，1984。

〔美〕威廉·奥尔森、戴维·麦克莱伦、弗雷德·桑德曼编《国际关系的理论与实践》，王沿、孙宪倬、国昌、王彤译，中国社会科学出版社，1987。

〔美〕文森特·奥斯特罗姆、罗伯特·比什、埃莉诺·奥斯特罗姆：《美国地方政府》，井敏、陈幽泓译，北京大学出版社，2004。

〔德〕乌·贝克、哈贝马斯等：《全球化与政治》，王学东、柴方国等译，中央编译出版社，2000。

〔德〕乌尔里希·贝克：《风险社会》，何博闻译，译林出版社，2004。

〔美〕西达·斯考切波：《国家与社会革命：对法国、俄国和中国的比较分析》，何俊志、王学东译，上海人民出版社，2007。

〔美〕西德尼·塔罗：《运动中的力量：社会运动与斗争政治》，吴庆宏译，译林出版社，2005。

〔美〕小约瑟夫·奈：《理解国际冲突：理论与历史》，张小明译，上海人民出版社，2002。

〔日〕星野昭吉：《全球政治学——全球化进程中的变动、冲突、治理与和平》，刘小林、张胜军译，新华出版社，2000。

〔美〕亚历山大·温特：《国际政治的社会理论》，秦亚青译，上海人民出版社，2000。

〔瑞典〕英瓦尔·卡尔松、〔圭亚那〕什里达特·兰法尔主编《天涯成比邻——全球治理委员会的报告》，赵仲强、李正凌译，中国对外翻译出版公司，1995。

〔德〕尤尔根·哈贝马斯：《后民族结构》，曹卫东译，上海人民出版社，2002。

〔美〕约拉姆·巴泽尔：《国家理论——经济权利、法律权利与国家范围》，钱勇、曾咏梅译，上海财经大学出版社，2006。

〔美〕约翰·罗尔斯：《政治自由主义》，万俊人译，译林出版社，2000。

〔美〕约瑟夫·S. 奈：《硬权力与软权力》，门洪华译，北京大学出版社，2005。

〔美〕约瑟夫·S. 奈、约翰·D. 唐纳胡主编《全球化世界的治理》，王勇等译，世界知识出版社，2003。

〔美〕詹姆斯·多尔蒂、小罗伯特·普法尔茨格拉夫：《争论中的国际关系理论》（第五版），阎学通、陈寒溪等译，世界知识出版社，2003。

〔美〕詹姆斯·H. 米特尔曼：《全球化综合征》，刘得手译，新华出版社，2002。

〔美〕詹姆斯·N. 罗西瑙主编《没有政府的治理》，张胜军、刘小林等译，江西人民出版社，2001。

三　中文论文

才金龙：《国际关系理论中的主体性问题研究》，《教学与研究》2014年第10期。

蔡拓：《全球性：一个划时代的研究议题》，《天津社会科学》2013年第6期。

蔡拓：《全球治理的中国视角与实践》，《中国社会科学》2004年第1期。

蔡拓：《全球治理与国家治理：当代中国两大战略考量》，《中国社会科学》2016年第6期。

蔡拓：《全球主义观照下的国家主义——全球化时代的理论与价值选择》，《世界经济与政治》2020年第10期。

蔡拓：《世界主义的新视角：从个体主义走向全球主义》，《世界经济与政治》2017年第9期。

蔡拓、王南林：《全球治理：适应全球化的新的合作模式》，《南开学报》（哲学社会科学版）2004年第2期。

曹德军：《论全球公共产品的中国供给模式》，《战略决策研究》2019年第3期。

曹胜：《范式转换视域中国家理论的知识变革——兼评国家中心范式的理论创新》，《广西师范大学学报》（哲学社会科学版）2021 年第 5 期。

曹帅、许开轶：《逆全球化浪潮下"全球风险社会"的治理困境与中国方案》，《理论探索》2018 年第 6 期。

曹泳鑫：《国际政治秩序与世界霸权——国家、地区、全球秩序的三重构建》，《世界经济与政治》2004 年第 6 期。

陈华：《全球化时代国家认同的三种边界形态与功能》，《教学与研究》2017 年第 5 期。

陈秋丰：《全球公域治理与人类命运共同体构建》，《国际论坛》2021 年第 3 期。

陈淑梅、仓勇涛：《全球贸易体系变革的逻辑动因与现实路径》，《国际贸易》2022 年第 1 期。

陈曙光：《世界大变局与人类的未来》，《求索》2021 年第 6 期。

陈曦：《国际贸易组织的失败及其对全球贸易治理机制改革的启示》，《复旦国际关系评论》2019 年第 1 期。

陈绍锋、李永辉：《全球治理及其限度》，《当代世界与社会主义》2001 年第 6 期。

陈宇：《人类命运共同体视域中的国家传统疆域与新疆域》，《世界地理研究》2021 年第 5 期。

陈玉刚：《全球关系与全球研究》，《国际观察》2012 年第 1 期。

陈志敏：《国家治理、全球治理与世界秩序建构》，《中国社会科学》2016 年第 6 期。

程光泉：《全球化视野中的风险治理》，《社会主义研究》2006 年第 5 期。

程倩：《论全球化中的治理创新》，《太平洋学报》2012 年第 10 期。

初冬梅：《西方政治地理学对边界问题的研究》，《中国边疆史地研究》2017 年第 3 期。

刁俊强：《结构现实主义理论和冷战后的国际政治结构》，《东南亚纵横》2006 年第 7 期。

范如国：《"全球风险社会"治理：复杂性范式与中国参与》，《中国社会科学》2017 年第 2 期。

封帅：《从民族国家到全球秩序：人工智能时代的世界政治图景》，《外交评论》2020 年第 6 期。

封帅：《人工智能技术与全球政治安全挑战》，《信息安全与通信保密》2021 年第 5 期。

封帅、周亦奇：《人工智能时代国家战略行为的模式变迁——走向数据与算法的竞争》，《国际展望》2018 年第 4 期。

封永平：《认同变迁：英美权力的和平转移》，《国际政治科学》2005 年第 3 期。

高程：《从规则视角看美国重构国际秩序的战略调整》，《世界经济与政治》2013 年第 12 期。

高奇琦：《社群世界主义：全球治理与国家治理互动的分析框架》，《世界经济与政治》2016 年第 11 期。

高奇琦：《试论全球治理的国家自理机制》，《学习与探索》2014 年第 10 期。

高奇琦、杨宇霄：《区块链技术与全球贸易治理体系变革》，《天津社会科学》2020 年第 5 期。

巩建华：《西方治理理论存在的内在缺陷》，《江南大学学报》（人文社会科学版）2007 年第 5 期。

关婷、查道炯：《固体废物跨国转移的动力机制与治理逻辑》，《国际政治研究》2021 年第 4 期。

郭丁：《鲍勃·杰索普的元治理理论探析》，《山东社会科学》2022 年第 1 期。

郭健彪：《以价值理性救治工具理性——生态行政的公共治理之路》，《闽江学院学报》2007 年第 6 期。

郭树勇、唐小松：《试论后现代主义对西方国际关系理论的影响》，《解放军外国语学院学报》2001 年第 3 期。

韩雪晴：《全球公域治理：全球治理的范式革命?》，《太平洋学报》

2018 年第 4 期。

韩雪晴：《自由、正义与秩序——全球公域治理的伦理之思》，《世界经济与政治》2017 年第 1 期。

韩永红：《WTO 体制下民主的缺失与补正——基于发展中国家的视角》，《理论导刊》2008 年第 3 期。

何帆、冯维江、徐进：《全球治理机制面临的挑战及中国的对策》，《世界经济与政治》2013 年第 4 期。

何伟文：《全球贸易治理视角下世贸组织改革问题》，《当代世界》2021 年第 8 期。

何曜：《全球治理体系的权力结构变迁及启示》，《浙江学刊》2017 年第 3 期。

何志鹏、王惠茹：《国际法治下跨国公司问责机制探究——兼评国家中心责任模式的有限性》，《国际经济法学刊》2019 年第 3 期。

胡爱玲：《政治认同与权力的关系：现代西方政治哲学观点述评》，《中州学刊》2020 年第 5 期。

胡键：《全球治理的价值问题研究》，《社会科学》2016 年第 10 期。

胡欣：《隐藏在西方非政府组织当中的"特洛伊木马"》，《世界知识》2020 年第 1 期。

江时学、李智婧：《论全球治理的必要性、成效及前景》，《同济大学学报》（社会科学版）2019 年第 4 期。

姜珮瑶：《试析全球治理的结构性困境问题》，《法制与社会》2019 年第 2 期。

蒋小杰：《全球正义视域下全球治理价值重塑论纲》，《湖南师范大学社会科学学报》2019 年第 2 期。

景璟：《全球秩序及其转型：基于转型框架的分析》，《社会主义研究》2022 年第 2 期。

景一珈：《全球公域传统治理原则对网络空间的适用性研究——以资源类型学为视角》，《陕西行政学院学报》2021 年第 4 期。

康晓：《新冠疫情危机与全球治理新态势》，《国际论坛》2021 年第

2 期。

李博一：《国际治理中的区域文化治理：概念界定与比较分析》，《国别和区域研究》2020 年第 3 期。

李芳田、杨娜：《全球治理论析》，《南开学报》（哲学社会科学版）2009 年第 6 期。

李景治：《全球治理的困境与走向》，《教学与研究》2010 年第 12 期。

李俊久：《全球金融治理：演进动力、内在缺陷与变革逻辑》，《社会科学》2022 年第 4 期。

李平原、刘海潮：《探析奥斯特罗姆的多中心治理理论——从政府、市场、社会多元共治的视角》，《甘肃理论学刊》2014 年第 3 期。

李巍：《国际秩序转型与现实制度主义理论的生成》，《外交评论》2016 年第 1 期。

李义中：《全球治理理论的基本取向问题析探》，《安庆师范学院学报》（社会科学版）2005 年第 2 期。

李拥军：《卢梭人民主权理论的内在逻辑及其警示》，《社会科学辑刊》2010 年第 3 期。

厉娜：《经济全球背景下跨国公司治理理论框架研究》，《现代管理科学》2019 年第 6 期。

林灿铃：《国际环境法实施机制探析》，《比较法研究》2011 年第 2 期。

林海虹：《等级体系的自否定与平行体系的替代——全球治理体系的困境及发展走向刍议》，《江苏大学学报》（社会科学版）2019 年第 6 期。

刘波：《百年未有之大变局下全球治理面临的挑战及中国的参与路径》，《教学与研究》2020 年第 12 期。

刘洪钟、杨攻研：《国际秩序转型、全球化反思与中国新一轮对外开放的外部约束》，《国际经济评论》2020 年第 5 期。

刘建飞、袁沙：《当代全球治理困境及应对方略》，《中共中央党校（国家行政学院）学报》2019 年第 2 期。

刘建军、莫丰玮：《国家从未离场，何须找回——兼与任剑涛教授商榷》，《探索与争鸣》2021 年第 1 期。

刘金源：《从全球化后果看全球治理》，《探索与争鸣》2005年第2期。

刘敏：《试析结构现实主义中结构和单元的辩证关系及对中国的启示》，《学理论》2010年第15期。

刘同舫：《人类命运共同体对全球治理体系的历史性重构》，《四川大学学报》（哲学社会科学版）2020年第5期。

刘笑阳：《国家间共同利益：概念与机理》，《世界经济与政治》2017年第6期。

刘雪莲：《充分认识全球治理体系变革的局限性》，《探索与争鸣》2020年第3期。

刘贞晔：《全球治理与国家治理的互动：思想渊源与现实反思》，《中国社会科学》2016年第6期。

刘作奎：《欧盟和中国关系中的西巴尔干问题——场域理论视角下"对手"语境的形成与启示》，《欧洲研究》2021年第2期。

吕晓莉：《全球治理：模式比较与现实选择》，《现代国际关系》2005年第3期。

马长山：《智能互联网时代的法律变革》，《法学研究》2018年第4期。

门洪华：《应对全球治理危机与变革的中国方略》，《中国社会科学》2017年第10期。

庞中英、卜永光：《在全球层面治理"百年未有之大变局"》，《当代世界》2020年第3期。

庞中英：《全球治理研究的未来：比较和反思》，《学术月刊》2020年第12期。

庞中英：《全球治理的"新型"最为重要——新的全球治理如何可能》，《国际安全研究》2013年第1期。

亓光：《布尔迪厄的国家学说：解释视角、理论指认与核心要义》，《江苏社会科学》2021年第1期。

秦亚青：《全球治理趋向扁平》，《国际问题研究》2021年第5期。

秦亚青：《知识观重建与国际关系理论的发展进路——以三大理论批判为例的分析》，《中国社会科学》2022年第9期。

阙天舒、张纪腾：《后疫情时代下全球治理体系变革面临的挑战及中国选择——基于实验主义治理视角的分析》，《国际观察》2021年第4期。

任剑涛：《在一致与歧见之间——全球治理的价值共识问题》，《厦门大学学报》（哲学社会科学版）2004年第4期。

任剑涛：《找回国家：全球治理中的国家凯旋》，《探索与争鸣》2020年第3期。

任琳：《全球公域：不均衡全球化世界中的治理与权力》，《国际安全研究》2014年第6期。

任琳：《专家型全球治理：从实力到影响力的转化》，《战略决策研究》2014年第5期。

邵发军：《人类命运共同体视阈下的共同发展与全球治理问题研究》，《社会主义研究》2021年第1期。

邵鹏：《全球性问题与全球治理的理论与实践》，《太原理工大学学报》（社会科学版）2008年第2期。

石之瑜、殷玮、郭铭杰：《原子论是国际政治学的本体？——"社会建构"与"民主和平"的共谋》，《世界经济与政治》2008年第6期。

双艳珍：《培育社会组织间竞争与合作机制的学理依据与制度保障》，《天津行政学院学报》2015年第4期。

宋道雷、丛炳登：《空间政治学：基于空间转向分析框架的空间政治》，《东岳论丛》2021年第7期。

苏长和：《世界秩序之争中的"一"与"和"》，《世界经济与政治》2015年第1期。

苏庆义：《全球贸易治理：制度供给和需求的矛盾》，《东北师大学报》（哲学社会科学版）2016年第4期。

苏云婷：《自由主义全球治理观析论》，《青海师范大学学报》（哲学社会科学版）2019年第3期。

孙吉胜：《"人类命运共同体"视阈下的全球治理：理念与实践创新》，《中国社会科学评价》2019年第3期。

孙杰：《不对称合作：理解国际关系的一个视角》，《世界经济与政治》

2015 年第 9 期。

孙照红：《现代风险的跨界传播及其系统治理》，《中国延安干部学院学报》2021 年第 2 期。

谭英俊：《批判与反思：西方治理理论的内在缺陷与多维困境》，《天府新论》2008 年第 4 期。

汤伟：《全球治理的新变化：从国际体系向全球体系的过渡》，《国际关系研究》2013 年第 4 期。

唐更华、史永隽：《企业公民理论视角下的企业社会责任观》，《广东行政学院学报》2009 年第 6 期。

唐贤兴：《全球治理：一个脆弱的概念》，《国际观察》1999 年第 6 期。

田湘波：《路径依赖和关键节点理论视角下的巡察制度变迁》，《宁夏社会科学》2021 年第 2 期。

田野、卢玫：《全球经济治理的国家性：延续还是变革》，《探索与争鸣》2020 年第 3 期。

汪卫华：《疫情之下国家治理与全球治理的再审视》，《国际政治研究》2020 年第 3 期。

王丛虎、刘卿斐：《合作治理的中国化路径：成本困境与消解》，《贵州省党校学报》2019 年第 3 期。

王虎学、陈婉馨：《全人类共同价值与西方"普世价值"：界定、甄别与超越》，《治理现代化研究》2023 年第 1 期。

王金良：《全球治理：结构与过程》，《太平洋学报》2011 年第 4 期。

王金良：《全球治理的内在逻辑与模式》，《比较政治学研究》2015 年第 1 期。

王力军、丁肇卫：《略论罗伯特·基欧汉的"权力"思想》，《太平洋学报》2010 年第 8 期。

王浦劬：《国家治理、政府治理和社会治理的基本含义及其相互关系辨析》，《社会学评论》2014 年第 3 期。

王诗宗：《治理理论的内在矛盾及其出路》，《哲学研究》2008 年第 2 期。

王天韵：《全球治理民主化的动力、基础与实现模式》，《天津社会科学》2017 年第 6 期。

王勇：《论国家管辖范围内遗传资源的法律属性》，《政治与法律》2011 年第 1 期。

王正毅：《全球治理的政治逻辑及其挑战》，《探索与争鸣》2020 年第 3 期。

翁士洪：《全球治理中的国家治理转型》，《南京社会科学》2015 年第 4 期。

〔德〕乌尔里希·贝克、〔中国〕邓正来、沈国麟：《风险社会与中国——与德国社会学家乌尔里希·贝克的对话》，《社会学研究》2010 年第 5 期。

吴畏：《全球治理的理论困境》，《武汉大学学报》（哲学社会科学版）2016 年第 3 期。

吴畏：《人类命运共同体构建与全球"元"治理范式》，《华中科技大学学报》（社会科学版）2019 年第 1 期。

吴勇《国家属性变化论：一种分析国际关系的新视角》，《中国人民大学学报》2014 年第 6 期。

吴志成：《西方治理理论述评》，《教学与研究》2004 年第 6 期。

吴志成、董柞壮：《国际体系转型与全球治理变革》，《南开学报》（哲学社会科学版）2018 年第 1 期。

吴志成、何睿：《全球有效治理缘何如此艰难?》，《当代世界》2013 年第 7 期。

吴志成、朱旭：《新多边主义视野下的全球治理》，《南开学报》（哲学社会科学版）2012 年第 3 期。

夏银平、何衍林：《从时间叙事到空间叙事：人类命运共同体对全球现代性的话语重构》，《理论与改革》2021 年第 4 期。

肖祥：《风险社会治理责任范式：全球战"疫"与中国行动》，《学术界》2020 年第 9 期。

谢剑南：《国际体系进化与全球治理转型》，《东方论坛》2016 年第 1 期。

谢欣然：《米歇尔·福柯的"异托邦"空间理论探析》，《人文杂志》2015 年第 10 期。

谢喆平、宗华伟：《从"客场"到"主场"：中国参与联合国教科文组织实践的变化》，《外交评论》（外交学院学报）2021 年第 2 期。

徐步华：《单一与多元：两种国际体系单元观的比较研究》，《安徽师范大学学报》（人文社会科学版）2014 年第 4 期。

徐步华：《全球治理理论与传统国际关系理论范式的比较分析》，《马克思主义与现实》2016 年第 4 期。

徐进：《国家何以建构国际规范：一项研究议程》，《国际论坛》2007 年第 5 期。

徐秀军、田旭：《全球治理时代小国构建国际话语权的逻辑——以太平洋岛国为例》，《当代亚太》2019 年第 2 期。

徐勇：《治理转型与竞争——合作主义》，《开放时代》2001 年第 7 期。

许超：《全球治理中国家如何在场——兼与刘建军教授商榷》，《探索与争鸣》2021 年第 8 期。

燕楠：《全球贸易治理环境变化下的 WTO 改革路径》，《对外经贸实务》2019 年第 10 期。

杨光斌：《发现真实的"社会"——反思西方治理理论的本体论假设》，《中国社会科学评价》2019 年第 3 期。

杨昊：《马克思社会形态理论与历史唯物主义的世界主义》，《国外理论动态》2019 年第 2 期。

杨绘荣、张静：《动态性与实践性：政治认同与政治稳定、政治参与的逻辑联系——兼论政治认同的功能》，《云南行政学院学报》2021 年第 4 期。

杨明洪、王周博：《"边界"的本质：主权国家的利益分割线》，《新疆师范大学学报》（哲学社会科学版）2022 年第 2 期。

杨雪冬：《近 30 年中国地方政府的改革与变化：治理的视角》，《社会科学》2008 年第 12 期。

杨原：《大国无战争时代霸权国与崛起国权力竞争的主要机制》，《当代亚太》2011 年第 6 期。

杨永伟、夏玉珍：《风险社会的理论阐释——兼论风险治理》，《学习与探索》2016 年第 5 期。

姚璐、景璟：《以共享促共生：疫情冲击下全球治理转型的中国推进》，《东北亚论坛》2021 年第 2 期。

姚远：《全球金融治理的内在张力——等级结构下的网络化治理》，《国际展望》2019 年第 2 期。

叶卫华：《全球负外部性治理的困境》，《江西社会科学》2010 年第 7 期。

易文彬：《全球治理模式述评》，《世界经济与政治论坛》2005 年第 4 期。

殷文贵：《批判与重塑：全球治理体系的内在缺陷及其变革转向》，《社会主义研究》2021 年第 5 期。

余博闻：《治理竞争与国际组织变革——理解世界银行的政策创新》，《世界经济与政治》2018 年第 6 期。

俞海山、杨嵩利：《国际外部性：内涵与外延解析》，《宁波大学学报》（人文科学版）2005 年第 3 期。

俞可平：《全球治理引论》，《马克思主义与现实》2002 年第 1 期。

俞可平：《治理和善治引论》，《马克思主义与现实》1999 年第 5 期。

俞正梁：《国际无政府状态辨析》，《外交学院学报》2002 年第 1 期。

于海洋：《全球治理中非政府治理主体的发展困境思考》，《商业研究》2014 年第 8 期。

于宏源：《霸权国的支撑机制：一种资源知识视角的分析》，《欧洲研究》2018 年第 1 期。

于宏源：《地缘政治与全球市场：全球资源治理的两种逻辑》，《欧洲研究》2021 年第 1 期。

于津平：《国际贸易新格局与全球贸易治理》，《南开学报》（哲学社会科学版）2012 年第 1 期。

于沛：《从地理边疆到"利益边疆"——冷战结束以来西方边疆理论的演变》，《中国边疆史地研究》2005 年第 2 期。

于潇、孙悦：《全球共同治理理论与中国实践》，《吉林大学社会科学学报》2018 年第 6 期。

虞崇胜、罗亮：《当代中国政治制度创新的路径选择——基于新制度主义政治学的考察》，《行政论坛》2011 年第 1 期。

郁建兴：《治理与国家建构的张力》，《马克思主义与现实》2008 年第 1 期。

袁鹏：《世界"百年未有之大变局"之我见》，《现代国际关系》2020 年第 1 期。

〔加〕约翰·柯顿：《全球治理与世界秩序的百年演变》，《国际观察》2019 年第 1 期。

岳圣淞：《场域视角下的国际话语权：理论、现实与中国实践》，《当代亚太》2020 年第 4 期。

张铎、张东宁：《全球治理理论的困境及超越》，《社会科学战线》2017 年第 4 期。

张发林、杨佳伟：《统筹兼治或分而治之——全球治理的体系分析框架》，《世界经济与政治》2021 年第 3 期。

张浚：《试析欧盟打击跨国公司避税及其意义》，《现代国际关系》2016 年第 12 期。

张康之：《论从竞争到合作的历史走向》，《浙江学刊》2019 年第 3 期。

张康之：《论民族国家在全球化中的处境》，《学术界》2019 年第 3 期。

张康之：《论时间资源稀缺化对社会治理的挑战》，《行政论坛》2019 年第 3 期。

张丽娟：《面向未来的全球贸易治理改革》，《当代世界》2021 年第 12 期。

张茗：《全球公域：从"部分"治理到"全球"治理》，《世界经济与政治》2013 年第 11 期。

张旗：《国际秩序变革与全球治理机制重塑——基于国际责任动态分配的思考》，《政府管理评论》2019 年第 1 期。

张汝伦：《文化视域中的全球化理论——罗兰·罗伯逊的全球化理论简

述》，《复旦学报》（社会科学版）1996 年第 6 期。

张胜军：《为一个更加公正的世界而努力——全球深度治理的目标与前景》，《中国治理评论》2013 年第 1 期。

张务农：《科技帝国主义：全球治理问题的一个症结》，《深圳社会科学》2021 年第 6 期。

张骁虎：《"元治理"理论的生成、拓展与评价》，《西南交通大学学报》（社会科学版）2017 年第 3 期。

张晓通、陈实：《百年变局下中美全球贸易治理的竞争与合作》，《国际贸易》2021 年第 10 期。

张宇燕：《全球治理：人类共同利益与冲突利益并存》，《探索与争鸣》2016 年第 5 期。

张宇燕：《全球治理的中国视角》，《世界经济与政治》2016 年第 9 期。

张宇燕、任琳：《全球治理：一个理论分析框架》，《国际政治科学》2015 年第 3 期。

章成：《全球化视野下的北极事务与中国角色》，《当代世界与社会主义》2019 年第 3 期。

章娟：《全球政治舞台上行为主体间合作的可行性分析》，《长春理工大学学报》（社会科学版）2014 年第 12 期。

赵斌：《权力不对称与战略反对冲：海洋安全竞合》，《人民论坛·学术前沿》2020 年第 23 期。

赵可金：《全球公民社会与国际政治中的正义问题》，《国际观察》2006 年第 4 期。

赵可金：《全球治理知识体系的危机与重建》，《社会科学战线》2021 年第 12 期。

赵玲：《中国跨国公司治理的路径选择》，《中国外资》2011 年第 18 期。

赵隆：《议题设定和全球治理——危机中的价值观碰撞》，《国际论坛》2011 年第 4 期。

赵时亮、高海燕、谭琳：《论代际外部性与可持续发展》，《南开学报》

（哲学社会科学版）2003 年第 4 期。

赵学琳：《人类共同价值的生成逻辑及其内在维度》，《理论与改革》2020 年第 2 期。

赵洋：《破解"全球治理赤字"何以可能？——兼论中国对全球治理理念的创新》，《社会科学》2021 年第 5 期。

郑华、张成新：《太空政治时代的国际竞争与合作——基于全球导航卫星系统发展的分析》，《上海交通大学学报》（哲学社会科学版）2019 年第 5 期。

郑英琴：《全球公域的内涵、伦理困境与行为逻辑》，《国际展望》2017 年第 3 期。

周跃雪：《WTO 多边贸易体制下成员谈判集团制度与中国的策略》，《社会科学研究》2014 年第 5 期。

朱杰进、何曜：《全球治理与三重体系的理论探述》，《国际关系研究》2013 年第 1 期。

朱杰进：《金砖银行、竞争性多边主义与全球经济治理改革》，《国际关系研究》2016 年第 5 期。

朱素梅：《全球环保领域中的跨国公司及其环境外交》，《世界经济与政治》2000 年第 5 期。

邹治波、李雪：《世界格局的变化与全球治理的发展》，《拉丁美洲研究》2018 年第 6 期。

左路平：《迈向全球空间正义：人类命运共同体的空间意蕴》，《中国地质大学学报》（社会科学版）2019 年第 3 期。

四　中文译文

〔加〕阿米塔·阿查亚、〔英〕巴里·布赞：《迈向全球国际关系学：国际关系学科百年反思》，张发林译，《中国社会科学评价》2019 年第 4 期。

〔美〕埃莉诺·奥斯特洛姆：《应对气候变化问题的多中心治理体制》，谢来辉译，《国外理论动态》2013 年第 2 期。

〔加〕安德烈·索伦森：《重视路径依赖：规划史中的历史制度主义研究议程》，罗震东、饶叶玲、方鹏飞译，《国际城市规划》2020年第4期。

〔英〕鲍勃·杰索普：《治理的兴起及其失败的风险：以经济发展为例》，漆燕译，《国际社会科学杂志》（中文版）2019年第3期。

〔英〕鲍勃·杰索普：《治理与元治理：必要的反思性、必要的多样性和必要的反讽性》，程浩译，《国外理论动态》2014年第5期。

〔瑞士〕彼埃尔·德·塞纳克伦斯：《治理与国际调节机制的危机》，冯炳昆译，《国际社会科学杂志》（中文版）1999年第1期。

〔法〕丹尼尔·康帕格农：《全球治理与发展中国家：盲点还是未知领域?》，谢来辉译，《国外理论动态》2013年第4期。

〔英〕戴维·赫尔德：《重构全球治理》，杨娜译，《南京大学学报》（哲学·人文科学·社会科学版）2011年第2期。

〔英〕戴维·赫尔德：《如何走出全球治理的"僵局"》，李秋祺译，《探索与争鸣》2019年第3期。

〔德〕德克·梅斯纳、〔英〕约翰·汉弗莱：《全球治理舞台上的中国和印度》，赵景芳译，《世界经济与政治》2006年第6期。

〔瑞士〕弗朗索瓦-格扎维尔·梅里安：《治理问题与现代福利国家》，肖孝毛译，《国际社会科学杂志》（中文版）1999年第1期。

〔英〕格里·斯托克：《作为理论的治理：五个论点》，华夏风译，《国际社会科学杂志》（中文版）2019年第3期。

〔荷〕亨克·奥弗比克：《作为一个学术概念的全球治理：走向成熟还是衰落?》，来辉译，《国外理论动态》2013年第1期。

〔澳〕彼得·辛格：《饥荒，富裕与道德》，王银春译，赵永刚校，《云梦学刊》2018年第1期。

〔德〕克劳斯·丁沃斯、〔荷〕菲利普·帕特伯格：《如何"全球"与为何"治理"? 全球治理概念的盲点与矛盾》，晓谢译，《国外理论动态》2013年第1期。

〔美〕罗伯特·L.卡内罗：《国家起源的理论》，陈虹、陈洪波译，《南方文物》2007年第1期。

〔美〕马丁·休伊森、蒂莫西·辛克莱：《全球治理理论的兴起》，张胜军译，《马克思主义与现实》2002 年第 1 期。

〔法〕玛丽-克劳德·斯莫茨：《治理在国际关系中的正确运用》，肖孝毛译，《国际社会科学杂志》（中文版）1999 年第 1 期。

〔法〕帕斯卡尔·拉米：《全球治理的作用是什么?》，曹文译，《中国党政干部论坛》2011 年第 2 期。

〔英〕斯科特·拉什：《风险社会与风险文化》，王武龙编译，《马克思主义与现实》2002 年第 4 期。

〔英〕汤姆·佩格勒姆、米歇尔·阿库托：《全球治理的空白地带》，谢嘉婷、吴秋怡、翁士洪编译，《国外理论动态》2016 年第 5 期。

〔美〕托马斯·G. 怀斯：《治理、善治与全球治理：理念和现实的挑战》，张志超译，《国外理论动态》2014 年第 8 期。

〔美〕托马斯·韦斯、〔英〕罗登·威尔金森：《反思全球治理：复杂性、权威、权力和变革》，谢来辉译，《国外理论动态》2015 年第 10 期。

〔英〕托尼·麦克格鲁：《走向真正的全球治理》，陈家刚编译，《马克思主义与现实》2002 年第 1 期。

〔加〕威廉·科尔曼：《世界秩序、全球化和全球治理》，周思成译，《中国治理评论》2013 年第 1 期。

〔德〕乌尔里希·贝克：《"9·11"事件后的全球风险社会》，王武龙编译，《马克思主义与现实》2004 年第 2 期。

〔日〕星野昭吉：《全球治理的结构与向度》，刘小林译，《南开学报》（哲学社会科学版）2011 年第 3 期。

〔日〕正村公宏：《国际化并不制约国家主权》，季玉新译，《现代外国哲学社会科学文摘》1990 年第 10 期。

五　英文著作

Bachrach, Peter and Morton S. Baratz, *Power and Poverty: Theory and Practice*, Oxford University Press, 1970.

Barnett, Michael and Raymond Duvall, *Power in Global Governance*, Cambridge University Press, 2005.

Booth, Wayne C. , *A Rhetoric of Irony*, University of Chicago Press, 1975.

Brenner, Neil, *New State Spaces: Urban Governance and the Rescaling of Statehood*, Oxford University Press, 2004.

Brownlie, Ian, *The Rule of Law in International Affairs: International Law at the Fiftieth Anniversary of the United Nations*, Martinus Nijhoff Publishers, 1998.

Commission on Global Governance, *Our Global Neighbourhood: The Report of the Commission on Global Governance*, Oxford University Press, 1995.

Cox, Michael, G. John Ikenberry and Takashi Inoguchi, *American Democracy Promotion: Impulses, Strategies, and Impacts*, Oxford University Press, 2000.

Cox, Robert W. , *The New Realism: Perspectives on Multilateralism and World Order*, United Nations University Press, 1997.

Frederickson, H. George et al. , *The Public Administration Theory Primer*, Westview Press, 2003.

Harris, Errol E. and James A. Yunker, *Toward Genuine Global Governance: Critical Reactions to Our Global Neighborhood*, Praeger, 1999.

Hewson, Martin and Timothy J. Sinclair, *Approaches to Global Governance theory*, State University of New York Press, 1999.

Hoffmann, Matthew J. and Alice D. Ba, *Contending Perspectives on Global Governance: Coherence and Contestation and World Order*, Routledge, 2005.

Kahler, Miles, *Networked Politics: Agency, Power, and Governance*, Cornell University Press, 2009.

Kahler, Miles and David A. Lake, *Governance in a Global Economy: Political Authority in Transition*, Princeton University Press, 2003.

David Miller, *National Responsibily and Global Justice*, Oxford University Press, 2007.

Kohler-Koch, Beate and Rainer Eising, *The Transformation of Governance in the European Union*, Routledge, 1999.

Kundera, Milan, *The Art of the Novel*, Grove Press, 1988.

Leonard, Eric K. , *The Onset of Global Governance: International Relations Theory and the International Criminal Court*, Routledge, 2005.

Lynn, Laurence E. , Jr. , Carolyn J. Heinrich and Carolyn J. Hill, *Improving Governance: A New Logic for Empirical Research*, Georgetown University Press, 2001.

Pierre, Jon, *Debating Governance: Authority, Steering, and Democracy*, Oxford University Press, 2000.

Poulantzas, Nicos, *State, Power, Socialism*, Verso, 2000.

Risse‑Kappen, Thomas, ed. , *Bringing Transnational Relations Back in*, Cambridge University Press, 1995.

Rosenau, James N. and Ernst Otto Czempiel, *Governance without Government: Order and Change in World Politics*, Cambridge University Press, 1993.

Rosenau, James N. , ed. , *Linkage Politics: Essays on the Convergence of National and International Systems*, Free Press, 1969.

Rosenau, James N. , *Turbulence in World Politics: A Theory of Change and Continuity*, Princeton University Press, 1990.

Ruggie, John G. , *Constructing the World Polity*, Routledge, 1998.

Sandel, Michael J. , *Democracy's Discontent: America in Search of a Public Philosophy*, Harvard University Press, 1996.

Scholte, Jan Aart, *Globalization: A Critical Introduction*, 2nd ed. , Palgrave Macmillan, 2005.

Soja, Edward W. , *Seeking Spatial Justice*, University of Minnesota Press, 2010.

Waltz, Kenneth N. , *Theory of International Politics*, Mcgraw‑Hill, 1979.

Weiss, Thomas G. and Leon Gordenker, *NGOs, the UN, and Global Governance*, Lynne Rienner Publishers, 1996.

Weiss, Thomas G. , *Global Governance: Why? What? Whither?*, Polity

Press, 2013.

Weiss, Thomas G. , *Thinking about Global Governance: Why People and Ideas Matter*, Routledge, 2011.

Womack, Brantly, *China and Vietnam: The Politics of Asymmetry*, Cambridge University Press, 2006.

Young, Oran R. , *Global Governance: Drawing Insights from the Environmental Experience*, MIT Press, 1997.

六 外文论文

Aksu, Esref, "What, Then, Is 'Global' about Global Governance?", *The Chinese Journal of Global Governance*, Vol. 1, No. 2, 2016.

Alter, Karen J. and Sophie Meunier, "The Politics of International Regime Complexity", *Perspectives on Politics*, Vol. 7, No. 1, 2009.

Bell, Stephen and Alex Park, "The Problematic Metagovernance of Network: Water Reform in New South Wales", *Journal of Public Policy*, Vol. 26, No. 1, 2006.

Biermann, Frank et al. , "The Fragmentation of Global Governance Architectures: A Framework for Analysis", *Global Environmental Politics*, Vol. 9, No. 4, 2009.

Coen, David and Tom Pegram, "Towards a Third Generation of Global Governance Scholarship", *Global Policy*, Vol. 9, No. 1, 2018.

Coen, David and Tom Pegram, "Wanted: A Third Generation of Global Governance Research", *Governance*, Vol. 28, No. 4, 2015.

Cortell, Andrew P. and James W. Davis, Jr. , "How Do International Institutions Matter? The Domestic Impact of International Rules and Norms", *International Studies Quarterly*, Vol. 40, No. 4, 1996.

Underdal, Arild, "The Concept of Regime Effectiveness", *Cooperation and Conflict*, Vol. 27, No. 3, 1992.

Helm, Carsten and Detlef Sprinz, "Measuring the Effectiveness of International Environmental Regimes", *The Journal of Conflict Resolution*, Vol. 44, No. 5, 2000.

Fraser, Nancy, "Reframing Justice in a Globalizing World", *Lua Nova: Revista de Cultura e Politica*, Vol. 36, No. 77, 2009.

Cox, Robert W., "Social Forces, State and World Order: Beyond International Relations Theory", *Millennium: Journal of International Studies*, Vol. 10, No. 2, 1981.

Craig, Campbell, "The Resurgent Idea of World Government", *Ethics & International Affairs*, Vol. 22, No. 2, 2008.

De Bres, Helena, "Justice in Transnational Governance", *Journal of Applied Philosophy*, Vol. 32, No. 3, 2015.

Eagleton-Pierce, Matthew, "The Concept of Governance in the Spirit of Capitalism", *Critical Policy Studies*, Vol. 8, No. 1, 2014.

Elkins, David J., "Globalization, Telecommunication and Virtual Ethnic Communities", *International Political Science Review*, Vol. 18, No. 2, 1997.

Ferreira, M. Jamie, "Hume and Imagination: Sympathy and 'the Other'", *International Philosophical Quarterly*, Vol. 34, No. 1, 1994.

Finkelstein, Lawrence S., "What Is Global Governance?", *Global Governance*, Vol. 1, No. 3, 1995.

Frieden, Jeffry, "Global Economic Governance after the Crisis", *Perspektiven der Wirtschaftspolitik*, Vol. 13, Special Issue, 2012.

Frischmann, Brett M., Alain Marciano and Giovanni Battista Ramello, "Retrospectives: Tragedy of the Commons after 50 Years", *The Journal of Economic Perspectives*, Vol. 33, No. 4, 2019.

Gaudin, Jean-Pierre, "Modern Governance, Yesterday and Today: Some Clarifications to Be Gained from French Government Policies", *International Social Science Journal*, Vol. 50, No. 155, 1998.

Gehring, Thomas and Benjamin Faude, "The Dynamics of Regime Complexes: Microfoundations and Systemic Effects", *Global Governance*, Vol. 19,

No. 1, 2013.

Gourevitch, Peter, "The Second Image Reversed: The International Sources of Domestic Politics", *International Organization*, Vol. 32, No. 4, 1978.

Gutner, Tamar and Alexander Thompson, "The Politics of IO Performance: A Framework", *Review of International Organizations*, Vol. 5, No. 3, 2010.

Hale, Thomas, "Transnational Actors and Transnational Governance in Global Environmental Politics", *Annual Review of Political Science*, Vol. 23, No. 1, 2020.

Hall, Peter A. and Rosemary C. R. Taylor, "Political Science and the Three New Institutionalism", *Political Studies*, Vol. 44, No. 5, 1996.

Hoffmann, Stanley, "International Systems and International Law", *World Politics*, Vol. 14, No. 1, 1961.

Ikenberry, G. John, "Liberal Internationalism 3.0: America and the Dilemmas of Liberal World Order", *Perspectives on Politics*, Vol. 7, No. 1, 2009.

Jessop, Bob, "Territory, Politics, Governance and Multispatial Metagovernance", *Territory, Politics, Governance*, Vol. 4, No. 1, 2016.

Keohane, Robert O. and David G. Victor, "The Regime Complex for Climate Change", *Perspectives on Politics*, Vol. 9, No. 1, 2011.

Keohane, Robert O., "Governance in a Partially Globalized World 'Presidential Address', 'American Political Science Association, 2000'", *American Political Science Review*, Vol. 95, No. 1, 2001.

Kennedy, David W., "Challenging Expert Rule: The Politics of Global Governance", *The Sydney Law Review*, Vol. 27, No. 1, 2005.

Kim, Rakhyun E. and Jean-Frédéric Morin, "Massive Institutional Structures in Global Governance", *Global Environmental Politics*, Vol. 21, No. 3, 2021.

Krasner, Stephen D., "Structural Causes and Regime Consequences: Regimes as Intervening Variables", *International Organization*, Vol. 36, No. 2, 1982.

Lipschutz, Ronnie D., "Reconstructing World Politics: The Emergence of Global Civil Society", *Millennium: Journal of International Studies*, Vol. 21,

No. 3, 1992.

Malpas, Jeff and Gary Wickham, "Governance and Failure: On the Limits of Sociology", *The Australian and New Zealand Journal of Sociology*, Vol. 31, No. 3, 1995.

Mathews, Jessica T., "Power Shift", *Foreign Affairs*, Vol. 76, No. 1, 1997.

Mearsheimer, John J. and Stephen M. Walt, "Leaving Theory Behind: Why Simplistic Hypothesis Testing Is Bad for International Relations", European Journal of International Relations, Vol. 19, No. 3, 2013.

Martinelli, Alberto, "Markets, Governments, Communities and Global Governance", *International Sociology*, Vol. 18, No. 2, 2003.

Milner, Helen, "The Assumption of Anarchy in International Relations Theory: A Critique", *Review of International Studies*, Vol. 17, No. 1, 1991.

Nye, Joseph S. and John D. Donahue, eds., *Governance in a Globalizing World*, Brookings Institution, 2000.

North, Douglass C., "A Framework for Analyzing the State in Economic History", *Explorations in Economic History*, Vol. 16, No. 3, 1979.

Offe, Claus, "Governance: An 'Empty Signifier'?", *Constellations*, Vol. 16, No. 4, 2009.

Orsini, Amandine, Jean - Frédéric Morin and Oran Young, "Regime Complexes: A Buzz, a Boom, or a Boost for Global Governance?", *Global Governance*, Vol. 19, No. 1, 2013.

Oye, Kenneth A., "Explaining Cooperation Under Anarchy: Hypotheses and Strategies", *World Politics*, Vol. 38, No. 1, 1985.

Pedersen, Anne Reff, Karina Sehested and Eva Sorensen, "Emerging Theoretical Understanding of Pluricentric Coordination in Public Governance", *American Review of Public Administration*, Vol. 41, No. 4, 2011.

Pegram, Tom and Michele Acuto, "Introduction: Global Governance in the Interregnum", *Millennium: Journal of International Studies*, Vol. 43, No. 2, 2015.

Pelaudeix, Cécile, "What Is 'Arctic Governance'? A Critical Assessment of the Diverse Meanings of 'Arctic Governance' ", *Yearbook of Polar Law Online*, Vol. 6, No. 1, 2014.

Putnam, Robert D. , "Diplomacy and Domestic Politics: The Logic of Two-Level Games", *International Organization*, Vol. 42, No. 3, 1988.

Rathbun, Brian C. , "Uncertain about Uncertainty: Understanding the Multiple Meanings of a Crucial Concept in International Relations Theory", *International Studies Quarterly*, Vol. 51, No. 3, 2007.

Rhodes, R. A. W. , "The New Governance: Governing without Government", *Political Studies*, Vol. 44, No. 4, 1996.

Rodrik, Dani, "Putting Global Governance in Its Place", *World Bank Research Observer*, Vol. 35, No. 1, 2020.

Rosenau, James N. , "Patterned Chaos in Global Life: Structure and Process in the Two Worlds of World Politics", *International Political Science Review*, Vol. 9, No. 4, 1988.

Ruggie, John G. , "Territoriality and Beyond: Problematizing Modernity in International Relations", *International Organization*, Vol. 47, No. 1, 1993.

Salamon, Lester M. , "The New Governance and the Tools of Public Action: an Introduction", *The Fordham Urban Law Journal*, Vol. 28, No. 5, 2001.

Scholte, Jan Aart, Robert O' Brien and Marc Williams, "The WTO and Civil Society", *Journal of World Trade*, Vol. 33, No. 1, 1999.

Siqueira, Kevin, "International Externalities, Strategic Interaction, and Domestic Politics", *Journal of Environmental Economics and Management*, Vol. 45, No. 3, 2003.

Smouts, Maire - Claude, "The Proper Use of Governance in International Relations", *International Social Science Journal*, Vol. 50, No. 155, 1998.

Snidal, Duncan, "The Limits of Hegemonic Stability Theory", *International Organization*, Vol. 39, No. 4, 1985.

Sorensen, Eva, "Metagovernance: The Changing Role of Politicians in Processes of Democratic Governance", *American Review of Public Administration*,

Vol. 36, No. 1, 2006.

Sorensen, Eva and Jacob Torfing, "Making Governance Networks Effective and Democratic Through Metagovernance", *Public Administration*, Vol. 87, No. 2, 2009.

Steinberg, Richard H., "In the Shadow of Law or Power? Consensus-Based Bargaining and Outcomes in the GATT/WTO", *International Organization*, Vol. 56, No. 2, 2002.

Waltz, Kenneth N., "Realist Thought and Neorealist Theory", *Journal of International Affairs*, Vol. 44, No. 1, 1990.

Weiss, Thomas G. and Rorden Wilkinson, "Global Governance to the Rescue: Saving International Relations?", *Global Governance*, Vol. 20, No. 1, 2014.

Weiss, Thomas G. and Rorden Wilkinson, "Rethinking Global Governance? Complexity, Authority, Power, Change", *International Studies Quarterly*, Vol. 58, No. 1, 2014.

Whitehead, Mark, "'In the Shadow of Hierarchy': Meta-Governance, Policy Reform and Urban Regeneration in the West Midlands", *Area*, Vol. 35, No. 1, 2003.

Whitman, Jim, "Global Governance as the Friendly Face of Unaccountable Power", *Security Dialogue*, Vol. 33, No. 1, 2002.

Womack, Brantly, "Asymmetry and Systemic Misperception: China, Vietnam and Cambodia during the 1970s", *Journal of Strategic Studies*, Vol. 26, No. 2, 2003.

Wright, Stephen C., "The Next Generation of Collective Action Research", *Journal of Social Issues*, Vol. 65, No. 4, 2009.

Zürn, Michael, "Contested Global Governance", *Global Policy*, Vol. 9, No. 1, 2018.

七 网络、会议及其他资料

〔葡〕安东尼奥·古特雷斯:《消除普遍存在的不平等:新时代的新社

会契约》，联合国网站，https：//www.un.org/zh/node/88648。

陈一峰：《全球治理中的知识权力及其法律规制》，《中国社会科学报》2022年9月14日。

郭晴、陈伟光：《人类命运共同体：全球治理理念的变革》，《中国社会科学报》2017年12月29日。

联合国网站，https：//www.un.org/zh/global-issues/。

刘建飞：《全球治理中的国际秩序变革》，《学习时报》2016年7月4日。

王金良：《全球治理的四种模式》，《全面深化改革与现代国家治理——上海市社会科学界联合会第十二届学术年会论文集》，上海市社会科学界联合会，2014年9月21日。

习近平：《在中华人民共和国恢复联合国合法席位50周年纪念会议上的讲话》，《人民日报》2021年10月26日。

薛中国：《关于"政治认同"的一点认识》，《光明日报》2007年3月31日，第6版。

张农寿：《多元责任与制度秩序——全球治理的制度性分析》，博士学位论文，吉林大学，2006。

Annan，Kofi A.，"We the Peoples"：The Role of the United Nations in the 21st Century，United Nations Department of Public Information，2000.

Baldwin，Richard，WTO 2.0：Thinking ahead on Global Trade Governance，https：//cepr.org/voxeu/columns/wto-20-thinking-ahead-global-trade-governance.

Fukuyama，Francis Nous Allons Revenir à Unlibéralisme des Années 1950-1960，Le Point，April 9，2020.

图书在版编目（CIP）数据

全球治理理论体系的反思与重塑／景璟著 . --北京：
社会科学文献出版社，2024.5（2025.9重印）
（东北亚研究丛书）
ISBN 978-7-5228-3245-6

Ⅰ.①全… Ⅱ.①景… Ⅲ.①国际政治-研究 Ⅳ.
①D5

中国国家版本馆 CIP 数据核字（2024）第 029969 号

东北亚研究丛书
全球治理理论体系的反思与重塑

著　　者／景　璟

出 版 人／冀祥德
责任编辑／郭白歌
文稿编辑／尚莉丽
责任印制／岳　阳

出　　版／社会科学文献出版社·区域国别学分社（010）59367078
　　　　　地址：北京市北三环中路甲 29 号院华龙大厦　邮编：100029
　　　　　网址：www. ssap. com. cn
发　　行／社会科学文献出版社（010）59367028
印　　装／北京盛通印刷股份有限公司

规　　格／开　本：787mm×1092mm　1/16
　　　　　印　张：21.5　字　数：329 千字
版　　次／2024 年 5 月第 1 版　2025 年 9 月第 2 次印刷
书　　号／ISBN 978-7-5228-3245-6
定　　价／98.00 元

读者服务电话：4008918866